KB139881

민법상 손해의 개념

- 불법행위를 중심으로 -

민법상 손해의 개념

- 불법행위를 중심으로 -

신동현 지음

경인문화사

머리말

본서는 불법행위를 중심으로 손해의 개념과 본질과 관련해 새롭게 제기되고 있는 논제들을 계기로 기존의 손해개념과 본질론의 문제점과 한계들을 재검토하고 보완함으로써 보다 완성된 형태의 법리를 정립하는 것을 목적으로 하였다. 손해의 개념에 대한 논의는 모든 손해배상에서 문제되는 다양한 손해를 모두 포섭할 수 있는 통일적인 정의가 가능할 것인가의 측면에서 검토되고 비판되곤 한다. 그리하여 일부에선 그와 같은 개념정의가 불가능할 것이라 하여 손해개념에 대한 정의의 문제를 회의적인 시각으로 바라보기도 한다. 나아가 일반적인 정의는 불가능하거나 무용하므로 개별적인 손해사안유형에 따라 그에 맞는 손해를 구성해가는 것이 보다 효율적이라는 주장이 제기되기도 한다. 그러나 손해의 개념을 문제삼는 것은 단순한 추상적 논의에 그치는 것이 아니라, 손해란 무엇인지를 탐구함으로써 개별 사안들에서 결국 손해가 발생한 것인지 그리고 어느 정도까지 손해라고 인정하여 손해배상을 인정할 것인지의 실제적인 의의를 갖는 논의라고 할 것이다. 모든 손해의 유형을 담아내는 보편적인 손해의 개념을 정의하는 것은 실제로 불가능하거나 무의미한 시도일 수 있다. 그러나 손해의 개념의 문제는 단순히 그러한 개념정의에 그치는 논의가 아니라, 손해의 본질이 무엇인지의 문제에 걸쳐있는 논의라고도 볼 수 있다. 손해의 개념정의는 이와 같이 손해의 본질론의 문제를 포함할 때 보다 더 실천적 의의를 가질 것이라고 생각한다.

다만, 손해의 개념과 본질이라는 불가해하고 거대한 테마를 본서가 얼마

vi

나 유의미하게 천착하였는가에 대하여는 지금 이 시점까지도 아쉬움이 남는다. 미약한 연구이지만 이후 시간의 세례를 통하여 보다 완성된 형태의 성과물로 재현되기를 희망한다는 것으로 아쉬움을 대신하고자 한다. 그리고 "영감을 찾는 사람은 아마추어이고, 우리는 그냥 일어나서 일을 하러 간다(amateurs look for inspiration; the rest of us just get up and go to work)"(Philip Roth, 'Everyman' 中에서)는 어떤 이의 말에서도 학문하는 의미의 일면을 엿볼 수 있지 않을까라는 생각을 통하여 다소나마 위안을 얻으려 한다.

본서 역시 광범위하게 인용하고 있는 선행연구들의 저자에게 많은 빚을 지고 있다. 그러한 연구들의 성과가 명료하게 제시되지 못하였다면 이는 필자의 부족함의 소치일 뿐이다. 끝으로 학문적 가르침을 넘어 몸소 실천하시는 생활의 자세로 한없는 깨달음을 주시는 윤진수 교수님과 양창수 대법관님께도 감사드린다.

2014년 3월
신 동 현

목 차

제1장

서

제1절 문제의 제기

민사에 관한 법적 분쟁이 발생하는 경우 누구나 쉽게 떠올리는 구제수단의 하나는 손해배상청구라 할 것이다.[1] 손해배상제도는 법리적으로도 중요할 뿐만 아니라 실생활에서도 큰 영향을 미치는 가장 대중적인 제도의 하나라 할 수 있어서, 사법의 根幹을 이루고 있다고 할 수 있다.

그와 같이 손해배상제도가 가장 오래된 제도 중의 하나이자 보편적인 구제수단임에도 불구하고, 손해배상청구권의 가장 기본적인 전제가 될 손해란 무엇인지, 손해가 발생한 것인지 그리고 손해가 인정되기 위해선 어떤 요소가 갖춰져야 하는지에 대해선 아직까지 완전한 합의가 이루어지지 않고 있다. 손해배상제도의 중점은 손해배상의 산정의 문제, 그 배상범위확정과 제한의 문제에 맞추어져 왔으며, 손해배상청구권의 요건의 규명은 주로 인과관계나 귀책사유에만 집중되어 온 측면이 강하다 할 것이다. 이는 손해의 개념이나 본질의 문제가 중요하지 않다는 인식때문이었다기보다는 그 어려움과 난해함에 대한 잠정적인 공감대로 인해 마치 책꽂이 어딘가에 잠시 치워둔 것과 같은 상황이라고 할 수 있을 것이다.

손해의 개념과 본질에 대한 논의가 본격적으로 제기된 것은 19세기 중반에 이르러서였다고 할 수 있으며, 당시 주장된 몸젠(Mommsen)의 差額 說(Differenztheorie)은 그 간명함과 산술적인 산정방식 등으로 인해 이후

---

1) 2009년 사법연감에 따르면, 2008년 한 해 동안(2008. 1.~2008. 12.) 우리나라의 법원에 접수된 민사본안사건의 수는 소액사건을 제외하고 270,121건이었으며, 그 중 손해배상사건은 31,845건이었다고 한다. 이는 전체 민사본안사건의 8.6% 정도의 비율에 이르는 것이다(2009 사법연감, 법원행정처, 2009, 498-499면 참조).

수많은 논쟁의 중심에 위치하게 되었다. 극히 단순화시켜서 말한다면 손해의 개념과 본질론의 전개는 바로 차액설의 보완과 비판에 대한 고민의 흔적이었다고 할 수 있을 것이다.

그러한 오랜 논쟁의 결과는 결국 기본적으로는 차액설을 중심으로 손해의 개념과 본질을 이해하되 차액설로 설명할 수 없는 논제들에 대해서는 차액설을 수정하거나 차액설과 다른 방식으로 설명함으로써 보완하게 되었다. 이는 차액설을 대체할만한 이론을 찾아내지 못한 것이라고도 할 수 있을 것이지만 그렇다고 해서 현재의 손해개념과 본질론이 차액설과 완전히 일치하는 것이라고 할 수도 없을 것이다. 즉 현재의 손해개념과 본질론이 차액설을 가장 큰 기초로 하고 있음은 부인할 수 없지만 차액설의 난점과 그 한계에 대해서도 어느 정도 합의가 이루어져 현재의 손해배상제도는 차액설의 구상과는 구별되는 독자적인 형상을 구축하게 되었다고 하겠다.

이렇듯 손해의 개념과 본질에 관한 논의는 어느 정도 일단락되었던 측면이 있었으나, 사회가 점점 발전하고 타인과의 접촉유형이 폭발적으로 다양해짐에 따라 기존의 이해로는 해결하기 곤란한 Hard Case들이 점점 늘어나게 되었으며, 여러 나라 간에 손해배상법이나 계약법, 불법행위법을 동화시키거나 통일하려는 시도가[2] 활발해짐에 따라 그 핵심개념 중 하나라 할 손해의 개념과 본질에 관한 연구의 필요성이 점차 커지게 되었다. 그리고 이는 그러한 새로운 문제들을 해결할 법리를 찾아내야 할 과제에 그치는

---

2) 이러한 시도로서는 2005년에 그 최종안이 발표된 '유럽불법행위법원칙(Principles of European Tort Law)'과 2009년에 '완전판(Full Edition)'이 발간된 '공통참조기준초안(Draft Common Frame of Refernce)'을 들 수 있다. 그리고 계약법에 대해서는 1988년에 효력이 발생한 '국제물품매매계약에 관한 유엔협약(United Nations Convention on Contracts for the International Sale of Goods)'과 1994년에 발표된 '국제상사계약원칙(Principles of International Commercial Contracts)' 및 1998년에 그 확정판이 발표된 '유럽계약법원칙(The Principles of European Contract Law. Completed and revised version 1998)'과 2001년에 발표된 '유럽계약법전 예비안(파비아 草案)(Code européen des contrats. Avant-projet)' 등이 있다.

것이 아니라 종래의 손해개념과 본질론의 전반에 대한 재검토의 필요성을 제기하게 되었다.

따라서 본서에서는 손해의 개념과 본질과 관련해 새롭게 제기되고 있는 논제들을 계기로 기존의 손해개념과 본질론의 문제점과 한계들을 재검토하고 보완함으로써 보다 완성된 형태의 법리를 발견하기 위해 논의를 진행하기로 한다.

제2절 연구의 대상과 구성

본서는 손해의 개념과 본질에 관한 문제를 다룬다. 손해배상제도는 그 밖에 손해배상산정의 문제나, 배상범위와 그 제한, 귀책사유와 인과관계 등의 다른 많은 논제들과 밀접한 관련하에 유기적으로 운영되는 제도이지만 그러한 문제들은 손해의 개념과 본질에 관한 문제를 이해하는데 필요한 한도에서만 고찰하게 될 것이다.[1]

또한 본서는 불법행위를 중심으로 손해의 개념과 본질의 문제를 다루기로 한다. 계약이나 다른 법정채권들도 불법행위와 청구권발생원인을 달리할 뿐 그로 인한 손해의 개념과 본질은 크게 다를 바가 없다는 것이 일반적인 견해이나, 특별결합관계나 독자성 등의 특성을 고려할 때 그러한 제도들에 대해선 별도의 논의가 필요하다고 할 것이므로, 본서는 불법행위를 중심으로 고찰을 하고 필요한 한도에서만 그와 관련된 논의를 살펴보기로 한다.

손해의 개념과 본질에 관한 논의는 독일의 민법학을 중심으로 이루어져 온 경향이 강하다. 이는 추상적인 개념과 일반이론에 대한 연구를 중시하는 독일의 학문적 특성이 반영된 바이기도 하지만, 주로 개별적인 소권 위주로 논의가 이루어지는 영미법계나 관념적인 일반 이론보다는 구체적이

---

[1] 손해의 발생에서부터 최종적으로 손해배상액의 액수가 산정되기까지의 구체적인 단계들로는, ① 손해의 발생, ② 발생된 손해중 배상의 대상으로 되는 범위의 확정, ③ 배상의 대상으로 된 손해의 금전적 평가 및 ④ 과실상계, 손익상계, 중간이자의 공제 등 최종적 금액확정을 위한 조작의 4단계가 있다는 것으로는 梁三承, 손해배상범위에 관한 기초적 연구, 서울大學校 大學院 法學博士學位論文, 1988, 5면 참조.

고 실제적인 논제들을 중시하는 프랑스법계에서는 그에 관한 논의가 활발하지 않았던 것과도 관련이 있다. 따라서 본서에서는 기본적으로 독일법계의 논의를 중심으로 고찰할 것이지만, 개별적인 손해사안들에 대해서는 영미법이나 프랑스법에서도 활발한 논의가 이루어지고 있는 바, 당해 논제들에 대해선 그에 관한 고찰을 하게 될 것이다.

본서의 구성과 연구방법은 다음과 같다.

제2장에서는 손해의 개념과 본질에 관한 일반이론과 입법례에 대해서 고찰한다. 이 과정에서 손해의 개념과 본질에 관한 이론의 역사적 전개와 비교법적 고찰 및 법해석학적 논의가 이루어질 것이다. 구체적으로는 손해의 개념과 본질에 있어서 자연적·사실적 요소(자연성)와 규범적·평가적 요소(규범성)에 대한 규명과 다양한 일반이론에 대한 비판적 고찰이 이루어질 것이다.

제3장에서는 비재산적 손해와 위자료에 대해서 살펴본다. 손해개념과 본질에 관한 논의는 주로 재산적 손해를 중심으로 이루어져 왔다. 따라서 비재산적 손해와 그에 대한 배상인 위자료에 관해서는 손해개념과 본질에 관한 일반이론으로는 규명할 수 없는 부분이 많이 존재한다고 할 것이다. 오늘날에 있어서는 재산적 손해 만큼이나 비재산적 손해와 위자료의 중요성이 점차 커지고 있다고 할 것이므로 그에 대한 고찰이 필요하다 하겠다. 다만 비재산적 손해와 위자료에 관한 모든 문제를 다루는 것은 아니며 비재산적 손해의 개념 및 본질과 관련되는 부분에 한정해서 살펴보기로 한다. 또한 재산적 손해와의 관련성 측면에 대해서도 다루게 될 것이다.

제4장에서는 인신침해와 일실소득의 침해에 대해서 살펴본다. 손해의 개념과 본질에 관한 논의는 주로 물적 침해를 중심으로 이루어져 온 측면이 있다. 일실소득의 침해는 인신침해와 일정 부분 관련이 있으며, 전통적으로 손해의 개념과 본질에 관한 논의에서 중요한 논제로 다루어져 왔다. 또한 손해의 규범성과 관련해서도 일정한 시사를 주는 논제이기도 하고 우리나

라의 대법원 판례도 다수 존재하므로, 인신침해의 문제와 함께 일실소득침해의 문제를 살펴보기로 한다.

　제5장에서는 이른바 '원치 않은 아이'를 둘러싼 손해의 문제를 다루기로 한다. 원치 않은 아이의 사례는 오랫동안 잊혀져 있던 손해의 개념과 본질에 대한 논의를 촉발시킨 논제라 할 것이며, 과학의 발전과 함께 새롭게 등장한 대표적인 손해배상의 문제라 하겠다. 이는 손해의 자연성과 규범성 및 손해의 본질에 관한 고민을 불러일으켰고, 오늘날 세계의 거의 모든 나라에서 문제되고 있으며 다양한 견해들을 양산해 내고 있다. 또한 이 사안은 우리나라의 대법원 판례가 거의 유일하다고 할 정도로 손해의 개념과 본질의 문제를 중심으로 논지를 펴고 있는 주제라 할 것이어서 그에 대한 고찰이 필요하다 하겠다.

　제6장에서는 치료기회의 상실에 대해서 살펴보기로 한다. 기회상실의 문제는 독일법계에서는 인과관계의 문제로 다루려고 하는데 반해, 영미법이나 프랑스법에서는 새로운 손해의 유형으로 다루고자 하는 입장이 제기되고 있다. 이러한 입장들을 서로 대비해 봄으로써 치료기회의 상실문제를 중심으로 기회상실이 손해의 새로운 보호법익으로 인정될 수 있을 것인지의 여부를 고찰하게 될 것이다. 기회상실에 대해서는 유럽계약법(CEC)草案이 관련규정을 두고 있다. 이는 기회상실의 문제가 여러 나라의 공통적 관심사가 되고 있음을 방증하는 것이라 하겠다.

　제7장은 본서의 결론으로서 이상의 고찰들을 기초로 손해의 개념과 본질에 관한 문제를 정리하고 각 논제들에 관한 나름의 입장을 제시하기로 한다.

제2장
손해의 개념과 본질

제1절 서

손해배상의 모든 유형을 포괄할 수 있는 통일적이고 추상적인 손해의 개념과 본질에 대한 이론적 정립을 위한 노력은 역사적으로 볼 때 19세기 중반 이후가 되어서야 비로소 시도되고 있다. 근대법제도의 원천이라고 할 수 있는 로마법에 있어서는 보편적인 손해의 개념을 정의하거나 일반적인 손해배상제도를 확립하고자 하는 생각은 거의 존재하지 않았던 것이다.

이는 로마의 고전법이나 중세의 로마법학에 있어서 공통된 현상이었다. 로마의 고전법시대에는 方式書訴訟을[1] 중심으로 하여 개개의 구체적인 경우에 개별적인 소권(actio)에 의한 손해배상이 인정되고 있었으며, 손해배상에 대한 일반적인 소권은 존재하지 않았다.[2] 그 결과 방식서의 조항에 대응하는 여러가지 개별적 손해와 이익개념이 다양하게 전개되었을 뿐이다. 고전법 이후 방식서소송의 소멸과 함께 방식서에의 구속도 사라졌으나 중세의 로마법학에 이르러서도 주석학파를 중심으로 이익개념의 세분화는 오히려 심화되는 양상을 보이게 되었다. 그리하여 후술하는 바와 같이 세분화된 여러 가지 이익과 손해의 개념이 존재하게 되고 개개의 구체적인 사안에 따라 손해를 개별적으로 세분화하여 판단하는 경향은 19세기 전반

---

1) 방식서소송은 萬民法시대(대략 BC. 200 - AD. 300)의 통상적인 민사소송제도로서, 법무관이 계쟁당사자의 주장사실을 심리하고, 법률상 또는 사실상의 쟁점을 요약하여 이를 소송서면에 일정한 양식에 따라 기재한 후 심판인에게 그 소송서면에 기재된 사항을 심리, 심판하라는 판결지침에서 비롯되었다. 방식서소송에서 소송방식서는 사안에 따라 기재방식이 정형화되었으므로 개별적인 소권법체계의 중심을 이루고 있었다. 이에 대해 상세하게는 현승종/조규창, 로마법, 법문사, 1996, 21면 이하와 253면 이하를 참고.

2) Kaser/Knütel, Römisches Privatrecht, 17. Aufl., 2003, SS. 203-204, 216.

의 독일보통법에 이르기까지 유지되었다.[3]

그러나 19세기에 들어서면서 산업사회의 발달과 도시화, 상업혁명이 진행되게 됨으로써 농업사회를 중심으로 하던 중세의 법제도는 점차 커다란 변화를 맞이하게 되었다. 시민사회의 성장과 사회적 접촉의 증가는 생활관계의 다양성을 촉진시켰으며 그에 따라 발생하는 손해의 형태와 손해배상의 유형도 복잡하게 되었다. 이러한 근대적인 변화는 이전과 같이 개개의 구체적인 경우에 한정하여 손해를 정형화하고 세분화함으로써 그에 따라 손해배상문제를 해결하는 방식의 한계를 점차 노출하게 되었다.[4]

이에 몸젠(Mommsen)과 후기 판덱텐법학은 이익개념의 세분화를 지양하고 이익개념을 통일적·추상적으로 파악하고자 하였다. 그리하여 몸젠은 1855년에 그의 논문, '이익론(Zur Lehre von dem Interesse)'에서[5] "利益(Interesse)은... 주어진 일정한 시점에 있어서의 어떤 사람의 재산액과 문제가 된 시점에 있어서 그 특정한 가해 사건의 발생이 없었더라면 존재하였을 재산액 간의 차이(Differenz, 차액)를 의미하는 것이다"라고[6] 함으로써 利益개념 혹은 差額損害개념을 주장하기에 이르렀다.[7]

---

3) 普通法은 독일민법이 제정되어 시행되기 전인 1900년까지 독일에서 法源으로서의 효력을 갖고 있었다.

4) 근대에 이르러 각 나라에서 전개되게 되는 법전화작업도 이와 유사한 이유에 기인하는 바가 크다고 하겠다.

5) Mommsen, Zur Lehre von dem Interesse, Beiträge zum Obligationenrecht, Zweite Abtheilung, 1855.

6) Mommsen(주 5), SS. 3-4. 즉 가해 사실이 있은 후의 어떠한 사람의 현재의 재산상태와 가해 사실이 없었더라면 존재하였을 그 사람의 재산상태가 보유하였을 가액(Betrag)과의 차이(Differenz)를 뜻하는 것이다.

7) Esser/Schmidt, Grundlagen des Haftungs- und Schadensrechts, 1974, S. 469ff는 이를 "일정한 시점에서 존재하는 개인의 재산의 총액과, 문제가 된 시점에서 일정한 가해적인 침해발생으로서의 장애가 없었더라면 존재하였을 개인의 재산의 총액과의 차액을 손해와 동일시할 수 있는 이익(das dem Schaden gleichzusetzende Interesse)"으로 보고 있는 것이라고 설명하고 있다.

　이러한 몸젠의 이익개념(혹은 차액손해개념)은 이른바 '差額說(Differ-enztheorie 또는 Differenzhypothese)'로 명명되어, 손해의 개념과 본질에 관한 논의의 단초를 제공하게 되었으며, 이후 다양한 비판과 보완을 거치는 과정에서 현재까지도 손해배상제도의 중추를 형성하고 있다.

　이하에서는 손해의 개념에 관한 다양한 논의들과 입법례에 대해 살펴보기로 하며 그에 대해 검토해 봄으로써 손해의 본질에 관한 문제를 고찰하기로 한다.

제2절 일반론적 고찰

1. 손해의 개념의 역사적 전개

(1) 독일보통법시대의 상황

1) 이론적 배경

세분화된 이익유형에 의해 개별적인 손해배상의 내용을 결정하는 로마 법 이래의 경향이 기본적으로 이 시기에도 유지되었다. 따라서 학설의 논 의의 초점은 자연히 이익개념의 정립에 향해졌다. 예를 들면 직접 이익·간 접 이익, 통상 이익·특별 이익·약정 이익 등으로 분별하는 견해가 유력하 게 주장되고 있었다.[1][2]

---

1) Hattenhauer, Grundbegriff des Bürgerlichen Rechts: historisch-dogmatische Einführung, 2. Aufl., 2000, SS. 108, 110.
2) '이익' 개념은 로마법에까지 소급한다. 채무자가 의무를 부담하는 급부의 내용은 모든 종류의 작위 또는 부작위에 의해 구성된다. 그리고 그 불이행에 기초하여 소송이 이루어지는 경우에는 원칙적으로 금전급부였다. 그 금전급부의 내용은 크 게 나누면 채무의 내용이 확정물급부(금전, 특정물이나 일정량의 양도가능한 물 건의 급부)의 경우와 불확정물의 급부로 나뉘어진다. 전자에 관한 소송의 경우에 는 그 확정물이 모든 소유자에 대하여 갖고 있는 가치(물건의 가치)가 탐구된다. 후자에 관한 소송의 경우에는 채권자가 이해관계를 가지는 것(quod interest)이 주어지는 것이고, 그 경우에는 물건의 가치와 함께 채권자의 손해를 결정짓는 그 이외의 상황도 고려된다(Kaser/Knütel(제2장 제1절 주 2), SS. 217-218). '손해

이익개념의 분별을 조장하는 요인은 다른 곳에도 존재하고 있었다. 이익의 실제 내용으로서 채권자의 '현실 손해(damnum emergens, 적극적 손해)'가 포함되는 것에 대해서는 학설상 異論이 없었으나, '얻을 수 있었을 이익(lucrum cessans, 일실이익)'에 대하여는 그것을 항상 배상해야 할 손해에 포함시키려고 하는 견해는 일반화되어 있지 않았다. 그 원인의 하나로는 敎會法에서의 暴利論, 즉 이자금지(Zinsverbot)의 입장으로부터의 장애가 있었던 것이다. 그러나 일실이익의 배상도 인정시키려고 하는 경제적 요청을 무시하는 것은 불가능했고 그 해결책으로서 태어난 것이 이익개념의 조작이었다. 현실 손해를 내용으로 하는 이익과 함께 일정한 조건을 구비한 경우에 한하여, 예를 들면 채무자에게 악의 또는 중과실이 있는 경우라든가 채권자가 상인인 경우 등에 한하여 '얻을 수 있었을 이익'의 배상을 인정하는 형태에서의 이익의 분별을 하는 것이다.[3]

오늘날 손해배상의 범위결정에 관한 기준으로서 채용되고 있는 고려요소들 중 대다수는 이미 이 시기에도 나타나고 있었다. 가령 인과관계, 예견가능성 그리고 채무자의 유책성의 정도(고의·중과실·경과실 등)와 같은 기준들이다. 그리하여 이익개념의 분별에 있어서도 이들 요소가 큰 영향을 미치고 있었음을 확인할 수 있다.[4]

2) 입법례

독일보통법시대의 여러 나라의 입법례를 살펴보면 당시 유력한 경향이

(Schaden)'와 '이익(Interesse)'의 관계에 대해서 상세히는 Neuwald, Der Zivilrechtliche Schadensbegriff und seine Weiterentwicklung in der Rechtsprechung, 1968, S. 8 Fn. 6을 참조.

3) Mitteis/Lieberich, Deutsches Privatrecht, 7. Aufl., 1976, SS. 150-151.

4) 대표적으로 몰리네우스(Molinaeus)의 입장을 들 수 있는데(Mommsen(제2장 제1절 주 5), S. 165ff), 이에 관하여는 후술하는 차액설에 관한 부분에서 살펴보기로 한다.

었던 것으로 생각할 수 있는 이익개념의 분별이나 배상범위의 확정기준이 있는 정도를 알 수 있다. 손해의 개념에 대한 규정을 두는 것은 오늘날과 마찬가지로 예외적인 현상이었다.

1794년에 제정된 프로이센일반란트법(das preußische Allgemeines Landrecht, 약칭 'ALR')에서는, 제1부 제6장 제1조에서 "손해란 인간의 신체, 자유, 명예 또는 재산에 대한 모든 狀態의 惡化(Verschlimmerung)"라고[5] 하여 손해개념을 적극적으로 규정하고 있었으며,[6] 이익개념의 분별에 해당하는 직접 손해와 간접 손해를 구별하고 있었다.[7] 또한 손해배상범위의 확정에 대해서는 예견가능성의 유무와 가해자의 유책성의 정도가 고려되거나 하여,[8] 손해배상의 내용이 세분화되어 규정되어 있었다.[9]

1804년에 제정된 프랑스민법전(Code civil)에서는 제1149조에서 제1151조까지에 걸쳐 채무불이행으로 인한 손해배상의 범위와 그 요건에 관해 규정하였는데, 손해의 직접성과 예견가능성, 유책성의 정도가 배상범위의 획

---

5) ALR Ⅰ 6 §1
   Schade heißt jede Verschlimmerung des zustandes eines Menschen, in Absicht seines Körpers, seiner Freyheit, oder Ehre, oder seines Vermögens.
6) 이에 관해서는 Förster/Eccius, Preußisches Privatrecht, Ⅰ. Bd., 7. Aufl., 1896, S. 542ff; 若林三奈, "法的概念としての「損害」の意義(一) -ドイツにおける判例の檢討お中心に-", 立命館法學 第248号, 1996, 686面 註 1; 吳容鎬, "損害의 槪念과 介護費의 算定(上)", 法曹 39卷 7號 (通卷406號) (90. 7), 36-37면을 참조.
7) 프로이센일반란트법 제1부 제6장 제2조
   그러한 불이익이 작위 또는 부작위에 의해 직접적으로 그리고 곧바로 야기되는 경우, 그러한 손해는 바로 직접적이라고 한다.
   프로이센일반란트법 제1부 제6장 제3조
   불이익이 작위 또는 부작위에 의해 발생하지만, 그러한 작위 또는 부작위의 여러 가지 결과 중 다른 불이익과 관련이 있는 것일 뿐인 경우이거나, 사람 또는 물건의 통상적이지 않은 성질과 관련되는 경우, 간접 손해가 존재하는 것이다.
8) StaudingerKomm.-Werner, Vorbem zu §§ 249-254, 2005, Rn. 24.
9) 프로이센일반란트법의 구체적인 조문은 Allgemeines Landrecht für die preussischen Staaten 1, 2. Aufl., 1794, S. 115ff을 참조.

정기준이 되고 있다. 구체적으로는 제1149조에서 현실적으로 발생한 적극적 손해와 일실이익이 배상되어야 한다고 하고 있으며,[10] 제1150조에서는 계약체결시의 예견가능성이 요구되는 경우에 관해 규정하고[11] 제1151조에서는 손해의 직접성에 관하여 규정하고 있다.[12][13] 그러나 불법행위 등에 관한 조문들(제1382조-제1386조)에서는 손해배상의 범위에 대하여 어떠한 기준도 규정하고 있지 않은데, 채무불이행에 관한 제1149조와 제1151조는 불법행위책임에도 그대로 적용되고 있는 것으로 해석되고 있는 반면에 제1150조는 불법행위책임에는 적용되지 않는 것으로 해석되고 있다.[14] 또한 손해의 개념정의에 대해서도 직접적인 규정을 두고 있지 않다.[15] 오늘날 프랑스민법의 대표적 교과서 중 하나에서는, 법학 용어에서의 손해는 일반 용어에서와 같이 불이익과 같은 뜻이라고 말해지며(dommage signifie préjudice), "불이익(préjudice)"을 정의하는 것은 필요하지 않다고 하는데, 왜냐하면 그 용어의 법학적 의미가 일상의 언어의 용례에서의 의미와 다르지 않기 때문이라고 한다.[16] 이러한 이해는 프랑스에서의 손해의 개념에

---

10) 프랑스민법 제1149조
   채권자에게 귀속되어야 할 손해배상은, 이하의 규정에서 정하는 예외 또는 변경의 경우를 제외하고는, 원칙적으로 그가 입은 적극손실 및 상실한 소극이익으로 한다. 번역은 명순구(譯), 프랑스민법전, 법문사, 2004를 참조, 이하 동일.
11) 프랑스민법 제1150조
   고의에 의한 채무불이행이 아닌 경우에 채무자는 계약체결시에 예견하였거나 예견할 수 있었던 손해에 대하여만 배상책임이 있다.
12) 프랑스민법 제1151조
   채무불이행이 고의에 의한 경우라 할지라도 채권자가 입은 당해 적극손해 및 일실이익이 계약채무불이행의 직접적이며 즉각적인 결과인 경우에 한하여 손해배상범위에 포함된다.
13) Magnus, Schaden und Ersatz, 1987, S. 50.
14) Radé/Bloch, "Compensastion for Pure Economic Loss Under French Law", in van Boom/Koziol/Witting(ed.) Pure Economic Loss, 2004, pp. 44-45.
15) Suzanne Galand-Carval, "Damages under French Law", in Magnus(ed.), Unification of Tort Law: Damages, 2001, pp. 79-80.

대한 논의를 이해하는 하나의 단초가 될 수 있을 것이다.

1811년에 제정된 오스트리아일반민법전(Allgemeines Bürgerliches Gesetzbuch, 약칭 'ABGB')에서는 채무자의 유책성의 다양한 태양에 의하여 통상 가치(gemeiner Wert), 완전한 배상(volle Genugtuung), 특별한 감정적 가치(den Wert der besonderen Vorliebe)의 배상, 일실이익(entgangene Gewinn)의 배상이 각각 인정되었다.[17][18] 또한 제1293조에서는 손해의 개념을 정의하여 "손해란 어떤 사람의 재산, 권리 또는 그의 인신에 가해진 모든 불이익을 말한다. 그 사람이 사물의 통상의 경과에 따라 기대하였을 일실이익은 손해와는 구별된다"라고[19] 하고 있다.[20] 제1331조에서는 "타

---

16) Mazeaud/Chabas, Leçons de droit civil, t. 2 vol. 1, Les Obligations: Théorie générale, 8ᵉ éd., 1991, n° 407.

17) StaudingerKomm.-Werner, Vorbem zu §§ 249-254, Rn. 24.

18) 오스트리아민법 제1323조
야기된 손해의 배상을 위하여는 모든 것이 예전의 상태로 회복되어야 하며, 그것이 적당하지 않은 경우에는 그 평가가치가 배상되어야 한다. 그 배상이 입은 손해 (erlittenen Schaden)에 대한 것만인 경우에는 원래의 손해배상(eigentlich eine Schadloshaltung)이라고 하고, 일실이익이나 야기된 모욕의 제거에까지 미치는 경우에는 이를 완전한 배상이라고 한다.
오스트리아민법 제1324조
악의 또는 중대한 부주의에 의해서 손해가 야기된 경우 피해자는 완전한 배상을 청구할 수 있다. 그러나 그 밖의 경우에는 원래의 손해배상만을 청구할 수 있다. 법률에서 배상(Ersatz)이라는 일반적 용어가 사용되고 있는 경우 어떠한 종류의 배상이 행해져야 하는가는 이러한 기준에 따라 판단되어야 한다.
오스트리아민법 제1331조
타인의 고의 또는 중대한 부주의에 의해 재산을 침해당한 자는 일실이익의 배상도 청구할 수 있고, 손해가 형법에 의해서 금지된 행위 또는 害意(Muthwillen und Schadenfreude)에 의해 야기된 경우에는 특별한 감정적 가치의 배상도 청구할 수 있다.
오스트리아민법 제1332조
낮은 정도의 과실 또는 태만(Versehens oder Nachlässigkeit)에 의해 야기된 손해는 물건이 침해된 때에 있어서의 통상 가치에 따라 배상된다.

19) 오스트리아민법 제1293조

인의 고의 또는 중대한 부주의에 의해 재산을 침해당한 자는 일실이익의
배상도 청구할 수 있고..."라고 하여 일실이익의 배상도 인정하고 있는데,
일실이익의 배상은 제1324조에 따라 고의나 중과실의 경우에만 배상될 수
있다.[21] 그러나 오스트리아민법전상에서의 손해와 일실이익의 구별은 기
술적인 것에 불과하고 손해는 일실이익을 포함하는 모든 불이익으로서 넓
게 이해하고 있는 것이 오늘날의 통설이며 이는 당시에도 마찬가지였던 것
으로 볼 수 있다.[22]

(2) 몸젠의 이익개념과 차액설의 등장

이익의 유형을 세분화하고 그에 따라 개별적으로 손해배상을 결정하는
독일 보통법시대까지의 경향은 몸젠의 이익개념과 이른바 '차액설'이 등장

Schade heißt jeder Nachteil, welcher jemandem an Vermögen, Recht oder seiner
Person zugefügt worden ist. Davon unterscheidet sich der Entgang des gewinnes,
den jemand nach dem gewöhnlichen Lauf der Dinge zu erwarten hat.

20) 현재의 유럽법체계에 있어서 손해의 개념을 법률에서 정의하고 있는 나라는 오스
트리아 뿐이라는 비교법적 고찰로는 Magnus, "Comparative Report on the Law of
Damages", in Magnus(ed.), Unification of Tort Law: Damages, Kluwer Law
International, 2001, p. 190. 오스트리아민법전상의 손해의 개념은 법적 불이익으로
상정될 수 있는 모든 사태들을 포함하고 있는 것이라는 지적으로는 Study Group
on a European Civil Code/Research Group on EC Private Law(Acquis
Group)(eds.), Principles, Definitions and Model Rules of European Private Law:
Draft Common Frame of Reference(DCFR)(Full Edition), vol. 4 Ⅵ.-1:101 to
Ⅶ.-7:103, 2009(이하에서는 'DCFR vol. 4'로 인용), p. 3154.

21) DCFR vol. 4, p. 3154. 이는 경과실의 경우에도, 이로 인한 모든 손해에 대하여
배상책임을 부담시키는 것은 그 행위자에게 가혹하다고 하는 입법자의 견해에 기
인하는 것이다.

22) Koziol, "Damages under Austrian Law", in Magnus(ed.), Unification of Tort
Law: Damages, 2001, p. 10.

하게 되는 배경이 되었으며, 오늘날까지도 손해배상법에 있어 많은 영향을 끼치게 되었다. 이러한 몸젠의 견해에 대해서는 현재에 이르기까지 많은 논란이 제기되고 있는데, 이에 관해서는 후술하는 손해의 개념과 본질에 관한 이론의 전개 부분에서 상세하게 살펴보기로 한다.

(3) 드레스덴초안과 독일민법전

독일의 정치적 통일이 달성되기 이전 모든 지방국에 공통하여 적용되는 민법의 제정을 위해 1866년에 마련된 것이 '普通獨逸債權關係法草案 (Entwurf eines allgemeinen deustchen Gesetzes über Schuldverhältnisse, 드레스덴초안, 이른바 'Dresdener Entwurf')'이었는데,[23] 드레스덴초안은 결국 시행되지 못했으나 이후 독일민법제1초안 등에 영향을 미치게 됨으로써 독일민법전에서의 손해개념과 손해배상법의 구조를 이해하는데 있어 의미있는 단서를 제공하고 있다.[24]

---

23) 이는 판덱텐법학을 기초로 한 것으로서 후에 독일민법전 채권법의 모델로 된 것이었다(梁三承, "獨逸民法 第249條 및 第254條의 立法過程", 司法行政 第295號, 한국사법행정학회, 1985, 26면).

24) 드레스덴초안은 독일의 일부 지방국들(오스트리아, 뷔르템부르크, 바이에른, 작센)이 프로이센에 대항하여 1859년부터 1862년까지 3년 동안 작센왕국의 수도였던 드레스덴에서 통일채권법제정을 위해 심의하고 의결한 것이다. 독일동맹전체에도 통일민법전 제정권이 없었으므로 통일입법이 가장 용이한 통일채권법을 제정하고자 하였다. 드레스덴초안은 프로이센의 반대와 오스트리아와 프로이센의 무력충돌 그리고 독일동맹의 해체로 인하여 입법으로 발전하지는 못하였다. 하지만 드레스덴초안은 현행 독일민법전의 채권법에 결정적인 영향을 주었는데, 왜냐하면 드레스덴초안의 준비에 관여하였던 퀴벨(Kübel)이 독일민법전 제정 당시 채권법의 초안작성을 담당하였으며, 그가 사망하자 드레스덴초안을 모델로 현행의 채권편을 만들었기 때문이다. 드레스덴초안은 당시 독일에서는 입법화하지 못하였지만 스위스에 영향을 주어 1881년 스위스채무법의 제정에 도움을 주었다(Schlosser,

그 내용을 구체적으로 살펴보면, 드레스덴초안은 적극적 손해(damnum emergens) 및 일실이익(lucrum cessans)을 손해배상의 내용으로서 명백히 규정하고, 손해의 직접성·간접성과 통상가치·특별가치라는 이익개념을 세분화하는 다양한 기준을 규정하고 있었으나,25) 그러한 분류는 손해배상범위를 제한하기 위한 요소로서의 법률상의 특별한 의미를 갖는 것이 아니라 각 경우에 배상이 인정된다는 것을 확인하는 의미에 그치고 있었다.26)

1896년에 제정된 독일민법전(Bürgerliches Gesetzbuch, 약칭 'BGB')은 손해의 개념에 대한 일반적인 정의규정은 두지 않고,27) 제249조 제1항에서 "손해배상의 의무를 부담하는 사람은, 배상의무를 발생시키는 사정이

Grundzüge der neueren Privatrechtsgeschichte, 4. Aufl., 1982, S. 111).

25) 드레스덴초안 제222조
   손해배상의 의무를 지는 자는 피해자에 대하여 그가 불법행위에 의해 상실한 모든 것을 현물로 반환하고, 파기되거나 악화된 전부를 이전 상태로 회복시켜 간접 또는 직접으로 야기된 손해를 배상하여야 하며 피해자의 일실이익을 배상하여야 한다...
   드레스덴초안 제223조
   재산적 손해의 산정에 대하여는 그 물건의 침해시의 통상가치(ordentliche Werth)만이 아니라 특별가치(außerordentliche Werth))도 고려하여야 한다.
   물건의 통상가치는 그 물건의 거래상 매매되는 가격으로 한다.
   특별가치는 그 물건이 피해자에게 있어 가지는 특정한 有用性(Brauchbarkeit) 또는 편익(Nützlichkeit)에 따라 결정된다.
   배상권리자의 그 물건에 대한 단순한 애착(Vorliebe)은 고려되지 않는다.
   드레스덴초안 제224조
   얻을 수 있었을 이익으로서 고려되는 것은 피해자가 통상의 주의를 기울였다면 사물의 통상적 경과 또는 이미 행하여진 시설이나 준비조치에 비추어 기대될 수 있었던 것에 한정된다...
26) 드레스덴초안의 구체적인 조문들은 Francke, Dresdener Entwurf eines allgemeinen deustchen Gesetzes über Schuldverhältnisse von 1866, Aalen, 1973.
27) 독일민법의 기초자는 손해의 개념정의를 의도적으로 피했는데 이는 확정된 손해개념으로는 생각할 수 있는 모든 손해개념을 포괄할 수 없고, 또 손해가 의심스러운 경우를 포괄할 수 없다는 점을 이유로 들고 있다. Motive zu dem Entwurfe eines bürgerlichen Gesetzbuchs für das Deutsche Reichs, 2. Bd. Recht der Schuldverhältnisse, 1888, S. 19.

없었다면 있었을 상태를 회복하여어야 한다"라고 규정하고 있을 뿐이다.28) 이에 대해 독일에서는 同條가 손해배상의 방법으로서 원상회복을 규정함과 동시에 차액설의 사고를 나타내고 있다는 견해가 다수의 입장을 차지하고 있다.29)

또한 제252조에서 "배상되어야 할 손해에는 일실이익도 포함된다. 사물의 통상적 경과에 비추어 또는 특별한 사정, 특히 행하여진 시설이나 준비조치에 비추어 개연적으로 기대될 수 있었던 이익은, 일실된 것으로 본다"라고 하여 일실이익도 손해배상에 포함되는 것으로 규정하고 있다. 또한 드레스덴초안에 남아있던 손해의 직접성·간접성이나30)31) 통상가치·특별가치에32) 대한 용어들마저 독일민법전에서는 소멸되어 인과관계만에 의하

---

28) 대부분의 경우 무엇이 손해인지는 성문법적인 정의가 없어도 인식가능하므로 손해개념을 명시하는 것은 불필요하다는 생각을 입법자들이 갖고 있었다는 지적으로는 Schiemann, Argumente und Prinzipien bei der Fortbildung des Schadensrechts, 1981, S. 164ff; Gottwald, Schadenszurechnung und Schadensschätzung, 1979, S. 41.

29) Larenz, Lehrbuch des Schuldrechts Bd. I Allgemeiner Teil, 14. Aufl. 1987, S. 480; Deutsch, Unerlaubte Handlungen und Schadensersatz, 1987, S. 203; MünchKomm.-Grunsky, Vor § 249, 2. Aufl., 1985, Rn. 6. BGB 제249조 제1항에서 차액설의 근거를 구하는 것에 반대하는 것으로는 Hohloch, Allgemeines Schuldrecht, in Gutachten und Vorschläge zur Überarbeitung des Schuldrechts, Bd. 1, 1981, S. 328 등이 있으며, 독일민법전의 기초자는 손해에 대한 일반적 정의를 내리는 것을 포기하고 있고 차액설에 대해서 명시적으로 가담하고 있지는 않다고 한다.

30) 손해의 직접성·간접성에 대하여 독일민법전의 이유서는, 그 구별이 법률상 특별한 의미를 가지지 않는 이상 명문화하는 것은 불필요하고 또한 개념적으로 불명확한 구별을 사용하는 것은 실무에 있어서도 위험하다고 지적하고 있다(Motive zu dem Entwurfe eines bürgerlichen Gesetzbuchs für das Deutsche Reichs, 2. Bd. Recht der Schuldverhältnisse, 1888, S. 18).

31) 직접 손해와 간접 손해의 구별에 관하여는 Medicus, Unmittelbarer und mittelbarer Schaden, 1977, S. 7ff 참조.

32) 통상가치·특별가치 등의 용어도 결과적으로는 직접·간접 손해에 있어서와 같은 이

여 손해배상의 범위를 정하는 것을 명백히 하고 있다.

2. 손해의 개념과 본질에 관한 이론의 전개

(1) 자연적 손해개념과 차액설

1) 자연적 손해개념(Natürlicher Schadensbegriff)

자연적 손해개념은 손해를 특별한 법적 가치평가를 함이 없이 일반적인 생활용어의 의미에 따라 사실적인 측면에서만 파악함으로써, 통상 가해사건으로 인하여 법익 내지 생활이익에 대하여 받은 불이익을 손해로 이해하는 입장이다. 손해를 자연적·사실적으로 파악하는 견해들은 "권리의 주체가 법익의 침해를 통하여 받는 손실(Einbuße)",[33] "허용된 이득을 획득할 가능성을 포함하여 법익의 모든 멸실 또는 감소"라고[34] 하거나, "일정한 사건의 결과 건강, 신체적 완전성, 직업적 생계, 소득의 전망, 특정한 재화 등의 생활이익에 대하여 입은 손실(Einbuße)"[35] 등으로 손해를 파악한다.[36]

유로 독일민법전에서 소멸된 개념이나, 제1초안의 단계에서는 그 이유가 보다 더 분명하게 드러나고 있다. 즉, 제1초안의 제220조에 의하면, "목적물의 가치가 손해배상으로서 배상되는 경우에는 통상의 거래가격만이 아니라 그 목적물이 특별한 관계에 따라서 채권자에게 있어 가지는 가치(특별가치)도 또한 규준이 된다"고 규정하고 있다.

33) Fischer, Der Schaden nach dem Bürgerlichen Gesetzbüche für das Deutsche Reich, 1903, S. 1.

34) StaudingerKomm.-Werner, Vorbem zu §§ 249-255, Rn. 9.

35) 라렌츠는 자연적 의미의 손해에 대해 이와 같이 구체적으로 설명하고 있다(Larenz (주 29), S. 426).

2) 차액설(Differenztheorie; Differenzhypothese)

자연적·사실적 손해개념을 대표하는 것으로 인정받고 있는 견해가 바로 차액설이라 할 수 있는데, 차액설의 난점을 극복하고 보완하는 과정에서 다양한 견해들이 제기되었다.

가. 차액설의 의의

차액설은 19세기의 독일보통법학에서 형성된 것으로, 가장 결정적인 역할을 한 것은 몸젠(Friedrich Mommsen)이었다. 앞서 서술한 바와 같은 손해와 이익개념을 둘러싼 독일 보통법시대까지의 상황은 몸젠의 이익개념과 이른바 '차액설'이 등장하게 되는 배경이 되었다. 몸젠은 1855년 '이익론(Zur Lehre von dem Interesse)'이라는 논문에서 자신의 이익개념 혹은 차액손해개념을 주장하였는데 그가 달성하고자 했던 목적은 다음과 같이 요약할 수 있다.

첫 번째로 손해배상범위의 확정에 있어 법관의 자의적 판단을 배제하고 명확한 기준을 수립하는 것.37)

두 번째로 다양한 因子(예견가능성·유책성의 정도, 직접·간접 손해 등)에 의하여 복잡하게 규정된 이익개념에 대신하여 새로운 이익개념을 창조하는 것.38)

세 번째로 손해배상의 내용으로서 일실이익의 배상을 일반적으로 인정

---

36) 이와 같은 정의들의 대부분은 보통법적 전통을 자연적인 손해의 이해와 결부시키는 것이라고 한다. 그러한 보통법적 전통을 대표하는 것으로는 학설휘찬상의 다음의 개소를 들 수 있다. Paul. D. 50, 17, 24: Quatenus cuius intersit, in facto, non in iure consistit(파울루스, 학설휘찬, 제50권 17장 24절: 어떤 이에게 얼마나 이익이 되는지는 법에 좌우되는 게 아니라, 사실에 좌우되는 것이다).

37) Mommsen(제2장 제1절 주 5), S. 137ff.

38) Mommsen(제2장 제1절 주 5), S. 165ff.

하는 것.[39)

그리하여 몸젠은 차액설에 의한 통일적인 이익개념을 제창함과 동시에 예견가능성·유책성의 정도·직접 이익과 간접 이익 등의 요소를 배척하고 이익의 범위는 인과관계에 의해서만 정한다는 테제를 주장하였다.[40)

---

39) Mommsen(제2장 제1절 주 5), S. 11ff. 코익(Keuk)은 차액설에서의 '이익'이 적극적 손해(damnum emergens)와 얻을 수 있었을 이익(lucrum cessans)을 더한 것이라는 사실을 지적하며 차액설에 의한 정의를 설명하고 있다. 즉 적극적 손해는 가해사건 이전의 현실의 재산상태(a)와 가해사건 이후에 있어서의 현실의 재산상태(b)와의 차이이다(a-b). 다른 한편 얻을 수 있었을 이익은 가해사건 이전의 현실의 재산상태(a)와 가해사건이 없었더라면 존재하였을 재산상태(c)와의 차이이다(c-a). 이익은 이 양자를 더한 것이므로, (a-b) + (c-a) = (c-b)가 된다. 이 (c-b)에 각각의 설명을 맞추어 보면 차액설에 의한 정의가 되는 것이다(Keuk, Vermögensschaden und Interesse, 1972, S. 35). 이익이 적극적 손해와 얻을 수 있었을 이익을 합산한 것이라는 견해는, 몸젠에 의하면 로마법상의 법원에서 유래하는 것이라고 하지만, 이에 대해 의문을 제시하는 학자도 있다(Keuk, Vermögensschaden und Interesse, 1972, S. 16; Honsell, "Herkunft und Kritik des Interessebegriffs im Schadensersatzrecht", JuS 1973, S. 69).

40) 이러한 몸젠의 주장에 대하여는 예링(Jhering)과 같은 학자의 비판이 제기되어, 몸젠의 주장이 곧바로 독일에서의 지배적 견해가 된 것은 아니었으나, 이후 독일민법전의 기초에 큰 영향력을 미치게 되는 빈트샤이트(Windscheid)가 몸젠의 견해를 승계하여 발전시키게 되는 결과, 몸젠의 견해가 독일의 손해배상법 형성에 큰 역할을 담당하게 되었다. 즉 예링은, 배상범위는 인과관계 이외에도 손해의 정도에 의해서도 영향을 받는 것이고, 가장 결정적으로 작용을 하는 것은 배상의무자의 고의·중과실·경과실이라는 귀책사유의 정도라고 비판하였다. 또한 손해에 대한 예견가능성도 고려되어 경과실의 경우 예견불가능한 손해는 배상되어야 할 것이 아니라고 한다. 이러한 요소를 배상범위의 획정시에 고려하는 것에 의해 배상의무자의 유책성(Schuld)과 손해배상의 균형이 달성되는 것이라고 한다(Jhering, Der Kampf ums Recht, 22. Aufl., 1929, S. 98). 그러나 빈트샤이트는 몸젠의 차액설에 의한 이익개념을 그대로 승계함과 동시에 손해배상의 내용을 이익배상과 일치시켜 채무불이행 및 불법행위에 공통하는 손해배상법의 형성을 촉진하였다. 그리고 손해배상의 범위는 인과관계에 의해서만 정한다는 몸젠의 입장을 지지하여 예견가능성의 존부·유책성의 정도라는 제 인자는 배상범위의 기준에서 배제되었던 것이다(Windscheid, Lehrbuch des Pandektenrechts, 5. Aufl., Bd. II, 1882, S. 38ff). 당

차액설은 손해를 파악함에 있어서 어떠한 법적인 가치평가를 하지 않는 다는 점에서는 자연적 손해개념들과 같지만, 손해를 단순히 특정한 법익에 발생한 불이익으로만 파악하지 않고 피해자의 현재의 총재산상태와 가해 사건이 없었을 경우의 가정적인 총재산상태의 차이로 파악하는 점에서 자 연적 손해개념에 입각하고 있는 다른 견해들과 차이를 보인다. 즉 손해를 자연적·사실적 측면에서 고려하여 구체적인 재산감소를 찾아냄으로써 재 산상의 손해를 산정하려는 태도를 취하고 있는 점은, 차액설이 기본적으로 자연적 손해개념을 기반으로 하고 있음을 보여주지만, 총재산상태를 기준 으로 손해를 파악하려 하는 점 등에서 구별되는 것이다. 차액설에 의하면 손해의 개념에 의해 채권자(또는 피해자)의 주관적 이익도 법적 보호를 받 아야 하고, 채권자가 현실적으로 입은 손해가 전보되어야 하므로, 배상되어 야 할 것은 원칙적으로 채권자의 '이익(Interesse)'이라는 것이다.[41]

나. 차액설의 내용

몸젠은 로마법과 독일보통법시대의 매우 세분된 이익개념을 통합하여 物件의 價値와 구별되는 통일적인 이익개념을 형성하였다.[42] 物件의 價値

시 저명한 판덱텐 학자였던 빈트샤이트는 1874년에 독일 民法典 편찬사업을 위해 그 草案의 작성을 위임받게 되는 第一委員會에서 자유주의적 정치가이자 판사였 던 프랑크(Gottlieb Planck) 판사와 함께 지도적인 역할을 하였다. 이 위원회는 13 년의 작업 끝에 1887년에 第一草案(Erster Entwurf) 및 그 이유서(Motive)를 公 表하게 된다.

41) Heck, Grundriß des Schuldrechts, 1929, §11 4.
42) 몸젠이 자신의 저서에서 비판하고 있는 몰리네우스(Molinaeus)의 견해에 의하면, 이익배상은 계약체결시에 예견된 손해나 묵시적으로 인수되어 있던 손해에 한정된 다. 그 외에 채무자가 악의·중과실인 경우에는 순이익이 배상되나 경과실인 경우 에는 직접 이익만이 배상된다고 한다(Mommsen(제2장 제1절 주 5), S. 165ff). 이 러한 견해는 가해자의 유책성의 정도나 예견가능성의 유무에 의해 이익개념을 세 분화하고 손해배상범위를 다르게 하고 있는 대표적인 입장이라고 할 것이다. 그 외 에 몰리네우스의 이익론에 대하여 상세히는 Mommsen(제2장 제1절 주 5), S.

(Sachwert)란 어떤 목적물에 대하여 거래상 주어진 객관적 가치, 즉 보호법 규에 의하여 보호받고 있는 이익 또는 권리 혹은 계약이 목적으로 하는 급부 그 자체의 객관적 가치를 의미한다. 이에 반하여 利益(Interesse)이란 채권자가 어떤 재산에 대해 갖는 가치로서 주관적 가치도 이에 포함된다고 하는 점에서 '物件의 가치', '통상의 가치'와는 구별되어진 의미에서의 주관적 이익이다. 따라서 물건의 가치를 초월하여 '손해배상채권자의 전체재산에 있어서 가지는 재산적 가치'를 말하는 것이다. 이는 손해에 대응하는 개념으로 가해 사실이 있은 후의 어떠한 사람의 현재의 재산상태와 가해 사실이 없었더라면 존재하였을 그 사람의 재산상태가 보유하였을 가액(Betrag)과의 차이(Differenz)를 말한다.[43][44] 여기에서 주의할 것은 양 재산의 차이가 아니라 양 재산상태간의 차이라는 점이다. 즉 재산상태란 개개의 재산이 아니라 피해자의 전체로서의 재산을 표현하는 의미이다. 그리고 이러한 이익이 배상되어야 한다고 주장함으로써, 물건의 객관적 가치만

165ff와 國宗知子, "デュムランの利益論研究のために", 大學院研究年報 第12号 I-2, 中央大學, 1982, 41面 이하를 참조. 참고로 '몰리네우스(Carolus Molinaeus)'는 프랑스학자였던 '뒤물랭(Charles Dumoulin 또는 Charles du Moulin)'의 라틴어식 이름이다.

43) Mommsen(제2장 제1절 주 5), S. 4.

44) 몸젠은 자신의 논문에서 'Interesse'나 'Differenz'라는 용어는 사용하고 있으나(가령 Mommsen(제2장 제1절 주 5), S. 4 등) 스스로의 견해를 'Differenztheorie' 또는 'Differenzhypothese'라고 명명하고 있진 않다. 몸젠의 견해를 'Differenzhypothese'라고 표현한 것은 헥크(Heck)라고 한다(Heck, Grundriß des Schuldrechts, 1929, §11 Nr. 4). 우리나라에서는 몸젠의 견해(Differenztheorie; Differenzhypothese)를 '差額說'이 아니라 '差異說' 또는 '差異假說'로 번역해야 한다는 지적도 제기되고 있다(가령, 李銀榮, "損害賠償範圍의 理論", 損害賠償法의 諸問題; 誠軒黃迪仁博士華甲記念, 1990, 40면 주 6; 梁三承(제1장 제2절 주 1), 112면 주 8 등). 차액설과 차이설을 구별하며 손해는 차이설을 기초로 하고, 손해액의 산정은 차액설을 원칙으로 하되 그 보완책으로서 규범적 손해개념을 도입하는 것이 바람직하다는 주장으로는 박동진, "損害賠償額의 算定", 우리 민법학은 지금 어디에 서 있는가?: 민사법학 특별호 제36호, 2007, 542면 이하.

을 그 급부대상으로 파악하였던 이전의 손해배상론과 달리, 개별적이고 주
관적인 사정을 고려할 수 있는 이익을 중심으로 하는 이론으로 전개된 것
이다.45)

차액설은 채권자 또는 피해자에게 발생한 모든 손해가 배상되어야 한다
는 전보사상을 그 사상적 기초로 하여 채권자 또는 피해자의 전체재산상태
를 침해행위 전후로 비교하여 손해를 파악한다.46)

차액설에 기초한 손해개념의 특징적인 내용은 ① 손해의 사실적 파악(자
연적·사실적 손해), ② 손해의 주체관련성(구체적 손해계산),47) ③ 통일적
손해파악(개별적 손해항목의 후퇴)으로 정리할 수 있다.

손해는 평가의 대상인 사회적 사실이고 법 이전의 사실로서 존재한다.
즉 손해라 함은 '어떠한 사람이 특정 事象 또는 사건의 결과로서 자신의

---

45) 北川善太郎, "損害賠償論序說 -契約責任における- (一)", 法學論叢 第73卷 1
號, 1963, 12面은 법기술적으로 초기의 법발전의 단계에서는 피해자의 주관적 가
치까지 파악하기는 어려우므로 손해배상의 대상으로서도 객관적 가치를 생각하는
것에 머무르게 되지만, 로마법에서도 이미 일찍부터 그러한 단계를 벗어나 물건의
객관적 가치와 함께 피해자의 주관적 가치를 고려하는 것에 의해 개별적인 형평을
실현하고 있다고 한다.
46) 메디쿠스(Medicus)는 어떤 가정적 상황과 실제 상황을 계량적으로 비교하는 것은
원상회복주의(Herstellungsprinzip)를 취하는 독일법에 맞지 않는다고 하며, 차액설
을 조건설적 인과관계의 다른 표현에 불과한 것으로 이해하기도 한다(Medicus,
Schuldrecht Ⅰ Allgemeiner Teil, 15. Aufl., 2004, Rn. 596ff).
47) 차액설에 대해 대체로 구체적 손해산정원칙과 연결되는 것이라고 보는 것이 다수
의 입장이나, 추상적인 성격을 가지는 것으로 설명되기도 한다(가령 Walsmann,
Compensatio lucri cum damno, 1900, S. 10ff; Oertmann, BGB Recht der
Schuldverhältnisse, 5. Aufl. 1928, Vorbem. 2a vor §§ 249-254; 民法注解[Ⅸ],
467면(池元林 집필부분) 등). 즉 구체적인 개개의 법익침해가 아니라 피해자의 재
산상태에 가해진 계산상의 차를 문제로 하는 점에서 추상적인 손해론이기도 하다
는 것이다. 그러나 그 계산에 있어서는 구체적으로 얼마만큼 피해자의 재산이 감소
하였냐라는 구체적 손해계산(현실손해)이 행해지는 것이므로, 차액설을 구체적 손
해산정방법에 의하는 것으로 설명하는 것이 대체적인 입장인 것인 볼 수 있을
것이다.

생활재에 입은 손실'이었고, 그것은 '현재 있는 상태(Zustand)'와 '피해자에
게 불리한 변화를 생기게 한 사건이 없었더라면 현재 있었을 상태'와의 비
교에 의해 명백하게 된다. 이러한 비교에 의해 확정된 '차이'(Unterschied)
의 소극적 평가를 의미하는 것이 손해의 확정이다.[48] 그리고 그 '차이'는
필연적이진 않더라도 두 개의 금전적 가치의 '차이'에 연결된다.[49] 그리하
여 자연적 손해개념이 금액을 전제로 하는 '차액설'과 결합한다.[50]

손해의 주체관련성은 손해를 파악함에 있어 구체적 손해산정방법을 취하
는 것을 의미한다. 이는 추상적 손해산정방법과 대비되는 것으로, 채권자 또
는 피해자가 실제로 지출한 비용을 기준으로 손해를 산정함을 뜻한다.[51][52]
손해를 구체적으로 산정한다는 것은 또한 채권자나 피해자에게 실제 손해
이외의 이득을 남겨두지 않아야 한다는 생각(Bereicherungsverbot, 이득금지
원칙)과 연결되는 것이며,[53] 차액설의 한 속성으로서 설명된다.[54]

---

48) Hohloch(주 29), S. 395.
49) Larenz(주 29), S. 426.
50) 자연적 손해개념을 채택하는 경우에는 손해개념의 규범적 성격은 책임원인의 확정
   을 위해서나, 상당인과관계와 같이 책임범위의 확정을 위하여 이용되는 것에 그치
   게 된다.
51) 즉, 구체적 손해산정이라 함은 배상되어야 할 손해가 구체적 피해자의 개인적 상황
   에 따라 산정되는 것이지 무엇인가 관념적(추상적)이거나 또는 평균적인 가치에 따
   라 산정되는 것이 아니라는 원칙인 것이다(Medicus, "Normativer Schaden", JuS
   1979, S. 235).
52) 손해 내지 이익을 재산상태의 차액이라고 하는 견해에서는 구체적 손해계산이 원
   칙이고, 예외적으로 추상적 손해계산이 허용되더라도 적극적으로 평가되지는 않는
   제한적인 것이므로 구체적 손해계산에 의한 현실손해가 그 이하라는 반증이 항상
   가능하다. 따라서 추상적 손해계산은 입증책임의 전환규정에 지나지 않게 된다고
   한다. 이에 대해서는 北川善太郎(주 45), 22面; 同, 注釋民法(10) 債權(1) 債權
   の目的·效力 §§399~426, 有斐閣, 1987, 571面 참조.
53) 차액설은 이익공제의 사고와 완전배상의 사고를 내포하는 바, 손해배상은 가해행
   위와 인과관계가 있는 손해액을 계산상의 수치로 파악하여 가해자에게 이득이
   생긴 경우 그러한 이득을 공제한 액수만큼을 모두 배상해야 한다는 것으로는
   Mertens, Der Begriff des Vermögensschadens im Bürgerlichen Recht, 1967,

또한 차액설에 의한 손해의 파악은 손해의 통일성을 특징으로 한다. 차
액설에 있어서는 손해배상책임의 발생원인(침해행위)이 없었더라면 피해자
에게 존재할 가정적인 이익상태와 현재의 이익상태의 차이를 손해로 파악
한다. 따라서 침해행위로부터 발생한 직접적인 손해 이외에도 그 직접적
손해에 뒤따르는 손해(가령 일실이익, 손해의 제거 및 감소를 위해 필요한
경비 등)도 배상액을 산정함에 있어서 산입시킬 수 있다고 한다.[55]

그 밖에 차액설은 손해를 총재산상태간의 차이로서 인식하므로 포괄적
으로 파악한다고 할 수 있을 것이다. 즉 개별적인 손해항목으로 손해를 인
식하지 않는 것이다. 개별적으로 손해를 파악하는 입장에서는 손해를 재산
적 손해와 정신적 손해로 구분하고, 재산적 손해를 다시 적극적 손해
(damnum emergens)와 소극적 손해(lucrum cessans)로 나누어, 이렇게 분
별된 손해항목들에 있어서 각각의 구체적인 재산적 불이익을 계산하고 총
합하여 전체손해액을 확정하게 된다. 그러나 차액설에 있어서는 손해를 개
별손해항목으로 구분하여 그 총액을 정하지 않는다. 차액설은 손해배상책
임의 발생원인(침해행위)이 없었더라면 존재하였을 총재산(이익)상태와 현
재의 총재산상태의 差로서 손해를 파악한다. 따라서 개별적으로 손해항목
을 나누는 방법은 차액설과는 무관한 것이다.

차액설에서는 비교되어야 하는 현실의 재산상태와 가정적인 재산상태의
총액의 차로서 손해가 정의되고 있으나, 그 비교가 차이인 잔고(Saldo)를
나타낼 때에는 손해 자체가 일정한 숫자로 표현되는 數値상의 것으로 관념
된다.[56] 몸젠은 손해 따라서 이익이라 함은 재산의 현실의 액과 가해사건

SS. 20-21.
54) MünchKomm.-Grunsky, vor § 249, Rn. 6a.
55) 차액설에 따르면 손해를 전체재산상태의 차이로 파악하여 일정한 법익의 침해로
   인한 직접적인 손해 이외에 그에 따르는 결과손해도 손해로 파악할 수 있고, 일실
   이익의 상실과 같이 전체로서의 재산에 발생하는 손해도 파악할 수 있기 때문에
   완전배상원리를 실현하는 기초를 제공할 수 있다는 것이다.

의 발생이 없었더라면 있었을 재산의 액과의 차라고 한다.[57] 또한 배상되어야 할 대상의 가치확정을 위하여 필요한 평가는 항상 금전으로 이루어져야 한다고도 한다.[58] 그러나 다음과 같은 견해도 한스 슈톨에 의해 나타나고 있다. 슈톨에 의하면 몸젠 자신이 배상대상인 이익의 확정과 그 이익의 금전평가를 나누어 이해하고 있었다. 손해 따라서 이익이라 함은 몸젠에 있어서도 대상적으로는 가해행위에 의해 야기된 모든 불이익 및 손실의 총체로서 이해되어, 어떠한 '이익'인 것인지를 파악하기 위하여 '차액설'이 주장된 것이다. 양자가 간략화된 계산상의 재산의 비교로 된 것은 후세의 일이라고 한다.[59][60]

---

56) Deutsch(주 29), S. 203.
57) Mommsen(제2장 제1절 주 5), S. 3.
58) Mommsen(제2장 제1절 주 5), S. 15.
59) Stoll, Begriff und Grenzen des Vermögensschadens, 1973, S. 16ff. 슈톨에 의하면 이익의 확정의 방법과 그 금전평가가 일체화된 것은 1903년의 피셔(Fischer(주 33), S. 20ff)에 있어서이다. 그러나 통설은 차액설에 대하여 손해가 존재하는가의 여부만이 아니라 그 액도 동시에 확정하는 견해로 파악하고 있다.
60) 발스만(Walsmann)과 외르트만(Oertmann)은 차액설의 손해산정방법을 '추상적(abstrakt)' 손해산정이라고 평가하며 이에 대항해 구체적 손해산정을 주장하였다. 이들의 견해는 구체적 손실설 또는 손실설(konkreter (realer) Schadensbegriff)이라고 불리는데, 그들에 의하면 차액설의 추상적인 산정방법은 애매한 추정에 의하는 것이 되며, 또 적은 손해에서는 그 差를 계산하는 것은 실용적이지 않다는 점에서 불합리하므로, 재산상 손해는 권리주체가 개개의 재산구성요소의 박탈이나 손상의 형태로 입은 불이익 그 자체이고, 불이익은 권리주체의 신체에 대한 침해의 형태로 발생할 수도 있으므로 비재산적 손해 역시 손해로 파악할 수 있다는 것이다 (Walsmann, Compensatio lucri cum damno, 1900, S. 10ff; Oertmann, BGB Recht der Schuldverhältnisse, 5. Aufl. 1928, Vorbem. 2a vor §§ 249-254). 이러한 견해는 이후 설명되는 개별손해개념론과 유사한 취지의 것으로 볼 수도 있는데, 독일에서는 지지를 얻지 못하였으나 일본과 우리나라에서는 차액설과 대립되는 대표적인 학설로서 취급되곤 한다.

다. 차액설의 영향

이러한 몸젠의 이론은 독일 보통법시대에 있어서 지배적인 이론으로서
의 위치를 점하였고 이후 제정된 독일 민법에도 채택되어 현재 독일 민법
제249조는 이러한 몸젠의 주장을 입법화한 것이라고 평가되고 있다.[61][62]
또한 차액설은 제국법원(RG)의 판례를 지배하였고,[63] 후술하는 바와 같이
몇가지 제한을 지닌 채로 현재 독일법원의 원칙적인 입장이 되고 있으
며,[64] 독일의 다수설 역시 어느 정도 다소간의 수정을 가한 채로 차액설의

---

61) Mertens(주 53), S. 17. 그러나, 독일민법 제249조의 규정상으로는 가해행위 전후
   의 상태를 비교함에 있어서 그 비교의 대상과 시점이 나타나 있지 않다는 점을 들
   어 몸젠의 견해를 그대로 반영한 것은 아니라는 주장 역시 제기되고 있다(Honsell
   (주 39), S. 69ff). 즉 비교의 대상과 관련하여 살펴보면, 몸젠의 차액설에 의하면
   손해발생 前後의 總財産을 비교함으로써 손해를 算定함에 반하여, 독일민법 제
   249조는 총재산의 회복을 의미하는 것이 아니라, 배상의무를 야기한 상황이 없었
   더라면 존재하였을 상태로의 원상회복에 대해서 언급하고 있을 뿐이라는 것이다.
   또한 독일민법 제249조가 가정적 재산상태와 현재의 재산상태의 비교를 요구하고
   있는 점에서는 독일민법전의 입장이 몸젠의 差額說의 입장과 같지만, 제249조가
   반드시 전체 재산상태의 비교를 요구하고 있지는 않다는 점에서는 損害槪念에 대
   한 몸젠의 입장과 독일민법전의 입장이 완전히 동일한 것은 아니라는 것도 같은
   취지라고 할 것이다. 즉, 재산상태의 비교는 전체재산을 비교할 수도 있고 침해된
   개별적인 대상만을 비교할 수도 있는데 제249조는 이에 대해서는 언급하고 있지
   않다는 것이다. 독일민법 제249조의 입법과정에 대해서는 梁三承(주 23), 26면 이
   하 참조.
62) 독일민법 제249조 제1문에 의하면 가해사건 전후의 상태가 단순 비교되는 것이 아
   니라, 가해사건 후에 실제로 존재하는 '현재의 상태'와 가해사건이 없었더라면 있
   었을 가정적 상태를 '現在'의 시점에서 비교하여 손해를 인식할 수 있는 것이므로
   이는 단순히 특정한 시점에서의 가해사건이 없었을 상태에 머무는 것이 아니라, 손
   해사건이 없었더라면 있었을 계속된 변화가 판단에 영향을 미치는 動的인 고찰방
   법이라는 지적으로는 Honsell/Harrer, Schaden und Schadensberechnung, JuS
   1991, SS. 441, 442.
63) RZG 77, 99, 101; 91, 30, 33 등.
64) BGHZ 27, 181, 183f; 40, 345, 347; 75, 366, 371; 86, 128, 130; BGH NJW
   1988, 1837, 1838f; BGH WM 1997, 2309 등.

기초에 서 있는 것으로 평가되고 있다.[65]

차액설에 대한 비판은 이하에서 살펴보는 여러 손해개념론들에서 다양하게 제기되고 있는데, 그러한 비판들과 함께 그 밖의 비판들에 대하여는 손해의 개념과 본질에 관한 검토 부분에서 살펴보기로 한다.

(2) 객관적 손해개념(Objektiver Schadensbegriff)

재산적 손해에 있어 침해된 재산권의 최소한의 객관적 가치는 배상되어야 하므로 어떤 경우에도 배상액이 그에 미달해서는 안 된다는 견해가 객관적 (최소)손해론(Lehre vom objektiven Mindestschaden)이다.[66] 즉 모든 재산은 객관화될 수 있는 가치를 갖기 때문에[67] 구체적인 사례에서 권리자가 어떤 이용목적을 가졌는가에 관계없이 손상된 물건의 본질적 가치로부터 최소한 그 가치 상당의 배상청구권이 발생한다고 한다. 이에 따르면, 예를 들어 절대권의 하나인 특허권이 침해된 경우 상실된 객관적 이용가치가 바로 손해이므로 그 이용가치를 체현하고 있는 실시료 상당액이 최소한

---

65) Lange/Schiemann, Schadensersatz, 3. Aufl., 2003, SS 27-28; Soergel-Mertens, vor §249, 13. Aufl., 1999, Rn. 41-44; Erman-Kuckuk, vor §249, 11. Aufl., 2004, Rn. 25; PalandtKomm.-Heinrichs, vor §249, 2007, Rn. 8-9 등. 차액설에 기초하고 있는 독일의 구체적인 문헌들의 상세한 목록에 대하여는 특히 Lange/ Schiemann, Schadensersatz, 3. Aufl., 2003, S. 28 Fn. 13을 참조.

66) 차액설에 대한 비판은 독일 민법의 시행직후에도 존재하였으나 그러한 비판이 활발해지게 된 계기는 무엇보다 이하에서 다루는 노이너의 1931년의 논문 이후였다고 한다. 그 이후 차액설이 타당한 것인가에 대한 논란은 잠잠해질 수가 없었다고 한다(Mertens(주 53), S. 39).

67) 객관적 가치란 가령 재화나 재산상의 이익의 경우에 거래상 금전으로 취득하거나 매각되는 경우 또는 객관적으로 평가될 수 있는 경우를 상정하면 이해하기가 쉬울 것이다.

배상되어야 한다고 한다.

객관적 손해론에서는 손해배상의 제재적 기능과 예방적 기능을 강조하면서, 손해를 재산적으로 가치있는 이익 즉 거래상 금전으로 환가될 수 있는 재화에 대한 침해 자체로 파악한다.[68] 노이너(Neuner)는 원상회복의 원칙을 객관적 손해개념론의 근거로 들고 있는데, 원상회복을 손해배상방법으로 취할 경우에는 피해자의 주관적 이익은 고려의 대상이 되지 않는 것으로 보고 있다. 또한 차액설로는 해결하기 어려운 일련의 사안들을 지적한다. 즉 연대채무자가 같은 손해배상의 책임을 지는 경우, 매도인이 아직 매각물의 소유자이나 이미 매수인이 위험을 부담하는 경우에 있어서 제3자가 그 물건을 훼손한 경우, 손해배상액의 계산에 관하여 차액설이 타당하지 않은 경우, 가령 특허권침해의 경우, 소위 '가정적 인과관계'의 문제, 마지막으로 소득능력의 상실이나 물건이용의 일시적 박탈케이스에 있어서의 재산적 손해와 비재산적 손해의 구별의 문제 등이다. 이상과 같은 여러 가지 경우에 있어서 차액설을 관철하는 것은 곤란하나 그러한 곤란은 재산적 손해를 차액설과는 달리 '재산가치있는 이익, 즉 거래에 있어서 금전으로 획득하여 매각되는 재의 침해'라고 정의하면 용이하게 해결할 수 있다. 단 채권자에게 그 손해가 급부의 객관적 가치보다 크다는 것 즉 간접 손해가 발생하였다는 것의 증명은 허용되고[69] 그 경우의 손해는 차액설에 의해 계산되지 않으면 안 된다고 한다.[70] 이와 같이 객관적 손해개념으로 제3자 손해의 문제, 비재산적 법익의 침해에 대한 손해배상문제, 가정적 인과관계

---

68) Neuner, "Interesse und Vermögensschaden", AcP 133(1931), S. 277ff.
69) 그러나 실제로 발생한 손해가 급부의 객관적 가치보다 작다는 것에 대한 증명은 채무자에게 허용되지 않는다고 한다. 가령 계약침해에 있어서 채권자의 이익이 급부가치보다 작다는 증명을 허용하게 되면 그것은 불이행에의 誘因이 된다는 것이다(Neuner(주 68), S. 293).
70) 그러나 배상의무자의 주관적 과실여부나 피해자의 주관적 이익은 여전히 고려의 대상이 되지 않는다고 한다.

문제를 좀 더 명확히 해결할 수 있다고 한다.

노이너는 이와 같이 재산적 손해를 재산적 가치있는 財의 침해 그 자체로서의 손해(=직접 손해)와 간접 손해의 두가지로 분류하고, 전자는 침해된 재의 객관적 가치로 결정되고 후자에 있어서는 차액설이 타당하다고 한다. 그는 이러한 손해론을 다음과 같이 근거짓고 있다.[71] 손해배상은 절대권, 채권, 생명, 자유, 명예 등의 법익이나 보호법규에 의해 보호된 이익의 침해에서 생기는 경우와 독일민법 제826조와[72] 같이 손해야기 그 자체에서 생기는 경우가 있고 이 양자에 있어서 손해의 발생은 전혀 다른 의의를 가진다. 후자에서는 손해 그 자체의 회복이 문제가 되는 것으로 손해배상에 있어서 손해의 발생은 불가결한 요건이나, 전자에서는 손해배상청구권은 권리나 법적으로 보호된 이익을 침해하는 행위의 제재를 하나의 목적으로 하는 것이다.[73] 그것은 權利追求請求權에 대신하여 또는 그것과 함께 생기는 것이므로, 손해의 발생이 아니라 권리침해 자체가 손해배상청구권의 발생에 있어 불가결한 요건이 되는 것이다.

객관적 가치는 최소한의 손해로서 차액설에서 전제로 하는 재산상의 차이를 증명하지 않아도 배상될 수 있다. 노이너는 객관적으로 표현된 손해의 핵심에 대하여 언급하면서, 이는 차액설과 다음의 세 가지 점에서 차이가 있다고 설명하였다. 즉 첫째, 객관적 가치는 총재산이 아니라 독립된 개별적 법익으로 파악된다. 둘째, 객관적 가치는 작은 이익이라 할지라도 피해자의 복지상태에 영향을 미친다. 마지막으로 손해는 가능한 한 빠른 시점에서, 즉 손해가 발생한 시점에 확정된다

---

71) Neuner(주 68), S. 291ff.
72) 독일민법 제826조 [良俗違反의 故意的 加害]
    선량한 풍속에 위반하여 타인에게 고의로 손해를 가한 사람은 그 타인에게 손해를
    배상할 의무를 진다.
73) 노이너는 불법행위로 인한 손해배상청구권의 목적으로서 절대권을 침해하는 행위
    의 제재를 중시하고 있다. 이에 관해서는 Neuner(주 68), S. 304ff를 참조.

이것은 직접적으로는 차액설의 특징인 손해의 주체관련성 즉 실제 손해에 기초한 구체적 산정에 대항하는 사고방식이다. 더욱 이러한 객관적 손해론을 기초로 개별적 손해론이 전개되는바 이는 차액설적인 통일적·총체적인 손해개념을 부정하는 것이 된다.

한편 객관적 가치의 배상은 손해배상의 權利追求的 機能(Rechtsver-folgende Funktion)으로부터[74][75] 정당화된다고 한다. 이상의 노이너의 생각의 특징은 손해배상의 권리추구기능의 승인에 있다. 그는 이 권리추구기능을 긍정하는 것에 의해 결국 어떤 권리의 침해가 어떤 제재를 가져오지 않는 것이 타당하지 않은 경우 피해자의 전체로서의 재산감소의 유무를 묻지 않고 손해를 인정하고 그것에 의해 제재로서의 손해배상을 도출하고 있

---

74) 손해배상은 피해자에게 발생한 권리상실에 대한 補償 또는 塡補(Ausgleich)를 목적으로 하거나 계약상 보장된 이익을 얻지 못한 것에 대한 제2차적 보장기능을 담당하게 된다. 전자를 손해배상의 塡補機能(Ausgleichsfunktion)이라고 하는 반면에, 후자를 權利追求機能(또는 權利維持機能, 權利繼續機能)이라고 한다. 즉 손해배상청구권은 침해된 권리(불법행위의 경우) 또는 이행되지 못한 기본적 급부청구권(채무불이행의 경우)에 대신하여 그 지위를 차지하게 됨으로써, 침해된 권리와 급부청구권은 손해배상으로 대체되어 유지 또는 지속된다는 것이다. 이를 라렌츠는 'Rechtsfortsetzungsgedanke'라 표현하면서, 전보기능과 구별하고 있는데, 전보기능은 후속손해(Folgeschäden)가 발생하여 법익 또는 履行利益을 능가하는 경우에도 그러한 후속손해에 대한 보상을 요구할 수 있기 때문에, 權利維持 이상의 기능을 담당한다고 한다(Larenz(주 29), S. 425; 林建勉, "民事法上의 損害의 槪念", 比較私法 第8卷 2號, 2001, 445면 주 17).

75) 권리추구적 기능(Rechtsverfolgende Funktion)은 권리계속기능(Rechtsforsetzungs funktion)이라고도 하는데, 마그누스(Magnus)는 손해배상에 대한 비교법적 고찰을 하면서 권리계속기능은 명목적 손해배상이나 상징적 손해배상(nominal or symbolic damages)과 유사한 생각이라고 평가하고 있다. 즉, "다수의 유럽법체계는, 비록 어떠한 특정한 손해도 당하지 않았을지라도 어떠한 권리가 침해되었다는 것을 언명하는 수단으로서 기능하는 명목적 또는 상징적 손해배상에 관해 알고 있다. 유사한 생각이 어떠한 현실 손해가 발생하였는지와 무관하게 추상적 손해배상과 객관적 손해배상에 이르게 되는, 오스트리아의 '권리계속기능'에 의해 채용되고 있다"라고 한다. Magnus(주 20), p. 187.

는 것이다. 즉 발생한 손해의 완전한 전보 이외의 가치판단이 들어가게 되고, 그 결과 손해배상이 주어져야 한다고 생각되는 경우 손해가 인정된다는 판단과정이 작용하고 있는 것이다.

이러한 손해배상청구권의 권리추구기능은 빌부르크(Wilburg)와[76] 비들린스키(Bydlinski)에[77] 의하여 수용되었고, 이들은 손해개념의 객관화를 시도하였다. 즉 모든 재산은 객관화될 수 있는 가치를 가지고 있기 때문에, 구체적으로 피해자가 어떠한 이용목적을 가지고 있었는가와는 상관없이, 예를 들면 손상된 물건의 본질적 가치로부터 최소한 그 가치 상당의 배상청구권이 발생한다는 것이다. 왜냐하면 피해자는 훼손되었거나 손실된 재화의 객관적 가치 또는 객관적 가치감소를 최소한의 손해로서 요구할 수 있기 때문이다. 이러한 견해들 또한 객관적 손해론의 맥락에서 손해를 파악하고 있는 것이라 할 것이다.

비들린스키는 통설인 차액설에서는 가정적 인과관계의 문제의 해결이 곤란하다고 하여 객관적인 손해개념을 제시한다. 즉 구체적 피해자의 특별한 관계에서 눈을 돌려 가해결과에 의해 침해되어진 권리나 법익을 고립시켜 고찰하고 손해를 이 권리나 법익의 객관적 가치에 의해 계산하여야 한다는 것이다.[78] 이 손해개념에 있어서는 당해 권리가 모든 인간에게 있어 평균적으로 가지는 가치, 즉 어떠한 법익이 인간에 의해 일반적으로 향유되는 평균적, 정상적인 가치평가가 문제가 된다. 그는 이 객관적 손해개념을 손해배상청구권의 권리추구기능에 의해 근거짓고 있다. 즉 추상적 손해계산은 손해배상의 권리추구기능에 합치하는 것이며 그것은 권리나 법익을 침해하는 것에 대한 제재이므로 침해된 권리나 법익에 대신하여 나타나는 것이다. 피해자의 全 재산에 있어서의 지위는 원칙적으로 문제가 되

76) Wilburg, "Zur Lehre von der Vorteilsausgleichung", JherJb 82(1932), S. 51ff.
77) Bydlinski, Probleme der Schadensverursachung nach deutschem und österreichem Recht, 1964, S. 24ff.
78) Bydlinski(주 77), S. 26.

지 않고, 침해된 법익의 객관적 가치가 손해배상의 최소한이며 그것을 넘는 손해를 피해자가 주장하는 경우에 그 특별한 관계가 문제되는 것이라고 한다.

다음으로 비들린스키는 침해된 권리에 의해 직접 보호되는 법익의 가치상실(=직접 손해)에 대하여만 객관적 가치감소를 문제로 삼는 노이너의 생각을 직접 손해, 간접 손해의 구별과 객관적 손해계산의 혼재라고 비판한다. 객관적·추상적 손해계산방법과 '침해된 권리의 직접 보호된 대상'에의 배상제한이 특별히 결합되는 내적 필연성은 존재하지 않으며 객관적 손해개념이 타당하다고 한다.[79]

빌부르크는 손해배상에는 두가지 요소가 포함되어 있다고 한다.[80] 즉 첫번째는 법에 의해 직접 보호된 대상의 객관적 가치의 배상, 즉 가치배상(Wertersatz)이고, 두 번째는 이익(Interesse)의 배상이다. 독일법에 있어서 모든 경우의 배상은 완전히 이루어져야 하기 때문에 공통하는 거래가치만이 아니라 원고에게 있어서의 특별 가치도 배상해야 한다. 그러나 배상의 무를 간접적 손해결과에 확대하는 것이, 물건의 객관적 가치를 이익이 예외적으로 하회하는 경우 배상을 이익에 제한하는 것을 목적으로 하는 것은

---

79) 비들린스키는 인신침해 혹은 일실소득의 상실에 관하여도 객관적 손해개념이 타당하다고 한다. 객관적 손해개념에 의하면 소득능력의 상실을 객관적으로 평가할 수 있고 소득능력의 감소에 의한 손해배상의 인정을 위해서는 수입의 감소가 발생하고 있는 것을 필요로 하지 않게 된다는 것이다. 또한 그러한 소득능력의 감소를 평가함에 있어서는 소득능력의 평균적 가치에 의한다고 한다. 가령 가정주부가 상해를 당한 경우 가사노동의 평가는 가정주부의 상해로 인하여 고용하였어야 할 가정부의 비용을 기초로 한다는 것이다. 가정부가 실제로 고용되었는가는 문제가 되지 않는데 왜냐하면 피해자의 구체적, 주관적인 이익에 관련된 문제는 객관적 배상에 있어서는 전혀 문제가 되지 않기 때문이다(Bydlinski(주 77), S. 50ff). 이러한 비들린스키의 생각은 인신침해 또는 일실소득의 상실에 있어서의 가동능력상실설에 근접하고 있는 것으로 평가할 수 있다. 인신침해와 일실소득의 문제에 관하여는 제4장에서 상세히 검토하기로 한다.

80) Wilburg(주 76), S. 125ff.

아니다. 가치배상과 이익배상의 구별은 손해를 두가지 요소에 기초하여 파악하는 것을 의미하는 것이고 이 두가지 요소가 서로 작용하여 완전한 배상이 형성되는 것이다. 그는 이 두가지 요소 중 가치배상의 필요성을 역시 권리추구사상에 의해 근거짓고 있다. 즉 손해배상은 노이너가 적절하게 기술한 바와 같이 권리추구적 성질을 갖고 있다고 한다.[81] 즉 침해된 권리 자체가 권리자의 재산에서 독립한 존재인 것처럼 손해배상도 또한 권리자가 그 全재산에 있어서의 불이익한 差를 증명할 수 있어야 함이 없이도 존재할 수 있다.

빌부르크에게 있어서는 훼손된 물건 대신 배상대상으로서 그 객관적 가치가 전면에 나온다. 왜냐하면 이 가치가 침해된 권리의 재산적 내용을 구성하고 물건 자체에 대신하여 그 권리의 직접 목적을 이루고 있기 때문이다. 여기에서의 권리추구사상은 제재로서의 손해배상이라는 생각이라기보다 오히려 피침해법익의 대체로서의 그 객관적 가치를 가지는 것으로서의 손해배상이라는 점에 중점을 두고 이해되고 있어 이 점에 있어서는 노이너 등과는 어느 정도 취지를 달리하는 것이다.

(3) 필요설(Lehre vom Bedarfsschaden; Bedarfsgedanke)

이른바 '필요설'을 주장한 쪼이너(Zeuner)에 따르면 재산상 손해는 손해 발생을 통해서 유발된 가치적 필요에 의해 파악되어야 한다고 한다. 즉 재산손해란 "가해행위를 통해 발생한 결과인 손해를 제거하기 위하여 필요한 비용"이라고 한다. 그는 자연적 손해개념론과 구체적 손해개념론에서 주장하고 있는 재산상의 차이는 손해의 산정에 있어 요건이 되지 못한다는 전

---

81) Wilburg(주 76), S. 130.

제하에, 배상되어야 할 손해는 재화가 가지고 있는 가치에 의하여 결정되
어야 한다고 주장하고 있다.[82] 예를 들면 교통사고로 인하여 훼손된 자동
차를 수리하는 동안 자동차의 렌트가 필요한 경우, 이러한 비용의 사실적
필요성에 의해 나타나는 필요 역시 배상되어야 할 손해로서 인정되어야 한
다는 것이다.[83]

쪼이너는 손해를 두 개로 분류한다. 그도 역시 손해는 항상 두가지 상태
의 차라고 한다. 그러나 문제는 이 차를 어떠한 관점에서 문제로 하는가이
다. 차액설은 금전으로 표현된 두 개의 재산상태를 대치하고 계산상의 차
를 탐구한다. 이것에 대하여 숫자로 나타난 계산상의 크기가 아니라 이 두
개의 상태의 구체적 차를 손해로서 포섭하는 것이 가능하다.[84] 전자를 '계
산상의(rechnerische) 손해'라고 칭하고 후자를 '구체적(konkrete) 손해'라
고 칭한다. 양자는 적어도 고찰방법에 있어서는 차를 문제로 하는 점에서
같고 단 실제 대상이 다른 것이다. 즉 구체적 손해는 재산을 그 개별적 성
격에 있어서 사람에게 도움이 되는 통일체로서 포섭하고 이 기능의 손실을
문제로 하는 것임에 반해 계산상 손해에서는 재산을 금전으로 표현할 수
있는 가치로서 포섭하고 그 상실을 문제로 삼는 것이다. 그러나 이 두가지
손해는 실은 하나의 손해사건의 다른 측면에 지나지 않는다. 즉 양자의 손
해형식은 침해된 재산의 다른 측면과 기능의 반영에 지나지 않는다.[85] 재
산은 한편으로는 그 개개의 특성에 따라 인간에게 도움이 되는 구체적 통
일체이고 다른 한편으로는 금전으로 표현할 수 있는 계산상의 가치이기 때
문이다.

---

82) Zeuner, "Schadensbegriff und Ersatz von Vermögensschaden", AcP 163(1964), S.
   380ff.
83) Zeuner, "Gedanken zum Schadensproblem", Gedächtnisschrift für Rolf Dietz,
   1973, S. 99ff., 102ff.
84) Zeuner(주 82), S. 382.
85) Zeuner(주 82), S. 383.

이와 같이 쪼이너는 손해를 이분하고 있으나 그의 특징은 계산상의 손해에 있어서도 차액설과는 다른 포섭방법을 취하고 있는 것이다. 그는 계산상의 손해가 존재할 수 있기 위한 요건을 검토하고 있다. 우선 피침해이익은 양도가 가능한 것이어야 하는 것은 아니다. 확실히 금전으로 전보해야 하는 계산상의 재산적 손해는 금전에 대한 일정한 관계를 전제로 하고 있다. 그러나 손해사건에 의해 침해된 대상 자체가 다시 금전으로 변할 수 있는 것은 필요하지 않다고 한다. 오히려 금전에는 교환기능과 나란히 일반적 가치척도의 의의가 있는 것을 생각해야 한다. 이 기능에 대하여 본다면 거래에 있어서 곧바로 금전으로 평가되는 것은 불가능하지만 금전으로 획득되는 것이 통상적인 財도 또한 측정될 수 있는 것이다. 가치를 쌓고 증가시키는 것만이 재산의 기능은 아니다. 재산의 본질적 과제는 오히려 이용과 향유에 도움이 되는 것이다. 그러한 목적을 위하여 재산가치를 투입하는 것은 그 재에서 재산기능을 빼앗는 것을 의미하지 않는다. 침해된 이용이나 향유의 목적을 위하여 다른 재산가치를 투입할 것인가는 권리자의 '순수하게 내부' 문제이고 그러한 사정이 가해자를 면책시키지 않는다.[86] 이처럼 쪼이너는 결국 계산상 손해에 있어서도 차액설과 달리 현실의 재산감소를 요구하고 있지 않은 것이다.[87]

필요설은 차액설이 구체적 손해산정방식을 취하는 데에서 발생하는 문제를 시정하기 위하여 주장되었다. 즉, 현실적으로 손해를 제거하기 위하여 비용을 지출하지 않더라도 손해배상을 청구할 수 있다. 피해자는 손해배상금을 손해제거를 위해서 지출할 것인지 아니면 다른 곳에 지출할 것인지에 관계없이 손해배상을 청구할 수 있다. 따라서 필요설은 배상액산정기준시는 손해발생시라는 점을 강조하고, 그 이후에 생긴 사정에 의해 손해배상

---

86) Zeuner(주 82), S. 389.
87) 쪼이너는 이와 같이 권리추구사고에 의지함이 없이도, 구체적 손해와 계산상의 손해 모두 피해자의 전체재산에서의 차액의 존재를 전제로 하지 않는다고 함으로써 객관적 손해개념에 있어서와 동일한 결론에 도달하고 있는 것이다.

액을 수정하는 것을 거부한다.

(4) 추상적 손해산정론(Abstrakte Schadensberechnung)

슈타인도르프(Steindorff)는 노이너의 권리추구적 기능의 영향을 받아 손해배상제도에 있어 산정론의 기능을 강조하였다. 그는 손해산정의 문제가 소송법상의 문제로 그치는 것이 아니라, 무엇이 배상되어야 하는가라는 실체법의 문제로서, 손해액의 증명이라는 소송법적 문제에 선행하여야 한다고 하며, 그러한 실체법적인 가치판단은 손해와 이익을 동일시하는 차액설에 의해서는 충족될 수 없다고 한다.[88]

이 문제를 해결하기 위하여 슈타인도르프는, 상인간의 거래에 있어서는 피해자에게 실제 피해의 발생여부를 불문하고 계약가격과 시장가격의 차액을 배상하고, 무체재산권의 경우에는 피해자가 수익을 올릴 수 있었는지의 여부를 불문하고 그 적정한 사용료상당액을 손해로 인정하고 있는 독일 연방대법원(BGH)의 판례의[89] 태도로부터 추상적 손해산정이라는 개념을 창출하였으며, 차액설과 같은 구체적 손해산정이 아니라 손해배상채권자의 구체적 사정을 捨象한 추상적 손해산정을 도입하여야 한다고 주장하였다.

그 밖에 슈타인도르프는 실체법적 가치판단에 대해 언급하면서 법정책적 가치판단(rechtspolitische Wertung)이라는 용어를 사용하는 등 정책적인 판단을 중시하였다. 즉 추상적 손해산정이 인정되는 경우는 침해된 권리의

---

88) Steindorff, "Absrtrakte und konkrete Schadensberechnung", AcP 158(1959), S. 431ff.

89) BGHZ 44, 372; BGH NJW 1972, 102. 경우에 따라서는 2배의 사용료를 인정한 경우도 있다(BGHZ 17, 376; 59, 286). 이 판결들에 대한 평석으로는 Loewenheim, "Schadensersatz in Höhe der doppelten Lizenzgebühr bei Urheberrechtsverletzungen?", JZ 1972, S. 12ff를 참조.

보호를 위하여 강력한 제재가 필요한 경우에 한정된다고 한다. 이러한 사정이 인정되지 않는 경우에는 구체적 손해산정만이 허용되고 추상적 손해산정은 부정된다는 것이다. 이런 점에서 절대권 일반에 대하여 객관적 가치의 배상을 인정하는 노이너의 견해와는 차이가 있다.[90]

슈타인도르프는 추상적 손해산정의 문제를 살피는 과정에서 새로운 손해개념을 제시하고 있는 것이다. 그에 의하면 추상적 손해산정이라고 함은 구체적인 실제의 손해의 발생여부를 고려함이 없이 권리침해를 근거로 손해배상을 하는 것이다. 이는 추상적 손해산정에 의한 손해배상은 권리추구의 수단, 즉 피침해권리의 관철(Durchsetzung)이 기초가 되는 것이지 손해의 회복필요성이 기초가 되는 것은 아니기 때문이다.[91] 슈타인도르프는 이러한 추상적 손해산정을 무체재산권의 침해에 있어서 인정한다. 그것은 무체재산권이 유체물보다 용이하게 침해될 수 있기 때문이다. 무체재산이 특별히 위험에 노출되어 있는 것에서 출발하면 사용료(Lizenzgebühr)청구권은 특히 위험에 노출되어 있는 권리보호의 제재로서 용이하게 설명할 수 있다.[92] 또한 슈타인도르프는 상표권침해에 대해 추상적 손해배상의 확대를 주장한다.

이상과 같이 슈타인도르프에 의하면 추상적 손해산정은 용이하게 침해될 수 있는 권리의 보호를 위하여 엄중한 제재가 필요한 경우에만 허용된다고 한다. 이러한 슈타인도르프의 생각의 의의는 손해개념을 객관적 가치의 개념에서 해방시키고 있다는 점에 있다. 즉 그에 의하면 손해는 차라리

90) 또한 권리추구기능에 대하여 노이너가 부여한 의미와 슈타인도르프가 부여한 의미도 차이가 있다. 노이너의 출발점은 권리보유자의 물권적 지위 및 채권자의 채권적 청구권이 법에 의해 모든 경우에 보장되어져야 한다는 것임에 비하여 슈타인도르프에게 있어서는 법적 지위를 침해한 가해자가 제재받지 않고 면책되는 것은 허용될 수 없다는 것이 문제되는 것이다(Mertens(주 53), S. 79).
91) Steindorff(주 88), S. 454.
92) Steindorff(주 88), S. 455.

침해된 법적 지위의 종류나 보호의 필요성에 의해 구별되어야 한다고 한다.[93] 따라서 가치감소를 손해로 보는 통상의 의미에서의 손해개념은 이미 포기되고 있는 것이다.[94][95]

(5) 개별손해개념론(Begriff des Einzelschadens)

개별손해개념론은 손해의 산정에 있어서 문제되는 것은 전체이익이 아니라 개별이익이므로 손해 개념 역시 개별적으로 파악해야 한다는 견해이다.

즉, 묄러(Möller)는 손해가 계산상으로 파악이 되지 않는 경우에 문제되는 것은 전체이익이 아니라, 개별이익만이라고 하며, 손해의 개념은 손해항목별로 개별적으로 파악해야 한다고 주장하였다.[96] 그러나 묄러는 개별이

---

93) Steindorff(주 88), S. 453.

94) 젤프(Selb) 역시 손해배상청구권의 제재적 기능을 강조하고 있다. 그에 의하면 사회적 부조(soziale Versorgung, 가령, 보험이나 세금, 사용자의 계속적 임금지급의무)가 넓은 범위에서 달성되고 있으며 점차 완전한 복지국가(totaler Versorgungsstaat)로 향해 가는 중도선상에 있는 현대에 있어서는, 손해의 존재가 손해배상청구권의 불가결한 요건이 아니며, 손해배상청구권은 가해자의 위법한 행위에 대한 제재로서만 인정되어야 한다는 것이다(Selb, Schadensbegriff und Regreßmethoden, 1963, S. 49ff). 이러한 젤프의 견해에 대해서는 노이너에게서 나타나기 시작하는 손해개념의 규범적 이해의 단서가 가장 철저하게 전개되고 있는 것을 발견할 수 있다는 평가가 있다. 이에 대해서는 Neuwald(주 2), S. 20.

95) 실제로 생기지도 않은 불이익을 손해로 인정하는 객관적, 추상적 손해산정방법을 원칙으로 인정하게 되면 손해배상법의 기본요소인 塡補原則(Ausgleichsprinzip)과 利得禁止原則(Bereicherungsverbot)에 모순된 결과를 낳게 된다고 하는 비판이 있다. 이미 이러한 비판은 Enneccerus/Lehmann, Recht der Schuldverhältnisse, 14. Aufl., 1954, S. 80에서 주장되었고 최근에는 Schiemann(주 28), S. 219에서 다시 주장되었다.

96) Möller, Summen- und Einzelschaden, 1937, S. 10ff.

익을, 침해된 법익의 객관적 평가로 이해하지 않고, 피해자에 대한 가치관
계로 이해함으로써 이를 엄격하게 개별적으로 산정하려고 한 것은 아니다.

묄러보다 한 걸음 더 나아가, 총재산상태간의 차액을 통해 손해를 인식
하는 차액설의 방식에서 본질적으로 벗어나려는 시도는 코익(Keuk)에 의
하여 이루어졌다. 그에 의하면 손해란 재산의 감소 또는 현재의 재산구성
요소의 침해의 형태 또는 재산을 취득하지 못함으로써 재산권자가 입게 되
는 손실(Verlust)이라는 것이다.97) 코익은 손해개념을 철저하게 개별화한
다. 즉 추상적인 계산상의 크기로서 손해를 이해하는 것에서 벗어나 손해
는 '재산소유자가 현존하는 재산구성요소의 박탈이나 훼손의 형태로 또는
재산구성요소의 불획득의 형태로 입은 손실'이라고 한다. 가해사건은 피해
자의 재산에 두가지 방향에서 불이익을 준다. 즉 피해자의 지금까지의 재
산의 감소(=적극적 손해)와 지금까지의 재산의 기대된 증가의 방해(=일실
이익)의 두가지이다. 우선 적극적 손해에 대하여 본다면 이 출발점은 가해
사건이전의 피해자의 재산이다. 문제는 어떠한 가치의 크기로서의 재산에
서 출발하는 것인가이나, 재산의 계산상의 액은 단서가 될 수 없다. 왜냐하
면 계산상의 액은 가해사건과는 독립하여 일어난 전개도 고려에 넣기 때문
이다. 적극적 손해의 탐구를 위하여 필요한 비교에 있어서 가해사건 전의
그 대상적 상태에 있어서의 재산에서 출발하고 따라서 손해의 고찰은 필연
적으로 개개의 財에 관련된다고 한다.98) 다음으로 일실이익에 대하여 본다
면 이것은 지금까지의 재산구성요소의 감소가 아니라 부가적 재산구성요
소의 획득이 방해된 것으로 이해해야 하고, 출발점으로서는 역시 재산을
대상적 상태에서 보아야 한다.

그러면 손해는 이상과 같이 재산구성요소의 상실이나 변경에서 존재한
다. 이 경우 손해는 현실의 손해와 계산상의 손해의 두가지 형태로 존재할

---

97) Keuk, Vermögensschaden und Interesse, 1972, S. 35.
98) Keuk(주 97), S. 21.

수 있다. 그러나 출발점은 현실의 손해에 있다. 현실의 손해는 두가지 순재
산상태의 금액의 차라고 하는 의미에 있어서의 추상적인 계산상의 손해의
보충물이 아니다. 개개의 재산구성요소의 상실이나 변경으로서의 손해의
자연적 현상은 오히려 거기서 시작하여 이것에 관한 계산상의 손해를 끌어
내는 기초이다. 현실의 손해와 이것에서 끌어내어진 계산상의 손해가 하나
의 손해로서 동시에 같은 손해가 다뤄지고 있는 것이다. 현실의 손해에 대
한 계산상의 손해의 관계는 평가된 재산구성요소와 가치의 관계이다.99)

이와 같이 현실의 손해의 우위를 주장함에 있어 코익은 계산상의 손해는
개개의 현실의 손해에 기초한 계산상의 손해의 총계에서 존재한다고 주장
한다.100) 이러한 점이 코익의 생각을 철저히 개별화된 손해론이라고 평가
하게 하는 이유이다.

이러한 코익의 개별적 손해론에 대하여, 랑에(Lange)는 전체재산의 차액
으로 나타나는 손실의 전부가 특정한 재산구성요소에 대한 손해로서 반드
시 증명될 수 있는 것은 아니라는 것과 (전체)재산에 직접 관계되는 손해들
도 있고 그 경우 손해는 추상적 산정액이라고 하여 비판적으로 지적하고
있다.101)

뮐러가 총손해를 파악하기 위한 손해산정방법으로 개별손해를 활용하고
있는 반면에, 코익은 모든 개별손해 자체를 청구권의 기초로 삼고 있다는
점에서 차이를 보이고 있다.

---

99) Keuk(주 97), S. 22ff.
100) Keuk(주 97), S. 24.
101) 또한 개별적 손해항목은 상호 결합되어 있으며 총재산상 발생한 손해를 항목별로
분리하는 것은 쉬운 일이 아닐 것이라고 한다. Lange/Schiemann(주 65), SS
34-35.

(6) 규범적 손해개념(Normativer Schadensbegriff)

규범적 손해개념은 차액설로 일관하는 경우의 문제점을 해결하기 위하여 주장되었다. 즉, 전통적인 차액설로써는 손해를 인정할 수 없게 되어 부당한 결과를 초래하게 되는 경우들에 대하여 손해를 인정하기 위하여 제기된 것으로서, 손해의 개념을 차액설에서와 같이 총재산가액의 비교에 의해서가 아니라 법적인 가치평가를 통하여 규범적으로 파악하려고 하는 것이다.

규범적 손해개념론에 있어서 손해란 '법률이 보호하고 있는 이익의 침해'를 의미하게 된다. 즉 차액설에 의하여 산정되는 재산상의 손해는 사실상의 손해만을 의미하게 되는 데 반해, 가해행위의 전·후에 아무런 불이익이 발생하지 않아 재산상태의 변화가 없다고 하더라도 평가가치상 인정될 수 있는 경우에는 재산상의 손해가 발생한 것으로 보게 된다. 그리하여 재산적 손해에 있어서 규범적 손해란 손해야기 전후에 계산상의 불이익이 존재하지 않는 경우에도 법적 평가에 의해 인정되는 재산상의 손해를 말한다.

이러한 규범적 손해개념은, 일정한 사안들에 대하여는 독일연방대법원(BGH)에 의해 명시적으로 수용되었다.[102][103] 즉, 독일연방대법원은 직업

---

102) 독일연방대법원의 판례들에 대해서는 Neuwald(주 2), S. 34ff; Hagen, "Zur Normativität des Schadensbegriffs in der Rechtsprechung des Bundesgerichtshofes", Festschrift für Fritz Hauß zum 70. Geburtstag, 1978, S. 84ff 참조.

103) 독일의 판례에서 사용된 規範的 損害概念은 差額說의 損害概念에 대립하는 의미에서만 사용된 것은 아니고 주체관련 損害(der subjektbezogene Schaden)에 대립하는 의미로, 즉 피해자의 개별적인 사정을 고려하지 않고 파악하는 損害의 의미로 사용되기도 하였다. 예컨대 제3자의 과실로 전차가 파손된 경우에, 그 전차를 피해회사의 공장에서 수리하였기 때문에 다른 공장에 수리를 맡기는 것보다 비용이 적게 들었다고 하더라도, 다른 공장에서 수리하는 경우에 소요되는 수리비용에 대한 損害賠償을 인정할 때도 規範的 損害라는 용어를 사용하였다

이 없는 가정주부가 부상당한 경우에 가사일을 대신 할 가사보조인을 고용
하기 위하여 실제로 비용을 지출하였는가를 묻지 않고 규범적 손해개념을
사용하여 부상으로 가사일을 못하게 된 것에 대한 손해배상청구를 인정하
였다.[104] 그리고 연방대법원은 자신의 물건(자동차)에 대한 추상적인 사용
가능성을 박탈당한 경우에도 규범적 손해개념을 사용하여 금전에 의한 손
해배상청구를 인정하였다.[105] 또한 제3자의 가해행위로 부상을 당한 근로
자가 일정한 기간 근로를 제공할 수 없음에도 불구하고 사용자가 그 근로
자에게 그 기간 동안 임금을 계속 지급한 경우에도, 법원은 규범적 손해개
념을 사용하여 근로자의 손해배상청구권을 인정하고, 이 손해배상청구권
이 사용자에게 이전되는 것을 인정하였다.[106][107] 한편 독일연방노동법원
(BAG)도 회사의 간부가 고용계약을 파기함으로써 회사가 다른 종업원의
노동력을 계획하였던대로 사용하지 못하게 된 경우에도, 규범적 손해개념

(BGHZ 54, 82, 85).

104) BGHZ 50, 304ff. 여기서 손해개념이 규범적이라 함은 대체인력을 고용하기 위하
여 비용을 지출했는지 여부에 관계없이 손해배상청구권이 인정되기 때문이다. 그
리고 이는 재산상태의 차액으로 손해를 인식하는 것으로부터의 탈피를 의미한다
(Medicus(주 51), S. 233).

105) BGH NJW 1969, 1477.

106) BGHZ 43, 378, 381. 이 판결은 독일연방대법원에서 처음으로 규범적 손해라는
것을 명시적으로 언급한 판례라고 평가되고 있다(Medicus(주 51), S. 234 Fn.
21.).

107) 피해자가 임금을 계속하여 지급받은 때는, 차액설에 의하면 피해자에게 아무런
손해가 없다. 그러나 사회적인 이유로 지급하는 사용자의 급여가 가해자를 면책
시켜서는 안 된다. 따라서 근로자의 손해는 계속 지급한 금액으로 규범적으로 구
성된다(BGH VersR 52, 353; BGH VersR 53, 320). 이 경우 근로자의 손해배상
청구권은 법률(임금계속지급법 제6조)에 의하거나, 적어도 독일민법 제255조(배
상청구권의 양도)의 유추적용을 통하여 대개 계약상의 의무를 부담하고 있는 채
권양도에 의해 사용자에게로 이전한다. 사용자가 법정양도 또는 채권양도에 기하
여 손해배상청구권을 주장하는 경우, 그 근거와 액수에 대한 주장 및 증명책임은
사용자에게 있다(Küppersbusch, Ersatzansprüche bei Personenschaden, 8. Aufl.,
2003, Rn. 106).

에 의하여 종업원의 노동력을 사용하지 못하게 된 것 자체를 손해로 인정
하였다.108) 그러나 근래에 있어서는 최고법원의 판결들이 '규범적 손해
(normativer Schaden)'라는 개념을 사용하는 것을 회피하는 것으로 보이며,
차액설의 '규범적 보충(normativen Ergänzung)'과 같은 유보적인 표현을
사용하고 있다.109) 원칙적으로 독일연방대법원은 계속해서 종래의 가치중
립적인 차액산정의 원칙들에 근거를 두고 있으며 그와 동시에 종래의 차액
설에 근거하고 있는 것으로 평가되고 있다.110)

한편, 규범적 손해개념을 취하는 견해들에 있어서도 규범적 손해의 의미
는 일치하지 않아서 대개 다음의 세 가지 의미에서 사용되고 있는 것으로
구분해 볼 수 있다.111)

즉, 첫째, 前法律的, 自然的 損害에 대해 반대되는 개념으로서 사용되고
있는 경우와, 둘째, 차액설로 설명될 수 없는 모든 예외들을 지칭하는 개념
으로서 사용되고 있는 경우 그리고, 셋째, 차액설로는 설명되지 않는 예외
들 중 특정한 예외들을 표현하는 개념으로서 사용되고 있는 경우이다.

이를 간단히 살펴보면, 첫째, 前法律的, 自然的 損害에 대해 반대되는
개념으로서의 규범적 손해는, 손해를 법적으로 배상이 인정되지 않는 일상
용어상의 단순한 손해와 배상되어야 하는 법적인 손해로 구분하고 그 중
후자, 즉 배상되어야 하는 법적인 손해를 의미하는 것으로서 규범적 손해
라는 개념을 사용하고 있는 것이다.112)

---

108) BGH JZ 1971, 380.
109) BGHZ-GS 98, 212, 221. 이에 관해 상세히는 Steffen, "Der Normative
Verdienstausfallschaden", NJW 1995, 2057ff를 참조. 그 밖에 BGHZ 45, 212,
218; BGHZ-GS 50, 304, 306; BGHZ 51, 109, 111; 54, 45, 49f 등도 참조.
110) Lange/Schiemann(주 65), S. 36.
111) Medicus(주 51), SS. 236-237.
112) 이러한 예는 라렌츠의 저서(Larenz(주 29), S. 426ff. 라렌츠는 '법적인 의미에서
의 손해(Schaden im rechtlichen Sinn)'라고 지칭하고 있다)에서 분명하게 발견할
수 있다. 즉, 라렌츠는 規範的 損害를 법적으로 배상가능한 損害(der rechtlich

둘째, 차액설로 설명될 수 없는 모든 예외들을 지칭하는 개념으로서 사용되고 있는 규범적 손해는, 어떤 일정한 내용을 갖는 것은 아니며, 차액설의 난점을 개별사례의 가치평가적 고찰을 통하여 해결하고자 하는 것은 모두 규범적 손해라고 하는 것이다.113)

마지막으로 차액설로는 설명되지 않는 예외들 중 특정한 예외들을 표현하는 개념으로서 사용되고 있는 규범적 손해는, 당해 사안에서 손해가 전보되고 있는 일정한 사정들을 고려하지 않는 것을 지칭하는 것으로서, 원래 차액설에 의해서도 손해로서 파악되었을 경우인데 제3자의 개입에 의해 그 손해가 전보되고 있거나 손해의 발생이 저지되고 있는 경우들에서114) 사용되고 있다.115) 즉 가해자 이외의 제3자에 의하여 재산상의 손실이 전

---

ersatzfähige Schaden)의 의미로 사용하고 있는데, 자연적인 의미에서의 損害, 즉 일반적인 생활용어로서의 損害를 일정한 사건으로 인하여 자기의 생활이익(Lebensgüter)에 입은 손실로 파악하면서, 이러한 損害 중에서 법적으로 배상책임을 물을 수 있는 損害를 規範的 損害로 파악하는 것이다. 또한 피켄쳐(Fikentscher)의 저서(Fikentscher, Schuldrecht, 8. Aufl., 1992, S. 292ff) 역시 그러한 입장으로 볼 수 있는데, 피켄쳐는 規範約 損害를 법적으로 배상되는 損害의 의미로 파악한다. 즉 그는 법적으로 배상되는 損害를 '자연적인 不幸損害(natürliche Unglückschaden)'와 구별하여 '規範關聯損害(normrelevanter Schaden)'로 부르고 있다.

113) 이러한 예는 에써/슈미트(Esser/Schmidt)와 하겐(Hagen)의 저서(Esser/Schmidt, Schuldrecht Bd. Ⅰ Allgemeiner Teil Teilband 2, 8. Aufl., 2000, S. 186ff; Hagen (주 102), S. 83ff)에서 발견할 수 있다.

114) 예를 들면, 가사업무를 담당하던 가정주부가 가해자의 불법행위에 의해 상해를 당하거나 사망하였는데 그 남편과 가족구성원이 가정주부가 하던 가사업무를 해줄 대체 인력을 고용하지 않고 스스로 가사업무를 분담하여 처리하고 있는 경우 또는 가해자에게 상해를 당한 피용자가 법률에 의해 사용자로부터 임금을 계속해서 지급받고 있는 경우 등이 이 경우에 해당한다. 전자에서는 가정주부의 노동력(Arbeitskraft)의 침해라는 손해가 존재하는 것인지가 문제되고, 후자에서는 피용자의 임금(Arbeitsentgelt)의 침해라는 손해가 존재하는 것인지가 문제된다.

115) 이러한 예는 브록스(Brox)의 저서(Brox, Allgemeines Schuldrecht, 15. Aufl., 1987, S. 18ff)에서 발견할 수 있다. 브록스는 規範的 損害槪念을 가지고 차액설

보된 경우에도 가해자의 책임을 인정하기 위하여 規範的 損害를 인정하는 입장인 것이다.[116] 그 경우들에 있어서 차액설에 충실하게 손해개념을 파악하게 되면 손해가 없는 것이 되어, 결국 침해행위가 부당하게 면책되는 결과가 될 것인데, 그러한 불합리를 막고 차액설의 원칙적 입장과 달리 손해배상을 인정하기 위하여 규범적 손해라는 개념을 사용하고 있는 것이다.[117]

전반을 배척하려는 것이 아니고, 피해자의 재산상의 손실이 가해자 이외의 자에 의하여 전보됨으로써 차액설에 의하면 피해자에게 損害가 존재하지 않지만 법적인 가치평가상 가해자를 면책시키지 않아야 하는 경우에 한하여 規範的 損害를 인정한다.

116) 이러한 입장은 독일의 규범적 손해론에 있어서 이미 하나의 조류를 형성하고 있는 것으로 평가되고 있다. 즉 원칙적으로는 '차액설'을 유지하는 외에 피해자의 손해를 외견상 전보하는 것처럼 보이는 제3자의 행위(전보행위)가 개재하는 경우에는 그것이 가해자와 피해자간의 관계에 어떠한 영향을 미칠 것인가라는 문제상황에 직면하여 그 한도에서만 보충적으로 '규범적 손해'개념을 채용하는 것이다. 이는 차액설을 취하되 '규범적 손해'개념에 의해 제3자의 문제를 평가하는 것이다. 그리하여 이러한 입장은 '이원적 손해개념(dualistischer Schadensbegriff)'이라고도 칭해진다. 메디쿠스(Medicus(주 51), S. 237ff)와 브록스(Brox(주 115), 18ff)의 견해가 이 입장에 속하며 또한 BGH의 판례(BGHZ 7, 30; 21, 112; 42, 76; 43, 378; 50, 304)도 기본적으로 이 의미에서 '규범적 손해'개념을 채택하고 있는 것으로 평가된다. 참고로 BGH의 판례가 규범적 손해개념을 채용하고 있는 측면에서는 반드시 통일적 이해가 이루어지고 있는 것은 아니라고 할 것이다.

117) 差額說에 대하여 가해지는 비판은 어떤 통일적인 損害槪念으로부터 나온 것은 아니고, 해결을 요하는 개별적 문제들에 대한 가치평가적인 고찰로부터 나온 것에 불과하므로, '規範的 損害'라는 용어만으로는 아무것도 말해주고 있지 못하다는 비판이 있다(MünchKomm.-Grunsky, vor § 249, Rn. 8; Esser/Schmidt(주 113), S. 186ff). 즉, 規範的 損害槪念을 사용하여 극복하려는 상황들도 이질적인 것들이어서 어떤 공통적인 요소가 포함되어 있지는 않다는 것이다.

(7) 사실적·규범적 손해개념(Faktisch-normativer Schadensbegriff)

도이치(Deutsch)는 "무엇이 손해범위로서 적당한 것인가는, 오늘날에는 사실적·규범적 손해개념에 의해 파악되고 있다"라고 하여, 이른바 '사실적·규범적 손해'라고 하는 종래 상반한다고 생각되어져 왔던 두 개의 개념을 병존시키고 있다.[118) 도이치가 손해를 파악하는 출발점은 자연적인 손해에 있으나, 이것에 '규범적 성질'의 제한을 가하는 것이다.[119) 그리고, 손해의 존재는 당해 고려의 중심에 서는 사회생활상의 견해에 의거해 판단되어야 하고, 한계영역에 있어서만 규범적 수정이 이루어져야 한다고 주장한다. 자연적 손해, 즉 사회생활상의 견해에 의해 인식되어진 불이익은 '손해'개념의 구성전제이다. 그러나 이 전제에서 더 나아가 무엇이 손해의 범위로 적절한 것인가는 당해 책임목적 및 배상기능에 기초하여 발생하는 규

---

118) Deutsch, Allgemeines Haftungsrecht, 2. Aufl. 1996, Rn. 781-786.
119) 후술하는 바와 같이 라렌츠(Larenz(주 29), S. 426ff)나 랑에(Lange/Schiemann(주 65), S. 38ff)의 입장도 이러한 태도라 할 것이다. 그 밖에 재산적 손해개념에 관하여 규범적 손해라는 용어에는 비판적이지만 손해개념에 있어서의 규범적 평가의 개재에 대하여 실질적으로 마찬가지 입장을 택하는 것으로서 메르텐스(Mertens (주 53), SS. 89, 93, 109ff)와 하겐(Hagen, "Fort- oder Fehlentwicklung des Schadensbegriffs? - BGH(GSZ), NJW 1968, 1823", JuS 1969, S. 61ff., S. 67ff) 을 들 수 있다(더욱 메르텐스와 하겐이 재산적 손해개념에 관하여 개개의 재화를 그 거래가치에 따라 객관적으로 평가하는 종래의 생각에 대하여, '재산'을 권리주체와 관련지어 주체에 의한 이익전개의 주관적 가능성에 있어서의 對象上의 기초로서 動的으로 파악해야 한다고 주장하는 것은 손해파악에 있어서의 권리객체와 권리주체의 역할을 이해하는 데에 시사하는 바가 있다고 할 것이다). 또한 그 룬스키도 기본적으로 같은 입장에 서면서 손해의 존재는 두 개의 재산상태의 단순한 계산에 의해서가 아니라 평가적 고찰에 의해 확정되어야 한다는 것을 강조한다(MünchKomm.-Grunsky, vor § 249, Rn. 7, 8). 이들의 특징은 손해의 본질에 있어 자연적 요소나 규범적 요소만을 강조하는 입장에 대해서 반대하고 있다는 것을 그 공통점으로 들 수 있을 것이다.

범적 성질에 의한 제한에 의해 결국 확정된다는 것이다.[120]

슈톨(Stoll)도 자연적·사실적 파악을 중핵으로 손해배상의 목적·기능에 의하여 규범적으로 손해를 파악한다. 즉, 배상할 가치가 있는 손해의 개념은 특히 손해배상의 기능에 의해 그리고 특히 피침해권리 또는 법익의 보호내용에 의해 규범적으로 형성된다고 한다.[121] 금전배상원칙에 의하면, 법질서에 있어서 승인되어 온 견해에 따라서 재산적 등가물로 결정될 수 있는 모든 불이익이 배상되어야 한다. 그러나 원상회복원칙에 적합한 손해개념이라는 것은, 피해자가 피침해권리나 피침해법익에 의해 저지 또는 예방해야 할 상태의 야기를 그 기초로 하는 것과 같은 손해개념이다. 즉, 원상회복원칙에 있어서는 그 배상대상의 재산성은 문제로 되지 않기 때문에 그 보호는 확대된다는 것이다.

또한 배상가능성의 확장은 새로운 권리나 법익이 인정되는 것에 의해, 혹은 인정된 법익의 보호영역이 확충되는 것에 의해 발생한다. 법적으로 보호된 재화의 범위 및 보호영역의 확대는, 이들 법익침해의 경우에 해당하는 특수한 손해에 대한 손해배상의 부여와 같은 의미라고 한다.[122] 그리고 그 예로서 슈톨은 비재산적 손해에 대한 손해배상의 확장과 인격적 재화의 인식의 고양과의 관계를 들고 있다. 즉, 재산적 손해에 대한 배상의 확대는 인격적 재화의 인식 향상 및 그 인식에 의해 보호된 보호영역의 확충에 의한 인격보호의 개선과 일치한다는 것이다.[123]

---

120) Deutsch(주 118), Rn. 786.
121) Stoll, Haftungsfolgen im bürgerlichen Recht, 1993, S. 241.
122) Stoll(주 121), S. 242.
123) Stoll(주 121), S. 242.

3. 최근의 손해배상법 규정들에서의 손해의 개념

유럽에서는 근래에 손해배상법과 불법행위법을 동화시키거나 통일하려
는 시도가 활발하게 이루어져 왔으며 그 성과물로서 구체화된 것이 바로,
2005년에 그 최종안이 발표된 '유럽불법행위법원칙(Principles of European
Tort Law; 이하에서는 'PETL'로 인용)'과 2009년에 '완전판(Full Edition)'
이 발간된 유럽사법의 공통참조기준초안(Draft Common Frame of Reference;
이하에서는 'DCFR'로 인용)이라고 할 것이다. 그러한 유럽불법행위법원칙
과 공통참조기준초안은 손해의 개념과 관련해서 직·간접적으로 명시적인
규정을 두고 있는바, 이에 대한 고찰은 손해의 개념과 본질에 관한 현재의
각 국가들에서의 이해와 합의점들을 알 수 있게 해 줄 것이므로 이에 대해
서 살펴보기로 한다.

(1) 유럽불법행위법원칙(PETL)과 손해의 개념

1) 유럽불법행위법원칙(PETL)

유럽연합 내에서의 불법행위법의 동화와 통합을 위한 연구의 일환인 유
럽불법행위법원칙은 유럽불법행위법위원회(European Group on Tort Law)
에 의해 수행되었다.124) 유럽불법행위법위원회는 2002년 11월 불법행위법

---

124) 유럽불법행위법위원회는 1992년 네덜란드 틸부르크(Tilburg)대학의 슈피어(Jaap
　　Spier)교수가 소규모의 연구팀을 구성하여 불법행위법상 손해배상의 기본문제에
　　관하여 비교법적 내용의 설문조사를 한 것에서 기원한다. 이후 위원회는 오스트
　　리아의 코찌올(Helmut Koziol)교수를 비롯하여 유럽 각국 및 미국, 남아프리카

과 관련한 잠정적 초안을 마련한 이후 2004년 10월 '유럽불법행위법원칙
(PETL)'을 확정하였고 2005년 5월에 유럽불법행위법원칙의 최종안을 발
표하였으며 유럽불법행위법원칙에 대한 해설과 설명에 관한 책자가[125] 출
간되기도 하였다.

유럽불법행위법원칙은 형식적으로 6개의 장(Title)과 10개의 절(Chapter)
및 36개의 조문(Article)으로 구성되어 있다. 6개의 장은 기본규범, 책임의
일반요건, 인과관계, 항변사유, 다수불법행위자와 그 책임, 구제수단으로
구성되어 있으며, 10개의 절은 기본규범, 손해, 조건적 인과관계, 과실책임,
엄격책임, 타인에 대한 책임, 항변사유 일반, 피해자의 기여행위, 다수의 불
법행위자, 손해배상으로 구성되어 있다.[126]

2) 유럽불법행위법원칙(PETL)에서의 손해의 개념

PETL의 제2절 표제에서는 '손해'라는 일반적인 용어를 사용하고 있지
만, 제2:101조는 '배상가능한 손해(recoverable damage)'에 대해서만 정의
하고 있다. 즉, 제2:101조는 '배상가능한 손해'라는 표제 하에 "손해는 법
적으로 보호되는 이익의 물질적 또는 비물질적 손상을 요건으로 한다"라고
규정하고 있다. 따라서 PETL상 문제가 되는 것은 타인에 의하여 야기된

공화국 등 여러나라를 대표하는 20여명의 학자들이 참가하여 큰 조직으로 발전
하게 된다. 그러나 아직도 유럽불법행위법위원회는 연혁적인 이유로 흔히 '틸부
르크 그룹' 또는 오스트리아 빈(Wien) 대학의 코찌올 교수의 지원에 힘입어 '틸
부르크/빈 그룹'이라고 불린다(송호영, "유럽연합(EU)에서의 民事法 統一化作
業에 관한 硏究", 民事法學 第34號, 2006, 212면).
125) European Group on Tort Law, Principles of European Tort Law: Text and
Commentary, 2005.
126) 박영복 編, EU사법(Ⅰ), 2009, 294면. 유럽불법행위법원칙에 관해서 상세하게는
Helmut Koziol(신유철 譯), 유럽손해배상법 -통일과 전망-, 법문사, 2005, 33면
이하와 안경희/이세정, EU사법통일의 동향과 분석(2) -불법행위법-, 한국법제연구
원, 2007, 43면 이하를 참조.

모든 불이익이 아니라, 그 가운데 법질서에 의하여 보호되는 이익에 대한 침해라는 사실을 알 수 있다. 구체적으로 어떠한 법익이 법적으로 보호되는가에 대하여는 법질서 전반에 근거하여 판단하게 되겠지만, 제2:102조가 보호범위를 확정하는데 중요한 요소가 된다.127)

배상가능한 손해에 대한 이해는 '자연적 의미의 손해'에서부터 출발한다. 자연적 의미의 손해는 어떠한 침해행위에 의하여 받은 모든 불이익을 의미하는 것으로 볼 수 있다. 그러나 자연적 의미의 손해 전부에 대해서 배상책임이 인정되는 것은 아니다. 즉 자연적 의미의 손해 가운데 법적으로 의미가 있는 손해라 할 수 있는, 법적 보호가치 있는 '법익 안의 불이익한 변경'만이 타인에게 전가할 수 있는 손해가 되는 것이다. 따라서 타인의 불법행위로 인하여 손해가 발생하면 법적인 가치판단을 거쳐 그 손해가 법적 보호가치가 있는지를 결정하게 된다. 만약 발생한 손해가 법적 보호가치가 있다고 판단되면, 그 손해는 배상가능한 손해가 되는 것이다. 이 '배상가능한 손해'는 피해자의 법적 보호영역 안에 부정적인 변화가 발생해야 함을 전제로 한다.128)

PETL은 이러한 '배상가능한 손해'를 상정한 후, '재산적 손해'와 '비재산적 손해'에 대해서 규정한다. 그렇다면 어떠한 손해가 법적 보호가치가 있는지가 문제된다. PETL은 보호되는 이익이 무엇인지에 대하여 그 구체적인 종류를 열거하고 있지는 않다. 그 이유는 어떠한 이익이 법적으로 보호되는 이익인가에 관한 판단은 전체적 법질서에 입각하여 구체적으로 이루어져야 할 문제이기 때문이다. 따라서 PETL에서는 구체적 이익을 모두 열거하는 대신에 어떤 이익의 보호범위를 결정함에 있어서 고려하여야 할 기준을 마련하고 있다.129) 즉 제2:102조는 보호되는 이익이라는 표제 하에

---

127) Helmut Koziol(신유철 譯)(주 126), 37면.
128) Magnus(주 20), pp. 190-191.
129) Koziol, "Die "Principles of European Tort Law" der "European Group on Tort Law"", ZEuP 2004, S. 238ff.

이익의 보호범위는 해당 이익의 성질에 따라 결정되며, 이익의 가치가 높을수록, 이익의 경계가 명확할수록, 그리고 이익이 공연할수록 그 보호범위는 더 확장된다. 따라서 생명, 신체적 또는 정신적 불가침성 및 인간의 존엄과 자유는 무형의 재산에 관한 권리를 포함한 소유권보다 광범위한 보호를 받고, 순수한 경제적 이익 또는 계약관계의 보호는 오히려 제한될 수 있다.

PETL은 제10절에서 손해배상에 대해서 규정하면서 재산적 손해와 비재산적 손해에 대한 규정을 두고 있다. 즉, 제10:201조는 재산적 손해의 성질 및 그 확정이라는 표제 하에 배상가능한 재산적 손해는 가해사건으로 야기된 피해자 재산의 감소를 말한다고 한 후, 그러한 손해는 가능한 한 구체적으로 확정됨이 일반적이나 시세에 관한 경우와 같이 적절한 경우에는 추상적으로 확정될 수 있다고 한다. 또한 제10:301조는 비재산적 손해라는 표제 하에 비재산적 손해가 배상될 수 있음을 밝힌 후, 그러한 손해를 산정함에 있어서는 침해의 중대성, 지속성 및 그 결과를 포함하여 해당 사안의 제반사정을 고려하여야 함을 밝히는 등 그 구체적인 산정요소에 대하여 규정하고 있다.

(2) 공통참조기준초안(DCFR)과 손해의 개념

1) 공통참조기준초안(DCFR)

유럽위원회(European Commission)는 2001년부터 역내시장(internal market)에서의 계약법의 통일성을 증진시킴으로써 공동체법의 통일적인 적용과 국경을 넘는 거래의 원활한 작동을 촉진시키고 결과적으로 역내시장을 완전하게 하기 위한 노력들을 하였으며, 2003년에는 유럽연합 내에서 계약법

의 통일성을 유지시키기 위한 계약법에 관한 참고자료, 표준자료의 역할을
하게 될 공통참조기준(Common Frame of Reference; 이하에서는 'CFR'로
인용)을[130] 제안하였다. 공통참조기준은 여러 가지 목적을 갖고 있는데, 그
목적들 중에는 공동체 법안들을 검토하고 개선할 때 참고하거나 계약법에
대한 통일된 용어와 규범의 틀을 제시함으로써 공동체 법안의 통일성을 증
진시키고, 위원회가 계약당사자의 선택에 의해서 적용되는 구속력이 있는
통일된 계약법(optional instrument)이 필요한지의 여부를 검토함에 있어서
참고자료로 활용하는 것 등이 포함되어 있다. 유럽위원회는 2005년 유럽민
법전연구회(Study Group on a European Civil Code)와[131] 현행유럽공동체

---

130) 'Common Frame of Reference'는 "공통적 원용의 기초"(安春洙, "유럽의 私法
統一의 동향·접근방법과 현황을 중심으로-", 비교사법 제13권 제3호, 2006, 57
면), "공통참고요강"(송호영(주 124), 203면), "공통기준틀"(김영두, "유럽계약법
에 대한 최근의 논의", 법학연구 제15권 1·2권, 연세대학교법학연구소, 2005, 238
면), "공통참조기준"(박영복, "「현행 EC사법연구단」의 Acquis 원칙", 외법논집
제29집, 2008, 52면) 등 다양한 명칭으로 번역되고 있거나, 원문을 그대로 사용하
고 있기도 하여(김영두, "「Common Frame of Reference 초안」 중 채무의 불이행
에 관한 규정의 고찰", 외법논집 제33권 제1호, 2009, 91-94면) 아직 그 용어가
통일되지 않고 있다. 한편, DCFR의 모델규정(Model Rules) 중 제1편부터 제4편
(Book I~IV)에 해당하는 부분을 번역하고 그 주요내용에 대한 해설을 부가한
법무부의 비교법연구자료에서는, DCFR에 대하여 "유럽민사법의 공통기준안"이
라는 용어를 사용하고 있다(Christian von Bar 외 10인 편저/안태용(譯), 유럽민사
법의 공통기준안(총칙·계약편) -DCFR 제1권~제4권-, 법무부, 2012 참조).
131) 유럽민법전연구회는 유럽계약법위원회('란도(Lando) 위원회')의 후속연구회로서
(von Bar, "Konturen des Deliktskonzepts der Study Group on a European Civil
Code -Ein Werkstattbericht-", ZEuP, 2001, S. 515), 1998년 당시의 유럽계약법
위원회의 구성원들에 의해 확장된 기반 위에서 연구를 진행하자는 취지에서 비롯
되었고, 유럽계약법위원회의 해체 후 그 계승자가 되었다. 이 연구팀은 유럽민법
전의 제정을 추구하고 있으며 법전의 초안수준의 유럽재산법규범을 만드는 것을
목표로 하고 있다. 그 접근방법은 비교법적 연구를 토대로 법의 기능적 원리를 발
견하는 것이며, 20여 개국 출신의 80명이 넘는 학자들이 참여하고 있고 의장직은
독일 오스나브뤽대학의 유럽법연구소장으로 있는 폰 바(Christian von Bar) 교수

사법에 대한 유럽연구단(European Research Group on Existing EC Private Law; Acquis Group)에[132) CFR의 초안작성을 의뢰하였다.[133)

유럽위원회의 제안에 따라 두 그룹은 공동 작업을 통하여 2007년 말에 '유럽계약법원칙 수정본(a revised version of the Principles of European Contract Law)'을 기초로 한 잠정개요판(Interim Outline Edition)을 발표하고 2008년 12월 총 10편으로 구성된 '완전판(Full Edition)'을 완성하고 발표하여 2009년에는 책자로[134) 출간되었다.

DCFR은 유럽사법의 원칙(Principles), 개념(Definitions)과 모범규정들(Model Rules)을 포함하고 있다. 모델규정은 총 10편(Book)으로 구성되어 있는데, 즉 제1편 일반 규정, 제2편 계약과 그 밖의 법률행위(juridical acts), 제3편 의무에 그에 상응하는 권리, 제5편 타인을 위한 사무관리(Benevolent intervention in another's Affairs), 제6편 불법행위 등의 손해로 인한 비계약적 책임, 제7편 부당이득, 제8편 동산의 소유권의 취득과 상실, 제9편 동산담보권, 제10편 신탁으로 구성되어 있다. 이러한 DCFR의 내용은 장차 만들어지게 될 CFR의 기초가 될 것이다. 불법행위법에 해당하는 DCFR 제6편은 7개의 장(Chapter)과 12개의 절(Section) 및 57개의 조문(Article)으로 구성되어 있다.[135)

가 맡고 있다(安春洙(주 130), 64면).

132) 현행유럽공동체사법에 대한 유럽연구단은 유럽연합의 사법동화정책에 자극을 받아 2002년에 결성된 연구팀으로서, 다른 연구회들이 주로 비교법적 연구방법을 기본으로 하는 것과 달리, 이미 존재하는 공동체법으로부터 유럽사법의 골격을 도출해내는 것을 목표로 하고 있다. 즉 공동체법이 공통성과 일관성을 갖게 함으로써 질적 개선을 꾀하는 것에 중점을 두고 연구하고 있다(安春洙(주 130), 66면).

133) 김영두(주 130), 91-94면.

134) Study Group on a European Civil Code/Research Group on EC Private Law(Acquis Group)(eds.), Principles, Definitions and Model Rules of European Private Law: Draft Common Frame of Reference(DCFR)(Full Edition), 2009.

135) 공통참조기준초안의 잠정개요판을 중심으로 공통참조기준초안의 경과와 그 내용의 개략적인 설명에 관하여는 "Reviews; Christian von Bar, Eric Clive, Hans

2) 공통참조기준초안(DCFR)에서의 손해의 개념

DCFR은 손해에 대한 정의규정을 두고 있지는 아니하고, 다만 제6편의 제2:101조 제1항에서 "...손실(loss) 혹은 침해(injury)는... 법적으로 중요한 손해(legally relevant damage)이다"라고만 규정하고 있다. 일단 이 규정의 형식에 비추어 볼 때 DCFR이 상정하는 손해는 손실과 침해를 포함하는 상위개념임을 알 수 있다. 침해(injury)라 함은 타인의 재산 등 보호객체에 대하여 발생한 불이익을 의미하고, 손실은 그러한 침해의 결과 발생한 불이익을 언급하는 데 사용된다.136)

이처럼 손해의 개념에 대하여 직접적으로 정의를 내리지 아니하고 간접적으로 규정하고 있는 것은, 손해에 대한 정의규정을 DCFR에 두는 경우에는 유럽연합회원국의 언어로 이를 번역해야 되는데, 손해는 책임귀속의 근거 및 인과관계와 대단히 밀접하게 연결되어 있는 개념이어서, 그 의미를 "잘못 이해함이 없이" 제대로 번역하는 것이 거의 불가능하다는 조정위원회의 판단에 따른 것이라고 한다.

DCFR은 불법행위법이 독자적인 가치를 갖는다는 전제 하에 어떠한 불이익이 법적으로 중요하고 따라서 배상받을 수 있는 손해가 되는가 하는 것은 불법행위법 자체 내에서 결정해야 할 사정이라고 보고 있다. 그리고 보호법익이라는 것은 불법행위법이 침해를 인정하고 그로 말미암아 어떠

Schulte-Nöcke(eds), Principles, Definitions and Model Rules of European Private Law: Draft Common Frame of Reference (DCFR) Interim Outline Edition, by the Study Group on a European Civil Code and the Research Group on EC Private Law(Acquis Group), Munich: Sellier European Law Publishers, 2008 369 pp, pb € 10", Modern Law Review, Vol. 71 Issue 5, 2008, pp. 840-844를 참조.

136) Blackie, "The Torts Provisions of the Study Group on a European Civil Code", in: Mauro Bussani(ed.), European Tort Law: Eastern and Western Perspectives, 2007, pp. 55, 64.

한 형식으로 배상을 보장하는 결과 보호되는 것이므로, 이는 모든 불법행위책임의 기본요소들을 규범적으로 판단한 경우에야 비로소 도출될 수 있는 것이지, 미리 보호법익의 구체적인 목록을 만들어 둘 수는 없다고 한다.[137]

DCFR 제2장의 법적으로 중요한 손해는 제1절 총칙과 제2절 법적으로 중요한 손해의 개별적 예로 구성되어 있으며, 후자는 11개의 예들이 제한적으로 열거되어 있다. 원래 '법적으로 중요한 손해'라는 개념은 이탈리아 법상의 'danno inguisto'라는 단어에서 영감을 얻은 것이라고 한다. 'danno' 는 -유럽민법전연구회의 공식어인- 영어로는 'damage'라고 번역되고 'inguisto'는 다양한 의미로 번역될 수 있는데, 가령 이를 '불공정한'이라고 번역한다면 그 의미를 명백하게 잘못 전달하는 것이 될 것이어서 회원들이 이 용어에 대하여 많은 논의를 하였다고 한다. 그래서 처음에는 '배상받을 만한'이라고 번역을 했다가, 후에 '법적으로 중요한'이라는 용어가 채택되었다고 한다. 이 개념은 법적으로 의미가 있는 즉, 손해배상을 받을 수 있는 손해와 그렇지 아니한 손해를 구분하는 역할을 한다.[138]

4. 우리나라의 학설과 판례의 태도

손해의 개념과 본질에 관하여 독일에서는 이미 살펴본 바와 같이 다양한 견해들이 제기되고 있는데 반해, 우리나라에서는 자연적·규범적 손해설을 주장하는 견해 등도 있지만, 주로 차액설과 구체적(현실적) 손해설을 중심으로 논의되고 있는 실정이다. 이하에서 학설과 판례의 태도를 살펴보기로

---

137) DCFR vol. 4, p. 3140.
138) DCFR vol. 4, p. 3151.

한다.

(1) 학설의 대립

우리나라의 다수의 견해는 손해를 법익에 관하여 받은 불이익으로서 가
해행위(채무불이행 또는 불법행위)가 없었더라면 존재하였을 이익상태와
가해행위가 있는 현재의 이익상태와의 차이로 파악함으로써 독일의 차액
설의 입장을 취하고 있다.[139] 따라서 피해자가 현실적으로 입은 손해가 전
보되어야 하며, 배상해야 하는 것은 원칙적으로 피해자의 이익인 것이다.
그러나 법익에 대하여 받은 불이익 자체를 손해로 보는 것이 아니라 이익
상태의 차이를 손해로 파악함으로써 법익에 대한 사실상의 변화를 도외시
하고 재산의 금전적 평가상의 감소를 손해로 봄으로써 손해는 항상 추상적
계산액 내지 계산상의 숫자로 나타나게 된다.[140]
　이에 반해 소수의 견해는 손해를 '어떠한 사실로 인하여 어떤 사람이 법
익에 대하여 입은 불이익' 또는 '법익에 대하여 받은 모든 불이익'이라 하
여 피해자의 재산을 구성하는 하나하나의 권리 또는 법익이 입은 불이익
(또는 손실)을 손해라고 하는 구체적(현실적) 손해설의 입장을 취하고 있
다.[141] 즉 손해를 채무불이행이나 불법행위로 인하여 구체적·현실적인 법

---

139) 郭潤直, 債權總論, 第六版, 博英社, 2006, 113면 이하; 金曾漢/金學東, 債權
　　總論, 第6版, 博英社, 1998, 126-128면; 金顯泰, 新債權法總論, 一潮閣, 1964,
　　121면; 李好珽, 債權法總論, 韓國放送通信大學出版部, 1991, 68면; 玄勝鍾,
　　債權總論, 日新社, 1975, 155면 등.
140) 郭潤直(주 139), 113면; 金曾漢/金學東(주 139), 126-127면; 玄勝鍾(주 139),
　　156면 주 1; 金容漢, 債權法總論, 1983, 192면; 金基善, 韓國債權法總論,
　　1987, 98면; 民法注解[IX], 466면(池元林 집필부분).
141) 金容漢(주 140), 192-194면; 金基善(주 140), 98면; 林正平, 債權總論, 1989,
　　186-187면 등.

익의 침해로 피해자가 입은 구체적인 불이익 내지 손실이라고 파악하는 것
이다. 따라서 구체적 손해설에 있어서는 피해자의 재산의 총체를 기준으로
손해를 파악하는 차액설과는 달리 손해는 항상 구체적인 사실로서 나타나
게 된다.142)143)

그 밖에 손해라는 개념은 법이 이를 규정하기 이전부터 존재하는 개념으
로서 '어떠한 침해행위에 의하여 받은 모든 불이익'을 의미하지만, 법률은
사회생활상 입은 모든 불이익을 손해로서 보호하는 것이 아니고, 법률이
보호할 필요가 있다고 인정하는 이익만을 보호하는 것이기 때문에, 손해의
개념은 필연적으로 規範的인 성격을 가지게 된다고 하여, 손해를 '권리주

---

142) 郭潤直(주 139), 113면; 玄勝鍾(주 139), 156면 주 1; 金容漢(주 140), 192면;
    金基善(주 140), 98면; 民法注解[IX], 467면(池元林 집필부분).
143) 기본적으로 차액설은 손해배상의 범위와 관련하여 완전배상주의에 의한 귀결이고
    (張庚鶴, 債權總論, 1992, 197면; 金疇洙, 債權總論, 1984, 142-143면), 구체적
    손해설은 제한배상주의를 이념으로 하여 이론을 전개하는데 차이가 있다는 지적
    도 있으나(林正平(주 141), 186면; 民法注解[IX], 467면(池元林 집필부분), 우리
    민법상의 손해배상의 범위에 관하여 제한배상주의를 취하고 있는 것이라고 평가
    되는 다수설의 입장이, 손해의 개념과 관련해서는 차액설을 취하고 있는 것을 보
    더라도 차액설과 완전배상주의가 필연적으로 연결되는 것이라고 보기는 어려울
    것이다. 또한 손해의 발생단계(손해의 개념문제)와 손해배상범위의 확정의 단계가
    논리적으로는 구별된다고 할 때 차액설과 구체적 손해설의 대립은 엄밀히는 전자
    에 관한 것이고, 완전배상주의와 제한배상주의의 대립은 후자의 문제에 관한 것
    이라는 점을 생각해 볼 때에도 그러하다. 제한배상주의는 손해가 발생한 것으로
    인정되는 불이익에 관하여 예견가능성이나 가해자의 귀책성의 정도, 인과관계 등
    에 근거하여 피해자에게 실제로 배상되어야 할 손해의 범위를 제한할 수 있을 것
    인지의 문제인 것이다. 그 밖에, 독일법에 있어서도 법적 인과관계론 및 상당인과
    관계설이 주장되어 인과관계연속의 한계설정에 의해 배상범위를 제한한 이후로
    완전배상주의를 극복해 나가고 있으며 최근에 규범목적설에 의한 폭넓은 배상범
    위제한이 주장되고 있는 상황을 볼 때, 독일 민법의 규정만으로 완전배상주의를
    취하는 것으로 판단하여 우리 민법의 제한배상주의와 본질적·기능적으로 전혀 다
    른 제도라고 판단하는 것은 잘못된 것이라는 지적으로는, 李銀榮, 債權總論, 第
    4版, 2009, 289면 참조.

체가 재산, 신체, 생명, 건강, 명예, 신용, 장래의 발전, 수익능력 등 법률에 의하여 보호받는 이익의 침해로 입은 불이익'으로 파악하는 자연적·규범적 손해설도[144] 주장되고 있으며,[145] 손해란 '피해자가 누리고 있던 보호법익에 대한 침해'라거나[146] '채권자의 보호법익에 대한 침해로 생긴 불이익'을 의미한다고 하는 견해와,[147] '人 또는 재산에 생긴 현재의 상태와 기대되는 상태를 비교하여 불이익이라고 생각되는 변화'로[148] 파악하는 견해도 있다.[149]

(2) 판례의 태도

대법원은 대체로 채무불이행에 관해서, 경매채권자가 부동산소유자와 경매신청을 취하하기로 합의하고서도 이 취하의무를 해태함으로써 경매절차가 계속 진행되어 위 부동산이 제3자에게 경락된 경우에 경매신청취하의무의 불이행으로 인하여 부동산소유자가 입게 된 손해액을 "경락 당시의 부동산 시가에서 위 부동산소유자가 경매법원으로부터 교부받은 금전을 공제한 나머지 금원"이라 하고,[150] 피고의 귀책사유로 인한 이행불능으로

---

144) 梁三承(제1장 제2절 주 1), 133면 이하.
145) 이 견해에 있어서 '規範的'이라는 수식어는 사회생활상 입은 모든 불이익이 아니라 법익, 즉 법에 의하여 보호받는 利益에 대하여 입은 불이익만이 損害로 인정될 수 있다는 것을 주장하기 위하여 사용된 것이라고 볼 수 있다는 지적으로는 서광민, "損害의 개념", 서강법학연구 제6권, 서강대학교 법학연구소, 2004, 134면.
146) 李銀榮, 債權各論, 第5版, 2005, 762면.
147) 李銀榮(주 143), 263면.
148) 金亨培, 債權總論, 第2版, 1998, 239면.
149) 이러한 李銀榮 교수와 金亨培 교수의 견해들에 관하여, 民法注解[IX], 466면 주 69(池元林 집필부분)는 차액설을 전제로 하는 것으로 평가하여 차액설의 입장인 것으로서 분류하고 있는데 반해, 서광민(주 145), 134면은 차액설과는 구별되는 별개의 견해인 것으로서 분류하고 있다.

매매계약이 해제된 경우 원고가 입은 손해를 "계약 당시의 시가와 이행불
능된 때의 시가의 차액"이라고 함으로써,[151] 차액설에 입각하고 있다.

그리고 불법행위에 관해서는, 불법행위로 인한 재산상 손해는 "위법한
가해행위로 인하여 발생한 재산상 불이익, 즉 그 위법행위가 없었더라면
존재하였을 재산상태와 그 위법행위가 가해진 현재의 재산상태의 차이"를
말하는 것으로서,[152] 가압류 후 가압류청구금액을 공탁하고 그 집행취소결
정을 받은 경우 위 가압류집행으로 인하여 가압류채무자가 입은 손해는 위
공탁금에 대한 민사법정이율인 연 5푼 상당의 이자와 공탁금이율인 연 1푼
상당 이자의 차액 상당이라고 하고,[153] 사고로 인하여 휴업을 한 경우 휴
업기간 중 입은 손해는 피해자가 받을 수 있었던 총 보수액 중 휴업 때문
에 그 일부만을 수령한 금액과의 차액, 즉 휴직으로 인하여 받지 못하게 된
금액이라고 함으로써[154] 차액설을 유지하고 있다.[155]

그러나 일실소득의 문제에 있어서는, 차액설의 연장이라고 파악되는 소
득상실설과 규범적 손해론의 일종으로 파악되는 가동능력상실설(평가설)의
대립과 관련하여 현재의 대법원은 "타인의 불법행위로 인하여 상해를 입고
노동능력의 일부를 상실한 경우에 피해자가 입은 일실이익의 산정방법에
대하여서는 일실이익의 본질을 불법행위가 없었더라면 피해자가 얻을 수
있는 소득의 상실로 보아 불법행위 당시의 소득과 불법행위 후의 향후 소

---

150) 대법원 1978. 4. 11. 선고 77다1219 판결(要集 民 Ⅰ-2, 668).
151) 대법원 1977. 8. 23. 선고 77다714 판결(總 3-1(B), 45).
152) 대법원 1992. 6. 23. 선고 91다33070 전원합의체 판결(集 40권 2집 民119; 公
    1992, 2235). 이 판결에 대한 평석으로는 李玲愛, "不法行爲로 인한 原因無效
    의 登記를 믿고 不動産을 買受한 사람의 損害", 民事判例硏究 [ⅩⅤ], 1993,
    181면 이하. 그 밖에 대법원 1998. 9. 22. 선고 98다2631 판결(集 46권 2집 民
    114; 公 1998, 2545); 대법원 2009. 9. 10. 선고 2009다30762 판결(公 2009하,
    1636) 등도 같은 취지의 판시를 하고 있다.
153) 대법원 1992. 9. 25. 선고 92다8453 판결(公 1992, 2990).
154) 대법원 1993. 11. 23. 선고 93다11180 판결.
155) 民法注解[Ⅸ], 468-469면(池元林 집필부분).

득과의 차액을 산출하는 방법(소득상실설 또는 차액설)과 일실이익의 본질을 소득창출의 근거가 되는 노동능력의 상실 자체로 보고 상실된 노동능력의 가치를 사고 당시의 소득이나 추정소득에 의하여 평가하는 방법(가동능력 상실설 또는 평가설)의 대립이 있는데, 당해 사건에 현출된 구체적 사정을 기초로 하여 합리적이고 객관성 있는 기대수익액을 산정할 수 있으면 족한 것이고 반드시 어느 하나의 산정방법만을 정당한 것이라고 고집해서는 안 된다고 할 것"이라고 판시하여,156) 소득상실설과 가동능력상실설 중 어느 것도 가능하다는 입장이다.157)

또한 이른바 '원치 않은 아이'의 문제와 관련하여 우리 법원은 손해의 개념과 본질에 대한 의미있는 판시를 하고 있다.

즉, 병원측의 과오에 의한 불임수술계약의 불이행으로 인하여 원고의 처(選定者)가 원치 않은 아이를 출산한 정상아형의 사안에서, 원고가 청구한 분만비 및 위자료 및 양육비·교육비에 대해 서울고등법원은 분만비용과 위자료청구는 인용하였으나 그 외의 양육비 및 교육비 상당의 손해배상청구에 대해서는 이를 손해로 볼 수 없다고 하여 기각하였다.

그런데 그 판결이유를 보면 "불임시술을 목적으로 하는 의료계약은 다른 일반계약과는 달리 그 이행으로서의 수술은 아직 구체화되지 않은 인간의 생명 및 그 탄생에 반하는 것이고, 오히려 그 불이행은 인간 생명의 탄생으로 직결되는 것이며, 또한 위 불이행으로 인한 원치 않은 아이의 임신 및 그 탄생은 부모의 입장에서 보면 부모로 하여금 그 자(子)에 대한 부양의무 등을 지게 한다는 점에서 일응 경제적 손해를 가져온다고도 볼 수 있으나 태어난 자(子)의 시각에서 본다면 유일한 생명을 구해준 은혜로운 행

---

156) 대법원 1990. 11. 23. 선고 90다카21022 판결(公 1991, 170).
157) 대법원 1994. 4. 14. 선고 93다52372 판결(公 1994, 1423) 등도 "일실이익의 산정은 당해 사건에 현출된 구체적 사정을 기초로 하여 합리적이고 객관성 있는 기대 수익액을 산정할 수 있으면 되고, 반드시 어느 한 쪽만이 정당한 산정방법이라고 고집해서는 안 된다"고 하여 같은 입장을 취하고 있다.

위가 된다는 점에서 그 법적 특수성이 있으므로, 과연 그 계약의 불이행으로 인하여 부모가 '손해'를 입게 될 것인가의 문제는 부모의 재산상 이익과 자(子)의 생명권 중 어디에 우월적 지위를 인정할 것인가의 문제로 귀착된다고 볼 것인데, 우리 헌법 제10조에서 "모든 국민은 인간으로서의 존엄과 가치를 가지며, 행복을 추구할 권리를 가진다. 국가는 개인이 가지는 불가침의 기본적 인권을 확인하고 이를 보장할 의무를 진다"고 규정하여 개인의 생명권 존중 및 기본적 인권 보장의 원칙을 천명하고 있고, 이를 받아 민법 제752조에서 타인의 생명을 해한 자는 피해자의 직계존속, 직계비속 및 배우자에 대하여는 재산상의 손해 없는 경우에도 손해배상의 책임이 있다고 규정하고, 형법 제250조 내지 제256조(살인 등의 죄), 제262조(폭행치사죄), 제268조(업무상 과실치사상 죄) 등에서 사람의 생명을 해한 행위를 범죄로 규정하여 처벌하고 있는 점 등에 비추어 비록 원치 않은 임신에 의하여 출생한 자(子)라 할지라도 그 자의 생명권은 절대적으로 보호되어야 할 가치로서 부모의 재산상 이익에 우선하여야 한다고 보아야 할 뿐만 아니라(만일 반대로 해석하여 제3자가 채무불이행으로 인하여 아이의 생명을 탄생시키게 함을 법적 비난의 대상으로 삼아 그 제3자에게 손해배상의 형식으로 제재를 가한다면 이는 실질적으로 우리 헌법정신에 반하는 것이 될 것이다), 민법 제913조에서는 "친권자는 자(子)를 보호하고 교양할 권리의무가 있다"고 규정하고 있고, 위 부모의 친권에 기한 미성년의 자(子)에 대한 부양의무는 원칙적으로 이를 면제받거나 제3자에게 전가할 수 있는 성질이 아니라 할 것이므로 비록 원치 않은 임신에 의하여 출생한 자(子)라고 할지라도 부모는 일단 출생한 자에 대하여는 부양의무를 면할 수 없다 할 것이고, 따라서 자의 출생 및 그로 인한 부양의무를 '손해'로 파악할 수는 없다 할 것이다.

따라서, 피고의 채무불이행으로 인한 원치 않은 임신에 의하여 사건 본인의 출생으로 원고 부부가 자(子)가 성인이 될 때까지 그 양육비 등을 지출하게 된다고 하더라도 이는 원고 부부의 손해라고 볼 수 없으므로 그 비용이 손해임을 전제로 한 원고 부부의 이 부분 양육비 및 교육비 청구는 나머지 점에 관하여 더 나아가 살펴 볼 필요 없이 이유 없다 할 것이다"라고 하여,158) 비록 하급심판결이긴 하나, 우리 법원이 손해의 자연적 요소와 규범적 요소에 대한 고려를 하고 있음을 뚜렷하게 확인할 수 있다.

나아가 대법원도, 산부인과의사가 원고의 어머니의 계속되는 기형아검사요청에도 불구하고 이를 제대로 이행하지 않은 결과, 다운증후군을 갖고 출생한 아이가 원고 자신의 향후 치료비 및 양육비 상당의 손해 중 일부를 청구한 장애아 자신형의 사안에서, "원고는 자신이 출생하지 않았어야 함에도 장애를 가지고 출생한 것이 손해라는 점도 이 사건 청구원인 사실로 삼고 있으나, 인간 생명의 존엄성과 그 가치의 무한함(헌법 제10조)에 비추어 볼 때, 어떠한 인간 또는 인간이 되려고 하는 존재가 타인에 대하여 자신의 출생을 막아 줄 것을 요구할 권리를 가진다고 보기 어렵고, 장애를 갖고 출생한 것 자체를 인공임신중절로 출생하지 않은 것과 비교해서 법률적으로 손해라고 단정할 수도 없으며, 그로 인하여 치료비 등 여러 가지 비용이 정상인에 비하여 더 소요된다고 하더라도 그 장애 자체가 의사나 다른 누구의 과실로 말미암은 것이 아닌 이상 이를 선천적으로 장애를 지닌 채 태어난 아이 자신이 청구할 수 있는 손해라고 할 수는 없다"라고 하여,159) 인간의 존엄과 가치에 반한다는 것과 출생한 것과 출생하지 않은 것을 비교할 수는 없다는 것을 근거로 제시하며 원고의 청구를 기각하고 있는데, 이러한 판시는 손해의 규범적 요소에 관련되는 것이라고 볼 수 있을 것이다.

원치 않은 아이의 양육비에 대한 손해배상을 인정할 수 있을 것인가의

---

158) 서울고등법원 1996. 10. 17. 선고 96나10449 판결(下集 1996-2, 73). 이 판결은 그대로 확정되었다.
159) 대법원 1999. 6. 11. 선고 98다22857 판결(公 1999, 1361).

문제는 자연적 손해개념이나 차액설 만에 의해서는 해결하기 어려운 점이 있다. 즉 우리 법원은 원치 않은 아이의 출산으로 인해 양육비의 지출이라는 재산상태의 변경이 발생할 것은 분명하므로 일응 재산적 불이익이 발생하는 것으로 볼 여지가 있음을 인정하나, 최종적으로는 인간의 존엄과 가치와 같은 가치평가적 고려에 의해 그러한 재산상태의 변경을 손해배상을 인정할 수 있는 불이익 또는 법적인 손해로 볼 수 없다고 판단하고 있는 것이다.

원치 않은 아이의 사안에 대한 이러한 판례는, 우리 법원은, 원치 않은 아이를 둘러싼 손해배상의 문제가 본질적으로는 아이 자신의 손해성 여부의 문제와도 연결되는 것이라고 파악하고 있음을 보여주는 것이며(이른바 '단일설'), 손해배상과 관련하여 손해의 개념과 본질의 문제 및 손해의 자연적 요소와 규범적 요소에 대한 검토를 비교적 명시적으로 제시하고 있는 예에 해당한다 할 것이다.

결국 우리 법원은 채무불이행과 불법행위로 인한 손해에 관해 일반적으로는 차액설의 입장에서 이해하면서도, 일실소득이나 원치 않은 아이 등의 일부 사안에 대해서는 차액설의 입장을 보완, 수정하거나 차액설과는 구별되는 관점에서 손해의 본질을 파악하고 있는 것으로 평가할 수 있을 것이다.

제3절 손해의 개념과 본질에 관한 검토

1. 손해의 사실적 요소와 평가적 요소

(1) 차액설

손해개념에 관련해 전통적으로 지배적인 견해를 형성해 온 차액설에[1] 대해서는 BGB 시행 직후부터 비판이 존재하였다. 그러나 그것이 유력하게 된 것은 노이너의 1931년 논문 이후였다. 그 이후 통설적 손해개념이 여전히 타당한 것인가에 대한 다툼이 계속해서 제기되었다. 차액설에 대한 비판은, 손해배상의 기능에 대하여 손해의 전보 이외의 기능을 인정하고 그것을 손해개념과 연결하여 생각하는 입장과[2] 손해배상의 기능에 대하여는 차액설과 마찬가지로 손해의 전보에 한정된다고 하면서도 차액설과 다른 손해개념을 주장하는 입장의[3] 두 가지로 크게 나누는 것이 가능하며, 또한 이론상의 문제에서 비판하는 입장과 실제 사안유형상의 문제를 근거로 비판하는 입장이 존재한다. 차액설에 대한 비판의 양상과 구체적 내용은 손

---

1) 차액설은 독일에서 여전히 다수설의 지위를 차지하고 있다. 이에 대해서는 Lange/ Schiemann(제2장 제2절 주 65), S. 27; StaudingerKomm.-Medicus, § 249, 12. Aufl., Rn. 11; MünchKomm.-Grunsky, vor § 249, Rn. 6 참조.
2) 권리추구기능에 근거해 비판을 제기하는 노이너, 빌부르크 등과 제재적 기능에 근거해 비판을 제기하는 슈타인도르프 등이 이러한 입장에 해당한다.
3) 재산개념에 근거해 비판을 제기하는 메르텐스나 개별적 손해론에 입각해 비판을 제기하는 코익 등이 이러한 입장에 해당한다.

해개념의 이론적 전개를 서술하는 과정에서 이미 살펴보았으므로 이하에
서는 그 내용들을 간단히 검토하기로 한다.4)

우선 몸젠의 이익개념(Interessebegriff)과 차액(Differenz)개념에 대하여
는 다음과 같은 유력한 비판이 제기되고 있다.5) 즉 이익개념은 독일에서
1900년까지 시행된 로마普通法에서 유래하는 것인데 몸젠은 자신의 이익
개념을 로마법에서 직접적으로 가져왔던 것이다. 로마법대전(Corpus Juris)
에서 손해배상은 'id quod interest'로 설명되는데, 몸젠은 이 Interesse라는
용어로부터 차이(Unterschied), 즉 차액(Differenz)이라는 개념을 추론해 낸
것이다.

가령 몸젠은 "id quod interest라는 표현은 비교(Vergleichung)를 가리키
는 것이며 그러한 비교는 이익(Interesse)개념의 기초가 된다. 이러한 이익
(Interesse)은 그 技術的 의미에6) 따라 바로, 주어진 일정한 시점에 있어서
의 어떤 사람의 재산액과 문제가 된 시점에 있어서 그 특정한 가해 사건의
발생이 없었더라면 존재하였을 재산액 간의 차이(Differenz, 차액)를 의미
하는 것이다"라고7) 하고 있다.8)

그러나 'quod interest'라는 말은 로마법 原典 어디에서도 차이, 즉 차액
을 의미하고 있지 않다고 한다. 그것은 전문용어(terminus technicus)로서

4) 차액설에 대하여 비판적인 문헌들의 상세한 목록에 대하여는 Lange/Schiemann(제2
장 제2절 주 65), S. 28 Fn. 13과 Larenz(제2장 제2절 주 29), S. 481 Fn. 3을 참고.
5) Honsell(제2장 제2절 주 39), S. 69ff; Honsell, Quod interest in bonae-fidei-
iudicum, 1969, S. 174ff.
6) 즉 무언가를 '비교(Vergleichung)'하는 것을 의미한다. 이는 몸젠의 원문에는 없는
내용이나 이해를 위해 설명을 추가하는 것이다.
7) 즉 가해 사실이 있은 후의 어떠한 사람의 현재의 재산상태와 가해 사실이 없었더라
면 존재하였을 그 사람의 재산상태가 보유하였을 가액(Betrag)과의 차이(Differenz)
를 뜻하는 것이다.
8) Mommsen(제2장 제1절 주 5), S. 3. 몸젠 이전에 이미 Puchta, Pandekten, 3. Aufl.,
1845, §225와 Unterholzner, Schuldverhältnisse Ⅰ, 5. Aufl., 1840, §125 그리고
Arndts, Pandekten, §266 등도 이와 유사하게 이해하고 있었다 한다.

'was dazwischen liegt(그 사이에 있는 것)'가[9] 아니라 'was daran liegt(그
것에 관한 것들)'를[10] 의미하는 것이다.[11] 또한 'quod interest'는 몸젠이
만들어낸 것과 같은 그러한 계산공식(Rechenformel)이 아니라, 원래는 단
지 법관이 자유로운 산정(또는 평가)을 하는데 있어 검토해야만 했던 모든
다양한 손해배상항목들에 대한 포괄적 표현이었을 뿐이어서[12] 하나의 백
지형식(offene Formel)이었다는 것이다. 따라서 몸젠은 Interesse라는 용어
를 잘못 이해하였던 것이라고 한다.[13][14] 이상은 차액설의 유래에 대한 비
판이라고 할 것이다.

서술한 바와 같이, 차액설은 가정적인 전체재산과 현재 존재하는 전체재
산의 차이로서 손해를 파악하고 있다. 이는 차액설에 있어서는 개별적인
손해항목을 구체적으로 파악하는 것이 불필요함을 뜻한다. 그러나 어떠한
개별적인 재산적 법익에 발생한 손해가 항상 총재산에 대하여 결과손해를

---

9) 가령 두가지 것 간의 차이나 차액을 의미한다.
10) 가령 채권자가 이해관계를 가지는 것이나 제반 관련사항, 고려요소, 참작해야 할
사항 등을 의미한다.
11) 예를 들어 Heumann/Seckel, Handlexikon zu den Quellen des römischen Rechts,
s. v. interesse 참조.
12) Medicus, Id quod interest, 1962, S. 327ff.
13) 그 밖에 '손해(Schaden)'와 '이익(Interesse)'에 대해서 상세히는 Neuwald(제2장 제
2절 주 2), S. 8 Fn. 6과 Wolf, Lehrbuch des Schuldrechts 1. Bd., 1978, §4 II 2
참조.
14) 독일민법학에서는 利益(Interesse)이라는 개념이 여러 가지 의미로 쓰이고 있다. 첫
째, 이익이라는 개념은 피침해법익의 객관적인 가치가 결정적이 아니고 그 법익이
배상청구권자에 대하여 가지고 있는 가치가 결정적이라는 것(주체관련성)을 나타
내기 위하여 사용된다. 둘째, 이익이라는 개념은 몸젠이 파악하는 바와 같이 差額
假定과 관련하여 사용되기도 하고, 따라서 재산상태의 비교를 통하여 나타나는 總
財産損害를 의미하게 된다. 셋째, 이익이라는 개념은 아직 피해를 입지 않은 채권
자가 개별적인 재산적 법익에 대하여 가질 수 있는 법적으로 보호되는 기대를 나
타내기도 한다. 이에 대해서 상세히는 Lange/Schiemann(제2장 제2절 주 65), SS.
28-29와 Wolf(주 13), §4 II S. 176 Fn. 118 참고.

초래하는 것은 아니기 때문에 항상 전체재산상태를 비교하여야 할 필요가
있는 것은 아니다. 손해는 있어야 할 상태로부터 현재 상태로의 불리한 일
탈로 파악할 수 있지만, 그렇다고 하여 개별적인 법익에 발생한 손해의 경
우에도 오직 전체재산상태의 비교를 통해서만 손해가 확인될 수 있는 것은
아니다.15)

개별적 법익에 발생한 손해는 피해자의 전체재산에 대하여 결과손해를
초래할 수도 있으나 손해의 인식이나 손해의 산정은 각 손해항목별로 개별
적으로 행하여지는 것이지, 총괄적으로 손해가 인식되거나 산정되는 것은
아니다.16) 총손해액의 산정도 개별적으로 산정된 손해항목을 합산함으로
써 가능하게 된다.17)

물론 일실이익이나 어떠한 의무의 부담으로 인하여 재산 일반에 발생한
일반적 손해의 확인을 위해서는, 차액설에서 요구하는 바의 총재산상태의
비교가 필요하다. 그러나 그러한 경우가 아니라 개별적인 법익에 먼저 손
해가 발생하고 그것이 결과손해를 초래한 경우에는, 손해는 여전히 항목별
로 구분하여 확인하여야 할 필요가 있는 것이다.18)

또한 차액설은 이하의 사안유형들과 관련하여 이론상 또는 적용상의 문
제점들을 노출하고 있다.

첫째, 손해의 개념을 차액설과 같이 파악할 경우에는 가정적 인과관계의 문
제를 적절하게 해결할 수가 없다. 가정적 인과관계(hypothetische Kausalität)
라 함은 손해발생 후 손해원인인 채무불이행 또는 불법행위가 없어도 같은

---

15) Larenz(제2장 제2절 주 29), S. 481; Honsell(제2장 제2절 주 39), S. 69.
16) 실무에서의 손해산정은 피해자의 재산 전체를 고려하는 것이 아니라 해당 재산만
   을 고려한다는 이유로 총재산상태의 비교에 근간을 두고 있는 차액설에 대하여 반
   론이 제기되기도 한다. Fischer(제2장 제2절 주 33), S. 26. 예를 들면 BGH NJW,
   1837, 1838ff는 개별적인 산정항목들에 국한할 것이 아니라 손해배상책임의 근거
   가 되는 가해사건에 관련되는 모든 해당 재산상태를 비교하라고 하고 있다.
17) Larenz(제2장 제2절 주 29), S. 481.
18) Deutsch(제2장 제2절 주 118), Rn. 806.

손해를 야기하였을 것이라고 생각되는 다른 사정이 이미 이행기 또는 불법
행위시에 존재하는 경우 (잠재적 사정) 또는 이행기 또는 불법행위시 이후
에 발생한 경우 (후발적 사정) 이들 사정을 배상액산정시에 참작해야 할 것
인가라는 문제이다.19) 손해를 차액설의 입장으로 이해하게 되면, 가정적
인과관계의 경우에는 가정적 원인에 의해서도 현실적 원인으로 인하여 발
생한 손해와 마찬가지의 손해가 발생했으리라고 생각되는 경우에는 현재
의 총재산상태와 가정적 총재산상태의 차는 없는 것이 되므로 손해가 존재
하지 않는 것이 되고, 결국 현실적 야기자의 책임이 부정되는 결과에 이르
게 된다. 즉 차액설에 의해서는 손해배상책임을 물을 수 없게 되는 부당한
결과가 발생하는 것이다.20)21)

---

19) 즉, 어떤 현실적 원인에 의해서 현실로 손해가 발생함과 동시에 또는 그 후에 그
현실적 손해원인이 없었다고 하더라도 다른 원인에 의해서 그와 동일한 손해를 야
기하였을 것이라고 보여지는 경우에, 그 현실적 원인 야기자는 위와 같은 사정을
주장하여 그의 책임을 면할 수 있느냐의 문제인 것이다(양삼승, "손해배상과 후발
적 사정", 民事判例硏究 Ⅱ, 1992, 71면).

20) 또한 불법행위의 경우에는 현실적 가해행위와 결과의 발생에 의해 손해배상청구권
은 즉시 확정적으로 발생하는 것인데 이후의 우연한 사정으로 인해 그러한 손해배
상청구권이 없었던 것이 된다는 점에서도 문제가 있다.

21) 가정적 인과관계의 문제에 대하여는 고려설과 불고려설의 대립이 있다. 독일제국
법원(RG)은 원칙적으로 불고려설을 취하였는데(대표적 판결로서 RGZ 141, 365)
이러한 입장이 차액설을 취하는 것과 일관될 것인지에 대해서는 논의의 여지가 있
다. 참고로 BGHZ 29, 207은, 수용에 의해 건물이 부서졌으나 후에 그 수용이 해
제되어 수용절차에 의해 생긴 손실에 대한 소유자에 대한 배상이 문제된 사안에서,
원심은 그 건물이 수용에 의해 파괴지지 않았더라도 전쟁에 의해 파괴되었을 것이
라는 것을 증명한다면 책임은 생기지 않는다고 하였으나, 이 생각은 잘못된 것이라
고 하였다. 물건의 훼손에 대한 배상청구권에 있어서 그러한 사정은 통상 중요하지
않은데, 왜냐하면 침해에 의해 손해배상청구권은 즉시 발생하고 법률은 이후의 사
건에 의해 채무를 없애는 힘을 부여하고 있지 않기 때문이라는 것이다. 그러나 계
속해서, 후발적 사정이나 사물의 경과의 과정적 작용은 일실이익이나 계속적 소득
감소의 손해 등의 계속적인 이익의 상실의 계산에 있어서 밖에 의의를 갖고 있지
않은 것이라고 지적하고 있다. 이는 즉 물건의 훼손의 경우는 후발적 사정을 고려

둘째, 차액설은 손익상계제도와 관련하여 전통적으로 논란이 되어왔
다.[22][23] 손익상계의 근거는 차액설적 손해개념 그 자체에 있다.[24] 즉 차액

할 것은 아니라고 하면서 다른 한편 일실이익 등에 대하여는 고려할 수 있다고 하
고 있는 것으로서, 차액설적인 통일적 손해론이 아니라 손해개념의 분화가 보여지
는 것이기도 하다. 그 밖에 책임원인에 따라 고려의 범위를 정하려 한다든가, 손해
가운데 직접 손해는 고려하지 않고 간접손해는 고려한다고 하는 견해도 있다.

22) 차액설에 따라 손해를 전체재산으로서 파악하게 되면 손익상계제도는 그 독자적
지위를 상실하게 된다고 한다. 가정적 재산상태 전체와 현재의 재산상태 전체와의
차액으로서 손해를 파악하는 과정에서 손익상계는 이미 그 과정에 포함되어지기
때문이라는 것이다.

23) 독일민법은 손익상계에 관한 명문의 규정을 두고 있지 않다. 이에 대해 BGB이유
서는 "어떤 자의 동일한 조치로 가해적인 결과와 유용한 결과가 발생한 경우 양자
를 분리하지 않고 총합체(Gesamtresultat)로 보아야 하는 것은" 당연한 것이라고
하면서도, 손익상계(compensatio lucri cum damno)에 대해 명문규정을 두는 것에
는 찬성하지 않는다. 그 이유는, 전체적으로 손익상계는 본질상 손해개념의 확정과
관련되는데, 모든 측면에서 손해개념을 법률에 의해 확정할 수는 없기 때문이라고
한다. 또한 이를 입법화할 경우 광범위한 사례규정(Kasuistik)을 초래할 수밖에 없
을 것이라고 한다(Motive zu dem Entwurfe eines bürgerlichen Gesetzbuchs für
das Deutsche Reichs, 2. Bd. Recht der Schuldverhältnisse, 1888, S. 19 =
Mugdan, Die gesammten Materialien zum bürgerlichen Gesetzbuch für das
deutsche Reich, 2. Bd. Recht der Schuldverhältnisse, 1899, S. 10).

24) 손익상계는 차액설적 손해개념으로부터 이론상 당연히 도출될 수 있다고 한다(陳
成奎, "損害額算定에 있어서의 損益相計", 裁判資料 21輯: 自動車事故로 인한
損害賠償(下), 1984, 257면). 그러나 단순히 차액설만에 의한다면, 가해행위로 인
해 피해자에게 발생한 모든 이익이 손익상계의 대상으로 되어야 할 터인데, 이는
가해자를 부당하게 면책시키거나 피해자에게 가혹한 결과를 초래할 수 있다. 손익
상계는 가해행위의 결과 피해자가 오히려 이득을 취하여서는 안 된다는 '이득회피
(Gewinnabwehr)'사고에 기한 당연한 이치라고도 한다(民法注解[IX], 580면(池元
林 집필부분); 四宮和夫, 不法行爲, 現代法律學全集10, 1985, 601面). 그러나
이러한 이득회피사고 역시 차액설적 사고를 달리 표현한 것에 지나지 않는다
(MünchKomm.-Grunsky, vor § 249, Rn. 96). 손해배상제도는 피해자에게 발생한
손해를 가해자에게 전가함으로써 가해행위가 없었더라면 존재하였을 상태로 회복
시켜 주는데 그 목적이 있으며, 손해배상을 받음으로써 피해자가 가해행위가 없었
을 경우보다 더 유리한 지위에 있게 되는 것은 손해배상제도의 목적과 합치하지

설에 의하면 배상의무를 생기게 하는 사건이 없었더라면 존재하였을 상태
와 가해가 있었기 때문에 존재하는 현실의 차가 손해가 되므로 가해 사건
이 피해자에게 다른 한편으로 이익도 발생시켰다면 그것을 공제하는 것은
당연한 것이 되기 때문이다.[25] 차액설을 채용한 독일법에 있어서 손익상계
가 인정되는 것은 당연하다.[26] 그런데 독일의 판례는 이러한 손익상계를
제한하고 있다. 그 이론적 근거가 되는 것은 가해 원인과 상당인과관계에
있는 이익만이 공제된다는 생각이다.[27][28] 그러나 상당인과관계에 의해 상
계되어야 할 이익의 제한에는 비판이 있다. 왜냐하면 상당인과관계론은 본

않는다. 손익상계는 이러한 손해배상제도의 목적 자체에서 그 근거를 찾을 수 있을
것이다. 다만 피해자에게 발생한 모든 손해가 손해배상의 대상으로 되는 것이 아니
라 일정한 규범적 평가에 의해 손해배상의 범위가 제한되는 것처럼, 손익상계의 대
상이 되는 이득 역시 일정한 규범적 평가에 의해 그 범위가 제한되는 것이다. 즉
이득의 공제가 가해자를 부당하게 면책시키거나 피해자에게 가혹한 결과를 초래해
서는 안 되기 때문이다. 이에 관해서 상세하게는 吳宗根, "손익상계", 亞細亞女
性法學 第3號, 亞細亞女性法學硏究所, 2000, 299면 이하를 참조.

25) 엄격한 의미에서 손익상계와 손해산정(Schadensberechnung) 그 자체는 구별되어
야 한다. 차액설을 전제로 할 때, 손해를 산정함에 있어서도 가해행위로 인해 피해
자에게 발생한 이득을 손해에서 공제하여야 한다. 그러나 손해산정 단계에서 그러
한 이득을 참작하는 것이 손해 자체를 산정하기 위한 단순한 계산작업의 일환이라
한다면, 손익상계를 통한 이득의 공제는 공평이든 상당인과관계이든 일정한 규범
적 평가에 기초하여 이루어진다는 차이점이 있다. 피해자에게 발생한 이득이 결국
공제되는 것이라면, 그것이 손해산정의 차원에서 이루어지건, 손익상계의 차원에서
이루어지건 일반적으로 실체법상 의미가 없다. 손익상계는 배상의무자에게 (상계
의 대상이 되는) 독립된 청구권을 성립시키는 것이 아니라 손해배상청구권 자체를
감축시키는 것에 불과하기 때문이다(吳宗根(주 24), 297-298면).

26) 가령 RGZ 146, 275 등.

27) 가령 RGZ 95, 57; BGHZ 8, 325 등.

28) 즉 피해자가 얻은 이익이 가해행위와 상당인과관계가 있는지를 판단하여, 피해자
가 가해행위로 인해 손해를 입은 동시에 이익도 얻은 경우라면 그 이익은 피해자
가 배상받을 손해액에서 공제되어야 하지만 피해자가 얻은 이익에 대한 평가를 통
하여 가해행위와 얻은 이익과의 상당인과관계를 인정할 수 없다면 그 이익은 공제
대상이 되지 않는다는 것이다.

래 귀책문제에 있어서 가해자의 책임범위를 좁게 하려고 하는 것이었으나 손익상계에 있어서는 거꾸로 가해자의 배상의무의 범위를 넓게 하는 방향으로 작용하기 때문이다. 또한 상당인과관계의 판단에 있어서 예견가능성이 문제로 되는 경우가 있는데, 만약 예견가능한 이익을 손익상계의 대상에 포함시키게 된다면 가해자가 이익을 예견할 수 있는 경우 가해 행위를 하는 것을 촉진하게 되어버리는 것이다.[29] 이와 달리 일련의 판결에서는 상당인과관계가 아니라 규범적인 고려가 손익상계의 제한을 위하여 사용되기도 한다.[30] 가령 RG 8. 6. 1936 판결은 "고용자가 그 고용계약에 있어서의 연금규정에 의해 피해자 또는 그 유족에게 연금을 급부한 경우 그 급부가 가해자를 위한 것이 된다면 그것은 고용계약의 취지에 반한다"라고[31] 판시하거나, BGH 25. 6. 1952 판결은 "임금이 BGB 제616조에 의해 계속해서 지급되어지고 있는 경우 그것을 손익상계의 대상으로 할 수 있는지 또는 아닌지를 판단함에 있어서는 BGB 제616조의 성립사, 의의, 목적으로 들어가지 않으면 안 되나, 만약 본 조에 의한 임금의 지급에 의해 불법행위의 가해자가 면책된다고 한다면 이 규정의 취지와 목적에 반하는 것이 된다"라고[32][33] 판시하고 있는 것이다. 이상의 판결들은 모두 손해배상의 취지나 목적, 그 이익을 생기게 한 법규의 취지나 목적 더욱 더는 공평이라는 다양한 고려에 의해 손익상계의 범위를 제한하고 있는 것이다. 손익상계는 차액설의 논리적 귀결로 볼 수도 있으며 독일의 판례는 차액설의

---

29) Weychard, Wandlungen des Schadensbegriffes in der Rechtsprechung, S. 71ff.
30) 예를 들면 RGZ 92, 57; BGHZ 8, 325 등.
31) RGZ 151, 330.
32) BGHZ 7, 30.
33) 독일민법 제616조 [일시적 장애]
   노무급부의무자는 그의 일신상 사유로 비교적 길지 아니한 기간 동안 과책없이 노무급부를 하지 못하게 된 것으로 인하여 보수청구권을 상실하지 아니한다. 그러나 그는 그 장애기간 동안 법률상 의무에 기하여 성립한 질병보험 및 사고보험으로부터 취득한 금액을 공제되도록 하여야 한다.

입장이라는 게 일반적인 설명이다. 그러나 앞의 판례에서는 다양한 규범적 고려에 의해 손익상계가 제한되고 있다. 이와 같은 손익상계와 그 제한은 차액설의 괴리를 보여주는 하나의 예라고 볼 수도 있을 것이다.34)35)

셋째, 차액설은 손해배상청구권의 제3자로의 이전과 관련하여서도 문제점이 드러난다. 예컨대 어떠한 사고로 피해자가 손해를 입었으나 제3자에 의하여 일정한 사회급부나 보험급부가 행하여졌을 경우에 차액설에 의하면 피해자에게는 손해가 발생하지 않은 것이 된다. 그렇게 되면 피해자에게는 가해자에 대한 손해배상청구권이 없는 것이 되어 사회급부나 보험급부를 한 제3자는 가해자에 대하여 구상권을 행사할 수가 없게 된다. 그러나 이러한 경우의 제3자에 의한 사회급부나 보험급부는 사회보장적인 근거에서 행하여진다든지 또는 피해자가 가입한 사고보험을 근거로 하여 행하여지는 것이기 때문에, 피해자가 제3자로부터 손해를 전보받았다고 하여 가해자가 면책되어서는 안 되는 것이다. 그러한 손해배상금은 제3자에게 귀속되어야 마땅한 것이다.36)

넷째, 차액설에 의한 손해의 파악은 일실사용이익(Der entgangene Gebrauchsvorteil, 사용가능성의 상실)에 관해서도 문제점을 노출한다. 즉 차액설에 의해서는 통상적으로 일실사용이익을 손해로서 파악할 수가 없게 되는 결과 그에 대한 손해배상청구가 부인되곤 한다. 전체재산의 대차

---

34) 손익상계와 유사한 문제가 발생하는 사안으로서 자주 들어지는 예는 다음과 같다. 가령 가해행위에 의해 손해가 발생하였으나, 그러한 가해행위가 제3자로 하여금 순수한 동정심에 의해 손해액보다 많은 금액을 피해자에게 증여하게 한 경우를 상정해 보면, 이 경우에도 가해자는 피해자에게 손해의 배상을 해야 할 것인데 차액설과 같이 재산상의 차이로 손해를 인식하면 손해가 없는 것으로 보게 되는 모순이 생긴다. 즉 이러한 경우 차액설로 손해를 파악하게 되면 가해자에게 배상책임을 물을 수 없게 되어 불합리하게 된다는 것이다.

35) MünchKomm.-Grunsky, vor § 249, Rn. 7.

36) 이에 대해서는 Hagen, Die Drittschadensliquidation im Wandel der Rechts-dogmatik, 1971 참조.

대조표(Vermögensbilanz)에는 물건의 가치(Sachwert)만이 가시화되어 나타나고 일정기간동안의 사용이익은 나타나지 않기 때문이다.

다섯째, 손해는 재산적 손해와 비재산적 손해로 구분할 수 있다고 보는 것이 지배적인 견해인데, 차액설에 따를 경우 재산적 손해는 일부 설명할 수 있으나, 비재산적 손해 또는 정신적 손해를 손해의 개념으로 포섭하는 데에는 어려움이 있다.[37] 즉, 손해의 개념을 차액설로 정의하게 되면 손해는 금전적으로 가시화될 수 있는 경우에만 인정될 수 있다. 그런데 정신적 손해는 규범적 평가가 이루어지지 않는 이상 금전으로 환산될 수 없는 특징을 가진다. 따라서 차액설에 따르면 정신적 손해가 손해로서 파악되어야 함에도 불구하고 손해가 되지 못하는 불합리한 결과가 발생한다.[38] 모든

---

37) Larenz(제2장 제2절 주 29), S. 485.
38) 비재산적 손해의 배상에 대하여 몸젠은 거의 언급하고 있지 않다. 몸젠의 관심이 오로지 재산적 손해에 향해지고 있는 것은 아마도 당시의 독일에 있어서의 비재산적 손해의 배상에 대한 일반인의 거부적인 태도가 그 배경이 되고 있을 것이라는 지적이 있다. 가령 프로이센일반란트법에서는 위자료청구권을 농민과 일반시민의 신분에만 제한적으로 인정하고 있었다(ALR Ⅰ 6 §112). 이는 독일 지배계층의 의식 속에 내재해 있던 '고통은 오히려 감내하여야 하며, 인격적 이익에 대한 금전적 환산은 용납될 수 없다'는 의식의 발현이기도 하다. 독일민법 제1초안에 덧붙여진 의견 중에는 비재산적 손해배상을 원칙적으로 배척하고 법규정에 근거있는 경우에만 배상을 인정한다는 초안에 찬성의견을 표명하는 의견이 있었으나, 그것을 발췌하여 보면 "가장 신성한 감정을 더러운 금전에 의해 측정하고 그 모든 유책한 정신적 침해를 금전의 급부에 의해 전보시키는 것은 보다 심원한 독일인의 감각에 모순된다"(Hartmann)라든가, "베푸는 것을 받는 것에 익숙해져 있다든가 논리적으로 타락한 자만이 이러한 배상을 받을 수 있다... 우리들의 전체 본성은 우리들의 가장 깊은 곳에 있는 가장 신성한 감정을, 재판소에서 公的으로 금전으로 평가하는 것을 듣게 되면 분노를 느낀다"(Reifel) 등의 의견도 보인다. 또한 독일민법의 입법이유서(Motive) 및 위원회 의사록(Protokolle)은 위자료의 손해배상적 성격의 불명확성, 법관에 의한 과도한 재량권행사의 우려, 지배적 국민감정의 파괴 등을 이유로 위자료의 인정사례를 극히 한정적으로 법정화해야 한다고 기록하고 있다(이에 대해 상세히는 齋藤博, "非財產的損害の金錢賠償とドイツ民法典(BGB)", 民商法雜誌, 第64卷 6号, 1968, 1013面; Mugdan, Die gesammten Materialien

손해를 포괄하지 못하는 손해의 개념은 개념으로서의 기능을 다 하지 못하
는 것이다. 손해의 개념은 손해를 어떤 기준에 따라 어떤 방식으로 구분하
건 그 각각의 구분들을 포괄할 수 있는 것이어야 하는 것이다.39)

　그 밖에 앞서 검토한 바와 같이 규범적 손해가 문제되는 경우나 예외적
으로 추상적 손해산정이 인정되는 경우들도 차액설로는 해결하거나 설명
하기 어려운 예로서 전통적으로 다루어져 왔으나, 이에 대해서는 이론적
고찰과 손해개념에 관한 검토부분에서 이미 설명하였으므로 여기에서는
생략하기로 한다.

(2) 자연적 손해개념과 규범적 손해개념

　피해자에게 재산상의 손해가 발생했는가의 여부와 무엇이 피해자의 재
산에 속하는가는 법에 의해서만 정하여지는 것은 아니지만, 법에 의하여
규정된다. 바로 이러한 이유에서 거래관행에 의하여 손해라고 인정되는 것
역시 법규범에 의하여 영향을 받기도 하고 변할 수도 있는 것이다.40) 손해
개념에 규범적 요소가 가미되는 이유는 손해의 확정이 민사법의 규범목적

---

　　zum bürgerlichen Gesetzbuch für das deutsche Reich, 2. Bd. Recht der
　　Schuldverhältnisse, 1899, SS. 12, 577; 浦川道太郎, 比較法硏究, 23面을 참조).
　　위자료제도의 발전에 저해요인으로 작용을 해 온 이러한 사고는 민법전의 제정에
　　도 상당한 영향을 미쳤고, 결국 BGB 제253조는 '재산손해가 아닌 손해는 법률이
　　정하여진 경우에만 금전에 의한 배상을 청구할 수 있다'고 규정함으로써 위자료에
　　대한 법의 태도는 여전히 제한적이었다.
39) 베르너는 차액설을 지지하고 있는데, 손해는 법익의 모든 멸실 또는 감소이고 허용
　　된 이익을 얻을 가능성을 상실하는 것도 포함한다고 하여, 비재산적 손해도 포함하
　　는 넓은 손해개념을 정의하고 있다(StaudingerKomm.-Werner, Vorbem zu §§
　　249-255, S. 9ff).
40) Deutsch(제2장 제2절 주 118), Rn. 786.

을 지향하여야 하고, 규범목적에 의하여 조정되어야 하기 때문이다. 이것은
손해의 개념을 명백히 규정하고 있는 경우 뿐만 아니라, 문제되는 생활관
계에 있어 특별규정과 관련되어 있는 경우에도 적용된다.

손해배상법의 여러 영역 가운데, 특히 손익상계, 가정적 인과관계, 제3자
손해청산의 문제를 손해개념과 관련시켜 이를 평가하고 이에 대한 결과를
규범적 특징으로 파악해야 할 것인가, 아니면 이러한 영역을 분리하여 손
해개념에 대한 법률상의 訂正과 손해의 擬制(Schadensfiktion)를 인정할 것
인가에 대하여는 논란의 여지가 있다. 후자의 견해에 의할 경우에는 손해
의 개념을 자연적으로 파악하게 된다. 그러나 법적 평가를 배제하면 할수
록, 예를 들어 훼손된 물건의 사용이익의 상실(Nutzungsausfall)이나 원치
않은 아이에 대한 부양의무 등과 같이 자연적 손해개념에 포함되지 않는
문제를 해결하지 못하고, 새로운 유형의 손해가 발생할 경우에는 이를 신
속히 해결하지 못할 위험성은 더욱 커지게 된다.[41]

그렇다고 하여 모든 손해를 규범적인 관점에서만 파악하려는 것은 손해
의 본질과 실체를 규명하는 것이 아니라 오히려 손해를 의제하는 것과 마
찬가지가 될 가능성이 크다. 규범적 손해개념의 의미가 다양하게 사용되고
있다는 지적은 바로 그러한 문제점을 시사하고 있는 것이라 하겠다. 즉 규
범적 손해개념은 이를 이해하거나 파악하는 입장도 다양할 뿐만 아니라,
판례에 나타난 규범적 손해개념 역시 차액설에 의한 손해개념을 배척하고
가치평가적 고려를 한다는 점에서는 일치하지만, 차액설에 대하여 가해지
는 비판은 어떤 통일적인 손해개념으로부터 나온 것이 아니라, 해결을 요
하는 개별적 문제들에 대한 가치평가적인 고찰로부터 나온 것에 불과하다.
규범적 손해개념을 사용하여 극복하려는 상황들도 이질적인 것들이어서
어떤 공통적인 요소가 포함되어 있지 않기 때문이다.

규범적 손해개념은 손해개념이 항상 자연적인 것이 아니고 규범적인 요

---

41) Lange/Schiemann(제2장 제2절 주 65), S. 39.

소가 포함되지 않을 수 없다는 점을 감안하였다는 점에서는 그 타당성이
있으나, 손해개념의 본질에 있어 자연적인 요소가 그 근본을 이루고 있음
을 부인할 수는 없는 것이다.

노이너의 객관적 손해론의 등장에 의해, 보통법의 전통인 자연적 손해
파악에 대립하는 개념으로 규범적 손해개념이 대두되어 왔다. 그러나 근
래의 독일에서는 양 개념이 서로 수렴하고 있는 것을 볼 수 있다. 즉, 규범
적 손해론자의 한 명으로 평가되기도 하는 라렌츠(Larenz)에 있어서는 규
범적 파악이라는 것이 배상가능한 손해를 결정하는데 있어 법적 평가를
개입시키는 것을 의미하는 것에 지나지 않으며, 이 배상가능한 손해를 판
단하는 전제로서는 자연적 손해파악이 그 기초에 있다고 지적하고 있
다.42) 다른 한편, 자연적 손해론자에 있어서도, 손해의 이해가 가시적이고
도 명백히 존재하는 손해를 가리키는 것이 아니라, 존재하는 사실에 대하
여 무언가의 형태로 법적인 판단이나 평가를 개입시키는 일에 의하여 손
해개념을 근거짓고 있다. 이들 판단이나 평가의 규준이라는 것은, 가령 메
르텐스(Mertens)에 있어서는 '사회성에 의한 제한(Soziabilitätsschranke)',43)

---

42) 라렌츠가 말하는 '배상가능한 損害' 란 법률에 규정된 損害賠償義務의 요건이 충
   족되면 일반적으로 배상의무자에 의하여 배상되어야 하는 損害를 의미하지만, 법
   적으로 배상가능한 이러한 損害가 개별적인 경우에 실제로 배상되어야 하는 損害
   와 항상 동일한 것은 아니다. 법률에 규정된 바의 손해배상책임 요건이 충족된 손
   해는 원칙적으로 배상가능한 손해이지만, 그러한 손해의 발생에 피해자에게도 과
   실이 있다든지 또는 법률에 책임제한규정이 있다든지 하는 경우에는 실제로
   배상할 손해는 배상가능한 손해보다 감소하게 된다(Larenz(제2장 제2절 주
   29), SS. 427-428).
43) Mertens(제2장 제2절 주 53), S. 174. 메르텐스는 권리추구사고에 기초하고 있는
   객관적 손해론과 계산가능한 재산의 감소 없이도 배상가능성을 인정하는 규범적
   손해론을 비판함으로써 원칙적으로 전보원칙에 기초하여 손해개념 역시 자연적 손
   해개념을 취해야 한다고 주장하고 있으나(Mertens(제2장 제2절 주 53), S. 87ff),
   사회성에 의한 자연적 손해개념의 제한을 인정하고 있으므로 규범적 손해개념을
   부정하고 자연적 손해개념을 취하면서도 결국 실제로는 자연적 손해개념을 포기하

루소스 (Rousos)에 있어서는 '사회생활상의 합의(Konsens)'이고,[44] 슈미트 (Schmidt)에 의하면 재산적 손해에 있어서의 경제적 '시장'이다.[45] 또한 랑에도 손해를 파악하는데 법적 판단은 불가피하다고 생각하고 있다.[46]

라렌츠나[47] 도이치,[48] 랑에[49] 등은 자연적 손해개념을 捨象해 버리는 '규범적 손해'개념에는 찬성하지 않는다. 그들에 의하면 법적인 평가는 어떤 상태가 불리한 것으로 간주된다는 평가에 입각하고 있으나 이 평가는 법명제에 의해서만 전단적으로 확정되는 것은 아니다. 그러므로 법질서가 손해의 개념을 법 이전의 이해에 연결하는 것은 정당한다. 그러나 이렇게 법 이전의 상태에 연결된 자연적 손해개념을 전제로 해도, 법은 '법적으로 배상가능한 손해'를 대상으로 하므로 '손해'를 한정하지 않으면 안 되어 법질서에 의해 확정되므로 규범적인 손해개념에서와 같은 법적 평가를 포함해야 하는 것은 타당한 것이다.[50]

고 있는 것으로 평가되고 있다(Stoll(제2장 제2절 주 121), S. 241). 또한 메르텐스는 손해론을 전개함에 있어 손해배상의 목적과의 관계를 중시하여 권리추구사고나 예방적 사고를 비판하고 전보원칙을 강조함으로써 메르텐스에 있어서도 다양한 형량이나 법적 평가와 판단은 피할 수 없는 것이라고 한다(Magnus(제2장 제2절 주 13), S. 14).

44) Roussos, Schaden und Folgeschaden, 1992, S. 104ff.
45) Esser/Schmidt(제2장 제2절 주 113), SS. 180, 194. 슈미트는 기본적으로 차액설을 고수하지만 다수의 문제들에 있어 경제적인 고려와 시장을 매개로 하여 판단하고 있으므로 손해와 손해의 자연적 고찰에는 종래 친숙하지 않았던 경제적인 형량을 도입함으로써 '가장 규범적인' 연구성과를 이끌어 낸 것이라는 평가를 하고 있는 것으로는 Magnus(제2장 제2절 주 13), S. 13. 기본적으로는 Lange/Schiemann(제2장 제2절 주 65), S. 32도 그와 유사한 평가를 하고 있다.
46) Lange/Schiemann(제2장 제2절 주 65), SS. 38-39. 루소스는 이러한 메르텐스와 랑에의 견해들 역시 도이치나 슈톨과 마찬가지로 사실적·규범적 손해개념을 취하는 것이라고 평가하고 있다(Roussos(주 44), S. 104).
47) Larenz(제2장 제2절 주 29), S. 426ff.
48) Deutsch(제2장 제2절 주 118), Rn. 786.
49) Lange/Schiemann(제2장 제2절 주 65), S. 39.
50) 손해확정이 私法上의 규정목적에 따라서 이루어진다는 점에서도 '규범적' 내용이

따라서 슈미트도 지적하는 것처럼 현재의 학설상황에 있어 자연적 손해개념과 규범적 손해개념이라는 양자의 생각은, 모두 사회적·법적으로 불이익하다고 평가할 수 있는 사정을 손해라고 인정하는 점에 있어서는 일치하고 있는 것이다.[51] 이러한 생각을 단적으로 드러내는 것이, 예를 들면 도이치의 '사실적·규범적 손해'라는 용어이다. 그리고 양 개념을 혼합시킨 형태로 전개된 도이치나 슈톨의 생각에 있어서는 '손해'로서 인정되기 위한 근거로 되는 것은, 손해배상의 목적이나 기능에 있다는 것이다. 이러한 학설들의 상황을 본다면, 규범적 손해론에 입각하건 입각하지 않건 관계없이, '손해'개념은 손해배상에 의한 법적인 효과와 함께 손해배상법의 목적 및 기능과 합쳐져 포괄적인 시야에서 포착해야 할 필요가 있는 것이다. 즉 어떠한 불이익을 손해배상의 대상으로서의 '법적 손해'라고 의미를 부여할 것인가는 결국 손해배상법 전체의 과제가 되는 것이고, 때문에 그러한 기능적 개념으로서 '손해'를 포착하고, 의미를 부여해가는 것이 필요한 것이다.

2. 주관적 손해개념과 객관적 손해개념

주관적 손해개념과 객관적 손해개념의 문제는 손해배상의 산정에 있어 구체적 손해산정과 추상적 손해산정과 연결된다. 추상적 손해산정이라 함은 피해자의 구체적 사정을 捨象하고 객관적인 방법으로 조사, 확정하는 산정방법을 말한다. 추상적 손해산정에서는 구체적 사정에서 벗어나 일정한 유형적 산정기준에 의한 배상액을 권리자의 손해로서 인정해야 한다는

손해개념 중에 포함되어 있다는 것이다.
51) Esser/Schmidt(제2장 제2절 주 113), S. 194.

생각이 그 기초에 있다. 또한 역사적으로 말하면 추상적 손해산정은 손해개념에 있어서 차액설에 대비되는 '물건의 가치'와 계보적으로 연결된다.

이 관점으로부터 차액설의 산정원리에 대한 비판은 노이너의 '객관적 손해'론에서 시작한다. 노이너는 재산적 손해를 주로 염두에 두었으나, 손해를 '재산적 가치있는 이익, 즉 거래에 있어서 금전을 지급하고 취득되고 매각되는 물건의 침해'로 포섭하였다. 급부의 객관적 가치보다도 손해가 크다는 것을 증명하는 것에 의해서만 주관적 이익에 관련한 손해를 주장할 수 있다고 한다. 즉 객관적 재산손해는 모든 경우에 배상되어야 하는 '최소한의 손해(mindestenschaden)'이다. 반면에 간접 손해에 대하여는 오로지 차액설이 타당하다고 한다.[52]

이러한 노이너의 견해와 연결되는 것이 라벨(Rabel)의 '최소한의 손해'론이다. 라벨 역시 시장성을 가지는 물품에 관한 재산적 손해를 염두에 두고 있기는 하나, 라벨에 의하면 불법행위의 경우에는 피침해법익이 침해의 전후에 있어서 계속적으로 본질적 의의를 가지고 있다. 객관적 손해개념에 의해 손해를 고찰하고자 하는 견해들은 대개 채권자의 주체적 측면 내지 개성과 연결된 차액설적 이해와 완전히 결별하는 것이 아니라 채권자의 구체적 재산상태와 무관계하게 이루어질 수 있는 손해확정의 방법을 찾고자 한다. 즉 배상되어야 하는 손해로서 대상의 '공통가치(gemeiner Wert)'를 고려한다. 이 '공통가치'는 추상적 산정방법에 의해 시장가치에 따라 객관적으로 측정된다. 그리고 이것이 손해의 최저한을 구분하는 것('최소한의 손해')으로서의 '추상적 손해'이고, 채권자는 그 주관적 손해의 발생을 증명할 필요없이 물건의 객관적 가치로서 이것을 청구할 수 있으며(증명할 수 있다면 그 이상의 손해도 인정된다), 또한 채무자는 채권자의 손해가 이 객관적 가치보다 적다는 반증을 제출할 수 없다.[53]

---

52) Neuner(제2장 제2절 주 68), SS. 290, 296.
53) Rabel, Das Recht des Warenkaufs: eine rechtsvergleichende Darstellung Bd. 1.,

이와 같은 추상적 손해산정을 주장하는 입장들은 크게 두가지 다른 관점에 기초하고 있다. 즉 그 하나는 '추상적 손해산정이 갖고 있는 유형적 고찰방법'이 거래 내지 사회생활에 있어서의 합리적 청산에 효과적이라는 라벨 등의 생각이다. 다른 하나는 규범적 손해론 특히 슈타인도르프 등의 권리추구기능이라는 관점에서 피해자의 주관적인 손실을 捨象하고 법정책적으로 손해를 산정해야 한다는 생각이다.[54]

더욱 최근에는 '구체적 손해계산'과 '추상적 손해계산'은 그 어느 것도 둘 다 차액설의 내부에서의 손해산정방법의 정도문제에 지나지 않는다(손해발생과정에서의 구체적 사정을 어느 정도 참작하는가 하는 점에서 다름에 지나지 않는다)고 하여, '규범적 손해계산'을 주장하는 견해조차 한젠 (Hansen)에 의해 제기되고 있다.[55]

그러나 손해배상의 주된 목적의 하나는 손해를 전보하는 것이며, 이 때의 손해는 구체적인 현실손해를 의미한다고 보는 것이 현재의 지배적인 견해이다.[56] 손해배상청구권은 법적 주체에게 인정되는 것이며, 손해의 개념은 필연적으로 사람과 관련되는 것이다. 이는 물론 모든 손해가 개별 주체들에 따라 각각 다르게 파악되어야만 한다는 것을 의미하지는 않는다.

1957, SS. 449-452.

54) 그 외에도 전자의 방향에서 추상적 손해계산을 인정하는 것으로서 Grunsky, Aktuelle Probleme zur Begriff des Vermögensschadens, 1968, S. 50ff 등이 있고, 후자의 방향에서 논하는 것으로서는, Stoll(제2장 제2절 주 121), S. 12 등이 있다. 특히 슈톨은 원상회복의 이념에서 가해사건 전에 존재한 것과 같이 객관적 가치상태를 최소한도로 회복해야 한다고 하고 있다.

55) Hansen, "Auswirkungen des normativen Schadendbegriffs auf die Methodik der Schadensberechnung", MDR 1978, S. 361ff.

56) 차액설의 입장에서 구체적 손해산정에 의하는 지배적인 견해나, 손해배상의 기능에 대하여는 차액설과 마찬가지로 손해의 전보에 한정된다고 하면서도 차액설과 다른 손해개념을 주장하는 코익이나 메르텐스, 그리고 전술한 바와 같이 자연적 손해개념을 捨象해버리는 '규범적 손해'개념에는 찬성하지 않는 라렌츠나 도이치, 랑에 등이 모두 이에 해당한다고 할 것이다.

어떤 특정물이 훼손된 경우 일정한 비용을 들여 이를 복구할 수 있다면, 바로 이 비용을 손해라고 할 수 있다. 이러한 경우 주관적 손해개념은 전혀 문제가 되지 않는다고 할 수 있는데, 이때 손해는 추상적 손해산정의 범주 내에서 인정되게 되며, 피해자가 개인적으로 가지고 있는 주관적 가치는 인정되지 않거나, 그 측정이 매우 어려워 배제되게 된다.

그러나 재산적 법익을 법이 보호하는 이유는 이를 통하여 이익이 창출될 가능성이 있기 때문만은 아니며, 이익이 창출되지 못한다 하더라도 財産構成 내지는 形成의 自由 그 자체도 법적 보호의 필요성은 인정되어야만 한다. 더욱이 경제적 관점에서 보아, 아무런 경제적 이익을 가져다주지 않거나 피해자에게 오히려 경제적 부담을 안겨주는 대상에 대해서도 배상의무는 발생하는 것이다. 이와 관련하여 '손해의 핵심(Schadenskern)'은 객관적으로 판단하여야 한다는 주장이 제기되기도 한다.[57] 그렇다고 하여 이것이 손해에서 주관적 요소를 완전히 배제시키는 것은 아니다.

손해는 권리주체와 관련되는 것이지만, 이 때의 권리주체는 모든 규범에서의 권리주체와 마찬가지로 추상화된 평균인이라고 할 것이다. 객관화된 손해개념이 유용할 수 있는 사안의 유형이 존재하는 것은 분명하지만, 권리주체와 유리된 객관화된 손해로는 모든 경우의 손해를 설명할 수 없으며 현실손해의 전보라는 손해배상의 목적을 달성할 수도 없는 것이다.

3. 통일적 손해개념과 손해개념의 세분화

일반적으로 손해는 재산상의 손해와 비재산상의 손해, 직접손해와 간접손해, 적극적 손해와 소극적 손해 등으로 분류된다. 이를 손해의 개념과 관

---

57) Mertens(제2장 제2절 주 53), S. 142; Hagen(주 36), S. 182.

런지어 생각해 볼 수 있는 것은, 이러한 손해분류가 단순히 손해개념에 대한 이해를 돕기 위해서 통일적인 상위개념으로부터 도출되는 것인지, 아니면 손해산정에 있어 특별한 요소로서 기능을 가지고 있기 때문에 독자적인 의미가 부여되는 것인지이다.[58]

손해 또는 이익을 일정기준에 따라 분류하여, 이에 따라 손해배상의 범위를 정하려고 하였던 것이 로마법의 입장이었음은 이미 살펴본 바와 같다. 자연적 손해개념이나 차액설은 그러한 태도에 반대하여 손해라는 사실을 있는 그대로 파악하면서도, 모든 경우에 일관되게 적용될 수 있는 통일적인 손해개념을 정립하고자 하였다. 그러한 사고는 규범적 손해개념이나 여타의 손해개념에서도 마찬가지였다.

오늘날의 손해개념은 모든 손해들의 공통적인 속성을 추출하여 통일적인 상위개념을 정립하려는 것을 목표로 삼고 있다고 할 것이며, 손해의 분류는 손해의 다양한 양상을 파악하여 그 특성에 맞게 규율하기 위한 노력이라고 할 것이다.

---

58) Lange/Schiemann(제2장 제2절 주 65), S. 42.

제4절 소결

　손해의 개념에 대한 논의는 모든 손해배상에서 문제되는 다양한 손해를 모두 포섭할 수 있는 통일적인 정의가 가능할 것인가의 측면에서 검토되고 비판되곤 한다. 그리하여 일부에선 그와 같은 개념정의가 불가능할 것이라 하여 손해개념에 대한 정의의 문제를 회의적인 시각으로 바라보기도 한다.[1] 나아가 일반적인 정의는 불가능하거나 무용하므로 개별적인 손해사 안유형에 따라 그에 맞는 손해를 구성해가는 것이 보다 효율적이라는 기능적 손해개념을 주장하기도 한다.[2][3]

---

1) 포괄적인 손해개념은 현실적으로 손해문제를 해결하기 위해 구체적인 해답을 제시하지 못하는 공허한 것에 불과하다는 지적으로는 Stoll(제2장 제2절 주 121), p. 236. 한마디로 '손해'라고 하여도, 명확하고 빠지는 점 없이 망라적으로 정의를 내릴 수 있는 개념인가에는 의문이 없지 않다는 것으로는 梁彰洙, 民法入門, 第5版, 2008, 239면.
2) 구체적인 개별 문제들을 중심으로 비교법적 분석이나 기능적 분석을 통해 일정한 성과를 보여주고 있는 것으로는 Magnus(제2장 제2절 주 13), S. 58ff와 Huber, Fragen der Schadensberechnung, 2. Aufl., 1995, S. 218ff; Roussos(제2장 제3절 주 44), S. 191ff 등을 참조.
3) 플레스너(Flessner)는 추상적 사용가능성(abstrakte Gebrauchsmöglichkeit)의 상실에 대한 배상문제를 검토함에 있어, 손해라는 중심개념이 판례형성에 무슨 도움을 주었는지 의문이라고 한다. 또한 독일법계 이외에는 손해배상여부라는 어려운 문제를 해결함에 있어 재산 혹은 손해라는 개념 자체가 별다른 역할을 하지 않고 있고, 독일법계의 손해 도그마틱에 견줄만한 노력도 없다고 한다. 그리하여 비교법적으로는 보다 느슨한 손해개념을 가진 법체계가 그 문제에 있어서는 보다 낫다고 할 수 있으며, 포괄적이고 현실적인 손해개념(ein umfassender und realistischer Schadensbegriff)은 특정한 종류의 손해를 애초부터 손해배상의 대상에서 제외하는 것을 방지할 것이라고 한다(Flessner, "Geldersatz für Gebrauchsentgang", JZ 87,

가령, 슈톨은 비교법적으로나 이론적으로 고찰해 보아도 사실상 실효성 있는 손해개념은 거의 발견되지 않는다고 하며, 오스트리아민법전 같은 오래된 법전은 손해의 정의를 위해 노력했지만 어떠한 뚜렷한 테두리도 갖추지 못하고 있고, 새로운 법전들은 손해개념을 법률상 정확하게 규정하려는 목표를 공공연하게 단념하고 있다고 설명한다. 또한 학문적 노력들도 역시 어떤 공통되고 분명한 기반을 찾아내지 못하여, 독일 법학의 시도들 역시 문제의 해결에 근소한 기여만을 하고 있을 뿐이라고 한다.4) 또한 스위스의 책임법의 전부개정을 위한 연구위원회의 보고서는,5) 손해가 현재의 재산 상태와 가상의 재산상태 간의 차액으로서 이해될 수 있다는 것에 관해 의견일치가 있긴 하지만 그러한 손해개념을 단념하고, 전통적인 손해개념의 테두리 내에 포섭될 수 없는 개별적인 유형들에 대한 평가들이 수행되어야만 한다고 하며, 위원회의 한 위원은 손해개념을 규정하기 위해 이따금씩 착수되었던 시도들에 대해 "손해는 법에 있어서의 童話"라고 혹평을 하기도 하였다. 결국 사람들은 슈톨에 의해 인용되고 있는 덴마크 법학자 우씽(Ussing)의 표현처럼,6) (재산상) 손해가 무엇인지를 연구하는 것은 법학자의 과제가 아닌 것이라 요약하는 것으로서 손해의 개념에 대한 논의를 마무리짓고 싶어하기도 한다.7)

그러나 손해의 개념을 문제삼는 것은 단순한 추상적 논의에 그치는 것이 아니라, 손해란 무엇인지를 탐구함으로써 개별 사안들에서 결국 손해가 발생한 것인지 그리고 어느 정도까지 손해라고 인정하여 손해배상을 인정할 것인지의 실천적인 의의를 갖는 논의라고 할 것이다. 즉 손해배상의 인정

SS. 272-275).
4) Stoll(제2장 제2절 주 121), p. 236.
5) Bundesamt für Justiz(Hrsg.), Die Studienkommission für die Gesamtrevision des Haftpflichtrechts der Schweiz, 1991, S. 84ff.
6) Stoll(제2장 제2절 주 121), p. 238.
7) Schlechtriem, "Schadenersatz und Schadensbegriff", ZEuP 1997, SS. 234-235.

여부와 범위 및 그 평가가 문제되는 사안들을 인식하고 판단하며, 무엇이 어떤 측면에서 문제되고 다루어져야 할지에 대한 분석틀과 인식틀, 그리고 판단준거를 제공해 주는 분석도구의 역할을 하는 것이다. 흔히 추상적 논의나 일반론적 담론들은 실제의 구체적인 문제들에는 도움이 되지 않는 호論이라고 냉소를 받기 쉬우며, 유형적인 고찰들만이 구체적인 효용성을 가져올 것이라는 비판들이 제기되곤 하는 상황들이 쉽게 발견되곤 한다. 손해의 개념정의 역시 그와 같은 비판이 존재함은 규범적 손해개념에서 이미 살펴본 바와 같다.

모든 손해의 유형을 담아내는 보편적인 손해의 개념을 정의하는 것은 실제로 불가능하거나 무의미한 시도일 수 있다. 그러나 손해의 개념의 문제는 단순히 그러한 개념정의에 그치는 논의가 아니라, 손해의 본질이 무엇인지의 문제에 걸쳐있는 논의라고도 볼 수 있다. 즉 손해가 인정되기 위해서 갖추어야 할 기본적인 요소들을 발견하고 정립하기 위한 이론적 노력으로 볼 수 있는 것이다. 손해의 개념정의는 이와 같이 손해의 본질론의 문제를 포함할 때 보다 더 실천적 의의를 가질 것이라고 생각한다. 요약해서 말한다면 손해의 개념에서 손해의 본질의 문제로의 관점의 전환을 인식할 필요가 있는 것이다.

그렇다면 손해의 본질, 즉 손해로 인정되기 위하여 갖추어야 할 요소들은 무엇이 있는 것일까? 앞에서 손해에 대한 이론들을 검토함에 있어 본서는 세가지 관점에서 살펴보았다. 즉 손해의 사실적 요소와 평가적 요소의 문제, 손해개념의 주체관련성과 객관성 그리고 손해개념의 통일성과 세분화의 문제가 바로 그것이다. 이 중에서도 손해개념과 관련하여 주로 논란이 되었던 것은 바로 손해의 사실적 요소와 평가적 요소의 문제, 즉 자연적 손해개념과 규범적 손해개념의 문제라는 것은 이미 살펴본 바와 같다.[8] 간

---

8) 차액설에 대한 비판으로서 의미가 있는 것은, 구체적인 법익의 피해자가 항상 최소 손해로서 매수가격이나 매도가격을 청구할 수 있다는 견해를 취하는 경우일 것이

단지 말한다면 손해는 사실적 요소만을 갖는 것인가 아니면 가치평가적 요소도 갖추어야 할 것인가의 문제이다. 손해의 본질은 손해의 사실적인 실체를 그 기초로 한다. 나아가 그 실체가 법적으로 보호될 수 있는 것인가라는 평가적 요소가 더해짐으로써 법적으로 전보되어야 할 손해라는 것이 확정되는 것이다. 가치평가라고 하는 것은 그 대상을 전제로 하는 것이며 대상이 없는 평가는 실체가 없는 것이어서 자의적인 의제에 불과하게 된다. 손해의 사실적인 실체라는 것은 다양한 손해사안들에서 발견되는 각각의 불이익들을 의미한다. 차액설은 그 사실적인 실체를 총재산상태의 차이라는 것에서 찾고 있으나 이미 살펴본 바와 같이 총재산상태의 차이가 없음에도 전보되어야 할 불이익이 존재하는 사안들은 다양하게 존재한다. 손해의 사실적 요소는 단순한 차액이 아니라 다양한 불이익 그 자체라고 파악하여야 모든 손해를 포함할 수 있게 되는 것이다. 이러한 불이익들은 법적으로 보호되어야 할 것인가, 즉 배상가능한 불이익들인가의 판단을 통하여 법적인 손해로 확정되는 것이다. 즉 불이익이 법적으로 보호가치있는 것으로서 인정될 때 가해자에게 전보되어야 할 손해가 되는 것이며, 그러한 보호가치가 부정되거나 타인에게 전가할 수 없는 것이라는 평가를 받게 되면 피해자가 감수해야 할 사회생활상의 위험이 되는 것이다. 이와 같이 손해의 사실적 요소는 손해의 본질의 기초가 되는 최소한의 한계로서 작용하게 되며, 법적으로 보호가치가 있는 것인가는 개별 사안에서의 이익형량과 각각의 사회 및 시대를 지배하고 있는 법관념에 따라 고려되어야 할 가치평가적 관점들의 확정과 우열에 의해 손해배상의 문제들에 탄력성을 부여하게 된다.9)

라는 설명으로는 Lange/Schiemann(제2장 제2절 주 65), SS. 43-44.

9) 실제로 발생한 손해, 즉 가시적이고도 단순계측이 가능한 손해를 넘는 일정한 불이익을 '손해'라고 하는 것은 그것을 근거짓는 규범 또는 가치평가의 기준을 명확히 하지 않으면 경우에 따라서는 법적 안정성을 결하고 참기 어려운 불합리를 낳게 할 것이다. 평가의 개입에 의하여 무제한적인 책임범위의 확장이 되지 않도록, 여

손해개념의 추상성과 공허함에 대한 비판은 주로 가치평가적 요소들의 내용이 일관되게 정립되거나 보편적인 지지를 받지 못하고 있다는 점에 집중되고 있다.[10] 규범적 요소의 내용들로 주장되고 있는 것들을 구체적으로 살펴보면, 이미 서술한 권리추구적 기능, 예방적·제재적 기능,[11] 추상적 평가의 필요성, 객관적 최소손해의 배상필요성 등과 후술하는 개별 문제들에서 살펴볼 바와 같이 각 손해사안들에서의 정책적 필요성, 인간의 존엄성 등의 가치규범, 사회통념과 사회부조의 기능 등이다. 또한 자연적 손해개념과 차액설에서 중시하는 손해전보기능이나 그 구체적 표현이라 할 수 있는 가해자의 부당한 면책금지와 피해자의 부당한 이득금지[12] 역시 손해배상법의 목표나 이념과 연결되어 있는 가치평가적 요소라고 볼 수 있다. 즉 자연적 손해개념과 차액설은 어떠한 가치평가적 요소도 배제하고 있는 순수한 사실적 손해론이라고 할 것이 아니라 손해전보이념만을 중시하고 있는

기에 있어서의 규범을 명백히 할 필요가 있다. 이 의미에서 근래의 자연적·사실적 손해파악을 기초로 하면서도 법질서와의 관계를 중시하고, 손해개념을 명확히 하기 위해서는 법적 판단이 불가피하다는 견해들이, 손해의 판단규준을 손해배상의 목적 및 그것이 실제로 담당하는 기능에서 손해개념을 재검토하는 것은 시사하는 바가 있다고 할 것이다.

10) 전술한 바와 같이 규범적 손해개념은 가치평가 내지는 규범적 평가를 통하여 발생한 손해를 인정한다. 그러나 규범적 손해개념은 손해를 인정하기 위한 판단기준으로서 애매모호한 가치평가 또는 규범적 평가만을 사용함으로써 사실적인 실체를 갖지 못하는 관념적인 것 그리하여 불충분한 것이라는 비판을 받아 왔다. 규범적 손해개념에서의 '규범적'이라는 의미가 다양하게 사용되고 있는 것도 이러한 점에 기인하는 것으로 볼 수 있을 것이다.

11) 불법행위의 영역에 있어서는 손해배상의 예방적 목적에 대해 점차 다수의 입장이 손해전보의 목적에 필적하거나 병존하는 손해배상제도의 중요한 이차적·부수적 목적으로 승인해 가고 있는 추세를 확인할 수 있다. 예방적 기능이 전보적 기능보다 우선하거나 적어도 동등한 위치를 차지해야 한다는 견해로는 Kötz, Deliktsrecht, 1998, Rn. 36ff; Magnus(제2장 제2절 주 13), S. 282 참조.

12) 부당한 이득의 금지(Bereicherungsverbot)에 대해서 비판적인 견해로는 Grunsky, "Ersatz fiktiver Kosten bei der Unfallschadensregulierung", NJW 1983, 2465; MünchKomm.-Grunsky, Vor § 249, Rn. 6a, 7이 있다.

손해개념으로 보아야 할 것이며,13) 규범적 손해개념론 등은 손해전보이념
외에 다른 규범적 요소들도 중시하는 견해들로 평가할 수 있는 것이다.

이러한 규범적 요소들은 본질적으로 가치평가적 개념들이라고 할 것이
므로 그 내용이 명확하기 곤란한 측면도 있고 또한 일반론적으로든 개별
사안에 있어서든 문제되는 각 규범적 준거들 간의 우열문제도 규명되어야
한다는 한계가 있다. 그렇다면 그러한 곤란함과 한계로 인해 규범적 요소
들은 폐기되어야 할 아무 쓸모도 없는 것이거나 해결될 수 없는 난제에 머
물고 마는 문제들이 될 것일까. 개별적인 규범적 요소들의 전개상황은 그
와 같은 염려에 대해 낙관적인 전망을 가능하게 한다. 즉 노이너에 의해 비
로소 논의되기 시작한 권리추구기능은 오늘날 다수의 나라에서 그와 비슷
한 기능을 하는 법제도들에 대한 이해를 가능하게 하는 분석도구가 되고
있으며, 손해배상의 중요한 기능 중 하나인 것으로 인정되고 있다.14) 슈타
인도르프에 의해 중시된 예방적·제재적 기능 역시 일정한 손해사안들에 있
어 중요한 관점 중 하나로서 인정되기도 한다.15) 또한 비교법적 연구들은
세계 각국의 법체계에서 그와 같은 규범적 요소들이 비슷한 양상으로 발견
되거나 당연한 것으로서 논의되고 있는 것임을 보여준다.16) 그리하여 시간

---

13) 가령 손해배상을 '한 푼도 남김없이 정확히(Heller und Pfennig)' 확정해야 한다는
표현은 이러한 사고를 반영하는 것으로 볼 수 있다. 이와 같이 자연적 손해개념론
에 있어서도 부당한 이득의 금지 등과 같은 규범적 지침을 포함하는 손해전보라고
하는 손해배상법의 목적규범에 기초하여 손해가 파악되어 온 것으로 볼 수도 있다.
그리고 현실의 재산적 손실이라 함은 차액설과 연결되는 것에서 적극적 재산적 손
해만이 아니라 일실이익도 포함한다는 법적 판단에 입각한 것이다. 그러므로 결국
은 자연적 손해개념에 있어서도 법적인 의미에 있어서의 손해라고 하는 한, 불가피
하게 무엇인가의 판단규범을 내재하고 있음을 알 수 있다.
14) 가령 Magnus(제2장 제2절 주 20), p. 187 참조.
15) 가령 Magnus(제2장 제2절 주 20), p. 186 참조.
16) 참고로 미국에서 불법행위에 대한 구제방법(remedy)의 하나로 인정되는 손해배상
(damages)은, 불법행위로 발생한 손해를 배상하기 위한 전보적 손해배상(compensable
damage), 불법행위성은 인정되지만 손해가 발생하지 않은 경우에 인정되는 명목적

이 지나고 연구가 거듭될수록 그러한 규범적 요소들의 법리와 한계는 더욱 더 명확해지고 세련되어질 것이라고 기대해 볼 수 있게 하는 것이다.

나아가 후술하는 바와 같이 원치 않은 아이의 사안들에서의 손해배상여부를 결정하는 논거로서 주장되고 있는 사유들은 주로 규범적 요소들에 근거하고 있음을 확인할 수 있으며, 이는 개별 사안유형들에 있어서도 손해의 가치평가적 요소가 실제적인 의의를 갖는 것이라는 점을 보여주는 것이다.

손해의 개념 및 본질의 문제 역시 가장 많은 해결책을 제공해 주는 견해가 결국엔 가장 훌륭한 이론이 될 것이다. 법학은 결국 실제 사안을 정의에 맞게 해결하는 것을 출발점이자 목표로 하는 것이므로, 논리적 일관성만큼이나 법학에서 포기할 수 없는 것은 개별 사안의 해결능력인 것이다. 대부분의 문제들은 거시적 접근과 미시적 접근이 모두 이루어질 때 완벽하게 된다. 견고한 테두리를 설정하고 그 내부에서 내포를 늘려가는 것이 가장 많은 사안을 해결하게 해 줄 것이다. 사안유형별 접근은 당해 사안에는 유용하겠지만 다른 유형에는 그대로 적용하기 힘들다. 각 유형을 관통하는 최소한의 공통부분을 찾아낼 수 있다면 그것은 부족하나마 거의 모든 사안에 적용되는 공통의 잣대를 부여해 줄 것이다. 손해의 본질론은 손해사안들에 있어 그러한 것을 밝혀내는 것을 목표로 하는 것이라고 볼 수 있다. 현재의 단계에선 손해의 사실적 요소와 평가적 요소 및 각 평가적 관점의 내용들이 그러한 것에 해당한다고 볼 수 있을 것이다.

오늘날 원형 그대로의 차액설을 주장하는 학자들은 없다고 할 수 있다. 이미 살펴본 바와 같이 차액설을 비판하는 견해들은 차액설로 설명하기 힘든 개별 사안들에 근거하여 차액설을 비판하는 측면도 있다. 그렇다면 그 손해개념들 역시 그러한 사안유형에 한정하여 손해개념을 정하려는 기능

손해배상(nominal damage), 고의 또는 중과실에 의한 불법행위자에 대한 제재로서의 징벌적 손해배상(punitive damage)으로 크게 나눌 수 있다.

적 손해개념인지도 모른다. 차액설은 다양한 손해개념들과의 대응과 비판에 의해 이론적 수정을 거쳐 더 공고해지고 있는 양상을 보이기도 한다.[17)18) 차액설에 대한 비판론들은 차액설을 대체하는 완벽한 논리구성에는 실패하였다 하더라도 차액설 내부의 모순을 밝혀주고 차액설이 그에 대응하는 수정을 갖추게 하였다는 점에서 의의가 있는 것인지도 모른다.[19) 차액설에

---

17) 자연적 손해개념에 기초하는 차액설이 많은 비판을 받아 왔음에도 독일에서 여전히 지배적인 학설로서의 지위를 잃지 않고 있으며 몇가지 예외적인 상황을 제외하고는 현재까지도 손해개념론의 영역을 지배하고 있다는 지적으로는 Hohloch(제2장 제2절 주 29), S. 398 참조.

18) 李銀榮(제2장 제2절 주 143), 323면; 民法注解[IX], 468면(池元林 집필부분)은 현실적으로 발생하는 손해의 다양한 모습과 관련하여 지극히 추상적인 차액설에 대해 여러 가지 비판이 가해지고 있지만, 일정한 침해원인사실에 의하여 생기는 손해 자체를 통일적·자기완결적으로 파악할 수 있다는 점에서 우수하다고 할 것이므로, 차액설의 핵심적 사고방식까지 부정될 것은 아니며, 손해의 다양한 모습을 고려하여 그에 대한 예외허용범위와 보충원칙을 정립하면 족할 것이라고 한다.

19) 차액설에 의해서는 손해로 파악하기 힘든 사안들에 대해서도 다양한 고려에 의해 차액설적 손해개념을 수정하거나 차액설과는 무관한 판단을 할 실제적 필요가 요구되는 경우들이 존재한다. 그리하여 BGH나 학설은 다양한 법이론에 의해 통설인 차액설적 손해개념을 유연하게 해석하고 수정하고 있으며, 이러한 손해개념의 시정에 의해 민사상 책임 및 보호이익을 확대하고 피해자의 구제를 도모하여 온 것이다.

차액설이 수정되거나 차액설과는 다른 관점에서 손해를 파악하려고 한 사례들을 간단히 정리하면, 우선 첫째로 전통적인 차액설적 손해개념이 수정되는 것은, 구체적인 재산적 손실이 피해자에게 발생하고 있지 않으나 피해자에게 생긴 일정한 불이익한 상태를 손해로 평가해야 한다는 판단이 이루어지는 경우이다. 이러한 사안에 있어서 손해를 인정하는 경우에는 피해자측에 부당한 이득이 생기게 되나, 이것은 배상을 인정하지 않는 것에 의하여 생기는 가해자의 부당한 면책이라는 상태를 방치해 두는 편이 오히려 허용되어서는 안 된다고 하는 일종의 비교형량적인 법적 가치판단에 의해 정당화된다. 나아가 인신침해에 의해 생기는 재산적 손해에 대하여는 BGH에 있어서도 '규범적 손해'라는 표현에 의해 이러한 법적 판단을 전면에 내놓은 판시가 전개되기도 하였다. 특히 권리주체인 사람이 다양한 권리·이익을 향유하기 위한 활동기반이 되는 가동능력에 대하여 이러한 논지가 전개되었다는 것은 물적 손해와 대조해 볼 필요가 있다. 이에 대해서는 규범적 손해개념에

기초하여 규범적 요소를 고려하는 이원적 손해개념이 그 예라 할 것인데, 이와 같이 차액설이나 자연적 손해개념이 일정 부분 규범적 요소를 도입하거나 차용하고 있다는 것은 손해개념에 대한 논의들이 실천적 의의를 갖고 있다는 것과 그 성과를 반증하는 것이 될 것이다. 차액설에 대한 비판이 많아지고 예리해질수록 차액설에 기반하고 있는 현재의 지배적인 손해론이 더 완벽한 이론으로 대체되거나 차액설이 더 완벽해질 수도 있을 것이다. 그리하여 보다 많은 사안유형들을 설명할 수 있게 됨으로써 손해론은 그 내포를 넓힐 수 있게 될 것이다. 이제 다시 손해의 개념과 본질론을 제기하고 검토하는 것의 의의는 바로 이러한 점에도 있을 것이다.

그러나 이미 살펴본 바와 같이 손해의 사실적 요소를 총재산상태의 차이로 보는 차액설은 모든 불이익을 담아낼 수 없는 한계를 갖는다. 차액설은 계산상의 차이가 확인될 수 있는 손해에 대해서는 비교적 통일적이며 간단·명료하게 손해를 파악할 수 있으나 그렇지 못한 경우에는 손해로 파악할 수 없게 하는 결과를 가져오는 것이다.[20] 손해의 사실적 요소는 다양한 손해사안들에서의 각각의 불이익 자체라고 파악함으로써 모든 손해사안들을 포함할 수 있게 된다. 그리고 그 불이익에 가치평가적 관점이 결합할 때 법적인 손해의 본질이 규명될 수 있는 것이다. 차액설 이후에 전개된 다양

서 이미 살펴보았으며 제4장에서 다시 검토하기로 한다.

위의 사안과는 반대로 재산적 불이익이 현실로 생기고 있음에도 불구하고 손해발생을 부정해야 하는 경우도 있는 것은 아닌가라는 관점에서도 차액설은 그 적용여부가 문제되는 일이 있다. 이러한 문제를 검토하는 소재로서는 이른바 '원치 않은 아이'의 부양료에 대한 손해배상청구사안을 들 수 있으며, 이에 대해서는 제5장에서 자세히 검토하기로 한다.

20) 예를 들어 정신적 손해는 재산상의 차액이 존재하지 않으므로 차액설에 의해서는 손해가 되지 못하나, 정신적 고통이라는 불이익은 존재하므로 이미 자연적 의미에서 그러한 불이익은 존재하는 것이다. 이 때 정신적 고통이 법적인 가치평가를 통하여 보호할 만하다고 판단되면 손해배상제도의 목적인 전보배상의 대상이 되는 배상가능한 손해로 인정되게 되는 것이다.

한 이론적 견해들은 그러한 가치평가적 요소들을 밝혀내기 위한 논의에 해당하는 것으로도 볼 수 있다. 가령 손해배상법의 목적, 기능을 이른바 '전보원칙' 등에 제한할 것인가, 즉 현실로 발생한 재산적 손실만을 손해로 볼 것인가, 아니면 그 밖의 다른 목적, 기능도 포함하여 손해를 고찰할 것인가라는 점에 있는 것이라고 할 수 있을 것이다. 그리고 이는 결국 손해의 본질에 있어서의 규범적 요소의 내용에 대해 구체적인 규명을 요구하는 것이 될 것이다. 손해의 규범적 요소와 손해의 개념 및 본질에 대한 논의는 그 내용이 명확하게 밝혀지지 못 하였다는 것을 이유로 배척되어야 하는 무의미한 테제가 아니라, 그러한 이유로 인해 오히려 더 진지하게 탐구하고 극복해야 할 논제인 것이다. 그러한 연구를 통해 모든 손해를 하나의 기반 하에 보편적으로 파악할 수 있는 이론적 기초를 얻을 수 있게 될 것이다.

이상의 논의를 바탕으로, 손해개념의 문제는 손해의 개념을 단순히 정의하는 것이 아니라 손해의 본질론으로 전환하여 손해의 요소를 탐구하는 것에 초점이 맞추어져야 한다는 것과 손해일반론의 실천적 의의를 확인하고, 손해의 규범적 요소의 내용을 더 명확하게 해야 한다는 것을 지적하는 것으로서 제2장의 결론을 정리하기로 한다. 이어지는 제3장 이하에서는 손해의 사실성과 규범성이 문제되는 주요한 개별 손해사안 유형들에 있어, 손해의 개념과 본질을 바르게 파악하기 위해서는 과연 손해의 사실적 요소 외에 규범적 요소들에 대한 고려가 필요한 것인지, 그리고 그러한 고려가 필요하다고 할 때 과연 어떠한 규범적 요소가 각각 문제될 수 있을 것인지(규범적 요소의 구체적인 내용의 발견)를 검토함으로써 손해의 개념과 본질에 대한 보다 완결된 이해를 정립해 보고자 한다.

제3장

비재산적 손해와 위자료

제1절 서

손해를 분류하는 기준은 여러 가지가 있을 수 있지만, 그 중에서 가장 중요한 것은 재산적 손해와 비재산적 손해로 분류하는 것이다. 재산적 손해는 재산에 관하여 생긴 손해이고, 비재산적 손해는 생명, 신체, 건강, 자유, 명예 등의 비재산적(인격적 또는 정신적) 법익에 관하여 생긴 손해를 말하는 것이다.[1] 이와 같은 구별은 침해된 법익의 종류에 따른 구별이다. 이러한 구별에 의하면 재산적 손해는 재산적 가치 있는 법익의 침해와 매우 밀접한 관련이 있다.[2]

비재산적 손해는 정신적 타격, 고통, 슬픔을 평가하는 것이라는 의미에서 정신적 손해라고도 하며, 이에 대한 배상금은 위자료라고 불리기도 한다. 그러나 이러한 '정신적 손해' 또는 '위자료'라는 표현은 당사자가 어떠한 정신적 고통을 당하였음을 전제로 하는 것인데, '비재산적 손해'의 배상은 반드시 정신적 고통을 당하였을 것을 요구하는 것은 아니므로 주의할 필요가 있어서 일반적으로 '정신적 손해'라고 할 때에도 비재산적 손해의 의미인 것으로 보아야 할 경우도 있다. 즉 비재산적 손해의 의미는 재산 이외의 손해 또는 재산상의 손해 이외의 손해의 의미로 이해해야 할 것이며, 이는 재산적 손해와 대응하는 독자적인 손해의 유형이라 할 것이다. 비재산적 손해란 결국 재산이외의 법익이 침해당함으로써 재산적 의미는 없으나 어떠한 '만족' 내지 '위로'를 주는 것이 적절한 불이익이 발생한 경우, 간단히 말해 비재산적 법익에 대한 불이익이라고 할 수 있을 것이다.[3]

---

1) 郭潤直(제2장 제2절 주 139), 113면.
2) MünchKomm.-Oetker, 4. Aufl., 2001, Rn. 25 zu § 249.

제2장에서 서술한 바와 같이, 손해의 개념과 본질에 관한 논의는 주로 재산적 손해를 중심으로 이루어져 왔다. 이는 연혁적인 이유도 있고 위자료의 본질에 대한 논의와도 관련이 있는 것이지만 그러한 연유로 재산적 손해에 대한 논의와는 별도로 비재산적 손해와 위자료에 대해서 고찰해 보아야 할 필요가 있다. 그러한 과정을 통해서 재산적 손해(배상)의 법리와 비재산적 손해(배상)의 법리 간의 공통점과 차이점 및 일정한 관련성을 파악할 수 있을 것이며, 결국 비재산적 손해에 대한 논의까지 포함하는 손해 일반에 대한 개념과 본질론을 규명할 수 있을 것이다. 또한, 재산적 손해와 비재산적 손해는 서로 별개의 독자적 유형이지만 일정한 관련을 갖는 경우가 있고, 이 중 대표적인 것이 바로 재산권침해와 위자료의 배상문제와 위자료의 보완적 기능의 문제라 할 것이므로 이에 대해서도 고찰할 필요가 있다.

다만 비재산적 손해와 위자료에 관한 문제는, 제4장 이하에서 개별적으로 살펴볼 인신침해와 원치 않은 아이의 문제 및 기회상실과 손해에 대한 고찰에서도 계속해서 다뤄지게 될 것이므로, 이 장에서는 그와 중복되지 않는 범위 내에서 간단하게 살펴보는 방식으로 고찰하기로 한다. 그리하여 이 장에서는 비재산적 손해와 손해의 본질과의 문제 및 비재산적 손해의 산정방식 그리고 비재산적 손해와 재산적 손해의 관계와 관련하여, 재산권침해와 위자료인정여부의 문제 및 위자료의 보완적 기능의 문제에 관하여 살펴보기로 한다.

---

3) 梁彰洙(제2장 제4절 주 1), 243-244면.

제2절 비재산적 손해와
손해의 일반적 개념 및 본질론

1. 비재산적 손해와 차액설

　비재산적 손해와 그에 대한 배상인 위자료는 손해개념을 일반적으로 정
의하려는 노력들에 있어 제외되어 온 측면이 강하다. 이는 또한 위자료의
본질이 손해배상의 일종인지에 대한 논의와도 일정한 관련을 갖는다.
　손해개념의 일반적 정의에 대한 최초의 시도이자 전통적인 통설의 역할
을 해 온 차액설이 규명하고자 하였던 것 역시 기본적으로 재산적 손해를
대상으로 한 것이었다. 즉, 가해행위가 없었더라면 존재하였을 총재산상태
와 가해행위가 발생한 현재의 총재산상태와의 차액을 손해로 정의하는 차
액설은, 간단히 말하자면 재산상의 감소를 손해로 파악하고 있는 것이었고,
재산적 손해에 관하여 현실적 計數로 평가함으로써 일정한 공헌을 해 온
것이다. 하지만 비재산적 손해의 경우는 기본적으로 재산상의 감소와 무관
한 것이라 할 것이므로, 차액설을 그대로 관철하는 경우에는 비재산적 손
해를 포함할 수 없게 되는 문제가 있다. 다만 차액설을 가해행위가 있기 전
후의 이익상태의 차이로 인식하는 경우에는 일정 부분 비재산적 손해에 대
해서도 설명이 가능할 수 있다. 하지만 이는 차액설의 정의와는 다소 구별
되는 것이며 차액설적 인식방법을 취하는 것일 뿐이라고 볼 수 있다. 즉 총
재산상태의 차이 즉, 계수상의 차액이라는 요소를 추상화시켜 이익상태간
의 차이라는 요소에 의해 손해를 파악하려는 방법이라 할 것이다. 차액설

을 취하는 입장에서도 비재산적 손해에 관하여는 차액설이 한계가 있다는
것을 인정하면서 구체적·현실적으로 피해자가 입은 정신적 고통 기타의 불
이익을 고려하여 산정할 수 밖에 없다고 설명하고 있다.[1] 그러나 후술하는
바와 같이 차액설적 인식방법에 따라 비재산적 손해를 파악하는 경우에도
그것은 비재산적 손해의 자연적 요소만을 표현할 수 있는 것이고 비재산적
손해에 있어서 오히려 더 큰 작용을 하고 있는 것으로 볼 수 있는 규범적
요소는 포함시키지 못 하는 단점이 있다고 하겠다.

이에 반해 손해를 법적으로 보호되는 재산적·비재산적 이익에 대한 불
이익 또는 불이익한 변화로 파악하는 경우에는 비재산적 손해의 형태 역시
무리없이 손해의 개념에 포함될 수 있을 것이다.

이에 대해서는 항을 바꾸어 살펴보기로 한다.

---

1) 가령 차액설을 취하고 있는 金曾漢/金學東, 債權各論, 第7版, 博英社, 2006,
921-922면도 "차액설은 재산적 손해에만 적용될 뿐이고, 정신적 손해에는 적용되
지 않는다. 왜냐하면 차액설은 불법행위 전후의 재산상태의 차이인데, 정신적 손해
는 정신적 고통이므로 이로 인하여 재산상태에 변동이 생기지 않기 때문이다. 정신
적 손해는 피해자가 입은 정신적 고통을 측량하여, 그러한 고통이 어느 정도의 금
전에 의하여 간접적으로 치유될 수 있는가 하는 점을 고려해서 산정한다, 그리고
여기에서는 각 당사자의 사회적 지위·직업·자력·가해의 동기·상황 특히 고의인지
과실인지 하는 점들이 중요한 의미를 가진다. 왜냐하면 통상적으로 피해자의 정신
적 고통의 정도는 위와 같은 사정에 따라서 차이가 있기 때문이다... 이런 점에서
정신적 손해의 산정에서는 특히 공평의 관념이 크게 작용한다"라고 하고 있으며,
또한 정신적 손해의 산정은 단적으로 말해서 '피해자에게 생긴 손해'의 계량이라기
보다는 '배상시키는 것이 타당한 액의 산정'이라고 할 수 있다고 한다. 이러한 점
은 정신적 손해의 산정에 있어서는 "한편으로 위법행위로 인하여 피해자가 입은
정신적 고통을 고려하고, 다른 한편으로 그러한 정신적 고통을 간접적으로 금전에
의하여 치유한다면 어느 정도의 금액에 의하여 치유될 것인가를 고려하여 손해배
상의 범위를 결정해야 한다(金曾漢/金學東(제2장 제2절 주 139), 127면)"는 설명
에서도 확인할 수 있다.

2. 비재산적 손해와 손해의 개념 및 본질

제2장에서 손해의 일반적 개념과 본질을 고찰함에 있어 손해개념은 자연적 성질과 규범적 성질을 함께 지니는 것으로 파악해야 한다고 결론내린 바 있고 그러한 설명은 비재산적 손해에 대해서도 마찬가지라 하겠다.

비재산적 손해 중 예컨대 정신적 손해의 사례를 들어 비재산적 손해의 자연적 요소와 규범적 요소를 살펴본다면, 정신적 고통의 존재가 바로 자연적 요소가 될 것이고, 그와 같은 고통의 보호가능성(배상요부)이 주된 규범적 요소가 될 것이다.

즉, 가해자의 가해행위로 인해 피해자가 정신적 고통을 받았다면, 그러한 고통의 존재는 자연적 의미의 불이익(또는 불이익한 변화)의 존재라고 할 것이므로, 일응 손해의 자연적 요소(자연성)를 충족시킨다. 그러므로 정신적 손해를 인정할 수 있는 피해자의 고통, 고뇌, 심적 침해는 침해의 종류나 수술 횟수, 수술의 중대함, 치유기간 등으로 인한 의학적 사실을 토대로 객관적으로 평가되어야 한다.2) 그러나 정신적 손해는 법규범적으로 평가·인정되는 규범적 요소(규범성)를 전제로 하므로, 정신적 손해의 평가대상인 정신적 충격 내지 고통도 사실적 의미와 법적 의미가 일치하지 않는 경우가 발생할 수 있다. 독일의 판례에3) 의하면 정신적 충격이라는 개념은 의학상 한시적인 어지러움, 피해자에게 지속적이고 조직적인 침해를 가할 수 있는 노이로제, 정신이상 등 여러 가지를 포함하고 있는 것이다. 따라서 사실적 의미의 정신적 충격과 구별할 때 손해배상이 인정될 수 있는 정신적 손해는 법에 의한 규범적 판단(가치평가, 보호가치의 판단)에 의해 인정되는 것이어야 한다. 그 판단이 쉽지는 않지만, 이는 최종적으로 법관의 규

---

2) Küppersbusch(제2장 제2절 주 107), Rn. 275.
3) BGHZ 56, 163.

범적 판단에 의해 결정된다. 그러므로 손해배상을 위한 정신적 손해의 인정은 개별 사안에서 객관적인 상황에 기초하여 법관의 자유로운 판단으로 결정될 것이다. 이하에서 설명하는 바와 같이 우리나라의 판례도 이러한 입장을 확고히 하고 있다.[4]

이 밖에도 비재산적 손해의 평가적 요소는 비재산적 손해에 대한 배상인 위자료의 산정방법과 산정시 고려하는 요소들 그리고 보완적 기능에서도 나타나는 바 이에 대해서는 항을 바꾸어 살펴보기로 한다.

3. 비재산적 손해의 산정

(1) 재산적 손해의 산정방법과의 비교

손해의 산정은 손해의 개념 및 본질과는 구별되는 문제이다. 하지만 비재산적 손해의 산정을 고찰함으로써 재산적 손해와의 공통점과 차이점이 드러날 것이므로 간단하게만 살펴보기로 한다.

비재산적 손해의 배상인 위자료의 본질을 손해전보로 파악한다면 재산적 손해와 비재산적 손해 모두 원상회복을 목적으로 한다는 점에서 공통점을 가지게 된다. 즉 손해가 없었더라면 존재했을 상태로 만들어 주려는 것이다.[5]

하지만 비재산적 손해는 재산적 손해와 달리 시장가격 등에 의하여 객관

---

4) 대법원 1988. 2. 23. 선고 87다카57 판결(公 1988, 573); 대법원 1987. 10. 28. 선고 87므55 판결(公 1987, 1795).

5) 손해의 배상은 발생한 손해를 제거한다는 것은 아니며, 일단 생긴 손해를 제거하는 것은 불가능하므로 손해는 오직 전보 즉 메워서 채워질 수 있을 뿐이라는 설명으로는 郭潤直(제2장 제2절 주 139), 114면 참조.

적으로 평가하는 것이 쉽지 않다. 피해자의 제반 상황을 고려하여 예측적으로 평가되어질 수 있을 뿐이다. 물론 위자료의 정액화나 표준화에 대한 시도는 있을 수 있으나 엄밀히 말하면 비재산적 손해를 정액화하기 위한 객관적인 평가자료는 없다고 하겠다. 또한 재산적 손해는 개개의 재산마다 그 산정이 이루어지는 것을 원칙으로 한다. 그러나 비재산적 손해는, 이하의 그 산정방법에서 살펴보는 바와 같이, 여러 가지 비재산적 이익을 하나로 총합하여 종합적으로 산정해야 한다는 인식도 강하다.

이와 같은 공통점과 차이점을 비교해 볼 때 다음과 같은 점을 도출할 수 있다. 비재산적 손해는 구체적 산정방법에 의해서는 산정될 수가 없다. 구체적 산정방법은 차액설에 의해 실제 지출한 비용을 손해배상액으로 산정하게 되는데, 정신적 손해에서는 이것이 불가능하기 때문이다. 정신적 고통으로 병원에 다니며 치료를 받은 경우, 치료비 자체는 재산적 손해이지 정신적 손해가 아니다. 오로지 고통 그 자체가 비재산적 손해인데 이는 구체적 산정방법에 의해서는 산정하는 것이 곤란하다. 추상적 산정방법 역시 재산적 손해배상액을 전제로 한 산정방법이므로 이용될 수 없고, 설령 가능하다고 하더라도 환가가능한 구체적인 시장가격이 없으므로 어떠한 항목들이 손해를 구성하며 이를 어떻게 평가해야 하는지 문제가 생긴다. 다만 추상적 평균인을 기준으로 비재산적 손해를 산정하는 것은 추상적 산정방법과 유사한 기능을 할 수 있을 것이다.

그리하여 비재산적 손해는 다음과 같이 재산적 손해와는 다른 산정방법을 거치게 된다.[6]

---

6) 정신적 고통에 대한 배상액의 산정은 대법원판례가 강조한 바 법원의 공정한 자유재량에 따라 결정될 법원의 專權事項이며, 이는 로마법 이래 확립된 기본원칙이라는 설명으로는 曺圭昌, "所有權侵害와 慰藉料請求權 -通說·判例에 대한 批判的 考察-", 고려대 判例研究 第4輯, 1986, 161면을 참조.

(2) 비재산적 손해의 산정방법

비재산적 손해배상의 목적도 기본적으로는 손해의 전보라[7] 할 것이므로 발생한 불이익을 파악해야 한다. 그러나 비재산적 손해를 금전으로 정확하게 산정하는 방법은 불가능하므로 손실의 정도를 평가한 후 이를 금전으로 환산하여야 한다.[8]

손실의 정도를 평가하는 방법은 다음과 같이 크게 두 가지가 있다.

1) 항목별 산정방식

비재산적 손해의 항목을 세분화하여 각각의 손해항목마다 손해배상액을 산정하는 방법이다. 항목은 여러 가지로 나눌 수 있으나 크게 두 가지로 나뉘어진다. 하나는 정신적·육체적 고통에 대한 배상항목이고, 다른 하나는 안락함의 상실이다. 안락함의 상실은 예를 들면 즐기지 못하는 것, 신체기능을 잃어버린 것 등이 있다.

이와 같은 방법으로 손해를 산정하는 국가로는 프랑스와[9] 영국[10] 등이 있다.[11] 예를 들어 프랑스의 경우 고통과 괴로움에 대한 배상뿐만 아니라

---

7) 물론 여기서의 전보의 의미는 재산적 손해에서의 전보의 의미와 완전히 일치하는 것은 아니다. 다만 금전에 의해 '만족' 내지 '위로'를 함으로써 정신적 고통을 전보한 것과 같이 취급한다는 의미로 이해해야 할 것이다.

8) Magnus(제2장 제2절 주 20), p. 194.

9) Suzanne Galand-Carval, "Non-Pecuniary Loss under French Law", in Rogers(ed.), Damages for Non-Pecuniary Loss in a Comparative Perspective, 2001, p. 103.

10) Rogers, Winfield and Jolowicz on Tort, 14th ed., 1994, pp. 646-652.

11) 이에 대해서는 金德泰, 慰藉料制度에 관한 比較法的 研究, 東亞大學校 大學院 法學博士學位論文, 1997; 李昌鉉, 不法行爲를 原因으로 한 非財産的 損害賠償에 관한 比較法的 研究, 서울大學校 大學院 法學博士學位論文, 2008 참조.

안락함의 상실(즐거움의 침해, 외모의 손상, 사안에 따라서 性의 침해)을
고려하여 위자료를 산정한다. 비재산적 손해의 평가에 대하여 규율하는 구
체적인 규정은 없고 일반적으로 법원의 재량에 맡겨 해결해 왔다. 그러나
법원에서는 내부적인 '배상기준표(barèmes d'indemnisation)'를 확립하여
그러한 지침에 따라 판단하고 있다고 한다.[12]

　이 방법에 의하면 손해의 항목을 구분하지 않는 것보다 높은 객관성(법
관의 자의를 막을 수 있음)을 기할 수 있으나, 각 손해항목보다 과실의 정
도, 피해자의 개인적인 상황 등 모든 것을 고려하여야 하므로 산정과정이
매우 복잡하게 되어 법관의 부담을 가중시킨다는 단점이 있다.

2) 포괄적 산정방식

　이것은 비재산적 손해의 항목을 나누지 않고 비재산적 손해에 대해 총합
하여 하나의 배상금을 산정하는 방법이다.[13] 합계액을 산정할 때에는 침해
의 중대성, 건강상태의 변화, 물리적 고통의 강도와 지속성, 감정적 피로를
비롯하여 모든 관련된 요소를 참작해야 한다고 한다.

　이와 같은 방법으로 위자료를 산정하는 국가로는 독일과[14] 오스트리

---

12) Suzanne Galand-Carval(제2장 제2절 주 15), p. 81.
13) 여기서 살펴보는 포괄적 산정방식이라 함은 비재산적 손해 내에서의 세부항목들을
　　총합하여 하나의 배상금으로 산정할 것인가의 논의이다. 그 밖에 재산적 손해와 비
　　재산적 손해를 일괄해서 하나의 배상금으로 산정할 것인가의 문제(가령 인신침해
　　에서의 일괄청구방식)나 재산적 손해를 비재산적 손해에 포함시켜 하나의 위자료
　　의 배상금으로 산정할 것인가의 문제(가령 인신침해에서의 포괄청구방식) 및 다수
　　피해자의 손해배상금을 정액화, 정형화시킬 수 있을 것인지의 문제(가령 인신침해
　　에서의 일률청구방식)등은 여기서 논의하는 위자료의 산정방식과는 구별해야 할
　　것이다. 일괄청구방식 등에 대해서는 제4장에서 인신침해와 관련하여 구체적으로
　　살펴보기로 한다.
14) Magnus, "Damages under German Law", in Magnus(ed.), Unification of Tort
　　Law: Damages, 2001, pp. 95-96.

아[15] 등이 있다. 독일의 경우 위자료는 겪고 있는 모든 고통에 대해 주어지는 일시금이라고 한다. 법관은 고통의 각각의 측면, 목적 또는 시기에 대해 각각의 배상액을 주어서는 안 된다고 한다.[16] 여러 사례에 대한 배상액과 사정을 연구·보고한 위자료(시가)일람표(Schmerzensgeldtabellen)에 의해 배상액이 산정되는 경우도 있다. 이와 같은 기준표들은 신체·건강손상에 대한 위자료 판례들을 정리하고 금액별 및 손해의 종류별로 일람표를 작성하여 검색상의 편의를 도모하고 있다.[17]

이 방법은 손해의 항목을 나누는 방법에 비해 법관의 자의가 개입될 여지가 크다는 점에서 객관성이 떨어질 염려가 있으나, 반대로 법관에게 과도한 부담을 주지 않는다는 장점을 가지고 있다.

3) 소결

비재산적 손해산정의 객관성을 담보한다는 측면에서 손해항목을 나누는 것이 타당할 수도 있으나, 이 방법은 법관에게 지나치게 과도한 부담을 주게 되는 측면이 있으며, 나누어진 항목에 대해서 법관이 재량으로 판단해야 하는 점은 마찬가지라 할 것이어서 객관성이 크게 담보된다고도 할 수 없다. 오히려 단일화된 손해항목으로 평가하되 많은 사례를 조사하여 위자료일람표를 만드는 것이 객관성의 담보에 더 도움을 줄 수 있을 것이다.

또한 손해항목의 구분도 명확하지 않다. 어디까지가 정신적·육체적 고통에 해당되는지 또 어디까지가 안락함의 상실에 해당하는지를 구분하는 것

---

15) Koziol, "Damages under Austrian Law", in Magnus(ed.), Unification of Tort Law: Damages, 2001, p. 13.

16) BGHZ 128, 117.

17) 가령 Hacks/Ring/Böhm, Schmerzensgeldbeträge, 16. Aufl., 1994; Hempfing, Ärztliche Fehler-Schmerzensgeld-Tabellen, 1989; Slizyk, Beck'sche Schmerzensgeldtabelle, 2. Aufl., 1994 등이 이용되고 있다.

은 쉽지 않다. 불명확한 기준을 도입하는 것보다는 기준을 나누지 않고 그 안에서 타당성을 도모하는 것이 낫다고 할 것이다.

우리 판례도 위자료의 액수를 산정함에 있어서는 사실심 법원이 제반 사정을 참작하여 그 직권에 속하는 재량으로 이를 정할 수 있다고 하고 있다.18)

---

18) 대법원 2003. 7. 11. 선고 99다24218 판결(公 2003, 1695).

제3절 재산적 손해와 비재산적 손해배상의 관계

1. 비재산적 손해와 위자료

비재산적 손해와 그에 대한 배상인 위자료의 관계는 위자료의 본질에 대한 문제이다. 이에 대해서는 크게 위자료를 손해배상으로 볼 것인지와 사적인 제재로 볼 것인지의 대립이 있다. 위자료의 본질에 대해서는 국가마다 다소 차이가 있으므로 우선 비교법적으로 간단히 검토한 후 우리나라에서의 논의를 정리하기로 한다.

(1) 비교법적 고찰

프랑스에서는 위자료의 법적 성격에 관해 '만족적 기능'에 기초해 손해배상과 유사한 것으로 보는 배상설과 私的 懲罰에 유사한 것으로 보는 제재설이 대립하지만, 위자료를 폭넓게 인정함에는 학설·판례상 異論이 없다.[1] 프랑스 민법은 정신적 손해에 대한 배상을 인정하는 명문규정을 두고 있지 않다. 불법행위에 관한 일반규정인 제1382조도 '고의 또는 과실로 타인에게 손해(dommage)를 발생시킨 자는 이를 배상할 의무가 있다'고 규정할 뿐, 정신적 손해에 대한 배상을 별도로 규정하지는 않는다. 그러나 제

---

1) Suzanne Galand-Carval(제3장 제2절 주 9), p. 94.

1382조에 규정된 손해에는 정신적 손해가 당연히 포함되어 있다고 보고 있다.2) 따라서 제1382조의 '손해'에는 재산적 손해와 비재산적 손해의 양자가 포함되어 있는 것으로 파악하고, 양자를 포괄적으로 배상(réparer)한다는 태도를 취하고 있으므로 비재산적 손해 역시 '손해'에 대한 배상기능으로 이해하고 있는 것이 통설이다.3)

독일에서는4) 제국법원(RG)이 위자료는 제재적인 것이 아니고 순수한 손해배상이라는 점을 당연한 전제로 삼으면서, 다만 정신적 손해는 금전으로 산정할 수 없는 것이기 때문에 그 액을 공평하게 산정하기 위해서는 가해자측의 사정을 포함하여 모든 사정을 고려하여야 한다는 입장을 취하여

---

2) 프랑스는 전통적으로 불법행위의 영역에서 광범위한 정신적 손해배상을 인정하여 왔다. 그러나 프랑스민법의 기초자는 불법행위에 관한 일반규정인 제1382조에서 '손해(dommage)'라는 광의의 개념을 사용함으로써 위자료의 인정여부를 둘러싸고 한때 논란이 있었다. 정신적 손해의 배상을 반대하는 입장에서는 정신적 손해가 금전에 의해 회복될 수 없으며 또한 금전적 평가 자체도 곤란하다는 점을 들었다. 하지만 1833년 6월 15일의 파기원 판결(S. 1833. 1. 458)에서 불법행위에 의한 정신적 손해배상을 인정한 이래, 특히 1961년 11월 24일의 국참사원 판결(D. 1962. 34)에서 애정손해를 포함한 광범위한 영역에서 정신적 손해배상을 인정하여 왔고, 학설도 대체로 판례의 입장에 동조하고 있다. 즉, 프랑스법의 역사적 전통에 비추어 제1382조에 규정된 '손해'의 개념 속에 물질적 손해(dommage matériel) 뿐만 아니라 정신적 손해(dommage moral)도 당연히 포함된다고 보는 것이 일반적이다.

3) 이에 관해서 상세히는, Mazeaud/Tunc, Traité théorique et pratique de la Responsabilité Civile délictuelle et contractuelle, t. 1, 6ᵉ éd., 1965, nᵒˢ 297 et s.; 淡路剛久, "慰藉料の比較法的研究", 比較法研究 第44卷, 1982, 5-19面 참조.

4) 독일에 있어 위자료에 대한 관념의 시초는 게르만법의 贖罪金(Buße)제도에서 찾을 수 있는데, 이 시기는 민·형사책임이 분화되기 이전으로서 속죄금은 손해전보기능과 복수기능을 함께 갖고 있었다. 그러나 중세에 이르러 국가에 형벌권이 집중하면서 양 책임은 분리되었고, 이 과정에서 손해전보기능을 갖는 위자료가 손해배상법상 독립적인 지위를 취득하게 되었다. 독일법의 발전과정에서 위자료의 인정여부 및 허용범위에 관한 논란은 민법전(BGB) 성립 이후에도 계속되었는데, 이는 상류사회의 신분적 특권의식이 지배해 온 독일 특유의 법감정과 무관하지 않다. 이러한 역사적 배경 하에서 위자료의 성질이나 기능을 둘러싼 논쟁은 戰後에도 지속되고 있었다.

위자료를 순수한 손해배상으로서 파악하고 있었다.5) 그러나 그 후 1952년 독일연방대법원이 종래의 판례의 입장을 바꾸어 가해자의 재산상태의 고려를 부정함으로써,6) 학설 및 판례상에서 논란이 있었다. 그 후 1955년 7월 6일 독일연방대법원이 위자료는 피해자의 비재산적 손해에 대하여 적절한 전보를 제공하는 전보기능(Ausgleichsfunktion)과 가해자가 행한 행위에 대하여 피해자에게 만족을 주는 만족기능(Genugtuungsfunktion)의 이중적 기능을 가진 1개의 청구권이라는 점과 위자료를 산정함에 있어서 피해자측의 사정뿐만 아니라 가해자측의 유책정도나 재산상황도 함께 고려해야 한다는 점을 명확히 함으로써,7) 사실상 위자료의 제재적 요소를 긍정하고 있는 것으로 평가되고 있으나, 학설상으로는 여전히 다툼이 있다.8)9)

영미법에서는 개별적인 소권법체계에 따라 일반적인 비재산적 손해배상이나 위자료의 일반적인 형식이 아니라, 고통(Pain & Suffering)에 대한 배상이나,10) 쾌락의 상실(Hedonic Damage), 배우자권의 상실(Loss of Consortium)에 대한 배상 등과 징벌적 손해배상(punitive damages)이 제한적으로 위자료의 기능을 담당하고 있다.11) 그러나 주지하다시피 징벌적 손해배상 등은

---

5) RG 1932. 4. 7(RGZ 136, 36).
6) 그 근거로서는 위자료는 형벌이 아니고 순수한 손해배상이라는 점, 그리고 위자료가 손해배상이라고 한다면 배상액은 손해의 범위에 따라 결정되는 것이고, 의무의 범위는 그 때 그 때의 채무자의 급부능력에 좌우되지 않는다고 하는 손해배상법의 기본이념과 모순될 수는 없고, 더 나아가 가해자의 재산상태를 고려한다면 배상의무자가 무자력인 경우나 국가가 배상의무자인 경우 문제가 일어날 수 있다는 것이었다(BGH 1952. 9. 29(BGHZ 7, 223)). 이와 같은 취지의 판결로는 BGH 1953. 7. 8(NJW 1953, 1626).
7) BGHZ 18, 149=NJW 1955, 1675.
8) 도이치는 위자료의 '만족기능'에는 예방과 제재라는 상위적 요소가 내재하는 것은 아닌가라는 의견을 제시하고 있다(Deutsch(제2장 제2절 주 118), Rn. 907).
9) 이에 관해서 상세히는 植林弘, 慰藉料算定論, 有斐閣, 1962, 26面 이하를 참조.
10) 'pain'이란 신경이나 신체의 일부의 손해의 결과를 직접 느끼는 것이고(생리적 고통), 'suffering'이란 신체의 물리적 상태와 직접적인 관련없이 느끼는 고통을 말한다(정신적 고통).

정신적 손해에 대한 전보의 의미를 넘어 제제 및 위법행위에 대한 억제적 기능을 실현함으로써 대륙법체계에 비해 적극적인 기능을 하고 있는 측면도 있다.[12] 다만, 징벌적 손해배상은 영국에 비해 미국에서 인정되는 범위가 넓으며,[13] 오늘날은 미국에 있어서도 징벌적 손해배상을 제한하려는 움직임이 보이고 있다.[14]

일본의 경우에도 학설상 배상설과[15] 제재설이[16] 대립하고 있고,[17] 하급심판례 중에는 "고의에 의한 채무불이행의 경우에는 징벌적 내지 제재적 성질을 지니 위자료의 지급의무를 부과할 수 있다"라고 하여 위자료의 본질에 관해 '징벌적' 내지는 '제재적' 성질을 지닌 위자료의 지급을 명시적으로 밝히는 입장도 있으나,[18] 최고재판소는 "손해배상의 제재적 기능은

---

11) Cotchett, Punitive Damages: How much is enough?, University of California, 2000, p. 4.
12) 손해배상청구소송에 있어서 배심제도의 역할과 기능에 대해서는 Fleming, The American Tort Process, 1988, pp. 101-139 참조.
13) Rogers(제3장 제2절 주 10), p. 641 Fn. 75. 즉 영국에서는 국가공무원이 강압적이거나 전단적 행위 또는 위헌적 행위를 한 경우나, 피해자에게 지급하게 될 배상액을 초과하는 이익을 얻을 목적으로 가해자가 불법행위를 한 경우, 그리고 제정법에서 명시적으로 정하고 있는 경우 등에 한해 징벌적 배상이 인정되어야 한다는 이른바 'Rookes의 원칙'이 판례상 등장한 이래, 징벌적 손해배상은 엄격한 요건 하에 제한적으로 운용되고 있다(Rookes v. Bernard (No.1) [1964] 2 W.L.R. 269).
14) 영국법에 있어서의 위자료의 역사와 내용 그리고 산정방식에 대해서는 田井義信, イギリス損害賠償法の理論, 1995, 109面 이하; 미국법상의 위자료에 관하여는 李德煥, "美國 不法行爲法上의 非財産的 損害賠償", 比較私法 第8卷 第2號, 韓國比較私法學會, 2001, 961면 이하 참조.
15) 我妻榮, 事務管理·不當利得·不法行爲, 日本評論社, 1988, 200面 이하; 加藤一郎, 不法行爲, 有斐閣, 1986, 309面 이하; 四宮和夫, 不法行爲, 靑林書院, 1987, 594面 이하 등
16) 岡松參太郎, 無過失損害賠償責任論(下), 有斐閣書房, 1922, 466面 이하 등.
17) 이에 관해서 상세히는 김민규, 위자료배상법론, 2005, 102면 이하; 張在玉, "慰藉料에 관한 몇 가지 考察", 韓國民法理論의 發展: 茂巖 李英俊 博士 華甲紀念 論文集 II 債權編, 博英社, 1999, 622-628면 참조.
18) 京都地裁 1989(平成 1). 2. 27. 判決(判例時報 第1322号, 125面).

피해자가 입은 불이익을 회복하기 위하여 가해자에게 손해배상의무를 부담시킨 것에 불과하고, 가해자에 대한 제재 및 일반예방을 주된 목적으로 하는 징벌적 손해배상제도와는 본질적으로 다른 것이다"라고 함으로써 손해배상의 전보기능을 강조하고 있다.[19] 그 밖에 하급심의 주류적인 판례도 제재적·징벌적 기능에 대하여 부정적인 입장을 취하고 있다. 그리하여 일본에서는 사실상 손해가 발생하지 아니한 경우에 극히 소액의 손해배상을 선고하는 '명목적 손해배상'이나 악의가 강한 가해자에게 제재를 과할 것을 직접적 목적으로 하는 '징벌적 손해배상'·'2배·3배 배상'과 같은 손해전보를 넘는 제재는 일본 불법행위법상에서는 인정되지 않는다고 해석하는 것이 통설적 견해이며, 현행법하에서는 '손해'없는 곳에 배상책임을 인정할 수 없다고 한다.[20]

(2) 우리나라의 학설과 판례의 태도

1) 손해배상설

손해배상설에 의하면 위자료를 정신적 손해 내지 재산 이외의 손해의 배상으로 본다.[21] 즉 위자료는 순수한 손해배상이라는 것이다. 신체·명예·자유 등 인격권의 침해가 있을 경우 개인의 인격적 이익도 재산적 이익과 다

---

19) 最高裁 1997(平成 9). 7. 11. 判決(民集 51卷 6號, 2573面).
20) 四宮和夫(주 15), 297面.
21) 金曾漢/金學東(제3장 제2절 주 1), 900-902면; 郭潤直, 債權各論, 新訂修正版, 2000, 573-574면; 金錫宇, 債權法各論, 1978, 555면; 金先錫, "慰藉料의 算定과 그 基準에 關한 諸問題", 裁判資料 21輯: 自動車事故로 인한 損害賠償(下), 1984, 326면; 李太載, 債權各論新講, 1967, 519면; 註釋債權各則(IV), 1986, 司法行政學會, 162면(李根植 집필부분); 註釋民法 [債權各則(8)], 第3版, 韓國司法行政學會, 2000, 302면 이하(徐光民 집필부분).

를 바 없기 때문에 법률의 보호를 받아야 마땅하므로 위자료를 그러한 손
해배상으로 보고 있는 것이다. 그 손해는 무형적인 정신적·육체적 고통이
고, 이를 금액으로 구체적으로 잴 수 없는 것이기 때문에 법관이 자유재량
에 의하여, 공평의 관념에 따라서, 또한 가해자·피해자 쌍방의 여러 사정을
고려하여서, 결정·산정하여야 한다고 한다.22)

　이 견해는 불법행위로 인하여 정신적 고통을 받은 피해자가 배상금을 수
령하고 받는 기쁨이라든가 그 배상금을 이용하여 자신의 긴급한 채무를 변
제하거나 자신에게 필요불가결한 물건을 구입하고 또 저축의 가능성을 가
지게 됨으로써 느끼는 취미, 기호나 생활상의 즐거움 등으로 위로를 받게
되고 그 결과 불법행위로 인하여 받은 정신적 고통을 경감시키거나 잊게
할 수 있다면 금전에 의한 정신적 고통의 배상가능성을 긍정하여야 한다고
주장한다. 또한 금전에 의한 손해배상은 보상적 기능 이외에 금전의 만족
적 기능에 의하여 정신적 고통이 치유될 수 있으므로, 위자료를 사적 제재
로 볼 것이 아니라, 손해배상으로 이해하여야 한다고 한다. 금전인 위자료
가 가해자의 정신적 고통을 치유하는 이러한 기능을 만족적 기능이라고
한다.23)

　위자료를 산정하는 경우에 일반적으로 경과실보다 고의나 중과실의 경
우 위자료의 액이 많아지는 것은 가해자의 비난가능성이 크기 때문에 더
큰 제재를 가한다고만 볼 것이 아니라 그만큼 피해자의 고통이 크기 때문
에 위자료액수가 많아진 것이라고 볼 수 있다.24) 정신적 손해의 배상에서
는 재산적 손해의 배상에서와 달리 가해자측의 사정도 고려되는데 이는 정
신적 고통 내지 정신적 손해의 정도는 가해자측의 사정에 영향을 받기 때
문에 가해자측의 사정도 고려하여 위자료액을 정하여야 공평한 손해의 조

---

22) 郭潤直(주 21), 573면.
23) 郭潤直(주 21), 574면.
24) 金曾漢/金學東(제3장 제2절 주 1), 901면.

정이 될 수 있다. 즉, 정신적 손해의 내용인 정신적 고통 또는 정신적 이익의 상실은 가해자측의 사정과 전혀 무관하다고 할 수 없는 상대적인 것이므로 당연히 가해자측의 사정을 고려하지 않을 수 없는 것이고, 따라서 그러한 사정을 모두 참작하여 산정되어진 금액을 공평·타당한 것이라고 이해한다.25)

또한 손해배상설은 사적 제재설의 입장을 취하게 되면 근대법이 취하고 있는 민사책임과 형사책임의 분화의 원칙을 파괴하는 것이고, 일사부재리의 원칙을 범할 우려가 있을 뿐 아니라, 위자료청구권이 발생하는 경우를 설명할 수 없게 되어, 현재의 법질서하에서는 타당성을 가질 수 없다고 한다.26)

2) 사적 제재설

이 견해는 위자료를 형사책임과 민사책임이 분화되기 이전의 복수관념의 산물로 보고, 위자료를 타인에게 불법을 저지른 자에 대한 사적 제재 내지 사적 형벌로 본다.27) 종래의 통설이 손해의 공평한 분담이라는 것을 강조한 나머지 불법행위제도가 불법행위의 민사책임을 추구하기 위한 제도라는 것을 망각함으로써 행위에 대한 비난성이 점점 없어져 간다고 보고 위자료의 제재적 성질을 강조하고 있다.

이 견해가 들고 있는 이론적 근거는 다음과 같다. 즉, 위자료를 손해배상금이라고 하기 위해서는 우선 손해가 양적으로 측정가능하여야 하는데 정신적 손해는 양적 측정이 불가능하며, 정신적 고통을 느낄 수 없는 유아나

---

25) 金先錫(주 21), 326면.
26) 金先錫(주 21), 326면.
27) 이명갑, "제재적 위자료의 입론(Ⅰ)", 사법행정 제28권 3호 (87. 3.), 26면 이하; 金基善, 韓國債權法總論, 1975, 86면; 張在玉(주 17), 622면 이하; 장재옥, "慰藉料와 私的制裁", 中央法學, 1999, 210면.

정신장애자에게도 위자료가 인정되고, 위자료액이 가해행위의 성질과 정도에 상응하여 결정된다는 점이다.[28] 또한 제재적 성질의 위자료 인정의 필요성은 인격권 침해의 경우에 더욱 강조되어야 한다. 명예훼손이나 모욕과 같이 민사책임과 아울러 형법규정에 의한 책임의 추궁이 가능한 인격권도 있으나, 초상이나 프라이버시와 같은 유형의 인격권들에 대해서는 형법적 보호가 이루어지지 않고 있다. 이것은 입법자가 형벌은 최후의 수단으로만 적용되어야 한다는 형법의 보충성 원칙에 따라 형벌 이외의 다른 수단에 의하여 이러한 법익을 보호하고자 하기 때문이다. 따라서 위자료의 내용으로서 제재적 요소를 인정하는 것은 형법의 보충성의 원칙을 충족시키면서도, 민사책임에 의한 통제가 완화되어 인격권의 보호가 지나치게 약화되는 것을 막을 수 있는 중요한 수단이 된다고 한다.[29]

위자료를 사적 제재로 보는 경우 위자료를 지급하였다고 하여 전과범으로 취급되지도 않으며, 위자료는 형벌로서의 벌금처럼 국가에 귀속되지도 않는다. 특히 현대사회에 있어서 공해, 산업재해 등의 출현을 감안할 때 불법행위제도는 순수한 개인적 영역을 넘어서 불법행위자로 하여금 동일한 불법행위를 하지 못하도록 기능하는 행위억제규범으로 정립되어야 하고 그 수단으로서 가해자가 다시는 동일한 불법행위를 하지 못할 정도의 고액의 위자료가 인정되어야 한다는 것 등이 제시되고 있다.[30]

3) 절충설

비재산적 손해배상을 손해의 전보배상이나 제재의 어느 일방적인 것이 아니라 양자의 성질을 함께 가진다고 보는 견해이다.[31]

---

28) 이명갑(주 27), 26면.
29) 장재옥(주 27), 210면.
30) 허만, 言論報道에 대한 實體的 救濟手段: 損害賠償·原狀回復·禁止請求, 民事判例研究[XXI], 1999, 674면.

4) 판례의 태도

대법원은 위자료청구권이 불법행위의 일반규정인 민법 제750조에 근거하는 것이고,32) 위자료는 정신적 충격 뿐만 아니라 장래에 입게 될 정신적인 고통까지를 참작하여 지급되는 손해의 배상이라고 하였으며,33) 나아가 위자료청구권을 재산적 손해의 배상청구와 구별하여 그 상속성 및 양도성을 부정할 이유가 없다고 판시하여34) 위자료청구권을 순수한 손해배상청구권으로 보고 있다고 평가되고 있다.35) 그러나 판례는 위자료의 산정에 있어서 그 산정을 법관의 재량에 위임하여 실제 산정요소로서 피해자측의 사정 뿐만 아니라 가해자측의 사정(과실의 정도, 사회적 지위, 재산상태 등)도 포함하여 일체의 사정을 참작하고 있으므로36) 실제상의 운용으로서는 위자료가 어느 정도에 있어서 제재적 기능을 과하는 것까지는 부정하고 있지 않다는 지적도 있다.37)

---

31) 註釋民法 [債權各則(7)], 第3版, 韓國司法行政學會, 2000, 45면(박철우 집필부분); 註釋民法 [債權各則(8)], 第3版, 韓國司法行政學會, 2000, 327면(김숙자 집필부분); 김학수, "위자료청구권에 관한 일고찰", 곽윤직교수화갑기념논문집, 1985, 774면; 윤철홍, "인격권침해에 대한 사법적 구제", 민사법학 제16호, 1998, 215면; 한봉희, "위자료청구권의 제문제", 민사법과 환경법의 제문제(송간 안이준 박사화갑기념논문집), 1986, 299면.

32) 대법원 1967. 9. 5. 선고 67다1037 판결; 대법원 1968. 3. 19. 선고 67다2512 판결 등.

33) 대법원 1965. 11. 9. 선고 63다1721 판결; 대법원 1971. 3. 9. 선고 70다2992 판결 등.

34) 대법원 1969. 4. 15. 선고 69다268 판결(集 17권 2집 民17); 대법원 1970. 11. 24. 선고 70다2242 판결 등.

35) 金先錫(주 21), 327면.

36) 대법원 1995. 2. 28. 선고 94다31334 판결(公 1995, 1454) 등.

37) 民法注解[XVIII], 352면(李東明 집필부분).

(3) 검토

물론 정신적 손해에 있어서는 재산적 손해에서와는 달리 손해를 금전적인 가치로 산정할 수가 없기 때문에 그 손해를 전보할 금액, 즉 그 손해와 동등한 가액의 금액을 정할 수가 없고, 따라서 손해와 등가의 금액을 지급함으로써 손해를 전보하는 것은 불가능하다. 그러한 점에서 금전에 의한 정신적 손해의 배상은 엄격한 의미에서는 손해의 전보(Ausgleich) 내지 배상(Ersatz)이라고는 할 수 없다. 그러나 위의 손해배상설도 지적하듯이 피해자가 일정한 액수의 금전을 받아서 생활에 편의나 안락이 생김으로써 불법행위로 인하여 받은 정신적 고통을 경감 내지 완화할 수 있다면, 그러한 의미에서 그리고 그러한 한도에서 정신적 고통 내지 정신적 손해는 전보되었다고 볼 수 있는 것이다.[38] 다시 말해서 정신적 손해의 배상의 경우에는, 위자료의 지급에 의하여 가능하게 된 생활의 편의나 안락을 통하여 정신적 고통 내지 정신적 손해에 대한 일종의 전보가 이루어진다고 볼 수 있다. 그리고 위자료의 산정에 있어서 가해자의 유책성의 정도를 참작하는 것 역시 가해자의 유책성의 정도에 따라 피해자가 받는 정신적 고통의 정도가 다르게 된다는 점에서 그 근거를 찾을 수 있는 것이다. 이렇게 볼 때 위자료를 정신적 고통에 대한 위자 내지 정신적 손해에 대한 배상이라고 보는 데 별다른 문제는 없을 것이다.

사적 제재설은 위자료의 본질이 무엇인가 하는 문제와 사적 제재로서의 위자료를 인정할 것인가 하는 문제를 구별하지 않고 같이 취급하고 있으나 이를 구분하여 논의할 필요가 있다. 위자료의 본질의 문제는, 현행법상 인

---

38) 독일민법학에서도 위자료에 의한 정신적 손해의 전보 내지 배상은 대체로 이처럼 '안락을 통한 고통 내지 불편의 전보', 또는 '유쾌한 감정에 의한 불쾌한 감정의 전보'의 의미로 이해하고 있다(Larenz(제2장 제2절 주 29), S. 476; Fikentscher, Schuldrecht, 8. Aufl., 1992, S. 807).

정되는 위자료의 성질이 피해자가 입은 정신적 손해에 대한 배상인가 아니면 가해자에 대한 사적 제재인가 하는 문제인데 반하여, 사적 제재로서의 위자료를 인정할 것인가 하는 문제는 불법행위의 예방을 위하여 가해자에게 사적 제재의 성질을 가진 위자료를 인정하는 것이 옳은가 하는 문제이기 때문이다.[39] 위자료가 제재적 기능이나 예방적 기능을 갖는 경우가 있다고 하여도 그러한 기능은 재산적 손해의 배상에서도 문제되는 것이며 위자료에 있어서만 특별히 문제되는 것은 아니다. 재산적 손해배상에 있어서 제재적 기능이 인정되는 경우에도 일반적인 손해배상의 본질을 사적 제재로 파악하지 않는 것과 같이 위자료의 제재적 기능이라는 것도 위자료 일반의 본질과는 구별해서 보아야 할 것이다. 즉, 위자료에 제재적 기능이 인정되는 경우가 있다고 하여 위자료의 성질을 손해의 배상이 아니고 사적 제재로 보아야만 하는 것은 아니다. 위자료의 제재적 기능이 인정되는 경우도 손해배상으로서의 위자료가 갖는 부수적 기능이라고 할 것이며, 위자료가 사적 제재가 되어야만 인정될 수 있는 것은 아닌 것이다.

2. 재산적 손해전보와 위자료배상요부

재산적 손해와 비재산적 손해는 규율대상을 달리하는 별개의 손해유형이라는 것은 이미 앞서 살핀 바와 같다. 별개의 손해유형이라는 의미는 그 인정요건과 관련효과 역시 독립적이라는 것을 의미하며, 따라서 재산적 손해의 배상과 비재산적 손해의 배상 역시 독립적으로 이루어져야 하는 것이 논리적이다.

그러나 일정한 경우에는 재산적 손해(배상)와 비재산적 손해(배상)가 다

---

39) 註釋民法 [債權各則(8)], 301-302면(徐光民 집필부분).

소간의 연관성을 갖고 교차하는 듯한 모습을 보이기도 하므로 이에 대한 고찰이 필요하다고 하겠다. 그 대표적인 것으로서 재산권침해와 위자료인 정여부의 문제와 위자료의 보완적 기능의 문제를 들 수 있을 것이다. 후자에 대해서는 항을 바꾸어 검토하기로 한다.

(1) 재산권침해와 정신적 손해의 발생

불법행위에 의하여 재산권이 침해된 경우, 재산권의 침해 외에 정신적 고통을 가하였다면 그러한 재산 이외의 손해에 대하여도 배상할 책임이 있다고 보아야 재산적 손해와 비재산적 손해의 구별에 부합한다고 할 수 있으며, 민법 제751조 제1항의 문언에도 충실한 것이라고 볼 수 있다. 그런데 일반적으로 타인의 불법행위에 의하여 재산권이 침해된 경우에는, 생명·신체·자유·명예 등 전형적으로 위자료가 인정되는 인격권 그 자체가 침해된 경우와는 달리, 정신상 고통이 아예 존재하지 아니하거나, 정신적 손해가 다소 존재한다고 하여도 침해된 재산가치가 전보되면 이로써 정신상 고통이 대부분 위자될 수도 있는 특수성이 존재하는 것은 아닌지가 문제된다.

위자료청구권은 원칙적으로 인적 이익이 침해된 경우에 한정된다는 입장에 서면, 재산권침해의 경우에 통상 생기는 손해는 재산적 손해만이라고 볼 수도 있다. 그러나 재산권침해의 경우에도 위자료를 인정할 실제상 필요가 있을 수 있고, 또한 재산권의 침해와 함께 비재산적 손해까지 발생하는 것으로 보이는 경우에는 재산적 손해와 구별되는 별도의 손해항목으로서 그에 대한 위자료청구가 인정되어야 하는 것이 타당할 수도 있다.40)

따라서 불법행위에 의하여 재산권의 침해와 비재산적 손해가 함께 발생하는 경우에 재산적 손해배상 외에 위자료가 인정될 것인지와 그 판단기

---

40) 民法注解[XVIII], 414면(李東明 집필부분).

준, 그리고 재산권침해로 인하여 정신적 고통이 생겼다고 평가할 수 있는
것은 어떠한 경우인지를 검토해 볼 필요가 있다. 이에 관해서도 국가 간의
시각의 차이가 존재하므로 우선 비교법적으로 간단히 고찰한 후, 우리나라
에서의 판례와 견해의 대립을 살펴보기로 한다.

(2) 비교법적 고찰

프랑스 민법은 위자료의 배상에 관하여 규정하고 있지 않으나 제1382조
의 '손해'에는 물질적 또는 경제적 손해(dommage matériel ou économique)
와 신체적 손해(dommage corporel) 및 정신적 손해(dommage moral)가 모
두 포함되는 것으로 보아 불법행위로 인한 비재산적 손해배상의무를 인정
하고 있음은 이미 서술한 바와 같다.[41] 또한 채무불이행으로 인하여 채권
자에게 물질적 손해 이외에 정신적 손해를 발생시킨 경우에도 판례와 학설
은 정신적 손해의 배상을 인정하고 있다.[42] 그러나 신체적, 정신적 손해가
수반되지 않는 재산권침해의 경우에는 계약법상이나 불법행위법상으로도
정신적 손해배상을 거의 인정하지 않는다. 결국 프랑스법에서는 재산권이
침해된 경우, 그러한 재산권침해가 인격적 이익을 침해하는 경우, 즉 채권
자에게 직접적으로 정신적 고통을 야기하는 경우에 위자료청구가 인정되
는 것이라 볼 수 있다.[43][44]

---

41) Carbonnier, Droit civil, t. 4, Les obligations, 18e éd., 1981, p. 334; Starck, Droit
   civil: les Obligations, 1972, p. 50 et s.; Mazeaud/Chabas(제2장 제2절 주 16),
   p. 396 et s.; Weill/Terré, Droit civil, Les obligations, 1980, p. 435 et s.
42) Carbonnier(주 41), p. 334; Mazeaud/Chabas(제2장 제2절 주 16), p. 405 et s.
43) 競走馬가 죽은 사건(Cass. civ., 16 jan. 1962, JCP 1962. Ⅱ. 12557, note Esmein)
   과 愛犬이 죽은 사건(Trib. gr. inst. Caen, 30 oct. 1962, D. 1963. 92)에 대하여
   파기원 및 민사최고법원은 정신적 손해를 인정하였지만, 학설상으로는 비판이 강

종래 독일 민법 제253조는 '재산손해가 아닌 손해는 법률로 정하여진 경우에만 금전에 의한 배상을 청구할 수 있다'고 규정하여 위자료가 인정되는 경우를 제한하고, 제847조의 형태로 불법행위편에 위자료청구권을 인정하는 규정을 두고 있었다. 이로 인하여 독일에서는 불법행위법상의 과실책임에서만 위자료청구권이 인정되었고 계약책임 내지 무과실책임인 위험책임에서는 위자료청구권이 배제되었다. 그러나 2002년의 채권법 大改正에 의하여 독일민법 제847조를 삭제하고 新 독일민법 제253조 제2항으로 편입시킴으로써, 주로 불법행위책임에 근거해서만 위자료청구가 인정되던 것을 계약책임과 위험책임에 의해서도 인정될 수 있게 되었다.[45] 그러나 그러한 개정으로 독일 민법에는 제253조 제2항이 신설되었지만 舊 독일 민법 제847조의 내용이 사실상 그대로 新 독일 민법 제253조 제2항으로 편입되었기 때문에 제847조가 위자료청구권의 인정요건으로 열거했던 사항

하며 그러한 입장은 예외적인 것이라고 평가하고 있다. 이에 관해서는 Suzanne Galand-Carval(제3장 제2절 주 9), p. 105 참조.

44) 이에 관해서는 曺圭昌(제3장 제2절 주 6), 154면 이하 참조.

45) 이로 인하여 가해자의 책임강화와 피해자의 법적 지위 향상에 크게 기여하였다고 평가되고 있다. 이는 제한적이었던 위자료의 인정범위가 독일에서도 점차 확대되고 있음을 보여주는 것이다. 참고로 삭제되기 전의 독일민법 제847조와 개정된 이후의 독일민법 제253조 제2항은 다음과 같다.

舊 독일민법 제847조 [慰藉料]

① 신체 또는 건강의 침해 및 자유의 침탈의 경우에, 피해자는 재산손해가 아닌 손해에 대하여도 상당한 금전배상을 청구할 수 있다.

② 부녀에 대하여 윤리에 반하는 중죄 또는 경죄가 행하여진 경우 또는 부녀로 하여금 위계 또는 강박에 의하여 또는 종속관계를 남용하여 혼인 외의 성교를 승낙하게 한 경우에는, 그 부녀도 동일한 청구권을 가진다.

新 독일민법 제253조 [非財產損害]

① 재산손해가 아닌 손해는 법률로 정하여진 경우에만 금전에 의한 배상을 청구할 수 있다.

② 신체, 건강, 자유 또는 성적 자기결정의 침해를 이유로 손해배상이 행하여지는 경우에는 재산손해가 아닌 손해에 대하여도 상당한 금전배상을 청구할 수 있다.

이 그대로 유지되게 되었다. 즉 '신체의 완전성 침해' 및 '자유와 성적 자기결정권의 침해'의 경우에만 위자료청구권이 인정된다고 볼 수 있다.[46) 따라서 독일법에 있어서는 불법행위로 인하여 재산권이 침해된 경우에도 재산권이 위자료를 인정하는 열거된 보호법익에 포함되지 않기 때문에 이로 인한 정신적 손해는 물건에 대한 감정이익(Affektionsinteresse)으로[47) 간주되고 위자료청구권은 인정되지 않게 된다.[48)

일본에서는 생명·신체 등 인격적 이익의 침해를 수반하지 않는 순수한 재산권침해에 대하여 위자료배상을 긍정해야 하는지의 여부에 대해 학설과 판례상 논란이 있다. 통설과 판례는, 재산권이 침해된 경우에는 재산적 손해가 배상되면 정신적 손해도 회복되므로, 원칙적으로 위자료청구는 인정되지 않는다고 한다. 다만 재산적 손해의 배상에 의해서도 회복되지 않는 정신적 손해가 존재한다면, 그러한 정신적 손해는 특별손해로 보아 채무자의 예견가능성이 인정되는 경우에 한하여 예외적으로 위자료배상을 허용하게 된다.[49) 그러나 최근에는 일부 학설 및 하급심판례를 중심으로

---

46) 이처럼 위자료청구권은 법률에 열거된 보호법익의 침해의 경우에만 인정된다고 보는 것이 독일의 다수설이다. 다만 이에 대해서는 두가지 예외가 있는데, 독일 민법 제611조의 a의 2항과 제651조 f의 제2항이다. 제611조의 a의 2항은 同條 제1항에 의하여 금지된 성을 이유로 하는 차별이 행해진 경우에 사용자에게 불이익을 당한 구직자에 대한 적절한 금전배상의무를 부담하게 하며, 제651조 f의 제2항은 여행계약상의 여행이 좌절되거나 현저히 저해되어 휴가기간이 무익하게 소모된 경우에 여행주최자에게 여행자에 대한 적절한 금전배상의무를 부담하게 하고 있는데, 이러한 금전배상의 성격은 정신적 고통에 대한 위자료로 파악되고 있다.

47) 이에 관해서는 Rogers, "Comparative Report of a Project Carried Out By the European Centre for Tort and Insurance Law", in Rogers(ed.), Damages for Non-Pecuniary Loss in a Comparative Perspective, 2001, pp. 285-286 참조.

48) 독일 민법상의 위자료규정의 개정에 관하여는 BT-Drucks 14/7752; 윤석찬, "責任原因에 따른 非財産的 損害에 대한 賠償과 慰藉料", 民事法學 第27號, 韓國民事法學會, 2005, 540면 이하를 참조.

49) 最高裁 1973(昭和 48). 6. 7. 判決(民集 27卷 6號, 681面)(채권자가 사원권을 피보전권리로 부동산처분금지가처분신청을 하여 가처분이 집행되자 채무자가 법원

위자료배상의 인정범위가 지나치게 협소하다는 비판이 강화되면서 예외적 인정사례가 확대되고 있고, 나아가 그 인정기준도 보다 객관화되는 추세에 있다. 재산권침해에 있어서 위자료가 인정되는 기준과 범위를 유형화하여 고찰하여야 한다는 견해들을 이하에서 간단히 살펴보기로 한다.

첫째 견해는,[50] 재산권의 침해에 대하여 위자료를 인정할 수 있는 경우를 ① 침해된 재산권이 피해자에게 특별한 주관적·정신적 가치를 가지는 것이어서 피해자가 재산가치의 배상만으로는 회복할 수 없을 정도의 중대한 정신적 손해를 입었을 것으로 생각되는 경우(감정이익의 상실)와, ② 가해방법이 현저히 반도덕적이거나 피해자에게 현저한 정신적 고통을 느끼게 하는 상황에서 가해행위가 이루어진 경우(반도덕적 가해)로 나누어, 감정이익의 상실의 경우는 특별손해로 보아 가해자의 예견가능성을 요건으로 하고, 반도덕적 가해 등의 경우는 통상손해로 보아 예견가능성을 요건으로 하지 아니한다고 한다.

둘째 견해는,[51] 첫째 견해를 더욱 발전시켜 피해물건의 상황으로부터 피해자의 주관적·정신적 가치가 있는 것으로 평가되는 경우도 이는 바로 통상손해라고 보아 가해자의 예견가능성요건은 필요하지 않다고 한다.

셋째 견해는,[52] 재산권의 침해에 대하여 위자료가 인정되는 경우를 ①

에 본안의 제소명령을 신청하여 제소명령이 있었으나, 채권자는 본안의 소를 제기하지 않고 가처분집행취소신청을 하여 가처분집행이 취소되자, 채무자가 위법·부당한 가처분으로 인하여 받은 손해에 대하여 재산상, 정신상 손해배상을 구한 사건에서 최고재판소는 그러한 손해는 예견가능성이 없는 특별사정으로 인한 손해라고 하여 손해배상을 부정한 사안) 등; 於保不二雄, 債權總論, 1972, 136面; 奧田昌道, 債權總論(上), 1982, 209面; 後藤勇元, "生命·身體の侵害を伴わない債務不履行と慰藉料", 判例タイムズ 552号, 1985, 37面.

50) 植林弘, 注釋民法(19), 有斐閣, 194面 이하.
51) 遠山廣直, "物損に對す慰藉料請求", 現代民事裁判の課題⑦, 新日本法規, 1989, 559面 이하.
52) 塚本伊平, "財産權侵害と慰藉料", 裁判實務大系15 不法行爲訴訟法 (1), 青林書院, 1991, 365面 이하.

물건 자체에 대하여 피해자에게 정신적 가치가 있는 경우와, ② 물건 자체에 특징적으로 정신적 가치가 인정되지는 아니하지만 재산권에 대한 손해가 피해자의 생활권, 사회적 신용 등 이른바 '인격적 이익'도 상실시키는 경우로 나누어, 위와 같은 경우에는 바로 위자료청구가 인정되고 특별사정이니, 예견가능성이니 하는 요건은 운운할 필요가 없다고 한다.

(3) 우리나라의 판례와 견해의 대립

1) 판례의 태도

판례는 대체로 재산적 손해의 배상을 받는 경우에 일반적인 정신적 손해는 그 안에 포함된 것으로 보고 특별한 사정으로 인한 정신적인 손해만이 별도로 문제될 수 있다고 본다. 즉, ① 일반적으로 타인의 불법행위에 의하여 재산권이 침해된 경우에는 그 재산적 손해의 배상에 의하여 정신적 고통도 회복된다고 보아야 할 것이고, ② 다만 재산적 손해의 배상에 의하여 회복할 수 없는 정신적 손해가 발생하였다면 이는 특별한 사정에 의한 손해로 보아 가해자가 그러한 사정을 알았거나 알 수 있었을 경우에 한하여 그 손해에 대한 위자료를 인정할 수 있다는 일관된 입장을 취하고 있다.53)54)

---

53) 대법원 1970. 3. 31. 선고 69다2016 판결(集 18권 1집 民289)(원고 소유의 임야내의 임목들이 피고가 국가배상법에 의하여 배상책임을 지어야 할 노무단원들에 의하여 불법하게 벌채되었던 사안)을 비롯하여, 대법원 2004. 3. 18. 선고 2001다82507 전원합의체 판결(集 52권 1집 民124; 公 2004, 627)(선박충돌 사고로 생활기반이 되는 어선이 완전파손됨으로 인하여 원고가 상당한 정도의 정신적 충격을 받았고, 이로 인하여 상당한 기간 동안 생업에 종사하지 못하였으며 대체선박을 구입하여 다시 생업에 종사한지 얼마 되지 않아 사망한 사안) 등 다수.

54) 民法注解[XVIII], 415면(李東明 집필부분).

판례에 따르면, 불법행위에 의하여 재산권이 침해된 경우 재산적 손해배상
이외에 위자료를 청구하기 위하여는 ① 재산적 손해의 배상만으로는 회복
할 수 없는 정신적 손해가 발생하였다는 점과, ② 가해자가 그러한 사정을
알았거나 알 수 있었다는 점(예견가능성) 두 가지 모두를 주장·증명하여야
한다. 이는 민법 제393조를 준용하고 있는 민법 제763조의 규정에 충실한
해석으로서 불법행위의 경우를 채무불이행의 경우와 같이 취급하고 있는
것이다.55)

　　다만 대법원은 재산권의 침해와 동시에 인격적 이익의 침해가 있는 경우
에는 특별 사정에 대한 예견가능성을 요구하지 않고 경험칙상 정신적 손해
가 발생한다고 보고 있는데,56) 이는 재산권 침해 외에 별도의 인격적 이익
의 침해가 있는 경우들이어서 재산권침해에 대한 위자료배상의 인정여부
에 대한 판례인 것으로만 평가할 수는 없으므로 구별해 줄 필요가 있을 것
이다. 이에 대해서는 후술하기로 한다.

2) 학설의 대립

　　소수설은, 인격권과 재산권의 침해에 따른 재산적 손해는 민법 제750조
에 의하여 배상받고, 인격권의 침해에 따른 정신적 손해는 민법 제751조에
의하여 배상받아야 하므로, 재산권의 침해로 인한 비재산적 손해의 배상은
그 근거규정이 존재하지 않는 결과 허용되지 않는다고 한다.57)

　　그러나 다수설은 민법 제750조의 손해에는 정신적 손해도 포함되고, 제

---

55) 黃貞根, "不法行爲로 인한 財産權의 侵害에 대한 慰藉料 請求", 民事判例硏
　　究[ⅩⅥ], 1994, 244면.
56) 대법원 1995. 5. 12 선고 94다25551 판결(公 1995, 2104); 대법원 1993. 12. 24.
　　선고 93다45213 판결(公 1994, 507) 등.
57) 曺圭昌, "所有權侵害와 慰藉料請求權", 論理와 直觀 : 曺圭昌教授論文集,
　　1998, 482면 이하.

751조는 제750조에 정신적 손해도 속한다는 것을 주의적으로 규정한 것이
라 해석하여, 신체, 자유, 명예가 아닌 법익이 침해되어 비재산적 손해가
발생한 경우에는 민법 제750조를 통하여 배상받을 수 있다고 한다. 다만
판례와 마찬가지로 다수설은, 불법행위에 의하여 재산권이 침해된 피해자
는 크든 작든 정신상의 고통을 입는 것으로 추측되지만 그 침해가 배제되
거나 재산상의 손해가 배상되면 그것에 의하여 동시에 피해자의 정신상의
고통도 회복되는 것이 보통이고, 타인의 불법행위로 인하여 재산권이 침해
된 경우에 일반적으로는 정신적 손해는 재산적 손해의 이면에 숨어 있어서
재산적 손해가 배상되면 정신적 손해도 함께 회복된다고 보아야 할 것이라
고 한다.58)

재산적 손해가 배상되어도 회복되지 아니하는 특별한 정신적 손해가 있
는 경우를 특별사정에 의한 손해로 파악하여 위자료청구를 긍정하는 다수
설에 따르면, 특별한 정신적 손해라는 특별사정에 대한 가해자의 예견가능
성이 요건으로 필요하게 된다. 침해된 재산권이 특별한 주관적·정신적 가
치를 가지는 것이어서 단순히 침해의 배제나 재산상 손해의 배상만으로는
도저히 회복하기 어려울 정도의 중대한 정신적 고통을 입었다고 인정할 만
한 특별한 사정이 있는 경우에 특별한 정신적 손해의 존재를 긍정한다. 불
법행위로 인하여 재산권이 침해된 경우에 특별한 정신적 손해가 발생하였
는가 여부는 침해의 동기, 방법, 태양, 정도 이외에 건전한 사회상식, 일반
국민의 법감정 등에 비추어 일반적으로 누구라도 그러한 입장에 서면 그와
같은 정신적 고통을 받았을 것이라는 객관적인 사정을 기준으로 경험칙에
의하여 판단하면 족하다고 한다.59)

---

58) 郭潤直(제2장 제2절 주 139), 113면; 金疇洙, 債權總論, 1999, 168면; 李銀榮(제
2장 제2절 주 146), 765면; 註釋民法 [債權各則(8)], 289면(徐光民 집필부분);
民法注解[XVIII], 420면 이하(李東明 집필부분); 이보환, "불법행위로 인한 특별손
해", 사법논집 제19집, 법원행정처, 1988, 235면; 黃貞根(주 55), 239면 이하.
59) 黃貞根(주 55), 245면. 諸哲雄, "債務不履行으로 인한 損害賠償에 있어서 慰藉

그 밖에 재산적 손해의 전보로 정신적 고통이 치유된다고 단정할 수는 없으며, 판례의 태도는 과소배상(under-compensation)과 반도덕화비용(demoralization)을 유발할 수 있고, 고의와 과실의 경우를 구별할 필요가 있다는 것을 이유로 판례의 태도보다 넓게 재산적 손해로 인한 위자료의 배상을 인정할 필요가 있다는 견해가[60] 있다. 또한 주로 채무불이행을 중심으로 제기된 견해이긴 하지만, 판례의 법리는 채무불이행(재산권침해)에서 정신적 고통에 대한 배상을 제한하기 위한 이론으로 작용하고 있으며, 재산적 손해에 대한 배상이 이루어지는 것과 정신적 고통이 회복되는 것은 별개의 문제로서 재산적 손해를 배상받더라도 정신적 고통이 회복되지 않는 경우가 많으므로 실질적인 피해회복을 위하여 정신적 고통에 대한 손해배상을 인정하여야 한다는 견해가[61] 있다. 특히 채무자가 고의로 채무를 불이행(재산권침해)함으로써 채권자에게 정신적 고통을 입힌 경우에는 정신적 손해에 대한 배상을 인정해야 할 것이라고 한다.

料의 補完的 機能", 判例實務硏究[Ⅶ], 2004, 276면은 재산권침해로 인한 재산손해의 전보와 아울러 정신적 고통을 주장하면서 그에 대한 손해배상을 청구하는 것은 원칙적으로 부정하여야 할 것이라고 한다. 그와 같은 것을 인정하면 결과적으로 우리 법이 인정하지 않는 징벌적 손해배상을 인정하는 것과 동일한 효과가 될 것이기 때문이라고 한다. 그러므로 민법 제393조 제2항을 적용하여 특별한 사정이 있을 경우, 그 배상을 인정하는 것이 타당할 것이어서 종래의 대법원판례의 법률론은 타당한 것으로 보인다고 한다.

60) 趙弘植, "상린관계의 법정책 -항공기소음을 글감으로 하여-", 서울대학교 法學 제50권 제3호, 2009, 320-323면.
61) 金載亨, "프로스포츠 選手契約의 不履行으로 인한 損害賠償責任", 民法論 Ⅲ, 博英社, 2007, 387-389면.

(4) 검토

재산권침해로 인하여 정신적 고통이 발생하는 경우 재산적 손해를 배상
받는 것에 의해 일반적으로 정신적 고통도 사라지는 것으로 볼 수 있는지
는 판단하기 어려운 문제이다. 만일 그러한 전제를 부정하는 경우에는 재
산적 손해배상과 별도로 언제나 비재산적 손해의 배상여부를 판단해야 할
것이다. 이는 재산적 손해와 비재산적 손해를 별개의 손해로 보는 것과도
논리적으로 부합할 것이다. 다만 다수설과 판례와 같이 재산권침해로 인한
정신적 고통은 일반적으로 재산적 손해배상에 의해 소멸한다고 보는 경우
에는 그러한 일반적인 경우와 구별하여 재산권침해로 인한 정신적 고통이
사라지지 않는 경우를 검토해야 할 것이다. 그리하여 다수설과 판례는 손
해배상범위에 대한 민법 제393조에 의하여 통상손해와 특별손해의 법리와
예견가능성 기준에 의하여 이 문제에 대하여 판단하고 있는 것이다.

이러한 판례의 태도에 대하여, 재산권침해의 경우에 위자료를 인정한 판
례들을 구체적으로 살펴보면, 재산적 손해의 배상에 의하여 회복할 수 없
는 특별한 정신적 손해가 발생하는 경우에는 예견가능성에 대한 판시나 설
시 없이 경험칙을 적용하여 바로 위자료청구를 긍정하는 형식을 취하고 있
는 것이 많고, 위자료청구를 배척하는 경우에는 다시 예견가능성요건의 흠
결을 주로 들고 있어, 약간의 혼란을 주고 있는 것처럼 보인다는 분석이 있
다.62) 나아가 그러한 혼란은 불법행위에 의하여 재산권이 침해된 경우의
위자료문제를 다음과 같이 정신적 손해를 분류하여 살펴봄으로써 해소될
수 있고 그렇게 함으로써 다수설과 판례가 타당하다는 것을 확인할 수 있
다고 한다.

즉, 타인의 불법행위에 의하여 재산권이 침해된 경우의 광의의 정신적
손해는, ① 재산적 손해의 배상에 의하여 회복되는 정신적 손해와, ② 재산

---

62) 民法注解[XⅧ], 415면(李東明 집필부분); 黃貞根(주 55), 253면.

적 손해의 배상에 의하여 회복할 수 없는 정신적 손해로 나눌 수 있다. 그리고 ② 재산적 손해의 배상에 의하여 회복할 수 없는 정신적 손해는 다시 (ⅰ) 재산권침해 그 자체로부터 생기는 정신적 손해와, (ⅱ) 재산권침해에 부수하여 별도의 인적 이익을 침해함으로써 생기는 정신적 손해로 나누어 볼 수 있다. (ⅰ)은 특별손해가 틀림없고, (ⅱ)는 재산권침해로 인하여 통상 바로 생기는 것이 아니라는 견지에서 보면 특별손해임에 틀림없지만 재산권 이외의 인적 이익을 별도로 침해함으로써 정신적 고통이 통상 바로 생긴다는 견지에서 보면 통상손해라는 것이다.63)

　재산권침해의 경우에 위자료를 인정할 수 있는 요건을 둘러싼 이상의 논의는 이 문제에 대하여 재산적 손해에 있어서의 손해배상범위의 문제로 접근하고 있다. 즉, 재산권 침해의 경우에 그러한 재산권침해를 계기로 발생하는 정신적 고통의 독자적 배상필요성의 문제(비재산적 손해 입장에서의 고찰방법64))로 접근하기 보다는, 재산권침해로 인한 정신적 고통이 재산권침해시의 통상손해인지 아니면 특별손해인지의 문제(재산적 손해 입장에서의 고찰방법65))로 다루고 있는 것이다. 이는 손해의 개념과 본질론이 재산적 손해를 중심으로 다루어져 온 영향인 듯한데, 개념적으로는 비재산적 손해의 입장에서 고찰하는 것이 타당할 것이다. 왜냐하면 비재산적 손해는 재산적 손해배상에 있어서의 손해배상범위의 문제가 아니라 재산적 손해에 대응하는 독자적 유형의 손해유형이기 때문이다.66) 그러므로 위자료배

---

63) 民法注解[ⅩⅧ], 420-421면(李東明 집필부분); 黃貞根(주 55), 255면.
64) 비재산적 손해의 발생이 있는지 없는지의, 손해발생단계에서의 판단을 의미한다.
65) 재산적 손해발생시의 손해배상범위산정의 문제, 즉 손해산정단계에서의 판단을 의미한다.
66) 전술한 바와 같이 金載亨(주 61), 387-388면은 채무불이행의 경우와 관련하여, 재산적 손해에 대한 배상이 이루어지는 것과 정신적 고통이 회복되는 것은 별개의 문제이며 재산적 손해를 배상받더라도 정신적 고통이 회복되지 않는 경우가 많다고 지적하고 있다. 다만 우리 민법에서는 독일 민법과는 달리 재산적 손해와 비재산적 손해를 엄밀하게 구분하고 있지 않고, 비재산적 손해 또는 정신적 손해의 배

상의 인정여부는 재산권침해와 비재산적 손해가 함께 발생하는 경우 재산
적 손해의 배상으로 인하여 위자료가 소멸하는 것인지의 문제로 판단하여
야 할 것이다.

이해의 편의를 위해 판례사안을 기초로 재산권침해와 위자료배상이 문
제되는 사안의 유형을 다음과 같이 나누어 볼 수 있을 것이다. ① 재산적
배상이 인정되는 경우 위자료는 당연히 소멸된다고 한 경우(일반적인 재산
권 침해의 경우), ② 재산적 배상이 인정되는 경우 위자료의 소멸여부는 예
견가능성을 판단하여 결정해야 한다고 한 경우(가령, 고가의 물건이 들어
있는 이삿짐을 비 오는 곳에 며칠간 방치한 경우67)), ③ 재산적 배상이 인
정되는 경우 예견가능성의 판단없이 위자료는 당연히 소멸되지 않는 것으
로 본 경우(가령, 주변의 신축건물이 무너져 내려 피해자소유의 가옥이 파
괴되고 세입자의 생명, 신체, 재산침해에 대한 불안이 발생한 경우와68) 일
상 사용할 성질의 가재도구를 장기간 가압류 당한 경우69))가 그것이다.

재산권침해와 비재산적 손해가 함께 발생한 경우는 먼저 재산적 손해와
비재산적 손해의 관계에 따라 사안을 구별해야 할 필요가 있다. 즉, 재산적

상을 쉽게 인정하고 있다고 한다(394-395면).
67) 대법원 1992. 5. 26. 선고 91다38334(公 1992, 2003)(3일 간 폭우 속에 화물트럭
을 노상에 주차시킴으로써 이사화물 중 민화 등 몇몇 골동품이 비에 젖은 채로 장
시간 방치되어 부패·변질된 사안).
68) 대법원 1993. 12. 24. 선고 93다45213 판결(公 1994, 507)(건물신축공사로 인하여
공사기간 동안 임차인이 거주하는 피해자 소유의 주택이 2차에 걸쳐 파손되다가
급기야 신축건물의 5층 옥탑이 무너져내려 그 벽돌이 피해자의 주택을 덮쳐 지붕
과 거실, 천정까지 파손되는 사고를 입는 등 계속적인 손해를 입는 상황이었다면
피해자가 거주하지 않고는 있어도 가옥파괴와 세입자의 생명, 신체, 재산침해에 대
한 불안으로 인하여 정신적 고통이 있었을 것임은 경험칙상 능히 인정된다고 한
사안).
69) 대법원 1967. 9. 19. 선고 67다1219 판결(集 15권 3집 民92)(일상 사용할 성질의
가재도구를 장기간 가압류 당한 경우에는 정신상 고통이 있었음은 경험측상 추지
할 수 있다고 한 사안).

손해와 비재산적 손해가 함께 발생하고 있을 뿐, 별도의 것이라면 위자료의 소멸여부는 재산적 손해의 배상여부와 무관할 것이며, 양자의 손해가 관련있는 것이라면 위자료는 재산적 손해의 배상여부에 따라 좌우된다고 할 것이다. ③의 유형에서 피해자의 고통은 재산권의 침해로 인한 것이라기보다는 생명, 신체의 침해나 생활권의 침해로 인한 것이라고 볼 수 있다. 즉, 피해자의 주된 관심은 재산적 손해의 발생여부가 아니라 생명, 신체나 생활권이 침해될 것인지에 향해 있는 것이다. 그러므로 설령 재산적 침해가 인정되지 않는다하여도 위자료에 대한 배상은 재산적 손해와 무관하게 검토되어야 할 필요가 있다. 그에 비해 ①과 ②의 유형에서의 정신적 고통은 재산권침해로 인한 것이라고 볼 수 있다. 즉, 재산적 손해가 발생하지만 않는다면 피해자의 정신적 고통은 발생하지 않을 것이기 때문이다. 다만, 재산적 손해가 발생한 경우 ①의 유형에서는 재산적 손해가 배상됨으로써 위자료는 소멸하지만, ②의 유형에서는 재산적 손해가 배상된다고 하여도 다시 위자료의 소멸여부가 검토되어야 하는 점에서 구분되는 것이다. 이는 ①의 유형에서는 위자료의 소멸여부가 재산적 손해의 배상과 전형적으로 (통상적으로) 결합되어 있는 것으로 파악되는 경우인데 반해, ②의 유형에서는 양자가 전형적으로 결합되어 있는 것은 아니라는 판단에 기초하는 것이라고 볼 수 있다.

　이상의 논의를 판례의 태도에 비추어 본다면, ③의 유형은 재산적 손해의 배상여부와 무관한 것이므로 민법 제393조 제2항의 예견가능성판단이 불필요하고 비재산적 손해가 있는 것인지 없는지의 여부만 검토하면 되는 것이고, ①과 ②의 유형은 위자료의 배상여부가 재산적 손해의 발생여부와 관련되는 것인데, ①의 유형은 위자료의 소멸여부가 재산적 손해의 배상과 전형적으로(통상적으로) 결합되어 있는 것이므로 재산적 손해의 배상에 의해 정신적 고통도 회복되는 것이지만, ②의 유형은 위자료의 소멸여부가 재산적 손해의 배상과 전형적으로(통상적으로) 결합되어 있는 것은 아니어

서 재산적 손해의 배상에 의해 정신적 고통도 회복되는 것인지를 민법 제
393조 제2항의 예견가능성의 기준에 따라 검토해 보아야 한다는 것으로
분석할 수 있을 것이다.

광의의 정신적 손해 등의 정신적 손해의 분류에 의해 판례를 분석하는
견해는, 재산권침해의 배상범위의 문제로서 논의를 출발하였다가 ③의 유
형은 재산적 손해의 특별손해이긴 하지만 비재산적 손해의 견지에서 보면
통상손해라고 하면서 이러한 경우의 특별한 정신적 손해는 경험칙상 통상
예견할 수 있다고 보아야 한다고 하는 점에서70) 논리적으로 다소 문제가
있는 것이 아닌가 생각된다.

대법원이 특별 사정에 대한 예견가능성을 요구하지 않고 경험칙상 정신
적 손해가 발생한다고 보고 있는 판례들을 살펴보면71) 대개 재산권의 침

---

70) 民法注解[XVIII], 420-421면(李東明 집필부분); 黃貞根(주 55), 255-256면.
71) 가령, 대법원 1995. 5. 12 선고 94다25551 판결(公 1995, 2104)(산림훼손허가 등
   적법한 절차를 거치지 아니한 채 피해자의 조부모 묘가 설치되어 있는 임야를 중
   장비인 포크레인과 덤프트럭을 사용하여 토석을 굴취하여 임야를 훼손하였던 사안
   으로서, 그 훼손정도도 광범위한데다가, 피해정도가 심하여 원상회복을 위한 복구
   비만도 당해 임야의 교환가격을 훨씬 초과하는 과다한 것이고, 임야에 피해자의 조
   부모의 묘가 설치되어 있음에도 불구하고 이 때문에 원상복구가 불가능하여 흉하
   게 훼손된 상태대로 계속 남게 되어 있어 그러한 임야의 훼손행위로 말미암아 임
   야의 소유자인 원고가 그 재산상 손해의 배상이나 피고로부터 그가 얻은 이득을
   반환받음에 의하여 회복될 수 없는 정신적 고통을 받았다고 한 사안); 대법원
   1993. 12. 24. 선고 93다45213 판결(公 1994, 507)(건물신축공사로 인하여 공사기
   간 동안 임차인이 거주하는 피해자 소유의 주택이 2차에 걸쳐 파손되다가 급기야
   신축건물의 5층 옥탑이 무너져내려 그 벽돌이 피해자의 주택을 덮쳐 지붕과 거실,
   천정까지 파손되는 사고를 입는 등 계속적인 손해를 입는 상황이었다면 피해자가
   거주하지 않고는 있어도 가옥파괴와 세입자의 생명, 신체, 재산침해에 대한 불안으
   로 인하여 정신적 고통이 있었을 것임은 경험칙상 능히 인정된다고 한 사안); 대법
   원 1992. 12. 8. 선고 92다34162 판결(公 1993, 436)(건물을 신축하면서 인근 토지
   의 지반붕괴에 대비한 예방조치 등을 함이 없이 공사를 함으로써 인근 주택의 지
   반이 붕괴되고 벽에 균열이 생기고 지붕이 파손되었다면 피해자로서는 재산상 손
   해 외에 일상생활의 안온상태가 파괴되고 언제 어떠한 손해가 발생할지 모르는 불

해와 동시에 그와 수반하여 인격적 이익의 침해가 있는 경우임을 알 수 있다. 이는 재산권 침해 외에 별도의 인격적 이익의 침해가 있는 것이므로 재산권침해에 대한 위자료배상의 인정여부에 대한 판례인 것으로만 평가할 수는 없을 것이다. 즉, 재산권 침해 외에 인격적 이익의 침해가 있으므로 비재산적 손해에 대한 통상 손해로서의 위자료배상을 인정하고 있는 것으로 평가할 수 있는 것이다. 그리고 통상 손해로 보고 있는 것이라면 예견가능성 요건이 필요하지 않음은 당연한 것이다. 그렇게 본다면, 재산권침해에 부수하여 별도의 인적 이익을 침해함으로써 생기는 정신적 손해에 대한 위자료는 엄격히 말하면 재산권의 침해로 인한 위자료라고 하기는 어려운 것이며 재산권침해를 계기로 발생한 비재산적 손해에 대한 위자료의 문제일 뿐인 것이다. 가령, 대법원 1992. 12. 8. 선고 92다34162 판결은 이러한 판단을 하고 있는 것으로 평가할 수 있는 예로 보인다.

　즉 대법원은, 건물을 신축하면서 인근 토지의 지반붕괴에 대비한 예방조치 등을 함이 없이 공사를 함으로써 인근 주택의 지반이 붕괴되고 벽에 균열이 생기고 지붕이 파손된 사안에서, "원심의 위와 같은 판단은 원고의 이 사건 위자료청구를 단순히 피고의 불법행위로 원고의 재산권이 침해됨으로써 입은 정신적 고통에 대한 위자료청구라고 보고 그 재산상 손해의 배상으로 정신적 고통도 치유되었다고 판단한 취지이나, 이는 원고의 청구와 이 사건 불법행위의 실체를 정확히 파악하지 못한 것이라고 하지 않을 수 없다...(중략) 원고로서는 이러한 피고의 무법자와 같은 방자한 공사행위로 말미암아 일상생활의 안온상태가 파괴되고 사고에 대한 무방비상태에서 언제 어떠한 손해가 발생할지 모르는 불안에 떨어야 하는 정신적 고통을 입었을 것은 경험칙상 명백한 것이고, 이러한 정신적 고통은 원고가 위 불법공사로 입은 재산상 손해를 전보받는다 하여 치유될 성질의 것이 아니다. 원고의 이 사건 위자료청구는 이러한 정신적 고통에 대한 위자료청구

───────────────

안에 떨어야 하는 정신적 고통에 대한 위자료청구도 할 수 있다고 본 사안) 등.

도 포함한 취지라고 보아야 할 것임에도 불구하고 원심이 이를 간과한 채 위와 같이 판단하고 말았음은 심리미진과 판단유탈 및 위자료에 관한 법리 오해로 판결에 영향을 미친 위법을 저지른 것으로서 이 점에 관한 논지는 이유 있다"72)라고 함으로써, 피해자로서는 재산상 손해 외에 일상생활의 안온상태가 파괴되고 언제 어떠한 손해가 발생할지 모르는 불안에 떨어야 하는 정신적 고통에 대한 위자료청구도 할 수 있다고 판시하고 있는 것이다.

3. 위자료의 보완적 기능

(1) 의의

재산적 손해와 비재산적 손해가 일정한 관련을 갖고 교차하는 또 다른 경우의 예는 바로 위자료의 보완적 기능의 문제이다.

위자료의 보완적 기능이라 함은, 손해배상사건의 재판실무에서 재산상의 손해의 발생은 인정되는데도 증명곤란 등의 사정으로 손해액의 확정이 불가능하여 피해자가 적절한 손해전보를 받을 수 없게 됨으로써 손해전보가 충분히 이루어지지 않는 경우에, 이러한 점을 참작하여 법원이 위자료액을 증액함으로써 손해전보의 부족분을 어느 정도 보완하는 경우에 인정되는 기능으로서, 위자료의 조정적 작용이라고도 한다.73) 즉, 실제로는 정

---

72) 대법원 1992. 12. 8. 선고 92다34162 판결(公 1993, 436)의 판결이유 부분.
73) 위자료의 산정은 법관의 재량에 의하여 유연하게 행해진다. 그렇기 때문에 위자료는 손해배상소송에 있어 경직적인 법적 해결에 구체적 타당성을 가지게 하는 데 중요한 역할을 한다는 설명으로는 加藤一郎, 不法行爲, 增補版, 有斐閣, 1974, 229面; 民法注解[XVIII], 353면(李東明 집필부분).

신적 손해에 대한 배상금을 넘는 것도 위자료에 포함시키는 방법에 의하여, 증명할 수 없거나 증명이 곤란한 손해라면 비록 재산적 손해라 하더라도 위자료의 일부에 포함시키는 효과를 가져 온다. 그리하여 증명할 수 없는 것에 대하여는 그것이 정신적 손해이든 재산적 손해이든 이들을 통합하여 '위자료'라는 이름 아래 배상하게 하는 것이다. 이는 손해가 증명되어 손해액이 용이하게 산정될 수 있는 것을 제외하고 남는 부분을 위자료에 산입한다고 하는 점에서 위자료의 보완적(조정적) 기능이라고 평가되는 것이다.74)

(2) 인정여부 및 적용범위

원래 위자료의 보완적 기능은 불법행위로 인한 손해배상청구소송에서 소송물을 1개로 보는 일본의 법원실무에서 활용되어 온 방법이다.75)76) 즉, 일본의 법원실무에서는 동일한 사고로 인하여 발생한 신체상해를 이유로 재산적 손해와 정신적 손해에 대한 배상을 청구하는 경우에, 재산상의 손해와 정신상의 손해는 원인사실 및 피침해이익을 공통으로 하는 것이므로

---

74) 前田達明, 民法Ⅵ-2 不法行爲法, 靑林書院新社, 1980, 321-323面; 田中康久, "慰藉料額の算定", 現代損害賠償法講座7, 日本評論社, 1974, 261-262面.

75) 일본의 경우, 재산적 손해의 인정이 원고의 진술에 의하여는 적확한 금액으로 될 수 없을 때 그 점을 위자료액의 산정에 참작한 東京地裁 1963(昭和 38). 4. 26. 判決(判例タイムズ 145号, 153面)이 위자료의 보완적 기능을 인정한 선구적 판결로 평가되고 있다.

76) 가령, 일본의 하급심재판에서는 휴업손해, 일실이익 등의 손해를 확정할 수 없는 경우에 이것을 위자료산정의 사유로 참작하거나, 원고가 청구한 총액의 범위 내이지만 청구 이상의 위자료액을 인정한 경우도 있다(가령, 東京地裁 1967(昭和 42). 10. 18. 判決(判例タイムズ 211号, 203面); 東京地裁 1968(昭和 43). 3. 30. 判決(判例タイムズ 219号, 179面) 등).

그 배상의 청구권은 1개이고, 그 양자의 배상을 소송상 병합하여 청구하는
경우에도 소송물을 1개로 본다.[77] 그 결과 청구총액의 범위 안에서는 원고
가 주장하는 금액을 초과하는 위자료의 지급도 명할 수 있는 것으로 해석
되고 있다.[78]

이에 반하여 독일의 손해배상법에서는 손해의 종류를 재산적 손해와 비
재산적 손해로 엄격히 구별하고 그 각각의 배상청구를 별개의 소송물로 파
악하는 결과 양자는 서로 영향을 주지 않는다는 태도를 취하고 있다. 예를
들면 재산적 손해에 대한 배상으로 인용된 금액은 위자료의 산정에 참작하
지 않는다. 또한 소를 변경하지 않는 한, 재산적 손해로서 인정받지 못한
원고의 청구금액을 위자료청구 부분에 반영해서 위자료배상액을 높게 평
가할 수도 없다. 즉, 양자는 서로 영향을 미치지 않는다.[79]

우리 판례 역시 재산상의 손해배상청구와 정신상의 손해에 대한 배상청
구를 별개의 소송물로 보고, 이 두 가지를 병합청구하였을 경우에도 각각
의 청구액을 넘어서 인용판결할 수 없다는 입장을 취하고 있으며,[80] 민사

---

77) 最高裁 1973(昭和 48). 4. 5. 判決(民集 27卷 3号, 419面)은 재산상 손해와 정
   신상 손해는 소송물이 한 개라고 판시함으로써 손해항목간의 유용을 가능케 하고
   있다.
78) 徐光民, "慰藉料에 관한 몇 가지 문제점", 서강법학연구 제2권, 2000, 141면.
79) RGZ 149, 157; RGZ 170, 37; StaudingerKomm.-Schäfer, § 852, 12. Aufl., Rn.
   111.
80) 대법원 1989. 10. 24. 선고 88다카29269 판결(集 37권 3집 民225;公 1989, 1759);
   대법원 1990. 6. 22. 선고 89다카27901 판결(公 1990, 1539) 등 참조. 판례는 인신
   사고로 인한 불법행위에서 손해를 적극적 손해, 소극적 손해, 정신적 손해로 3분하
   여 각각의 손해마다 소송물이 달라진다고 보는 손해3분설의 태도를 취하고 있다
   (대법원 1976. 10. 12. 선고 76다1313 판결(集 24권 3집 民116)). 그러나 1994년
   에 있었던 한 판결에서는 "불법행위로 인한 손해배상에 있어 재산상 손해나 위자
   료는 단일한 원인에 근거한 것인데 편의상 이를 별개의 소송물로 분류하고 있는
   것에 지나지 아니한 것이므로 이를 실질적으로 파악하여, 항소심에서 위자료는 물
   론이고 재산상 손해(소극적 손해)에 관하여도 청구의 확장을 허용하는 것이 상당할
   것"이라고 함으로써 종래의 입장과는 다소 다른 입장을 취하고 있다(대법원 1994.

소송법 제203조의[81] 처분권주의에 반하는 측면도 있어 위자료의 보완적 기능은 상당히 제약되어 있다고 할 것이다.[82][83] 그러나, 판례는 법원이 불법행위로 인하여 입은 정신적 고통에 대한 위자료의 액수를 산정함에 있어서는 공평의 관념에 따라 일체의 사정을 참작할 수 있으므로, 원심이 위자료 액수를 산정함에 있어서 일반적인 참작사유 외에 피해자가 사고로 인한 상해의 후유증으로 입게 된 일실수익금 상당의 재산상 손해에 관한 청구를 포기한 사정을 참작한 조치는 정당하다고 한다.[84] 다만 대법원 2004. 6.

---

6. 28. 선고 94다3063 판결(公 1994, 2095) 참조). 하지만 그 후에도 대법원은 여러 차례 "생명 또는 신체에 대한 불법행위로 인하여 입게 된 적극적 손해와 소극적 손해 및 정신적 손해는 서로 소송물을 달리하므로 그 손해배상의무의 존부나 범위에 관하여 항쟁함이 상당한지의 여부는 각 손해마다 따로 판단하여야 한다"(대법원 1995. 2. 17. 선고 94다56234 판결(公 1995, 1420); 대법원 1997. 1. 24. 선고 96다39080 판결(公 1997, 636); 대법원 2002. 9. 10. 선고 2002다34581 판결(公 2008, 2432) 등)고 판시하여 여전히 손해3분설의 태도인 것으로 평가되고 있다.

81) 민사소송법 제203조 (처분권주의)
   법원은 당사자가 신청하지 아니한 사항에 대하여는 판결하지 못한다.

82) 民法注解[ⅩⅧ], 354면(李東明 집필부분).

83) 우리 민법에서는 독일 민법과는 달리 재산적 손해와 비재산적 손해를 엄밀하게 구분하지 않고, 비재산적 손해 또는 정신적 손해의 배상을 쉽게 인정하고 있다는 점과, 재산적 손해와 비재산적 손해 또는 정신적 손해를 구분하는 것은 매우 곤란하다는 점, 그리고 현대생활에서 발생하는 분쟁에서는 재산적 손해와 비재산적 손해를 분간하기 어려운 경우가 더욱 증가할 것이라는 점을 근거로, 우리나라의 판례가 따르고 있는 손해3분설에 대하여 근본적인 검토가 필요하다는 지적으로는, 金載亨(주 61), 394-397면 참조. 그 밖에 손해3분설에 비판으로는 朴禹東, "生命·身體의 侵害로 인한 損害賠償額의 算定(續)", 司法論集 제5집, 1981, 75-76면; 李時潤, 新民事訴訟法, 2007, 223면; 民法注解[Ⅸ], 480-481면(池元林 집필부분) 등 참조. 즉, 물건손해의 경우에는 피침해객체마다 소송물이 세분되지만, 생명·신체침해로 인한 손해배상청구에 있어서는 결국 하나의 비재산적 손해의 전보를 위한 이행청구이므로, 생명이나 신체의 침해 자체를 1개의 비재산적 손해로 보아 1개의 소송물로 파악할 것이며, 치료비, 일실이익, 위자료 등은 死傷이라는 비재산적 견해를 금전적으로 평가하기 위한 자료에 지나지 않는다는 것이다.

84) 대법원 1980. 11. 11. 선고 80다1924 판결.

24. 선고 2002다6951, 6968 판결은 그 판결이유부분에서 "원심이 그의 판시에서 비록 위자료 내지 위자료의 보완적 기능이라는 표현을 사용하였고 인신사고로 인한 손해배상청구가 아닌 이 사건에서 그러한 판시는 적절한 것이 못됨은 피고가 지적한 바와 같다"고 판시한 바 있다.[85] 이에 대해 판례는 위자료의 보완적 기능을 인신사고로 인한 손해배상청구사건에서만 인정할 수 있다는 태도라 하여 위자료의 보완적 기능의 인정범위를 제한하고 있다는 평가도 있다.[86]

보완적 기능의 인정여부에 관해서는 크게 보완적 기능에 대해 긍정적인 견해와 부정적인 견해 및 제한적으로 인정하는 견해로 나누어 볼 수 있다.

먼저 긍정적인 견해는, 위자료의 산정은 법관의 재량에 의하여 유연하게 행하여지기 때문에 위자료는 손해배상소송에 있어 경직적인 법적 해결에 구체적 타당성을 가지게 하는 데 중요한 역할을 한다고 설명하거나,[87] 인격적 법익의 침해 이외의 재산손해로서 전통적인 차액설의 입장에서는 전보받을 수 없는 재산손해도 비재산적 손해의 배상에 인정되는 위자료제도를 활용하여 배상받을 수 있도록 할 필요가 있다고 한다.[88] 보완적 기능에서 더 나아가 재산적 손해를 비재산적 손해에 포함시켜 위자료에 의해 손해를 포괄적으로 파악할 것을 주장하는 견해도[89] 있다.

다음으로 부정적인 견해는, 위자료는 재산적 손해와는 다른 별개의 정신

---

85) 대법원 2004. 6. 24. 선고 2002다6951, 6968 판결(公 2004, 1201)의 판결이유 부분. 그러나 대법원 2007. 6. 1. 선고 2005다5812, 6968, 5829, 5836 판결(公 2007, 972)은 인신사고가 아닌 기망행위로 인한 불법행위책임에서 위자료의 보완적 기능을 인정하였다.
86) 金載亨, "分讓廣告와 契約 -청약·청약의 유인·손해배상을 중심으로-", 民事判例研究[XXXI], 2009, 441면.
87) 金曾漢/金學東(제3장 제2절 주 1), 902면; 民法注解[XVIII], 353면(李東明 집필부분); 加藤一郎(주 73), 229面.
88) 諸哲雄(주 59), 276면.
89) 淡路剛久, 不法行爲法における權利保障と損害の評價, 1984, 76-79面.

적 손해이며 또 재산적 손해에 관해서는 피해자가 원래 그 액수까지 증명할 책임이 있으므로 재산적 손해로 청구할 수 있는 손해에 관한 것까지 위자료에 의해 커버하려는 것은 문제라고 하거나,[90] 원고의 청구 이상의 위자료를 인정하는 것은 상대방에게 방어권의 행사를 곤란하게 할 우려가 있다고 한다.[91] 또한 우리 판례는 손해3분설에 의거하고 있기 때문에 재산적 손해와 비재산적 손해는 준별되어 위자료의 보완적 기능을 인정할 이론적 근거가 약하다고도 한다.[92]

제한적으로 인정하는 견해는, 법원이 위자료의 보완적 기능에 쉽게 의존한다면, 이는 손해배상액의 산정이라는 중요한 역할을 포기하는 방패막이

90) 위자료에 이와 같은 보완적 기능을 부여하는 것은 위자료의 본질을 잃은 사고라는 지적과 함께 재산적 손해에 대하여 높은 증명도를 요구하는 원칙과도 모순된다고 하는 지적으로는 齊藤博, 人格價値の保護と民法, 一粒社, 1986, 171面. 재판실무에 있어서 재산적 손해에 대하여 높은 증명도를 요구하고 있는 것과 위자료의 보완적 기능을 인정하려고 하는 실무의 동향은 상호 모순된다고 지적하면서 그러한 방법은 미봉책에 불과하므로 오히려 재산적 손해의 증명 자체를 용이하게 하여야 한다는 지적으로는 楠本安雄, "損害賠償請求訴訟の訴訟物", 新・實務民事訴訟講座(4), 日本評論社, 1982, 126面 이하; 四宮和夫(주 15), 267面. 재산적 손해의 배상이 철저히 관철된다면 필연적으로 보완적 가능의 비중은 상대적으로 저하되어 쇠퇴하게 될 것이라는 지적으로는 이명갑(주 27), 29면.
91) 한상원, "人身損害의 損害算定上의 問題點", 인문사회과학연구 제9집, 세명대학교 인문사회과학연구소, 2001, 17면. 또한 재산적 손해가 이른바 '무형의 손해'로서 사실상 불가능한 경우에 위자료의 보완적 기능을 빌어 위자료의 지급으로서 손해를 전보하게 하는 것은 부정하여야 할 것이라는 지적으로는 鄭泰綸, "이른바 慰藉料의 補完的 機能과 관련하여 살펴본 프랑스에서의 慰藉料制度", 判例實務研究 [Ⅶ], 2004, 260면. 손해는 인정되지만 그 액을 결정하기 어려운 경우에 피해자를 구제하기 위한 방법은 법관의 재량을 넓게 인정하는 방향에서 모색하는 것이 정도일 것이라 한다.
92) 장재옥, "위자료의 私的 制裁的 性格을 인정하는 입장에서", 참여연대 공익법센터, 원고이익에 반하는 손해배상사건의 위자료산정제도, 무엇이 문제인가?, 세미나자료(2002.10.7.) 토론문4, 38면. 위자료에 보완적 기능을 인정한다거나 정액화를 시도하는 것은 위자료의 저액화 사고에 머물러 있는 편의 위주의 차선책은 될지언정 최선책이라고 할 수는 없다고 한다.

가 될 수 있으므로 위자료의 보완적 기능은 인신사고 등 극히 예외적인 경우에 한하여 제한적으로 인정하여야 한다고 한다.[93]

재산적 손해와 비재산적 손해는 별개 유형의 손해라고 할 것임은 이미 살펴본 바와 같다. 위자료는 비재산적 손해에 대한 손해배상이라고 할 때 재산적 손해의 일부를 위자료에 의해 배상하게 하는 것은 위자료의 본질에 반하는 측면이 있다. 또한 보완적 기능이 판례가 취하고 있는 손해3분설과 부합될 수 있는지도 의문의 여지가 있고, 비재산적 손해에 비해 재산적 손해에 대한 높은 증명도를 회피하는 수단으로 이용될 여지가 있어 보완적 기능은 제한될 필요가 있다. 물론 재산적 손해의 존재는 인정되나 손해액의 증명이 곤란한 경우 등에서는 위자료의 보완적 조정이 피해자의 전체 손해를 전보하게 할 수 있다는 측면에서 장점을 가질 수도 있고 필요한 경우도 있을 것이다. 그러나 재산적 손해의 증명이 곤란한 경우에는 법원이 변론 전체의 취지와 증거조사의 결과를 참작하여 손해액을 산정함으로써 어느 정도 보완적 기능에 의지하지 않을 수 있을 것이며, 손해배상액 산정의 투명성과 예측가능성을 확보할 수 있게 될 것이다.[94] 따라서 위자료의 보완적 기능이 실제로 인정될 필요성이 있다고 하여도 극히 예외적인 경우에 한하여 제한적으로 인정하는 것이 타당할 것이다. 그 예로서 판례상 인신사고가 들어지고 있다는 것은 앞서 살펴본 바와 같다. 인신사고의 경우에는 재산적 손해와 비재산적 손해가 혼재되어 있는 경우가 많아서 물적 손해와 다르게 손해1개설이 유력하게 제기되고 있다는 것 역시 이미 서술하였다. 그러므로 위자료의 보완적 기능은 인신사고 등의 예외적인 경우에만 인정된다고 하는 것이 타당할 것이다.

---

93) 金載亨(주 86), 442-443면.
94) 金載亨(주 86), 444면.

(3) 인정이유 및 한계

우리나라의 손해배상사건 실무에서는, 적극손해 또는 소극손해의 항목으로서 주장되고 있는 손해가 존재하는 것은 인정되나 그 액수의 산정이 곤란하여 당해항목에 산입되지 못함으로써 재산적 손해로 인용되지 않은 경우, 또는 사고당시 피해자가 직업을 가지지 아니한 학생과 같은 신분이어서 다른 사건에 비하여 소극적 손해가 적게 인정되는 경우에, 그러한 사유가 정신적 고통에 영향을 준다는 이유에 의하여 이를 위자료산정에 참작하는 것이 넓게 인정되고 있다.95) 그 밖에 신체감정의 불능으로 재산상의 청구를 하지 아니하여 위자료를 300만원 인정한 경우, 식물인간인데 일실이익 불청구로 위자료를 200만원 인정한 경우, 세대주임에도 불구하고 재산상의 손해가 70만원밖에 인정되지 아니하여 위자료를 높이 인정한 경우, 고령자인데도 개호비가 과다산정되어 위자료를 감액한 경우 등도 위자료의 보완적 기능이 활용된 예이다.96)

---

95) 金先錫(주 21), 360면.
96) 이는 다소 예전의 것이라 할 수 있지만, 1980년에 대법원행정처가 전국의 지방법원 민사담당법관을 대상으로 하여 그 해에 처리한 사건에 관한 위자료의 실태조사를 調査카드에 의해 행하였던 결과라 한다. 위의 사유들은 조사카드의 항목 중 '위자료산정의 기준에 관한 의견'에서 밝힌 내용들이다(李時潤, "損害賠償 訴訟에 있어서 慰藉料 算定에 관한 統計的分析", 裁判資料 5輯: 民事損害賠償算定・刑事量刑基準의 調査分析 (1), 1980, 26면). 金先錫(주 21), 361면 이하는, 위의 구체적인 예 중에서 세대주의 경우를 제외하고, 그와 같은 사유로써 위자료를 다액 인용하거나 또는 감액한 것에 대하여 의문을 제기하고 있다. 인신손해의 소송물에 관한 현재의 판례(손해3분설) 하에서는(소송물을 1개로 본다 할지라도 일부청구의 문제가 있으므로 결과는 거의 동일하다고 한다), 당해 위자료 청구 후에도 적극적 손해이든 소극적 손해이든 또 다른 청구권자의 위자료청구이든 언제든지 새로이 청구할 수 있으므로, 그것을 청구하지 않았다 하여 당해 위자료를 다액으로 인정하여서는 아니된다는 것이다. 왜냐하면 후에 다시 재산상의 손해 등을 청구하는 경우 前소송에서 위자료를 다액 인용하였다는 이유를 들어 재산상의 손해 등을 감액할

최근에 있었던 서울중앙지법 2009. 7. 7. 선고 2006가단423422, 2009가단80741 판결은97) 위자료의 보완적 기능과 그 인정사유에 대해 비교적 상세히 판시하고 있는 바 간단히 살펴보기로 한다.

이 판결은 아동이 신체장애를 입거나 생명을 잃으면 성인보다 더 오랜 기간 큰 어려움을 겪을 뿐 아니라 아동기에 누려야 할 생활의 기쁨을 상실하게 됨에도 실제 손해배상액 산정과정에서 성인에 비하여 불이익을 입게 된다는 점 등을 고려하여 위자료를 통상의 기준보다 다액(1억원)으로 인정한 사례이다.

판결은 그러한 특별한 취급을 인정하는 이유로서 다음의 사항들을 들고 있다.

첫째, 아동이 사고로 인하여 신체적 장애, 생명의 침해를 받을 경우에는 기본권 침해의 정도가 성인보다 더 크다.

둘째, 아동은 헌법적 기본권으로서 학습권을 갖고 있다고 할 것인데, 사고로 인한 아동의 신체적 장애, 생명의 침해는 학습권의 중대한 침해를 가

수 없기 때문이다.

97) 서울중앙지법 2009. 7. 7. 선고 2006가단423422, 2009가단80741 판결(확정, 各公 2009하, 1374). 이 판례의 사실관계는 다음과 같다. A양이 네 살이던 2005년 왕복 2차선 도로 가장자리에 주차된 부모의 차 근처에서 놀던 중 A양을 보고도 주의하지 않은 채 그대로 주행한 자동차에 치여 외상성 뇌손상 등을 입게 됐다. A양은 24시간 인공호흡기에 의존한 채 치료를 받다 2007년 패혈증으로 사망했다. 가해차량의 보험사는 A양과 부모에게 치료비 명목으로 1억 8,900만원, 손해배상 선급금 명목으로 1억 6,500만원으로 총 3억 5천여만원을 지급했으나, A양 가족들은 가해차량의 책임이 크다며 추가배상을 요구하는 소송을 제기하였고, 이에 대해 법원은 보험사가 원고에게 이미 지급한 치료비 등을 제외하고 7,800만원을 추가 지급하라고 판결하였다. 이는 A양에게 위자료로 1억원을, 가족에게 3,500만원을 지급하라고 판결한 것으로서, 대개 교통사고 사망자에게는 피해자의 과실이 없을 경우 어른과 아이 구분 없이 1인당 6,000만원의 위자료가 지급되어 왔던 것에 비해 4,000만원을 더 인정한 사안이다. 이 판결로 A양 가족이 받게 될 총 손해배상액은 4억 3,200만원으로 늘어났으며, 피고인 보험사가 항소를 포기함에 따라 이 판결은 1심 단계에서 확정되었다.

져 오며 경우에 따라서는 회복하기 어려울 수도 있고, 회복이 가능하다고 하더라도 아동과 그 부모에게 더 많은 비용과 노력이 요구된다.

셋째, 아동의 일실수입 산정의 기초로서 아직 직업적 적성과 소질, 가능성이 확인되지 아니한 상태에서 일률적으로 최소한의 수입(일용노임)을 얻을 것을 전제로 일실수입을 산정하는바, 이는 공평한 손해의 분담이라는 측면에서 피해자인 아동에게 가혹하다.

넷째, 아동의 일실수입의 산정은 성인이 되는 20세 이전까지 일실수입을 인정하지 않고 만 20세를 기산점으로 하여 만 60세까지를 가동연한으로 보고 있는데, 이는 성인과 비교하였을 때 중간이자를 공제하는 것까지 더하여 아동의 연령이 어리면 어릴수록 일실수입액이 적어져서 성인에 비하여 매우 불리한 결과에 이른다.

따라서 위의 여러 가지 사정을 감안하면 손해3분설을 취하고 있는 현행 손해배상법의 체계상 아동을 성인보다 유리하게는 못할지라도 불리하게는 취급하지 않아야 하므로 위자료의 보완적 기능을 통하여 아동의 실질적 보호를 꾀할 필요가 있다는 것이다. 이러한 고려사유들은 대부분 손해의 공평한 분담을 위한 가치평가적 요소라 할 것이며 손해의 규범적 요소에서 고려될 수 있는 구체적인 내용들을 가늠해 볼 수 있게 한다. 이와 같이 비재산적 손해에 있어서는 재산적 손해에서보다 규범적 요소가 고려될 수 있는 여지가 더 크다고 할 것이다.

그러나 이러한 보완적 기능을 인정함에 있어서는 일정한 한계가 있다. 즉, 판례는 "위자료의 보완적 기능은 재산상 손해의 발생이 인정되는데도 손해액의 확정이 불가능하여 그 손해전보를 받을 수 없게 됨으로써 피해회복이 충분히 이루어지지 않는 경우에 이를 참작하여 위자료액을 증액함으로써 손해전보의 불균형을 어느 정도 보완하고자 하는 것이므로, 함부로 그 보완적 기능을 확장하여 그 재산상 손해액의 확정이 가능함에도 불구하고 편한 방법으로 위자료의 명목아래 사실상 재산상 손해의 전보를 꾀하

는 것과 같은 일은 허용되어서는 안 될 것이다"라고[98] 판시하고 있다. 이
는 위자료의 보완적 기능을 매우 예외적으로 인정하여야 한다는 점을 강조
하고 있는 것으로 볼 수 있다. 즉, 재산적 손해가 발생하였는데도 손해액의
확정이 불가능한 경우에 한하여 위자료의 보완적 기능에 따라 위자료를 증
액할 수 있다는 것이다. 만일 법원이 손해액의 확정이 단순히 곤란하다는
이유로 위자료로 해결하려고 한다면 손해액 산정의 예측가능성이 현저하
게 떨어질 것이다.[99]

또한 위자료의 보완적 기능은 재산적 손해를 이유로 하는 배상이 인정되
지 아니함에 의하여 입은 정신적 타격을 객관적으로 평가함에 그치는 것이
라는 성질도 갖는 것이므로,[100] 재산적 손해가 제대로 평가되었으나 가해
자가 부담할 손해배상액이 많다고 하여 위자료의 보완적 기능을 이유로 위
자료를 감액하여서도 안 될 것이다. 즉, 위자료의 보완적 기능은 재산적 손
해전보의 불충분을 보완하기 위하여 위자료를 증액하는 경우에만 활용되어
야 하고, 위자료를 감액하는 쪽으로 활용되어서는 안 되는 것이다.[101][102]
그 밖에 전술한 바와 같이 판례의 태도에 대해 위자료의 보완적 기능을 인
신사고로 인한 손해배상청구사건에서만 인정할 수 있다는 입장으로 평가

---

98) 대법원 1984. 11. 13. 선고 84다카722 판결(公 1985, 23).
99) 金載亨(주 61), 389면.
100) 佐藤歲二, "積極損害·消極損害·慰藉料", 新·實務民事訴訟講座(5), 日本評
論社, 1983, 126面; 東京地裁 1972(昭和 47). 2. 16. 判決(判例タイムズ 276
号, 233面); 金先錫(주 21), 362면.
101) 張在玉(주 17), 640면; 徐光民(주 78), 142면.
102) 위자료에 이와 같은 보완적 기능을 부여하는 것은 위자료의 본질을 잃은 사고라
는 지적과 함께 재산적 손해에 대하여 높은 증명도를 요구하는 원칙과도 모순된
다는 비판적 지적으로는 齊藤博(주 90), 171面 참조. 재판실무에 있어서 재산적
손해에 대하여 높은 증명도를 요구하고 있는 것과 위자료의 보완적 기능을 인정
하려고 하는 실무의 동향은 상호 모순된다고 지적하면서 그러한 방법은 미봉책에
불과하므로 오히려 재산적 손해의 증명 자체를 용이하게 하여야 한다는 비판으로
는 楠本安雄(주 90), 126面 이하; 四宮和夫(주 15), 267面을 참조.

하여 위자료의 보완적 기능의 인정범위를 제한하고 있다고 볼 수 있다면,[103] 이러한 적용범위 역시 위자료의 보완적 범위의 한계의 역할을 할 수 있을 것이다.

---

103) 金載亨(주 86), 441면.

제4절 소결

손해의 개념과 본질에 대한 논의의 전개는, 보호의 필요성이 인정됨에도 기존의 개념설정으로는 손해로 포섭하기 어려운 보호법익까지 포함시키기 위한 노력의 과정이었다고 볼 수 있다. 그리고 그 대표적인 보호법익은 전통적으로 일실이익과 비재산적 이익이었음은 제2장에서의 역사적 고찰과 이론적 고찰을 통해 이미 확인할 수 있었다. 차액설은 일실이익을 손해개념 내에 포함시키는데 있어서는 큰 공헌을 했지만 비재산적 보호법익은 처음부터 염두에 두지 않고 있었다. 오늘날 비재산적 이익에 대한 배상을 인정하지 않는 법제는 없다고 하겠다. 비재산적 이익의 배상에 제한적인 독일법에서조차 우회적인 이론을 통해[1] 점점 그 보호범위를 넓혀가고 있는 것이 실정이다.

비재산적 손해는 차액설로는 설명될 수 없다. 그러나 모든 손해를 포섭할 수 있어야만 손해일반의 개념 및 본질에 대한 견해로 인정받을 수 있을 것이다. 이는 총재산상태가 아니라, 재산적이든 비재산적이든 사실적 이익을 중심으로 손해를 파악하여야 손해일반론이 보다 완벽해지리라는 것을 보여주는 점에서 손해론과 관련하여 의의가 있다. 비재산적 손해의 인정여

---

1) 대표적인 것으로서 상품화이론(또는 시장관련성이론, Kommerzialisierungslehre)과 쓸모없이 지출된 비용이론(또는 목적좌절론, Frustrationslehre)을 들 수 있다. 이에 대해 상세하게는 MünchKomm.-Oetker, §249, 5. Aufl., 2007, Rn. 40ff und Rn. 46ff; Köndgen, "Ökonomische Aspekte des Schadensproblems: Bemerkungen zur Kommerzialisierungsmethode des Bundesgerichtshofs", AcP 177 (1977), S. 1ff; 임건면, "財産的 損害와 非財産的 損害 - 독일에서의 논의를 중심으로 -", 成均館法學 第17卷 第1號, 2005, 180면 이하 참조.

부 뿐만 아니라 그 산정 역시 손해의 평가적 요소 및 법원의 재량과 관련을 갖는다. 또한 비재산적 손해는 재산적 손해에서보다 제재나 예방의 기능이 더 용이하게 인정될 수 있는 사안유형이라는 것을 확인하게 해 준다는 점에서 손해배상에 있어 제재적 기능이나 예방적 기능의 의의와 기여도를 더 높여 주고, 새로이 전향적으로 검토할 수 있게 할 수 있다는 점에서 그러한 기능들이 더 관심을 받고 조명받게 되는 계기가 될 수도 있을 것이다. 이러한 것들도 역시 주로 손해의 평가적 요소와 관련되는 것임은 이미 살펴본 바와 같다. 따라서 비재산적 손해와 위자료는 손해의 개념 및 본질에 있어서 규범적 요소의 의의를 보여준다는 점에서도 의미가 있다. 이러한 비재산적 손해와 위자료의 문제까지 포함할 수 있어야 보다 완벽한 손해의 개념 및 본질론이 될 것이라는 것은 여러 번 언급하였다.

위자료의 본질이 문제되었던 것은 위와 같은 역사의 반영이기도 하였지만, 이제는 오히려 불법행위법의 제재적 기능이나 예방적 기능을 강조하려는 견해에 의해 위자료의 제재적 기능이나 징벌적 기능을 더 넓게 도입하자는 주장도 유력하게 제기되고 있다. 그러나 이 경우의 제재적 기능이라는 것도 형벌적 기능을 의미하는 것은 아니며, 위자료의 손해배상적 성질을 부정하는 것이 될 수는 없다.

위자료가 손해배상으로서의 본질을 갖는다고 할 때에도, 기존의 재산적 손해를 중심으로 전개된 논의들이 위자료와 얼마나 부합할 수 있을 것인지가 문제되며, 손해론에서의 요소 중 어떤 요소에 의해 위자료의 문제가 충분히 포섭될 수 있을 것인지가 고찰되어야 한다. 즉 이제는 사회상황의 다양한 전개와 법의식의 변화로 인해 재산적 이익만큼이나, 아니 어떠한 사안들에서는 오히려 위자료가 피해자를 구제하는데 유용한 경우들이 늘어나고 있고 위자료는 점점 더 많이 활용되리라 예상할 수도 있게 되었다. 따라서 현재의 손해론은 위자료의 문제를 충분히 포섭해 낼 수 있어야만 그 기능을 다하는 것이 될 것이다.

손해의 본질론에 있어서 이러한 기능을 할 수 있는 것은 손해의 가치평가적 요소와 규범적 요소임을 여러 측면에서 서술하였다. 그리고 이는 다양한 비재산적 이익이 재산적 손해와 구별되는 독자적인 손해유형임을 밝히는 데 그치는 것이 아니라 그 산정방식에도 영향을 미치게 된다는 것도 살펴보았다.

또한 재산적 손해와 비재산적 손해가 서로 구별되는 손해유형이며, 그 설명방식이 달라진다고 해도 서로 완전히 절연되어 있는 것이 아니라 끊임없이 교착하게 되는 모습을 재산권침해와 정신적 손해의 발생 및 위자료의 보완적 기능 등의 문제를 통해 살펴보았다.

재산적 손해와 비재산적 손해가 교착하게 되는 근본적인 이유는 인간의 삶과 법률관계가 재산적 영역과 비재산적 영역으로 분할되어 있지 않기 때문일 것이다. 비재산적 손해배상의 이해는 결국 재산적 손해와의 명확한 구별 및 교착의 모습을 얼마나 효율적으로 분석하고 때로 종합해 낼 수 있는지에 그 성패가 달려 있는 문제라고 할 것이다.

그리하여 본 장에서는 비재산적 손해에 관하여 손해의 개념과 본질의 문제와 관련하여 살펴보았다.

이상에서의 논의와 검토에 기초하여 본 장의 결론을 간략하게 요약하면 다음과 같다.

첫째, 손해의 일반적인 개념과 본질론에 대한 견해는 비재산적 손해와 위자료의 문제까지 포함할 수 있어야 한다. 위자료의 본질은 손해배상이다. 비재산적 손해와 위자료의 문제는 손해의 사실적 요소와 가치평가적 요소에 의해 파악될 수 있다. 비재산적 손해의 사실적 요소는 사실적 이익을 중심으로 파악하여야 한다. 비재산적 손해에서는 재산적 손해에 비해 평가적 요소가 많이 작용하고 법원의 재량이 넓게 인정된다고 할 것이므로, 포괄적 산정에 의하되 법원의 재량을 합리적으로 제한하기 위해 내부적인 배상기준표를 운용하는 것이 바람직할 것이다.

둘째, 재산권침해와 비재산적 손해가 함께 발생하는 경우는 먼저 재산적 손해와 비재산적 손해의 관계를 구별한 후, 양자가 별도의 관계인 경우 위자료는 재산적 손해배상과 무관하게 그 소멸여부가 검토되어야 하고, 양자가 관련을 갖는 경우에는 다시 그러한 관련이 양자의 전형적인 결합을 전제로 하는 것인지를 검토해야 한다.

그리고 마지막으로 위자료의 보완적 기능은 재산적 손해와 비재산적 손해의 구별에 비추어 볼 때, 그 필요성이 인정되는 경우에도 인신사고 등과 같은 극히 예외적인 경우에 한정하여 그 한계를 준수하여 인정될 수 있을 것이다.

제4장

인신침해와 일실소득의 침해

제1절 서

　손해의 개념과 본질을 파악하는데 있어 전통적으로 다루어진 주제 중 하나는 바로 인신침해가 발생하는 경우 수반되는 일실소득의 침해를 어떻게 파악할 것인가의 문제이다. 물적 손해에 있어서는 피해물건의 가치에 의해 손해를 파악할 수 있는 반면에, 사람의 몸에 대해서는 그 가치를 파악하기 힘들어 死傷과 관련된 손해의 본질을 밝히는 것 역시 쉽지 않다. 또한 물적 손해에 있어서도 물건의 개별적 성질이 중요하게 되는 경우가 있지만, 인적 손해와 관련해서는 그 개별적 사정과 평등의 문제, 인간의 존엄성 등과 관련해서 다양한 고려가 요구되는 경우도 있어 손해의 파악과 그 산정의 문제는 한층 복잡한 양상을 띠게 된다.

　그 중 일실소득의 문제는 대개 인신침해가 발생하는 경우에 수반되어 발생하는 것이지만, 인신침해가 있다 하여 일실소득 혹은 가동능력 침해가 언제나 인정되는 것은 아니다. 인신침해와 일실소득의 문제를 이해하기 위하여 장애(障碍)와 장해(障害) 또는 노동능력상실을 구분해 볼 필요가 있다. 障碍(impairment)는 상해로 인해 신체 일부나 감각 또는 동작 등의 신체기능에 이상이 초래된 상태를 의미하는 의학적 용어이다.[1] 이에 반해 障害(disability) 또는 노동능력상실은[2] 의학적 신체장애를 바탕으로 피해자의 연령, 교육 정도, 직업의 성질과 직업경력 및 기능숙련 정도, 유사직종

---

1) 서울중앙지방법원, 손해배상소송(교통·산재), 한국사법행정학회, 2005, 193면.
2) 노동능력상실은 노동능력이 100% 감소될 때 적합한 것이고, 그에 미치지 못한 장해가 있을 때에는 노동능력감소 또는 노동능력감퇴라는 용어가 정확한 표현이라는 지적이 있지만, 실무상으로는 이를 구분하지 않고 있다.

이나 다른 직종으로의 전업가능성과 그 확률 기타 사회적, 경제적 조건을 참작하여 규범적으로 판단되는 법적 용어로 장애에 대한 전문가의 증언을 증거로 재판에서 결정된다.[3]

　이와 같이 인신침해와 일실소득의 문제가 구별되는 것이기는 하지만, 일실소득의 본질이 무엇인가의 문제는 인신침해에 있어서 손해의 본질이 무엇인가의 문제와 일정 부분 연관을 갖는다고 보는 것이 일반적이다. 이하에서는 일실소득의 문제를 중심으로 간단히 비교법적 고찰을 한 후, 인신침해에 있어서의 손해의 본질문제와 일실소득의 본질에 대하여 검토하기로 한다.

---

3) 대법원 2004. 2. 27. 선고 2003다6873 판결(公 2004, 529); 대법원 2003. 10. 10. 선고 2001다70638 판결; 대법원 2002. 9. 4. 선고 2001다80778 판결(公 2002, 2321) 등.

제2절 인신침해와 일실소득의 손해에 관한 비교법적 고찰

일실소득 혹은 가동능력상실의 문제는 인신침해가 발생하는 경우에 문제가 되는 손해항목 중 하나라는 사실은 이미 지적한 바와 같다. 이하에서는 주로 일실소득 혹은 가동능력상실의 문제에 대한 여러 나라의 법상황을 살펴보기로 한다.

1. 독일

독일에 있어 손해에 대한 전통적 견해는 차액설이며 판례 또한 기본적으로 차액설에 근거하여 손해배상의 문제를 해결하고 있음은 앞에서 살펴본 바와 같다.[1] 손해는 두 개의 재산상황, 즉 사고를 토대로 형성된 실제 재산상황과 사고가 없었더라면 존재하였을 재산상황을 비교하여 그 차액이 손해가 된다. 재산상 손해만이 책임법적인 의미에서 불이익이고, 노동능력의 상실 또는 감소(백분율에 의한 추상적인 소득감소) 자체는 그 불이익이 아니다. 따라서 손해배상액수 산정에 있어서 노동능력상실률 등에 기초하여 손해를 산정하는 것은 사용되지 않는다.[2]

다만 이러한 차액설은 일정한 경우에 규범적인 가치평가(normative

---

1) 최근의 판례로 BGH VersR 80, 378 = NJW 80, 775 등.
2) Küppersbusch(제2장 제2절 주 107), Rn. 40.

Wertenscheidung)에 의해 수정되고 있다(규범적 손해). 특히 임금이 계속 지급되어 순수한 계산상으로는 소득손해(Erwerbsschaden)가 발생하지 않은 사건,[3] 가사수행자(Haushaltsführende)가 침해를 당하였으나 대체인력을 사용하지 아니한 경우에[4] 그러한 수정이 인정되고 있는데, 전자의 경우에는 가해자의 부당한 면책금지와 사회보장적인 이유들(sozialen Gründen; Sozialversicherung)을 근거로 규범적 평가를 하고 있는 것으로 볼 수 있다.[5] 즉 피해자가 임금을 계속하여 지급받은 때는, 차액설에 의하면 피해자에게 아무런 손해가 없다. 그러나 사회적인 이유로 지급하는 사용자의 급여가 가해자를 면책시켜서는 안 된다. 따라서 근로자의 손해는 계속 지급한 금액으로 규범적으로 구성되는 것이다.[6] 다만, 규범적 손해의 개념을 사용함에 있어서 손해배상의 무제한적인 확대를 막기 위해 신중한 태도를 취하고 있다.[7]

---

3) BGH VersR 52, 353; BGH VersR 53, 320 등.
독일민법 제616조 [일시적 장애]
노무급부의무자는 그의 일신상 사유로 비교적 길지 아니한 기간 동안 과책없이 노무급부를 하지 못하게 된 것으로 인하여 보수청구권을 상실하지 아니한다. 그러나 그는 그 장애기간 동안 법률상 의무에 기하여 성립한 질병보험 및 사고보험으로부터 취득한 금액을 공제되도록 하여야 한다.

4) BGHZ 50, 304ff. 여기서 손해개념이 규범적이라 함은 대체인력을 고용하기 위하여 비용을 지출했는지 여부에 관계없이 손해배상청구권이 인정되기 때문이다. 그리고 이는 재산상태의 차액으로 손해를 인식하는 것으로부터의 탈피를 의미한다 (Medicus(제2장 제2절 주 51), S. 233). 이 경우에 있어서도 노동능력상실률을 기초로 손해배상을 산정하는 것이 아니라 사고로 인하여 피해자가 실제로 수행하지 못한 가사를 수행하기 위하여 필요한 대체인력으로 임금을 평가한다.

5) BGHZ 43, 378, 381; Medicus(제2장 제2절 주 51), S. 234; Küppersbusch(제2장 제2절 주 107), Rn. 24, 106.

6) BGH VersR 52, 353; BGH VersR 53, 320; Küppersbusch(제2장 제2절 주 107), Rn. 106.

7) BGH VersR 80, 378 = NJW 80, 775; BGH VersR 77, 665. 또한 BGH, NJW 1974, 1651ff 같은 판결들은 규범적 손해라는 표현을 아예 언급하지 않고 있다 (Medicus(제2장 제2절 주 51), S. 233 Fn. 7).

2. 프랑스

일실소득의 침해와 관련하여 프랑스에서는 현실소득에 대하여서만 손해배상이 가능할 뿐, 순수한 가동능력의 상실에 대해서는 원칙적으로 어떠한 배상도 인정되지 않는다. 그러므로 피해자가 무직자이거나 아동 혹은 퇴직한 사람인 경우에는 일실소득이라는 손해항목으로는 배상을 받을 수 없다.[8]

다만 이러한 원칙에는 한가지 예외가 있는데, 피해자가 인신침해 당시에는 일을 하지 않고 있었지만, 가까운 장래에 일을 하게 될 개연성이 매우 높았던 경우(가령 대학생 또는 어린 자녀를 돌보기 위해 일시적으로 휴직하고 있던 여성의 경우)에는, 소득을 얻을 가능성의 상실에 대해 손해배상을 받을 수 있는 것이다. 이 경우 손해배상은 피해자가 종사하게 되었을 것으로 인정되는 직업에 있어서의 평균적인 소득에 대한 일정한 비율에 기초하여 산정되며, 그 비율은 상실한 가능성의 크기에 의하여 평가되어야 한다는 것이 다수설의 입장이다. 이러한 산정방식은 추상적 산정방식을 도입하는 것이라고 평가되고 있는데, 판례는 아직까지 이러한 견해를 채용하고 있지는 않으며 일실소득의 평가는 법원의 재량에 맡겨져 있다.[9] 다만, 피해자가 특정한 직업을 갖기에는 불충분한 아동이나 전공이 결정되지 않은 대학입시준비자의 경우에는 이러한 예외에 해당하지 않으며, 따라서 프랑스에서는 일실소득의 침해여부와 평가가 피해자의 연령에 따라 다르게 나타나게 된다.[10]

---

8) Suzanne Galand-Carval(제2장 제2절 주 15), p. 82.

9) Cass. civ. 2e, 7 mars 1985, Bull. civ. II. n° 62, p. 43.

10) Radé/Bloch, "La Réparation du Dommage Corporel en France", in Koch/Koziol(eds.), Compensation for Personal Injury in a Comparative Perspective, 2003, n°s 74, 85; Koch/Koziol, "Comparative Analysis", in Koch/Koziol(eds.), Compensation for Personal Injury in a Comparative Perspective, 2003, p. 423.

가사업무를 담당하던 주부가 인신침해로 인해 가사업무를 할 수 없게 된 경우에는 (현실적 혹은 순수한) 소득능력의 상실은 없는 것으로 생각할 수도 있으나, 명백하게 재산적 가치를 가지는 것으로 평가되는 일할 능력을 상실한 것이므로 대체인력의 비용에 대한 배상이 인정된다.11)

민사책임에 있어서 프랑스의 사실심법원은 손해의 존부에 대한 확인 및 손해배상액의 결정을 위한 평가에 있어서 절대적 권한을 갖고 있다.12) 그렇다고 법원이 직권으로 모든 손해를 인정하는 것은 아니며, 당사자가 주장·증명하는 범위 내에서 판단하되, 모든 손해항목을 고려하여야 한다. 그러나 사실심법원은 그 배상액을 결정하기에 이른 평가의 상세한 내용을 제시할 필요가 없고, 금액을 산출하게 된 근거를 명백히 할 필요도 없다.13)

---

11) Suzanne Galand-Carval(제2장 제2절 주 15), p. 82.

12) Cass. civ. 2^e, 7 mars 1985, Bull. civ. II. n° 62, p. 43.

13) 과거에는 모든 손해항목의 구분없이 총체적인(in globo) 손해배상이 가능하다고도 하였다. 그 이유로는 인간의 일체성, 인간의 여러 활동의 상호융합성으로 인하여 사고로 인한 결과에 대한 일반적인 검사는 중복되거나 분리할 수 없는 손해의 요소를 끌어낼 위험이 있으므로, 그러한 손해의 요소를 개별적으로 평가하여 손해배상액을 산출하여서는 안 된다는 것이었다. 그러나 예컨대, 치료비, 위자료 등과 같이 손해의 요소가 명백히 분리되는 경우도 있고, 총체적 배상에 있어서는 손해배상액의 산정방법을 알 수 없는 불편이 있으며, 또한 가장 큰 이유로서 차후에 발생할 구상금소송 등에 있어 그 상환대상이 되는 손해액과 그렇지 않는 손해액과의 구별이 안 되어 있을 경우 법원으로서는 판결이 불가능하게 되는 상황에 처해지게 되므로, 현재 프랑스 법원에서는 총체적인 손해액 산정방식을 사용하지 않고 있다(朱基東, "身體傷害로 因한 損害賠償 方法論", 民事裁判의 諸問題 第8卷: 午堂 朴禹東 先生 華甲紀念, 1994, 518면).

3. 영국

일실소득 혹은 가동능력과 관련하여 영국에서는 장해 평가를 통하여 인정되는 가동능력상실비율 상당의 수입금액을 일실소득으로 인정하는 것이 아니라, 사고 전의 수입과 사고 후의 수입과의 실제 차액을 일실소득(loss of earnings)으로 인정하고 있다.[14]

그러나 사고당시 소득이 없는 성인의 경우나 어린이, 가정주부의 경우에는 구체적인 수입이 없었던 경우에도 다양한 기준에 따라 일실소득의 배상을 인정하고 있다. 즉, 사고당시 취미생활만으로 소일하고 소득이 없던 성인인 피해자에 대해서 취미생활을 통하여 장사를 하였다면 벌 수 있었던 금액을 기준으로 일실소득의 배상을 인정하고 있으며,[15] 사고 당시 미취업 상태에서 일자리를 구하던 중인 피해자에 대해서는 제반 사정을 종합하여 피해자가 언제, 어느 정도의 보수가 지급되는 일자리를 찾을 수 있을 것인가를 판단하여 일실소득의 배상을 인정하고 있다.[16] 어린이의 경우 장애로 인하여 장래에도 도저히 수입을 얻을 수 없을 것으로 인정되는 경우에는 아버지의 수입을 기준으로 하거나[17] 국민평균임금(national average wage) 등에 관한 통계수치를 이용하여[18] 일실소득에 관한 기본금액을 정한 후 성인이 되는 이후부터 소득을 얻을 수 있을 것으로 보고 배상금액을 산정하고 있다.[19] 가사노동에 종사하는 가정주부의 경우 사고로 인하여 가정부

---

14) Rogers, "Compensation for Personal Injury in England", in Koch/Koziol(eds.), Compensation for Personal Injury in a Comparative Perspective, 2003 p. 88.
15) Keating v. Elvan Reinforced Concrete [1968] 1 W.L.R. 722.
16) Rogers, "Damages under English Law", in Magnus(ed.), Unification of Tort Law: Damages, Kluwer Law International, 2001, pp. 64-65.
17) Taylor v. Bristol Omnibus Co [1975] 1 W.L.R. 1054.
18) Croke (A Minor) v. Wiseman [1982] 1 W.L.R. 71.
19) Rogers(주 16), pp. 71-72.

를 고용하였다면 가정부에게 지급한 대체고용비를 기준으로 기왕 및 장래
의 일실소득을 정하여 배상액을 산정하고 있으나, 가정부를 대체고용하지
않은 경우에는 기왕의 손해는 기왕의 손해는 배상하지 않고 비재산적 손해
산정시 이를 반영하는 반면, 장래의 손해는 대체고용비에 준하는 금액으로
일실소득에 반영하고 있다.20)21)

4. 미국

일실소득과 관련하여 미국의 판례는 상해를 전후하여 실제로 감소한 소
득(lost earnings)이 아닌 수입능력 상실(lost earning capacity) 또는 상해로
인해 소득활동에 투입할 수 없었던 시간(lost time)이 손해배상의 대상이라
는 보는 것이 대체적인 입장이다.22)

불법행위 후 피해자가 전과 동일하거나 더 높은 소득을 올린다는 피해자
측의 특수한 사정으로 인해 가해자의 손해배상의무를 감경시킬 수 없으므
로 피해자가 상해를 입을 당시 직업이 없었다는 점이 손해배상에 장애사유
가 되지 않으며, 상해 이후에도 실제 받는 월급이 줄어들지 않거나23) 더

---

20) Daly v. General Steam Navigation Co (The Dragon) [1981] 1 W.L.R. 120.
21) Rogers(주 14), p. 91.
22) Schwartz, "Damages under US Law", in Magnus(ed.), Unification of Tort Law:
    Damages, Kluwer Law International, 2001, pp. 177-178; American Jurisprudence
    2nd edition, Vol. 22 Damages, The Lawyers Co-operative Publishing co., 1988,
    §139.
23) Mathis v. United Engineers & Constructors, Inc., 381 Pa. Super. 466 (1989). 50
    파운드를 초과하는 무거운 짐을 들 수 없게 된 후유장해 후에도 시간당 13.60달러
    의 동일한 월급을 받은 사안에서 피해자가 직장을 그만두고 다른 일을 했을 때 피
    해자의 후유장해 정도를 가진 사람의 노동가치는 시간당 5달러에 불과하여 시간당
    8.60달러의 노동능력상실이 있다는 직업재활자문사의 증언에 기초하여 장래일실소

많이 받고 있다는24) 이유로 손해배상이 부인되거나 손해배상액이 감액되
지도 않는다. 즉 불법행위 전후의 소득의 차이가 없다는 것은 노동능력상
실이 없다는 한 징표가 될 수 있을지는 몰라도 그 자체만으로는 노동능력
상실을 부인할 만한 증거가 되지 못한다.25)

또한 미성년자와 같이 전혀 경제활동의 경력이 없는 경우에도 상해로 인
한 노동능력사실에 대해 손해배상을 받을 수 있다.26) 법원이 배심원에게
노동능력상실을 기준으로 하지 않고 실제 소득의 감소여부를 손해배상액
의 산정방법으로 할 것을 지시한 경우에는 파기사유가 된다.

5. 일본

인신침해로 인한 손해배상사건에 있어서 1개의 사고로부터 동시에 다수
의 손해가 발생한 경우에 소송물이 손해마다 다른 것인가에 관하여, 일본
에서는 종래 침해된 권리마다 별개의 소송물이 된다는 피침해권리설(손해3
분설)의 입장이27) 우세하여서 판례와 통설은 재산적 손해와 비재산적 손해

득을 산정한 사례.

24) Christides v. Little. 274 Pa. Super. 343 (1980). 63세의 정형외과의사가 1973년의
자동차사고 후 더 이상 수술을 할 수 없게 되어 보험회사를 위한 장해평가를 통한
대체수입으로 실제 소득이 증가한 경우에도 수술을 할 수 없게 된 데에 따른 손해
배상을 인정한 사례. 잔존가동기간은 증거에 의해 5.5년으로 인정함.

25) Dichiacchio v. Rockcraft Stone Products Co., 424 Pa. 77 (1967).

26) Schwartz(주 22), p. 180.

27) 우리나라의 민법 제750조에 해당하는 일본 민법 제709조가 불법행위의 요건으로
권리침해를 규정하고 있는데 근거한다.
일본 민법 제709조 [불법행위로 인한 손해배상]
고의 또는 과실로 인하여 타인의 권리 또는 법률상 보호되는 이익을 침해한 자는
이로 인하여 발생한 손해를 배상할 책임을 진다.

를 구분하고 있었다고 한다. 그러나 최고재판소는 1973년에 동일한 사고에 기한 손해배상은 피침해이익이나 손해의 종류에 관계없이 1개의 소송물이라고 판시한[28] 이래, 손해3분설 등은 채택되지 않고 있다. 따라서 하급심은 신체상해로 인한 손해배상청구사건에 있어 청구총액의 범위 내에서 당사자가 주장하는 액을 초과하는 액의 위자료를 인용할 수 있다고 판시하고 있다. 그리고 일실이익이 부정되거나 그 액을 확정할 수 없는 경우에도 청구총액의 범위 내에서 당사자가 주장하는 액을 초과하는 액의 위자료를 인용하고 있다.

후유증에 의한 일실소득에 대하여는 최고재판소가 차액설(현실손해설, 소득상실설)을 채용하고 있다고 일반적으로 이해되고 있으나,[29] "가령 교통사고의 피해자가 사고에 기인한 후유증으로 신체적 기능의 일부를 상실한 것 자체를 손해라고 관념하는 것이 가능하다고 하여도, 그 후유증의 정도가 비교적 경미하고 게다가 피해자가 종사하는 직업의 성질로 보아 현재 또는 장래에 있어 수입의 감소도 인정되지 않는 경우에 있어 특단의 사정이 없는 한 노동능력의 일부 상실을 이유로 하는 재산상의 손해를 인정할 여지는 없다"고 판시하여,[30] 노동능력상실설의 사고방법도 고려하여 구체적 사안에 응하여 적절한 해결을 도모하고 있는 것으로 보인다. 하급심의 실무는 기초수입에 노동능력상실율을 곱하는 방법으로 일실이익을 산정하는 방법이 일반적이고, 현실의 수입 감소가 없는 경우에도 이는 본인의 특별한 노력에 의하여 수입을 유지하였다든지, 전직이나 장래의 승급 등에

---

28) 最高裁 1973(昭和 48). 4. 5. 判決(民集 27卷 3号 419面). 동일사고에 의해 생긴 동일한 신체상해를 이유로 하는 재산상의 손해와 정신상의 손해는 원인사실 및 피침해이익을 공통으로 하는 것이므로, 그 배상청구권은 1개이고 그 양자의 배상을 소송상 합쳐서 청구하는 경우에도 소송물은 1개라고 해석하여야 한다고 판시하고 있다.

29) 最高裁 1967(昭和 42). 11. 10. 判決(民集 21卷 9号 2352面).

30) 最高裁 1981(昭和 56). 12. 22. 判決(民集 35卷 9号 1350面).

서 불이익을 입을 개연성이 인정된다고 하여 일실이익을 인정하는 경우가 많다.[31]

또한 일본에서는 인신사고로 인한 손해배상액의 산정과 관련하여 손해배상액의 정액화·정형화에 대한 논의가 활발하게 이루어지고 있는바, 이에 대해서는 인신침해에 대한 논의에서 살펴보기로 한다.

---

31) 일실소득인정에 대한 일본판례의 엇갈린 태도에 대하여는 金鐘培, "逸失利益의 算出方法과 算定基準 —서울民事地方法院交通部의 裁判實務傾向을 中心으로—", 裁判資料 21輯: 自動車事故로 인한 損害賠償(下), 1984, 37면 주 61 참조.

제3절 인신침해에 있어서의 손해

　인신침해에 있어서의 손해의 파악은, 손해 즉 불이익을 인신침해로 인한 재산상태의 차이로 볼 것인지 아니면 생명 또는 신체의 침해인 死傷 그 자체로 볼 것인지에 따라 크게 입장이 나뉜다. 이는 재산적 손해와 비재산적 손해의 구별과도 관련을 가진다고 볼 것이어서 인신침해로 인한 손해를 재산적 손해와 비재산적 손해 중 어느 항목으로 다룰 것인지의 문제와 닿아 있는 것이다. 그 결과 재산적 손해와 비재산적 손해의 배상을 모두 인정하는 법제에서는 크게 문제될 것이 없으나, 재산적 손해의 배상은 원칙적으로 인정하되 비재산적 손해의 배상을 제한하는 법제에서는, 인신침해로 인한 손해를 비재산적 손해의 일종으로 취급하는 경우 그 손해의 배상이 쉽게 인정되지 못하고 추가적 요소를 요구하는 법리가 형성되기도 한다.

1. 인신손해의 특수성

　인신침해에 있어서의 손해의 본질과 그 산정방법에 대해 견해의 대립이 나타나는 것은 물적 손해와 구별되는 인신손해의 특성에도 그 이유가 있다 할 것이므로 인신손해가 가지는 특수성을 간단히 살펴보기로 한다.[1]
　첫째, 인신손해는 본질적으로 각 사람마다 개별성 및 구체성을 가진다.

---

1) 신은주, 의료과오사건의 손해배상액산정실무, 행법사, 1996, 22-25면; 民法注解[XVIII], 2005, 314면(尹容燮 집필부분) 참조.

따라서 유사한 인신침해가 발생하였을 경우에도 피해자의 체질적 소인, 침해의 부위·정도, 치료경과, 후유장해의 정도, 피해자의 연령, 성별, 직업, 소득, 가족관계에 따라 피해자에게 나타나는 반응 및 그 가족의 재산적 또는 정신적 측면에 큰 차이가 발생한다. 이러한 인신손해의 개별성은 손해배상액을 산정하는데 있어서 이를 어떻게 반영할 것인가에 따라 그 평가방법이 현저하게 달라지게 된다.[2]

둘째, 사람의 생명·신체는 비대체적인 것이고, 인신손해는 본래 금전적으로 환산할 수 없는 것을 평가하는 것이라고 할 것이다. 따라서 인신손해에 대한 배상은 교환가치를 가지지 않는 손해를 금전으로 평가하여 피해자측에 전보해 주거나 만족을 주는 것이므로 그 배상의 기준을 설정하기가 곤란한 측면이 있다.

셋째, 재산권 침해와 달리 생명의 침해와 영구적 후유장해는 지속성을 갖는다. 현재 일시금배상방식에서는 손해액의 평가시에 과거, 현재, 미래의 모든 손해가 원칙적으로 일회적으로 평가·배상되어 분쟁을 완결하였다고 보지만 이것은 어디까지나 법기술적 해결에 불과한 것이고 자연적 내지 사회경제적 의미의 손해는 그 후에도 장기에 걸쳐 지속되는 것이며, 법원도 이를 일회적으로 평가한 현재액만으로 미래의 손해를 정확히 판단할 수는 없는 것이다.[3]

인신침해로 인하여 발생하는 손해배상의 문제는 이와 같은 인신손해의 특수성으로 인해 그 배상의 대상을 파악하고 정확한 배상기준을 설정하기가 곤란한 측면이 있다.

---

2) 이에 관해서는 楠本安雄, 人身損害賠償論, 日本評論社, 1984, 27面 이하 참조.
3) 楠本安雄(주 2), 3面 이하.

2. 인신침해에 있어서의 손해의 본질과 산정방식

(1) 인신침해에 있어서의 손해의 본질

손해개념에 대한 일반적인 견해대립이 주로 재산권을 중심으로 전개되었음은 이미 살펴본 바와 같다. 따라서 생명·신체의 침해가 문제되는 인신침해에 있어서의 손해는 무엇으로 볼 것인가를 둘러싸고 주로 일본과 우리나라에서 다음과 같은 견해의 대립이 전개되었다. 이러한 견해대립의 쟁점은 인신침해에 있어서의 손해란 현실적 소득의 상실인가, 아니면 생명·신체의 침해 자체인가, 아니면 노동능력의 상실로 인한 손실인가에 있다.

1) 현실손해설

이 견해에 의하면, 손해배상제도는 불법행위로 인하여 생긴 현실의 손해를 전보하는 것을 목적으로 하는 것이고, 死傷 그 자체는 현실의 손해로 인정될 수 없는 것이므로, 인신침해로 인한 현실의 손해는 불법행위가 없었더라면 존재하였을 피해자의 가정적 재산상태와 불법행위 후에 실제로 이루어진 현실의 재산상태와의 차이에 대한 금전적 평가액이 된다고 한다.[4]

---

4) 金基善(제3장 제3절 주 27), 86면; 於保不二雄, 債權總論(新版), 1972, 135面; 加藤一郎(제3장 제3절 주 73), 148面 등. 金正述, "逸失利益을 除外한 財產上 損害賠償額의 算定", 裁判資料 21輯: 自動車事故로 인한 損害賠償(下), 법원행정처, 1984, 186면은 손해개념에 있어서의 차액설과 일실소득의 본질에 관한 소득상실설은 현실손해설과 그 궤를 같이 하는 것이라 하여, 차액설을 취하는 입장들(金曾漢, 債權總論, 眞一社, 1979, 76면; 郭潤直, 債權總論, 博英社, 1983, 169

이러한 입장은 민법상 손해에는 재산적 손해와 정신적 손해의 두가지 종류가 있다는 도그마(Dogma)로부터 출발하며, 정신적 손해와 달리 생명 또는 신체의 침해인 死傷 그 자체를 손해로 인정하는 명문의 규정이 없다는 것을 근거로 하고 있다.[5]

구체적으로는 인신침해로 인한 손해를 피해자의 재산상태에 생긴 불이익인 재산적 손해와 피해자의 정신상태에 생긴 고통인 비재산적·정신적 손해로 대별하고, 재산적 손해는 다시 금전의 지출이나 채무의 부담에 의하여 기존재산이 감소됨으로 인한 적극적 손해와 사고가 없었더라면 얻을 수 있었던 이익의 상실로 인한 일실이익 내지 소극적 손해로 분류하는 손해삼분설을 취하게 된다. 재산적 손해의 산정에 있어서는 피해자가 현실적으로 지출한 개개의 비용 및 현실적으로 상실하게 된 개개의 소득에 관한 주장·증명을 해야 하는 개별주의·실측주의방식을 취하고, 이렇게 얻어지는 개개의 불이익에다가 정신적 손해에 대한 위자료를 합산한 총화로써 주손해배상액을 산정한다. 따라서 개개의 지출비용과 개개의 불이익이 모두 요건사실로 된다.[6]

이와 같은 손해배상액의 산정방법(이른바 '個別損害項目合算方式' 또는 '항목별손해합산방식')은 개개의 사건의 구체성과 개별성을 충분히 고려하여 사건의 구체적이고 적정한 해결을 시도함으로써 재판 본래의 제도적 목적에 맞는 방식이며, 피해자측의 일체의 손해를 개별적으로 점검하여 파악하고, 가해자측의 방어권의 행사를 보장하며 나아가 법원의 판단의 객관성을 유지하는 방식이라고 주장한다.[7]

면; 玄勝鍾(제2장 제2절 주 139), 156면; 金顯泰, 新債權法總論, 一潮閣, 1975, 152면 등)도 인신침해와 관련해서는 현실손해설의 입장인 것으로 분류하고 있는 듯하다.
5) 民法注解[ⅩⅧ], 314-315면(尹容燮 집필부분).
6) 金正述(주 4), 184-185면.
7) 佐藤歲二(제3장 제3절 주 100), 95面.

그러나 이러한 손해배상산정방식에 대하여는 실제적 측면과 이론적 측면에서 다음과 같은 비판이 있다. 먼저 실제적 측면에서의 비판을 보면, 종래의 차액설에 의한 손해배상방법은 부유한 자에게는 유리하고 가난한 자에게는 불리하게 작용하며, 그 결과 극단적인 개인차를 초래하고 있다는 비판이다. 예를 들어 동일한 사고로 인하여 사망한 같은 연령의 성인남자일지라도 수입의 多寡에 따라 배상액의 차이가 몇 배가 될 수 있으며, 이와 같은 극단적인 개인차는 인간의 평등 및 인간의 존엄과 가치의 존중이라는 헌법상의 기본정신에도 어긋난다는 비판이다. 다음으로 이론적 측면에서 보아도 종래의 이론은 장래 얻어야 할 이익산정의 기초가 되는 수입, 가동년수, 생활비 등의 어느 것도 극히 애매한 개연성을 기초로 한 것이므로, 아무리 산정방법을 정밀화하여도 그 정확성에는 의문이 있다는 비판이다.[8]

현실손해설은 손해개념에 대한 차액설과 일실소득의 본질에 대한 소득상실설과 연관이 있으나 차액설과 완전히 일치하진 않는다. 현실손해설은 사고로 인한 구체적 불이익을 손해로 보는데 반해 차액설은 추상적 계산액을 손해로 보는 점에 차이가 있다. 즉, 차액설에 의하면 총재산상태의 비교를 통한 차이만이 고려되기 때문에 개별적인 손해항목(Schadensposten)의 확정은 불필요하게 되는데, 현실손해설은 재산적 손해와 정신적 손해의 두 가지 종류가 있다는 도그마로부터 출발하기 때문에 차액설과 달리 손해의 항목을 구분한다. 따라서 엄밀히 이야기하면 인신침해에서 언급되는 현실손해설은 일반적인 손해개념에서 언급되는 차액설과는 다르다. 다만 배상액의 산정은 현실적인 불이익(각 손해항목)에 대하여 차액설적 방법으로 한다는 점에서 같으며, 이로 인해 차액설이 지니는 문제점 역시 그대로 지닐 수 밖에 없다.

---

8) 淡路剛久(제3장 제3절 주 89), 241面; 西原道雄, "生命侵害·傷害における損害賠償額", 私法 第27号, 1965, 107面.

2) 사상손해설

사람의 생명, 신체가 침해된 경우에 그 死傷 자체를 전체로서 하나의 손해로 파악하는 견해로서,9) 사상손해설 또는 평가설로10) 불리고 있다. 이 견해는 현실손해설에 의한 손해배상액 산정방법에 따르면 현실적으로 그리고 금전적으로 나타난 손해에 대해서만 배상을 하도록 하게 하여 손해배상액 산정방법이 너무 극단적인 개별주의·실측주의로 흐르는 데에 대한 의문으로부터 출발한 것으로서, 인간의 평등이라고 하는 기본정신에 입각하여 피해자의 능력이나 수입 등에 의하여 손해액에 지나친 차이가 생겨나서는 안 된다는 사고를 전제로 하고 있다. 이 견해는 손해액을 유형화·정액화함으로써 우연적 요소와 개인차에 의한 손해액의 차이를 좁히는 것을 지향한다.11)

사상손해설에 의하면, 생명 또는 신체에 대한 침해가 있는 경우 사상 그 자체를 하나의 비재산적 손해로 보아 그에 대한 적당한 배상액을 일체로서 직접 평가하게 되며, 사상에 따른 재산적 지출이나 일실이익, 정신상의 고통은 손해 그 자체가 아니고 사상이라고 하는 손해의 정도를 평가하는 자료로서의 의미가 있는데 지나지 않는다고 한다. 즉 손해삼분설에 의한 손해의 구분은 인정하지 않고, 치료비, 일실이익, 정신적 손해 등의 항목을 사상이라고 하는 손해의 금전적인 평가를 위한 매개자료에 불과하다고 한

---

9) 朴禹東, 人身事故訴訟, 韓國司法行政學會, 1981, 76면; 李輔煥, 自動車事故 損害賠償訴訟, 育法社, 1983, 191면 이하; 西原道雄(주 8), 107面; 幾代通, 不法行爲, 筑摩書房, 1977, 266面; 吉岡進, "交通事故訴訟の課題", 實務民事訴訟講座(3), 日本評論社, 1969, 3面; 倉田卓次, 民事交通訴訟の課題, 日本評論社, 1970, 21面; 福永政彦, 民事交通事件の處理に關する研究, 4面; 高木貞一, "いわゆる人身事故における損害についての一考察", 司法研修所 20周年記念論集 I, 182面.

10) 吉岡進(주 9), 7面.

11) 民法注解[XVIII], 315면(尹容燮 집필부분).

다. 사상손해설은 일실소득의 본질에 있어서 사망이나 상해로 인하여 입은 가동능력의 상실이라고 보는 가동능력상실설 및 손해1개설과 연결되며, 손해발생의 시기에 대한 해석을 간명하게 하는 등 손해론 전반에 걸쳐 유용한 관점을 제공한다.

이에 의하면 사상에 의한 손해는 사망 또는 상해 그 자체이므로, 손해는 하나이고, 소송물도 1개로 되며, 요건사실도 사망 또는 상해의 사실 그 자체이고 이것만 증명되면 일실소득에 대한 배상액은 법원이 평가하게 된다.

사상 그 자체를 어떻게 금전적으로 평가할 것인가에 관해서 이 견해는 다시 개별항목설(평가설)과 일괄평가정액설로 나뉘어진다.

개별항목설(평가설)은 사상을 전체로서 한 개의 비재산적 손해로 보면서도, 적극지출·일실이익·위자료의 구분이나 합산식 산정방법 그 자체를 부정하지 않고 사상이라는 손해를 금전으로 환산하기 위한 매개자료로서 고려하는 입장이다.[12] 개별항목설은 사상이라고 하는 손해의 정도를 금전적으로 평가하기 위해서는 치료비·추정이익·정신적 손해 등이 평가자료로서 유용하게 이용될 수 있다고 본다. 그리고 사상 그 자체라는 손해를 적극적 손해, 소극적 손해, 정신적 손해로 나누어서 각각의 항목마다 손해액을 평가한다. 즉 손해3분설이 갖고 있는 장점을 살리되, 손해개념은 기본적으로 사상손해설이 타당하다는 점에서 출발하는 것이다.

그에 반해 일괄평가정액설은 개별항목설에서와 같은 손해항목의 유용성을 부인하고 일반적·추상적으로 적정하다고 생각되는 손해를 일괄하여 평가해야 한다는 견해이다. 즉, 적극지출·일실이익·위자료의 3구분이나 합산식 산정방법을 부정하고 일반적·추상적으로 적정하다고 생각되는 손해를 일괄하여 평가함으로써 손해 전체를 정형화·정액화하려는 견해이다.[13] 이 입장의 논거는 무릇 사람의 생명·신체의 가치는 무한하여, 본래 금전적으

---

12) 吉岡進(주 9), 7面; 倉田卓次(주 9), 21面.
13) 西原道雄, "損害賠償額の法理", ジュリスト 381号, 148面 이하.

로 환산할 수 없는 것을 평가하는 것이므로 적절한 배상액은 발견되고 산
정되는 것이 아니라, 사회적 평가에 의해 창조되는 것이라는 생각으로부터
출발하고 있다. 이에 의하면 손해삼분설에서 말하는 손해의 분류는 무의미
하고 손해액의 총액을 중시하며, 위자료 하나로써 전손해배상액을 일괄하
여 산정하고, 절대적 정액화를 시도한다. 피해자간의 격차를 부정 내지 감
소시켜야 한다고 생각하며, 일률적인 수액이 시세로서 형성되는 것이라고
하여 손해 전체의 정형화·정액화를 지향하고, 이른바 '일괄(포괄)·일률청
구론'과 결합한다.

개별항목설은 손해배상액결정에 있어서는 결과적으로 개별주의·실비
주의를 취하지만, 일괄평가정액설은 사상을 금전에 의하여 개별적·구체
적으로 평가하는 것을 거부하고 배상액의 정형화·유형화에 이르게 되는
것이다.[14]

이상의 두가지 견해는 일본 뿐 아니라 우리나라에서도 인신손해의 본질
을 파악하는데 있어 주된 입장 차이로서 대표적으로 검토되어 온 반면, 일
본에서는 다음과 같은 학설들도 제기되고 있다.

3) 그 밖의 견해

가. 가동능력상실설

사람이 가지고 있는 노동능력은 이미 상품화되어 있고 그 수익능력을 일
종의 자본재로 볼 수 있으므로 사상에 의한 노동능력 및 가동능력의 전부

---

14) 개별항목설과 일괄평가정액설의 근본적인 차이는 피해자들 간의 실제적인 소득의
차이를 손해액에 반영할 것인가의 여부에 있다고 한다. 즉 개별항목설에서는 피해
자의 실제 소득이 소극적 손해의 산정에 반영되는 데 반해, 일괄평가정액설에서는
피해자간의 소득의 격차를 반영하지 않고 손해액을 정하는 것이다(片桐春一, "損
害の發生", 裁判實務大系15: 不法行僞訴訟法(1), 靑林書院, 1991, 177面).

또는 일부의 상실 자체를 손해로 보고, 현실로 수입을 잃었는가의 여부는 상실노동능력을 평가하기 위한 하나의 자료에 불과하다는 입장으로서,[15] 이 견해는 원래 일본에서 사상손해설에 의한 배상액의 정액화를 비판하며 제창된 것이었다.

이 견해에 의하면 구체적인 수입·소득을 가져오는 기초가 되는 가동능력 또는 노동능력의 상실 자체가 손해의 본체이므로, 인신사고가 없었더라면 얻게 되었을 개개의 소득액(종래의 통설에서는 일실이익으로 취급되어 온 것)은 이 상실된 능력을 평가하기 위한 하나의 증거자료에 지나지 않는다. 그러나 가동능력에는 객관적인 교환가치가 없으므로 소득수익은 가동능력평가의 건전한 기초가 된다는 의미에서 중요한 자료라고 생각된다.[16]

이 학설은 노동능력의 상실 자체를 재산상의 적극손해로 파악하려는 점에서 생명·신체의 침해를 비재산적 손해로 파악하려는 사상손해설과는 견해를 달리하지만, 노동능력상실의 저하는 그 피해자의 신체이 침해에서 유래한다는 점에서는 사상손해설과 공통점이 있다고 할 수 있다, 한편 피해자의 현실적 가동상황을 전제로 하고 여기에 잠재적 노동능력을 가미하여 구체적으로 가동능력상실의 정도를 평가하려는 점에서는 실제상 차액설의 입장에서의 손해산정과 큰 차이가 없다는 지적이 제기되기도 한다.[17]

나. 손해사실설

平井宜雄에 의하면 차액설은 완전배상주의에 입각하고 있는 독일법에서만 유효할 수 있는 것이고, 완전배상의 원칙을 부정하는 일본민법하에서는 손해를 재산상태의 차액이 그대로 배상되어야 한다고 하는 생각은 이론적

---

15) 楠本安雄, "逸失利益の算定", 實務民事訴訟講座(3), 日本評論社, 1969, 154面.
16) 楠本安雄(주 15), 153面.
17) 加藤和夫, "後遺症による逸失利益", 現代損害賠償法講座7: 損害賠償の範囲と額の算定, 1974, 156面.

인 근거가 없는 것이라 한다. 오히려 손해는 법적 평가의 대상이어야 하는
사실이고 인신침해의 경우에는 생명침해나 신체손상 그 자체라는 최상위
의 사실(가장 중대한 이익침해)이 손해라고 한다. 그것은 事故와 사실적 인
과관계에 입각한 손해(개별적 구체적인 손해항목)의 사실을 포함하고, 한
개의 손해로서 전체로서 금전평가의 대상이 된다. 이 입장은 차액설과 완
전배상원칙이 연결되어 있다고 지적하고 그 실질에 있어서 금액도 포함하
고 있는 손해개념파악으로부터, 우선 금전평가를 捨象하고 손해를 사실로
파악하는 외에 손해의 사실적 측면과 규범적 평가(보호범위의 관점에서의
법적 평가)와의 연속성을 꾀하는 것이다.[18]

다. 사실상태비교설

潮見佳男는, 차액설에는 금액의 차를 손해로 포섭하는 '금액비교설'과
사실상태의 차를 손해로 포섭하는 '사실상태비교설'이 있다고 구분하고,
손해의 본질, 손해배상의 대상의 확정문제와 그것의 금전평가의 문제와는
차원을 달리하고 있으므로, 이 과정을 중간생략하고 산정결과만을 포섭하
여 손해의 개념규정을 하는 '금액비교설'은 적절하지 않다고 한다. 그리하
여 '사실상태비교설'에 의하면, 손해라 함은 침해행위가 없었다면 존재하
였을 가정적 사실상태와 침해행위의 결과로서 현재 있는 현실적 사실상태
와의 '差'라고 한다. 이것에 의해 재산액의 감소로서 포섭하기 어려운 비재
산적 손해도 포괄하여 손해개념을 채용할 수 있고, 또한 침해상태로부터
피해자의 원상회복이 불법행위법의 목적이라는 것도 보다 적확하게 표현
할 수 있다고 한다.[19]

---

18) 平井宜雄, 損害賠償法の理論, 1971, 139面 이하; 同, "『損害』概念の再構成",
法學協會雜誌 九〇卷 一二号, 1973, 1面. '손해사실설'이라는 명칭은 注釋民法
(10) 債權(1) 債權の目的·效力 §§399~426에서의 北川 교수의 명명을 차용한 것
이다.

한편 손해배상의 목적과 손해배상청구권의 기능에 대하여도 재고가 필요하여, 피해자의 현실손해의 전보·손익의 조정이라는 목적과 병렬적으로 금전으로 형태를 바꾸어 본래적 권리·이익내용을 관철케 한다는, 이른바 '권리추구기능(권리보호기능)'이 강조되어야 한다고 한다.

이와 같이 권리·이익침해의 경우의 손해배상청구권이 최소한 본래적 권리·이익의 가치대체물의 의미를 가진다고 취급하는 경우에는, 현실의 사실상태와 가정적 사실상태를 비교하여 그 차를 평가하는 데에 규범적 평가가 필요하다고 한다. 즉 피해자가 본래 가지고 있던 권리 내지 법적 보호에 상당하는 이익 그 자체가 허용규범에 의해 내용이 부여된 이상, 그 변형물로서의 손해배상청구권도 마찬가지 성질을 띤다. 그 의미에서 본래 형태에서의 권리·이익내용을 평가하고, 이것을 가정적 사실상태를 인정함에 임하여 참작해야 하는 것이 된다. 다른 한편으로 현실적 사실상태에 대하여도 권리·이익으로 할당, 분배된 내용이 어떠한 점에서 침해된 것인가라는 의미에서의 평가를 동반하므로 여기에서도 규범적 평가가 이루어진다. 그 결과 가정적 사실상태와 현실적 사실상태를 동시에 규범적으로 확정하는 것으로 규범적 고려가 손해개념 가운데 포함되게 되고 그러므로 손해개념은 어떤 사태의 존재를 전제로 하고 있다는 의미에서 '사실적'이면서, 이러한 사태의 확정을 위하여 규범적 평가를 요한다는 의미에서 '규범적'이기도 하고, 규범적 요건사실이 된다는 것이다. 그리하여 손해가 있다고 하는 평가를 구체적으로 근거짓는 각각의 손해항목이, (요건사실인) 손해의 주요사실이 되는 것으로 귀결되며(법관의 자유재량에의 백지위임의 부정), 인신손해에서 손해산정은 개별손해항목합산방식에 의해야 한다고 하고 있다.

---

19) 潮見佳男, "人身侵害における損害概念と算定原理(二·完) -「包括請求方式」の理論的再檢討-", 民商法雜誌 第103卷 5号, 1991, 723面 이하.

라. 생활보장설(평가단계설)

淡路剛久에 의하면 손해의 평가와 관련해서는 증거에 의해 확정할 수 있는 사실, 불확실성이 큰 사실, 증거에 의해 확정할 수 있는 성질이 아닌 사실 등이 있고, 증거에 의해 확정할 수 있는 사실에 대하여는 당사자의 주장·증명이 없다면 법관의 창조적 역할에 한계가 주어질 수 있으나(개별적 손해평가), 당사자가 이러한 주장·증명을 하지 않는 경우 또는 주장·증명을 하려고 하여도 그 불확실성이 크거나 또는 증거에 의해 확정할 수 있는 성질이 아닌 경우에는 법관의 창조적 역할에 크게 의존하게 된다. 극단적인 경우에는 피해자가 인신손해만을 주장하고 그 외의 사실을 입증하지 않는 경우에도 법관은 최소한의 손해의 평가에 필요하다고 생각되는 사실이 있다면 그에 따라 손해액을 산정해야 하고(포괄적 손해평가), 사정을 증명책임의 문제로서 해결할 것은 아니다. 손해평가의 작업이 이렇게 법관의 창조적 역할과 당사자의 주장·입증에 의해 단계적으로 이루어지는 것이 '평가단계설'이라는 연유이다.

이와 같이 포괄적 손해평가가 이루어지는 경우에 손해평가의 원칙은, 피해자 및 그 가족의 상황에 주목하여 그 생활을 보장하는 것에 있다는(생활보장설) 점에 비추어 보아 당사자(특히 피해자)는 하나의 비재산적 손해인 인신손해를 개별손해항목으로 분해하지 않고, 즉 개별적 손해평가에 있어서 금전으로의 환산을 위하여 유력한 數値的 근거인 일실이익 등의 손해항목을 주장·증명할 것이 아니라, 피해에 응하여 손해액을 총액으로 청구하고 법관이 창조적 역할을 발휘하여 그 금전평가를 해야 한다고 한다. 피해를 개별적 손해항목으로 분할하는 것이 아니라 그대로 전체로서 파악하는 것이다. 이러한 배상액은 '포괄적 위자료'로서, 즉 법관이 당사자의 주장·증명을 요하지 않고 인정할 수 있는 배상액으로서 취급된다. 생활보장의 수준이나 피해자가 장래 어떤 종류의 직업적 가능성을 빼앗겼는지 등은 장래 불확실한 사실에 관한 것이므로 원칙적으로는 현재의 수입이 아니라 평균임금을 기초로 한 일실이익을 산정해야 하고, 평균임금을 생활보장레벨로 이해하여 거기까지는 구체적인 수입액의 증명없이도 일실이익의 배상을 인정하여야 한다고 한다.[20]

4) 판례의 태도

일본의 판례는 전통적인 손해의 개념과 산정방식을 준수하면서 이에 의한 소송지연을 방지하기 위하여 각종의 손해항목마다 유형화된 내용으로 기준치를 설정하고, 피해자측이 그 기준치의 범위 내에서 만족하는 한, 개별항목의 구체적 사실에 대한 증명을 사실상 생략 내지 완화할 수 있는 것으로 하고 있다. 사회생활 중에서 지역성, 피해자의 사회적 지위, 기간 등의 객관적인 요소에 의하여 경험칙상으로 결정되는 장례비용, 입원비 등의 적극적 손해의 일부에 대해 기준치를 설정하여 개개의 인정에 따르는 번잡함을 피하고 있다. 그리고 위자료에 관하여도 법적 안정성의 요청에서 법원내부적인 조치로써 기준화를 도모하고 있다.[21]

우리나라의 판례는 인신침해에서의 손해의 본질에 대한 직접적 규명보다는 일실소득의 문제와 관련하여서 검토하고 있는 경향을 볼 수 있다. 따라서 그 자세한 내용은 일실소득의 문제에서 살펴보기로 한다.

(2) 인신침해에 있어서의 손해의 산정방식

손해의 본질과 배상대상의 문제는 손해의 개념단계에서의 문제이고, 손해의 산정방식은 손해의 산정단계에서의 문제이므로 논리적으로는 구별될

---

20) 淡路剛久(제3장 제3절 주 89), 110面 이하.
21) 金正述(주 4), 188-189면.

수 있는 것이지만, 인신침해에 있어서의 손해의 본질에 대한 학설의 대립은 실질적으로 그 산정방식과도 밀접한 관련을 갖고 있다. 따라서 이하에서는 인신침해에 있어서의 손해의 산정방식에 대한 견해의 대립을 간단히 살펴보기로 한다.

1) 일괄청구방식

일괄청구방식은 사상 자체를 손해로 파악하고 증명곤란, 심리기간의 장기화 등에 의해 피해자구제가 늦어지는 것을 방지하기 위하여 재산상 손해를 위자료산정의 한 참작사유로서 위자료액에 포함하여 청구하는 것이다.[22] 일실이익, 치료비 등의 재산적 손해를 그러한 손실을 받은 고통으로 포섭하고 위자료에 포함하여 청구하는 방식이다.

2) 포괄청구방식

포괄청구방식은 가해행위에 의해 발생한 全 인간적 파괴에 의한 손해를 총체로서 포괄적으로 포섭하여('위자료' 내지 포괄적 위자료라는 명목으로) 청구하는 것이다. '사상' 그 자체를 손해로 보는 것이 아니라, 全 인간적 파괴의 총체를 손해로 보고 이것에의 배상을 포괄하여 청구하는 방식이다.[23] 포괄청구방식을 주장하는 근거로서 지적되는 바는 대체로 다음과

---

22) 이와 같이 일괄청구방식과 포괄청구방식, 일률청구방식 등은 개념상 구별되는 것이지만, 별다른 구별없이 포괄청구방식으로 통칭하여 함께 사용되기도 한다. 그리하여 대체로 포괄청구방식과 개별항목방식간의 대립으로 논의되거나, 포괄청구방식에 대한 찬반의 문제로 다루어지기도 한다. 원래 '포괄청구'라는 용어는 피해가 개별항목손해의 합산이 아니고 처음부터 분할할 수 없는 총체로서의 손해임을 특히 강조하기 위하여 그와 같이 사용되었다고 한다. 이에 대해서는 吳錫洛, 立證責任論, 1996, 289면 참조.

23) 포괄청구방식을 긍정하는 입장으로는 西原道雄(주 13), 148面 이하; 淡路剛久(제

같다.24)

첫째, 사람의 생명·신체에 대한 침해로 인하여 발생된 손해를 재산적 손해와 정신적 손해로 반드시 이분하여야 할 논리적인 근거가 없다. 둘째, 인신손해를 일실소득 중심으로 구성하게 되면 인간을 재산적 이익의 측면에서만 평가하게 되는 결과 소득의 다과에 따라 배상액에 극단적인 차이를 낳게 되어 본래 평등하여야 할 인간을 부당하게 차별하는 결과가 된다. 셋째, 종래의 개별적 계산방법(항목별손해합산방식)은 애매한 개연성을 그 산정기초로 하는 것이므로 부정확함을 면할 수 없다. 넷째, 다수의 원고가 존재하는 유형의 소송에 있어서는 심리의 신속·원활을 기하기 위하여서도 포괄청구가 불가피하다. 다섯째, 불법행위제도가 원상회복의 이념에 기초하고 있으므로 차액설에서는 총체의 손해를 포섭할 수 없다.25)

3장 제3절 주 89), 184面; 森島昭夫, "スモン訴訟判決の總合的檢討(七·完)", ジュリスト 750号, 137面. 이에 반해 포괄·일률청구는 인신손해의 개별성의 고려나 구제를 무시하고 있다는 점과 포괄·일률청구라는 이름 아래 위자료를 일원화하는 것은 배상액의 低額化를 추구하는 것과 같다는 점, 그리고 완전배상 및 구체적 산정의 원칙하에서는 개별적 산정방법을 취해야 하고 포괄·일률청구가 추구하는 간편·간명함도 이 범위 내에서만 실현해야 한다는 점 등을 이유로 포괄·일률청구방식에 대하여 비판적인 입장으로는 楠本安雄, "人身損害の賠償性を考える", 交通事故賠償の現狀と課題: 交通事故民事裁判例集創刊10周年記念論文集, 1979, 193面 이하; 後藤孝典, 現代損害賠償論, 日本評論社, 1982, 246面 등.

24) 吳錫洛(주 22), 289-290면 참조.

25) 이러한 논거는 포괄청구방식을 주장하는 견해들이 원상회복이념을 기초로 하면서도 차액설로는 포섭할 수 없는 비재산적 손해를 인신침해에 있어서의 손해에 포함시키기 위하여, 적어도 인신침해에 있어서는 차액설에 대하여 반대하는 입장임을 알 수 있다. 이는 원상회복주의와 차액설과의 연관문제에 대하여도 시사하는 바가 있다고 할 것이다.

3) 일률청구방식

일률청구방식은 다수의 피해자를 원고로 한 公害, 藥害 등의 집단소송에 있어서 다수 피해자의 손해액을 일률화, 정액화해야 한다는 것이다.[26] 일률청구방식을 주장하는 근거는 대체로 다음과 같다.[27]

첫째, 이러한 종류의 인신침해에 있어서는 각 피해자의 손해가 공통성, 등질성을 가지고 있다. 둘째, 각 피해자의 손해액을 산정함에 있어 개인적 사정을 하나하나 참작하는 일 없이 피해의 공통부분에 주목하여 다수 원고의 손해액을 일률화, 정액화해 가는 것은, 불필요한 시간과 노력을 요하지 않는 점에서 공평의 관점에서도 합리성이 있다. 셋째, 피해자가 모두 인간으로서 가장 중요한 것을 침해당하고 인간으로서 살아갈 길을 빼앗겼다는 점과, 인간으로서의 가치에 차이가 없다는 기본적 인권존중의 입장에서 본다면 일률청구는 당연한 것이다.

또한 다음의 이유에서 피해자들의 손해액에 대하여 일정한 등급을 나누어 차등을 인정하는 것에 대한 비판도 이루어지고 있다.

첫째, 개개의 피해자에 따라 등급을 나누는 기준이 존재하지 않는다. 일부분만을 판단할 수 있는 기준으로 손해액의 등급을 나눈다면 다른 피해를 간과해 버리는 것이 될 것이다. 둘째, 집단적 재판의 상황에서 피해자들은 개개의 요구를 포기하고 최저선에서 청구하고 있으므로 병의 정도 및 일상생활의 지장을 정도로 하여 등급을 나누는 것은 피해의 실태를 볼 때 적절하지 않다는 것이다.

---

26) 그 밖에 불법행위로 인한 손해배상액의 정형화에 관해서는 曺日煥, "不法行爲로 인한 損害賠償額의 定型化·類型化에 관한 硏究", 民事法學의 諸問題: 小峰 金容漢敎授華甲紀念論文集, 博英社, 1990, 457면 이하를 참조.

27) 이러한 이유들은 일본의 하급심판결에서 원고들에 의해 주장된 사유들을 정리한 것이다(潮見佳男(주 19), 711-712面).

4) 개별항목방식

개별항목방식은 個別損害項目合算方式(개별적 계산방법) 또는 항목별손해합산방식이라고도 하며, 인신침해로 인한 손해를 피해자의 재산상태에 생긴 불이익인 재산적 손해와 피해자의 정신상태에 생긴 고통인 비재산적·정신적 손해로 대별하고, 재산적 손해는 다시 금전의 지출이나 채무의 부담에 의하여 기존재산이 감소됨으로 인한 적극적 손해와 사고가 없었더라면 얻을 수 있었던 이익의 상실로 인한 일실이익 내지 소극적 손해로 분류하는 손해삼분설에 따라 인신침해로 인한 손해를 산정하는 방식이다. 그리하여 재산적 손해의 산정에 있어서는 피해자가 현실적으로 지출한 개개의 비용 및 현실적으로 상실하게 된 개개의 소득에 관한 주장·증명을 해야 하는 개별주의·실측주의방식을 취하고, 이렇게 얻어지는 개개의 불이익에다가 정신적 손해에 대한 위자료를 합산한 총화로써 全손해배상액을 산정한다. 따라서 개개의 지출비용과 개개의 불이익이 모두 요건사실로 된다.[28]

이와 같은 개별항목방식은 개개의 사건의 구체성과 개별성을 충분히 고려하여 사건의 구체적이고 적정한 해결을 시도함으로써 재판 본래의 제도적 목적에 맞는 방식이며, 피해자측의 일체의 손해를 개별적으로 점검하여 파악하고, 가해자측의 방어권의 행사를 보장하며 나아가 법원의 판단의 객관성을 유지하는 방식이라고 주장한다.[29]

---

28) 가령 일실소득을 예로 들면, 개별항목방식에 의하는 경우에는 사고당시의 수입이나 장래의 수입 등이 주요사실에 해당한다고 볼 수 있게 될 수도 있지만, 포괄청구방식에 의하는 경우에는 '평가'의 문제만이 남게 되는 것이다.
29) 대개 앞서 살펴 본 포괄청구방식을 찬성하는 견해들은 개별항목방식을 비판하는 견해들이고, 포괄청구방식에 비판적인 입장들은 개별항목방식을 취하는 입장들이라고 할 것이다.

3. 소결

인신침해에 있어서의 손해의 본질이 무엇인가의 문제는, 실제로 인신침해로 인한 손해배상액중 가장 큰 부분을 차지하고 있는 일실소득 혹은 가동능력의 침해의 문제와 혼재해서 다루어져 온 측면이 강하다. 그리하여 일본에서는 주로 인신침해에 있어서의 손해의 본질에 대한 견해대립을 다루며 일실소득의 본질에 대한 논의를 포함시켜서 고찰하고 있는 반면, 우리나라에서는 인신침해에 있어서의 손해의 본질에 대한 논의는 간략히만 언급되거나 별도로 고찰함이 없이 주로 일실소득의 본질에 대해서 논의를 하는 경향이 강하다. 즉 인신침해에 있어서의 손해의 본질 문제가 일실소득의 본질의 문제로 치환되어 버리는 것이다.

그러나 개념적으로 볼 때, 인신침해에 있어서의 손해는 인간의 생명·신체를 침해하는 것에 대한 문제이며, 일실소득 혹은 가동능력의 침해의 문제는 생명·신체의 침해로 인해 수반되는 재산적 불이익의 문제로서 인신침해로 인한 손해의 한 내용에 해당하는 문제이다. 따라서 인신침해에 있어서의 손해의 본질이 무엇인가는 일실소득의 문제와 구별하여 인신침해 자체를 전체의 대상으로 놓고 살펴보아야 할 것이다.

이와 같은 관점에서 본다면, 인신침해에서는 생명·신체의 침해로 인한 불이익을 손해로 파악해야 할 것이다. 이는 마치 비재산적 손해를 비재산적 법익에 대한 불이익으로 보아야 하는 것과 마찬가지이다. 따라서 인신침해에 의한 손해의 본질은 일견 사상손해설에서 파악하는 바와 같이 볼 수 있는 측면이 있다. 사상손해설은 인신침해에 있어서의 손해의 본질을 '사상 그 자체' 즉, 생명·신체에 대한 불이익 그 자체로 파악하고 있기 때문이다. 그러나 사상손해설이 처음 제기된 취지는 인간의 평등과 인간의 존엄성 등의 이유로 피해자 간의 개별적이고 구체적인 상황을 무시하고 손해배상액 산정에 있어 일괄청구 또는 포괄청구방식을 채택해야 한다는 문제의식에 기반하는 것이었다. 하지만 손해배상제도는 피해자에게 생긴 현실의 손해를 전보하는 것을 목적으로 하는 것이어서 각 피해자별 피해사정의 차이에 따라 손해액에 격차가 생기는 것은 당연하므로 이것을 부정하는 것은 오히려 형평의 요청에 반하게 된다. 또한 사상손해설 중 일부의 견해가 주장하고 있는 일괄청구 또는 포괄청구방식에 대해서도 검토가 필요하여, 인신침해로 인한 손해의 산정방식의 문제를 살펴 볼 필요가 있다.

우선 일괄청구방식 또는 포괄청구방식에 대하여 검토하면, 첫째, 재산적인 손해에 대하여는 구체적인 금액의 산정이 가능하며 또한 그 액은 전체 피해자에 대하여 동일하지 않을 것이다. 만일 재산적 손해의 문제까지 위자료에 포함시켜 산정하게 된다면, 종래 법관의 자유재량에 맡겨져 왔던 위자료액의 산정에 대한 비판(어떠한 사실을 어떻게 참작하였는가가 애매하다거나 액의 예상이 곤란하다거나 그 판단에 객관성을 잃은 것이라는 의심을 받게 되는 등)을 확대, 심화함에 지나지 않게 될 것이며, 상대방의 방어가 곤란하게 될 것이다. 둘째, 이러한 방식은 생명·신체침해에 의한 손해액의 시세가 사회적 합의하에서 형성되는 것을 전제로 하게 되나, 가령 그러한 시세 내지 시가가 존재한다고 할지라도 그것은 전통적 산정방식에 의해 오랫동안 집적되어 온 결과이므로 전통적 산정방식이 부정되면 이 방법 역시 부정되게 된다. 셋째, 일괄평가 또는 포괄평가의 주장은 일률정액의 주장과 결합하여 일본에서는 더러 公害·藥害 등의 집단소송에서 피해자들이 이에 의한 청구를 하고 있지만, 개별소송이 상당부분을 차지하고 있는 일반 인신사고소송에서는 이러한 일괄정액청구를 주장할 실익이 없고, 집단소송의 경우에도 일률정액은 대개 개별 각자의 손해를 주장·증명하는 경우에 비하여 低額으로 되는 것이므로 피해자에게 불리하게 되기도 한다.[30]

---

30) 佐藤歲二(제3장 제3절 주 100), 89-90面; 楠本安雄(주 15), 159面 이하; 倉田卓次(주 9), 25面; 金正述(주 4), 188면; 吳錫洛(주 22), 290-293면.

다음으로 일률청구방식에 대하여 검토하면, 다수의 피해자에 대하여 피해자측의 개별사정을 고려함이 없이 일률적으로 정액화·정형화하여 손해액을 산정, 청구한다는 의미에서의 일률청구는 가해자의 불법행위에 의해 생긴 손해를 가능한 한 구체적으로 산출하고 이것을 불법행위자에게 부담시키려는 것에 의해 공평, 타당한 해결을 꾀하는 것을 목적으로 하는 불법행위법의 취지에 반한다고 해야 할 것이다. 피해자의 증상, 기능장해 등 피해의 정도가 각 개인마다 다른 외에 환자가족이 각각 다른 개별 사정을 가지고 있는 이상, 모든 손해가 동질, 동량으로 일률로 평가되어야 한다는 주장은 부당한 것이라 하겠다.

따라서 결국 각각의 손해항목별로 구체성과 개별성을 충분히 고려하여 사건의 구체적이고 적정한 해결을 시도하는 개별손해항목방식이 타당하다고 할 것이다. 이러한 방식이 피해자측의 일체의 손해를 개별적으로 점검하여 파악함으로써 개별적 특수성이 무시되는 다른 방식의 문제점들을 극복할 수 있게 하고, 가해자측의 방어권의 행사를 보장하며 나아가 법원의 판단의 객관성을 유지하게 할 것이기 때문이다.[31] 또한 법률적으로 볼 때에도 우리 민법 제751조 제1항은 "... 財産 이외의 損害에 대하여도 ..."라고 규정하여, 민법상으로는 적어도 재산적 손해와 비재산적 손해의 구별을 상정하고 있는 것으로 볼 수 있을 것이기 때문에, 개별항목방식이 법조문에도 충실한 해석이라고 할 것이다.

인신침해에 있어서 손해개념을 어떻게 파악할 것인가의 문제에 대한 견해의 대립에서는, 배상의 대상을 무엇에서 구할 것인가라는 손해의 본질에 관한 문제와 그렇게 인정된 손해를 어떠한 관점에서 평가, 산정해 갈 것인가라는 산정원리에 관한 문제가 혼연일체가 되어 나타나고 있고, 이 두가지 문제 간의 논리적 관련이 충분히 음미되지 않은 채 각각의 비판과 반론이 제기되고 있음은 이미 서술한 바와 같다. 그러나 인신침해에 있어서

31) 佐藤歲二(제3장 제3절 주 100), 95面.

손해의 본질을 어떻게 파악하고 그 손해배상청구권의 성질을 어떻게 이해할 것인가라는 문제와 그것을 구체화하는 산정원리의 문제는 구별되어야 한다.

따라서 인신침해에 있어서 손해를 생명·신체에 대한 불이익으로써 파악하는 사상손해설의 인신손해에 대한 전체적·포괄적 손해파악은 타당하다고 할 것이나, 그 산정원리로서 포괄청구방식을 취하는 것은 문제가 있다고 할 것이다. 즉 인신손해에 있어서도 그 손해의 평가와 산정은 개별손해항목방식을 유지하는 것이 타당하다. 손해항목의 구분을 행하지 않는 포괄적 손해파악 내지 포괄청구방식은 인신침해에 있어서의 손해개념 및 손해배상의 목적을 나타내는 의미에서는(즉, 포괄적 손해파악이라는 점에서는) 정당하나, 인간다운 생활이 본질적으로 금전으로는 보상될 수 없다고 하여도 결국은 금전평가를 하는 이상 손해의 평가와 산정의 근거(특히 회복되어야 할 상태)를 나타내는 사실(금전평가의 대상)을 구체적으로 적시하지 않는다면 소송에 있어서의 손해산정기술로서는(즉, 포괄청구방식은) 문제가 있는 것이다.[32]

이렇게 본다면 인신침해에 있어서의 손해는 사상손해설 중 개별항목설(평가설)에 의해 파악하는 것이 타당하다고 할 것이다. 사상손해설에 대한 비판은 주로 일괄평가정액설에 대한 비판이며, 개별항목설의 경우는 사상 그 자체를 손해로 파악하고 있으면서도 사상이라는 손해를 구성하는 항목을 개별화함으로써 일괄평가정액설에서 올 수 있는 문제점들을 극복하고

---

32) 潮見佳男(주 19), 732면. 인신침해에 있어서의 손해의 산정방식에 관한 개별항목합산방식과 포괄청구방식의 대립이라는 논의의 배경에는 손해배상법의 목적이나 이념에 관한 논의가 있는 것이라 할 수 있다고 한다. 즉 개별항목합산방식을 주장하는 입장은 전통적인 전보원칙과 차액설에 기초하는 것인 반면, 포괄청구방식을 주장하는 견해들은 원상회복이념을 기초로 하면서 예방이나 제재라는 기능을 불법행위법에 포섭하려는 입장들이라는 것이다. 이에 관해서는 若林三奈, "法的概念としての「損害」の意義(三·完) -ドイツにおける判例の檢討お中心に-", 立命館法學 第252号, 1997, 379-380面을 참조.

있기 때문이다.33) 한편 일본에서 제기되고 있는 사실상태비교설이나 손해
사실설 중 개별항목방식을 주장하는 견해도 사실상 사상손해설 중 개별항
목설과 유사한 결과를 가져오게 될 것이다.

　현실손해설과 가동능력평가설은 인신침해에 있어서의 손해 자체를 대상
으로 하기보다는 그 한 부분에 해당하는 일실소득 혹은 가동능력의 상실에
주안점이 있다는 것은 이미 살펴보았다. 따라서 현실손해설과 가동능력평
가설은 일실이익의 본질의 문제에서 더 자세하게 검토되어야 할 것이고,
인신침해에 있어서의 손해 자체를 파악함에 있어서는 생명·신체에 대한 불
이익을 손해로서 파악함이 타당하다고 생각한다.34)

---

33) 死傷損害說에 의하더라도 상해 자체를 그대로 금전평가할 수는 없으므로, 치료비,
　　일실이익, 위자료 등의 비용항목의 유용성을 인정하고 있는 바, 이는 실질적으로
　　現實損害說에 따른 손해배상액 산정방법과 다를 바 없다는 지적으로는, 朱基東
　　(제4장 제2절 주 13), 509면 참조.
34) 가령 金曾漢/金學東(제3장 제2절 주 1), 960면은 일실소득의 본질에 관한 "차액
　　설(소득상실설)과 가동능력상실설은 손해액의 산정방법에 관한 이론이고, 손해의
　　개념에 관한 이론이 아니다. 즉 전설은 단순히 수익의 감소 정도만을 고려해서 손
　　해액을 산정하는 데 대하여, 후설은 가동능력의 감소 정도를 고려해서 이를 산정하
　　는 차이가 있을 뿐이고, 더 나아가 손해 자체를 "수입의 상실"(전설의 경우) 혹은
　　"가동능력의 상실"(후설의 경우)로 보는 것은 아니다. 어느 견해에 의하건 손해는
　　"신체의 상해" 자체인 것이다"라고 하고 있다.

제4절 일실소득의 본질

1. 일실소득의 의의

인신침해가 발생하는 경우 피해자는 사망 또는 상해를 당하게 된다. 생명침해가 발생하면 피해자는 그가 얻을 수 없게 된 순수익 상당의 손해를 입게 되고, 상해의 경우에는 치료기간 중 업무를 계속할 수 없거나, 후유장애로 노동능력을 일부 또는 전부 상실하여 수입이 감소 또는 상실되는 손해를 입게 된다. 소극적 손해로서의 일실소득이란 사고가 없었을 경우를 가정하여 피해자가 얻을 수 있었으리라고 예측되는 소득을 말한다. 일실이익은 불법행위로 인하여 타인의 생명, 신체를 침해한 경우 손해배상액의 대부분을 차지하게 된다.

2. 일실소득의 본질과 산정

일실소득의 본질을 어떻게 파악할 것인가는 일실소득의 산정방법에 반영된다고 할 것인데, 이에 대해서는 크게 두 가지의 견해가 대립한다. 하나는 사고 전후의 피해자의 소득의 차액을 일실소득으로 산정하는 소득상실설이고, 다른 하나는 피해자의 가동능력 그 자체를 손해로 파악하여 이를 금전으로 평가하는 가동능력상실설이다.

일실소득의 본질과 산정방법에 대한 논의는 앞서 다룬 인신침해에 있어서의 손해개념에 관한 논의와 연결된다고 할 것이어서, 인신침해에 있어서의 손해의 개념에 대해 어떤 입장을 취하는가에 따라 일실소득의 본질과 산정방법에 관해서도 각기 다른 입장을 취하고 있다.

(1) 인신침해에 있어서의 손해개념에 관한 학설과의 차이

인신침해에 있어서의 손해개념에 관한 현실손해설은 소득상실설과, 사상손해설은 가동능력상실설과 연결된다는 것이 통상적인 설명이다.[1] 즉 소득상실설은 사상 그 자체를 손해로 보는 것이 아니라 그 결과로 생긴 소득의 상실 즉 금전적 수입의 감소를 손해로 보는 것이고, 가동능력상실설은 사상으로 인한 가동능력의 상실·감소 자체를 손해로 보는 것이라고 한다.[2] 그러나 현실손해설이나 사상손해설은 인신침해로 인한 손해의 개념을 전반적으로 파악·이해하기 위한 이론구성인 반면, 소득상실설이나 가동능력상실설은 인신침해로 인한 손해 중에서 일실소득의 개념을 파악·이해하기 위한 이론구성인 점에서 우선 차이가 있다. 특히 사상손해설은 통상적으로 사상 그 자체를 유일한 손해로 보기 때문에 일실소득의 개념을 인정할 여지가 없으나,[3] 가동능력상실설은 가동능력의 상실에 의한 손해를

---

1) 예를 들면, 朴泰浩, "노동능력상실에 따른 일실이익의 산정", 대법원판례해설 8號 (87년 하반기), 1988, 69면 이하; 孫智烈, "後遺障害로 因한 損害賠償額의 算定", 民事判例硏究 第8卷, 1986, 169면 이하; 柳台鉉, "勞動能力喪失로 因한 損害의 算定", 民事判例硏究 第8卷, 1986, 157면 이하; 李輔煥, "人身損害額의 算定", 司法論集 第12輯, 법원행정처, 1981, 207면 이하 등.
2) 소득상실설을 '차액설'이라고 칭하고 가동능력상실설을 '평가설'이라고 칭하고 있는 것은, 위와 같은 통상적인 설명방식이 소득상실설은 손해를 사실적 측면에서 파악하려는 것인 반면에, 가동능력상실설은 손해를 규범적 측면에서 파악하려는 것이라는 지적으로는 金曾漢/金學東(제3장 제2절 주 1), 960면 참조.

재산적 손해로 파악하는 점에서 양자 사이에는 분명한 차이가 있다. 결국 가동능력상실설은 사상 그 자체로부터 손해를 평가한다는 점에서는 사상 손해설과는 공통점을 갖고 있지만, 가동능력의 상실에 따른 손해를 재산적 손해로 보는 점에서는 오히려 현실손해설과 공통점이 있는 것으로 보인 다.4) 따라서 현실손해설은 소득상실설과 일치하며, 사상손해설은 가동능력 상실설과 일치한다고 볼 수 없으며, 소득상실설과 가동능력상실설은 일실 소득의 본질과 산정에만 적용되는 학설이라고 보아야 한다.5)

(2) 소득상실설(차액설)

일실소득의 본질을 불법행위가 없었더라면 피해자가 얻을 수 있는 소득 의 상실로 보아 불법행위 당시의 소득과 불법행위 후의 향후소득과의 차액 을 손해로 보는 견해이다.6) 따라서 사상의 결과 발생한 현실적인 수입의 감소를 일실손해로 보고, 사고 당시의 수입에서 사고 후의 향후소득을 공 제한 차액을 손해액으로 본다. 소득상실설은 사고 전의 소득과 사고 후에

---

3) 이는 사상손해설 중에서도 일괄평가설을 취할 경우를 의미하는 것이다. 사상손해 설 중 개별항목설을 취하는 경우에는 현실손해설과 마찬가지로 일실소득의 개념을 인정하는데 있어 무리가 없게 된다.

4) 民法注解[ⅩⅧ], 316-317면(尹容燮 집필부분).

5) 이에 반해 소득상실설과 가동능력상실설은 손해액의 산정방법에 관한 이론일 뿐이 고, 어느 견해에 의하건 손해는 신체의 상해 자체라는 지적으로는 金曾漢/金學東 (제3장 제2절 주 1), 960면 참조.

6) 尹眞秀, "保險事故에 있어서 損害賠償額의 算定 -人身事故에 있어서의 消極 的 損害를 중심으로-", 民法論攷 Ⅲ, 博英社, 2008, 594면. 인신침해의 본질에 관한 학설대립에서와 유사하게, 金相容, 債權各論, 화산미디어, 2009, 472면은 소 득상실설을 우리나라의 종래 통설이라고 하여, 손해에 관하여 차액설을 취하는 입 장들도 일실소득의 본질과 관련해서는 소득상실설의 입장인 것으로 분류하고 있는 듯하다.

감소된 소득, 그리고 향후소득이 현실적으로 나타나는 경우에는 사실에 가장 가깝고 산정방법이 간편하다는 장점이 있다. 그러나 이 견해는 노동능력을 상실하더라고 사고 전후의 수입을 비교하였을 때 사고 후 수입의 감소가 없거나 오히려 더 많은 수입을 얻고 있는 경우 손해가 없는 것으로 인정한다는 문제점을 가지고 있다. 또한 사고 전부터 소득이 없거나 사고 후 직장을 잃은 경우 종전소득이나 향후소득을 추정 내지 의제할 수 밖에 없게 되는데, 이는 일실소득을 불법행위로 인한 현실적 소득의 상실이라고 보는 소득상실설의 입장에서는 설명할 수 없는 점이라고 할 것이다.7)

우리 판례는 과거 일실소득의 본질에 관하여 소득상실설에 입각하고 있었으며,8) 최초로 가동능력상실설을 취한 것으로 평가되는 대법원 1979. 2. 13. 선고 78다1491 전원합의체 판결 이후에도 소득상실설에 입각하고 있는 것으로 볼 수 있는 판례들이 다수 존재하고 있다.9)

(3) 가동능력상실설(평가설)

일실소득의 본질을 소득창출의 근거가 되는 노동능력의 상실 자체로 보

---

7) 金相容, "人格權의 侵害와 損害賠償 -生命·身體의 侵害를 中心으로-", 損害賠償法의 諸問題: 誠軒黃迪仁博士華甲記念, 1990, 163-164면.

8) 대법원 1967. 11. 28. 선고 67다2270 판결; 대법원 1971. 7. 27. 선고 71다1349 판결(集 19권 2집 民232); 대법원 1976. 7. 27. 선고 76다707 판결 등.

9) 가령, 대법원 1981. 9. 22. 선고 80다3256 판결은 "손해배상제도는 피해자에게 생긴 현실의 손해를 전보하는 것을 목적으로 하는 것이므로 노동능력의 상실 또는 감퇴가 있을지라도 손해가 발생하지 않는 경우에는 손해배상청구는 허용되지 아니한다 할 것"이라고 판시하고 있으며, 대법원 1987. 2. 10. 선고 86다카1453 판결(集 35권 1집 民55; 公 1987, 419)은 "근무하던 회사가 사고 후 도산하였다면 위 망인의 사망 때문에 회사가 도산하였다는 특별한 사정이 없는 한 망인이 현장총무로 계속 근무하는 것을 전제로 하여 향후 일실수입을 산정할 수는 없고"라고 하고 있다.

고 상실된 노동능력의 가치를 사고 당시의 소득이나 추정소득에 의하여 평가하여야 한다고 보는 견해이다.[10) 인간의 노동능력은 인격적인 면을 가지고 있어서 일반재산과 같은 교환가치는 없지만, 노동력에 대한 대가로 지급되는 '임금'이 노동능력을 평가하는 자료가 될 수 있으므로 노동능력상실 그 자체로 인한 손해를 수치로 계산할 수 있다는 것이다. 따라서 일실소득의 상실로 인한 손해를 적극적인 재산상의 손해로 본다.[11)

소득상실설에서는 피해자가 얻고 있던 수입만이 절대적인 기준으로서 일실소득액수에 반영됨에 반하여, 가동능력상실설에서는 피해자의 수입이 가동능력평가의 중요한 자료가 되는 것은 사실이나 그것만이 절대적인 기준이 되는 것은 아니고, 여기에 피해자의 연령·학력·경력·직종, 그 직종 종사자들의 평균소득 그 밖의 사회적·경제적 제반사정들을 아울러 고려하여 법원이 '규범적으로 평가'하는 것이다.[12) 즉, 노동능력상실이 현실적으로 금전적 손해를 가져왔는지의 여부를 불문하고 상실된 노동능력에 대한 객관적 가치에 의하여 일실소득을 산정하며,[13) 구체적으로는 기준수입(가동능력평가액)을 월 또는 연 단위로 평가하여 가동연한까지의 부분을 중간이자공제의 방식으로 합산하는 것이다.

판례는 과거 소득상실설의 견해를 취하여 오다가, 대법원 1979. 2. 13. 선고 78다1491 전원합의체 판결에서는 "생명이나 신체에 대한 불법행위로 인하여 가동능력의 일부나 전부를 상실함으로써 일실하는 이익의 액은 그 피해자가 그로 인하여 상실하게 된 가동능력에 대한 총평가액으로서 소득세 등 제세금액을 공제하지 아니한 금액이라고 봄이 상당하다"고[14) 판시

10) 尹眞秀(주 6), 594면.
11) 金相容(주 7), 164면.
12) 李勇雨, "逸失收入의 算定", 民事裁判의 諸問題 第5卷; 李在性大法官華甲紀念, 韓國司法行政學會, 1989, 175면.
13) 金相容(주 7), 164면.
14) 대법원 1979. 2. 13. 선고 78다1491 전원합의체 판결(集 27권 1집 民98; 公 1979, 11774).

하여 가동능력상실설의 견해를 취하였고, 대법원 1984. 10. 23. 선고 84다카325 판결에서는[15] "불법행위 전후의 수입을 비교하여 사고 후 수입이 감소된 부분을 수익상실로 보았음은 위 당원의 판례에 저촉됨이 분명하다"고 판시하기도 하였다.

이러한 판례의 태도에 대하여, 원칙적으로 과거에는 일실소득의 본질에 대하여 소득상실의 입장에 서 있다가 근래에는 가동능력상실설로 바뀐 것으로 볼 수 있지만, 판례는 소득상실설이나 가동능력상실설 중 어느 하나를 고집하지 않고 구체적인 사정을 기초로 하여 합리적인 일실소득을 산정하고 있다는 것이 유력한 평가인 듯하다.[16] 즉, 대법원 1990. 11. 23. 선고 90다카21022 판결은[17] "타인의 불법행위로 인하여 상해를 입고 노동능력의 일부를 상실한 경우에 피해자가 입은 일실이익의 산정방법에 대하여서는 일실이익의 본질을 불법행위가 없었더라면 피해자가 얻을 수 있는 소득의 상실로 보아 불법행위 당시의 소득과 불법행위 후의 향후 소득과의 차액을 산출하는 방법(소득상실설 또는 차액설)과 일실이익의 본질을 소득창출의 근거가 되는 노동능력의 상실 자체로 보고 상실된 노동능력의 가치

---

15) 대법원 1984. 10. 23. 선고 84다카325 판결(集 32권 4집 民64; 公 1984, 1846).
16) 民法注解[XVIII], 317면(尹容燮 집필부분); 金相容(주 7), 164-165면; 尹眞秀(주 6), 595면; 尹泰植, "外國人의 人身 損害賠償額 算定에 있어서의 過失利益과 慰藉料", 法曹 52권 9호, 2003, 93면; 朴海成, "勞動能力을 喪失한 者가 從前 職場에 그대로 다니는 경우의 逸失利益", 民事判例研究[XIV], 1992, 256-257면; 金滉植, "後遺障害로 인한 損害額의 算定方法", 法과 正義: 徑史李會昌先生 華甲紀念 李會昌大法官判決의 研究, 1986, 644면은 대법원 1986. 3. 25. 선고 85다카538 판결(集 34권 1집 民155; 公 1986, 692)에 대해 "이 판결은 양설을 서로 對立하고 排他하는 관계로 보지 아니한다... 문제는 어떤 입장에서든지 그 산출방법이 합리적이고 객관적이기만 하면 된다는 것이다. 그렇게만 되면 양설에 따른 차이는 있을 수 없다는 것을 의미하게 된다. 즉... 산출방식에 대한 기준을 명백히 제시하여 양설의 형식적 대립을 무의미한 것으로 하는 대신 합리적이고 객관적인 산출방법에의 노력을 강조하였다"라고 평가하고 있다.
17) 대법원 1990. 11. 23. 선고 90다카21022 판결(公 1991, 170).

를 사고 당시의 소득이나 추정소득에 의하여 평가하는 방법(가동능력 상실설 또는 평가설)의 대립이 있는데, 판례(당원 1986.3.25. 선고 85다카538 판결; 1987.3.10. 선고 86다카331 판결; 1988.3.22. 선고 87다카1580 판결; 1989.3.14. 선고 86다카2731 판결; 1990.2.27. 선고 88다카11220 판결 참조)는 당해 사건에 현출된 구체적 사정을 기초로 하여 합리적이고 객관성 있는 기대수익액을 산정할 수 있으면 족한 것이고 반드시 어느 하나의 산정방법만을 정당한 것이라고 고집해서는 안 된다고 한다"라고 판시하고 있는 것이다.[18]

(4) 구체적인 문제

소득상실설은 일실이익을 사고가 없었더라면 피해자가 얻을 수 있었을 개개의 소득의 상실(Loss of earnings)로 보아 이를 사실적 측면에서 파악하려는 견해이고, 가동능력상실설은 소득을 낳게 하는 기초가 된 노동능력의 상실(Loss of earning capacity)로 보아 이를 규범적 측면에서 파악하려는 견해이다.[19] 소득상실설에 의하면 일실이익은 소극적 손해로 보게 되고 사고로 인하여 상실한 현실적 이익이 증명대상이 되는 주요사실이 되는 반면, 가동능력상실설에 의하면 노동능력의 상실이라는 손해를 적극적 손해의 하나로 파악하게 되고 상실된 노동능력의 평가 그 자체가 주요사실이 된다. 가동능력상실설은 피해자가 현실적으로 근로소득을 얻고 있지 아니한 경우나 노동능력의 일부상실에도 불구하고 현실적으로 수입의 감소가

---

18) 대법원 1994. 4. 14. 선고 93다52372 판결(公 1994, 1423) 등도 "일실이익의 산정은 당해 사건에 현출된 구체적 사정을 기초로 하여 합리적이고 객관성 있는 기대수익액을 산정할 수 있으면 되고, 반드시 어느 한 쪽만이 정당한 산정방법이라고 고집해서는 안 된다"고 하여 같은 입장을 취하고 있다.

19) 金鐘培(제4장 제2절 주 31), 22면.

없는 경우에 있어서의 배상액 산정과 소득세의 공제여부 등에 관하여 유용한 지침이 되고 있다.[20]

　이하에서는 개별적인 사안유형에서 어떠한 차이가 있을 것인지를 살펴보기로 한다.

1) 무직자, 가정주부, 미성년자 등 소득이 없는 경우

　피해자가 현실적으로 근로소득을 얻고 있지 않는 무직자, 가정주부, 학생, 유아 등인 경우, 우리 판례는 적어도 농촌 또는 도시일용노임에 의하여 일실소득을 산정하고 있다. 소득상실설을 관철하면 사고 당시에 수입이 없었던 자에 대하여는 일실소득손해를 인정할 수 없게 된다. 그러나 소득상실설을 취하더라도 이러한 경우에는 잠재된 소득능력을 평가하여 일실소득손해를 인정하고 있는데, 이것은 일실소득을 피해자의 상실된 노동능력에 대한 평가액이라고 보는 가동능력상실설의 사고를 원용한 것이라고 할 수 있다.[21]

　그러나 가동능력상실설에 의하면 가동능력의 상실 그 자체가 손해가 되므로 일실소득이 없던 자라도 일실소득 상당의 손해를 배상받을 수 있다. 다만 상실된 가동능력을 평가함에 있어서 그 기준이 일용노임이 될 것인지 아니면 통계소득이 될 것인지의 논의가 있을 수도 있지만, 배상받을 수 있다는 사실은 당연하다.[22]

---

20) 民法注解[XVIII], 320면(尹容燮 집필부분); 李輔煥(제4장 제3절 주 9), 194면 이하.
21) 李勇雨(주 12), 178-179면; 金相容(주 7), 165, 168면; 朴海成(주 16), 254면.
22) 그러나, 金曾漢/金學東(제3장 제2절 주 1), 960면 주 53은 위와 같은 사안의 경우에 있어서의 소득상실설의 문제점은 소득상실설과 가동능력상실설 모두에 공통하는 것이라고 한다. 즉 소득상실설이 일용노동임금 상당의 수입이 있는 것을 전제로 해서 손해액을 산정하는 것에 대하여 이러한 수입은 현실적인 수입이 아니라 가정 혹은 의제된 수입으로서, 소득상실설의 본래의 소득개념으로는 설명하기 어렵다는 지적(李輔煥(주 1), 207면 이하)은 가동능력상실설에서도 마찬가지로 타당하다는

2) 노동능력의 상실은 있으나 현실적 수입의 감소가 없는 경우

상해로 인하여 노동능력의 일부를 상실하였으나 종전 직업에 그대로 종사하면서 종전과 동일한 또는 더 많은 수입을 얻고 있는 경우, 소득상실설은 불법행위 당시의 소득에 변동이 없거나 향후소득이 오히려 증가하였으므로 일실소득 손해는 없는 것이 되나, 가동능력상실설에서는 가동능력 상실 자체가 손해이므로 일실소득의 손해를 인정하게 된다.[23]

우리 판례는 소득상실설의 입장에서 일실소득손해를 부정한 판결과[24] 가동능력상실설의 입장에서 일실소득손해를 인정한 판결로[25] 나뉘어져 있다. 이와 같이 현실 소득의 변화가 없는 경우에는 가동능력상실설에 따라 일실소득을 파악하는 것이 논리적으로는 보다 타당하게 된다고 할 것이다.

3) 상해로 인하여 종전 직종에 종사할 수 없는 경우

이 경우 소득상실설의 입장에서는 향후 얻을 수 있는 수입을 도시 또는 농촌 일용노동에 종사하면서 남은 노동능력으로 얻을 수 있는 수입으로 보

것이다. 왜냐하면 가동능력상실설 역시 [사고 당시의 수익*가동능력의 상실 정도]에 의하여 손해액을 산정하는 것으로서, 사고 당시에 현실적인 수입이 없는 때에는 역시 수입을 의제할 수 밖에 없기 때문이라고 한다(사고 당시 현실적인 수입이 없다고 해서 장래 손해가 없다고 할 수 없기 때문에). 이는 후술하는 바와 같이 우리나라의 평가설은 일실소득의 계산을 함에 있어, 가동능력상실의 정도를 평가하여 산정하는 것이 아니라, 현실 소득액을 기초로 하여 가동능력상실률을 곱하여 산정하는 결과 현실소득설에 접근하는 측면이 있기 때문이다.

23) 金相容(주 7), 165면; 朴海成(주 16), 255면; 李勇雨(주 12), 179면.
24) 대법원 1988. 3. 22. 선고 87다카1958 판결(集 36권 1집 民135; 公 1988, 679).
25) 대법원 1987. 9. 8. 선고 86다카816 판결(集 35권 3집 民3; 公 1987, 1549); 대법원 1989. 7. 11. 선고 88다카16874 판결(公 1989, 1217); 대법원 1990. 2. 27. 선고 88다카11220 판결(公 1990, 743); 대법원 1990. 11. 2. 선고 90다카21022 판결(公 1991, 170).

고, 불법행위 당시 얻고 있던 수입에서 위 향후 수입을 공제한 금액이 일실
소득의 손해가 된다. 그러나 가동능력상실설의 입장에서는 종전 직종에 종
사할 수 있는 여부와 관계없이, 상실된 가동능력 자체의 금전적 평가액이
일실소득의 손해가 된다.26)27)

 현재 실무는 상해 등으로 노동능력의 일부를 상실한 피해자가 종전 직업
에 종사할 수 없게 된 경우, 특별히 피해자의 향후 소득이 명백히 밝혀지지
않는 한은 종전 수입에 노동능력상실률을 곱하여 일실소득을 산정하는 방
법에 의하고 있다.28) 이러한 방식에 의할 때에는 특히 노동능력상실률의
결정이 중요한 문제가 되는 것이며,29) 이는 가동능력상실설의 입장에 의하
는 것으로 볼 수 있을 것이다.

 ### 4) 위법소득의 문제

 피해자의 사고 당시의 소득의 원천이 되는 행위가 위법하거나 법규에 위
반되는 경우에, 이러한 소득을 기초로 하여 손해액을 산정할 수 있는지가
문제된다.

 논리적으로만 생각해 본다면, 차액설 또는 소득상실설은 위법소득이라
할지라도 현실적으로 얻고 있는 소득이었던 것이므로 위법소득의 경우에

---

26) 朴海成(주 16), 255면; 金相容(주 7), 165면.
27) 과거에 판례는 불법행위의 피해자가 특정한 직업을 가지고 있었는데 불법행위로
    인하여 노동능력의 일부를 상실한 경우, 이른바 '적격·부적격 판정'에 의하여 일실
    소득을 산정하여 왔으나, 이에 대한 비판이 많이 제기된 결과, 현재는 피해자의 향
    후 소득이 명백하지 않은 경우 노동능력상실률에 의하여 일실소득을 산정하고 있
    다. 적격·부적격 판정과 그 비판에 대하여는 尹眞秀(주 6), 620-621면; 孫智烈(주
    1), 187면 이하; 李輔煥, "後遺障害로 因한 逸失利益의 算定", 사법논집 제17집,
    1986, 94면 이하 참조.
28) 대법원 1985. 9. 24. 선고 85다카449 판결(集 33권 3집 民49; 公 1985, 1414) 등.
29) 尹眞秀(주 6), 621면.

도 그러한 소득을 기초로 하여 손해액을 산정하는 것을 인정해야 할 것 같고, 가동능력상실설은 그러한 경우에도 가동능력의 상실은 있는 것이므로 가동능력상실률을 산정하고 위법소득을 포함한 현실의 소득액에 기초하여 손해액을 산정하는 것을 인정해야 할 것이라는 생각이 들 수도 있다.

그러나 통설 및 판례는 모두 배상되어야 할 일실이익은 원칙적으로 적법한 방법에 의해서 수익된 것에 한한다고 보는 전제에서 위법소득은 배상을 청구할 수 없다고 하고 있고, 다만 그 위법성의 정도에 따라 구체적, 개별적으로 판단해야 한다고 한다. 즉 판례는 범법행위를 계속함으로써 얻을 수 있는 소위 '위법소득'의 기준은 법이 이를 금하고 있다고 하여 일률적으로 부인할 것은 아니고 그 법규의 입법취지와 위반행위에 대한 비난가능성의 정도, 특히 그 위반행위가 가지는 위법성의 강도 등을 종합하여 구체적, 개별적으로 판단하여야 한다는 것이다.30)31)

일실소득의 산정에 있어서 이와 같이 위법소득을 고려하지 않는 경우는 규범적인 관점에서 손해를 부정하는 예로 볼 수 있다. 예컨대 성매매여성이 교통사고를 당하여 더 이상 성매매를 할 수 없게 된 경우에, 그녀가 사실적인 측면에 있어서는 성매매를 함으로써 얻을 수 있는 소득을 상실하였고, 따라서 손해를 입은 것이지만, 규범적인 측면에서는 이를 손해배상의 대상이 되는 손해라고 인정할 수는 없는 것이다.32)

이와 같이 일실소득에서 규범적 손해라고 할 때에는, 주로 현실적인 소득이 없거나 또는 가해행위 이후 오히려 소득이 증가하는 등으로 손해의 차액이 존재하지 않는 경우에도 손해를 인정하거나, 평균소득 등의 추상적 손해산정에 의해 손해를 인정하는 취지로 사용되는 데 비해, 위법소득의 문제에서는 손해배상제도의 목적이나 보호법익 등의 고려의 의미에서 사

---

30) 대법원 1986. 3. 11. 선고 85다카718 판결(集 34권 1집 民102; 公 1986, 624); 대법원 1994. 6. 14. 선고 94다9368 판결(公 1994, 1959) 등 참조.
31) 尹眞秀(주 6), 598면.
32) 尹眞秀, "子女의 出生으로 인한 損害賠償責任", 民法論攷 Ⅲ, 2008, 523면.

용되고 있다.33)

5) 소득세 등 공제여부

일실소득 산정의 기초가 되는 수익을 정함에 있어서 소득세·주민세·방위세 등 제세공과금을 공제할 것인가에 관하여는 과거 우리나라에서도 논란이 있었고, 비교법적으로도 차이가 있다. 소득세 등의 공제여부는 일실소득의 본질에 관한 일정한 시사를 준다고 할 것이므로 이하에서는 비교법적 고찰을 한 후, 우리나라에서의 논의를 정리하기로 한다.

가. 비교법적 고찰

영국에서 과세의 문제는 국가와 피해자 간의 문제이며, 특히 임금상실에 의한 손해배상의 경우에 중요한 것은 피해자가 고용주에 대하여 얼마의 임금청구권을 가지고 있는가 하는 것이지 국가가 어떠한 방법으로 과세하는가는 중요한 문제가 아니라는 이유로 비공제설이 지배적이었으나,34) 세금을 공제하지 아니한 수입을 기초로 손해배상을 받을 경우 사고로 인한 손해를 넘어서는 이익을 얻는 것이 되어 손해배상의 기본원칙에 반한다는 이유로 1956년 귀족원에 의하여 선례가 변경되어, 소득세를 공제한 후의 순수입(net income)만을 일실소득으로 인정하게 되었다.35) 다만 영국에서는 Finance Act(1960)에 의하여 5,000 파운드 이하에 대하여는 면세하고 있다. 앞서 서술한 바와 같이 영국은 일실소득의 산정에 있어서 실제 감소된 소득만을 손해로 인정하고 있고, 배상액 산정의 기준시점을 사고시가 아닌

---

33) 규범적 손해라고 할 때 그 의미는 여러 가지 취지로 쓰이고 있다는 것은 이미 앞에서 서술하였다.

34) Jordan v. Limmer and Trinidad Lake Asphalt Co Ltd [1946] K.B. 356.

35) British Transport Commission v. Gourley [1956] 2 W.L.R. 41.

재판시로 하고 있다.

미국에서 피해자가 정기금 또는 일시금 형태로 받는 손해배상액은 연방세의 과세대상이 되지 않고,[36] 많은 주에서 州稅의 과세대상도 되지 않는다.[37] 피해자가 받게 되는 손해배상액이 피해자가 장래 얻게 될 소득의 현재가치라고 할지라도 국가 등 과세주체가 피해자의 불행에서 이득을 취할 수는 없기 때문이다. 다만 영국의 British Transport Commission v. Gourley 판결의 영향을 받아 몇몇 주에서는 공제설을 취하는 판결도 나오고 있다고 한다.[38] 미국 손해배상실무상 손해배상액에 대한 과세가 문제되는 것은, 최종 산정된 손해배상액에 대한 과세여부보다는 손해배상액을 산정하는 배심원에 대하여 손해배상액에 과세가 되지 않는다는 것을 알려주느냐이다. 실제로 배심원들은 손해배상액에 대해 과세가 되지 않는다는 것을 모르는 상태에서 더 고액의 손해배상액을 산정하는 경향이 있다.[39] 이는 손해배상액에 대해 과세가 될 것을 전제로 세금부분만큼을 손해배상액으로 더해 주기 때문이다. 따라서 연방법원은 배심원에게 손해배상액이 과세대상이 아니라는 것을 반드시 알려 주어야 하며, 그렇지 않을 경우에는 파기사유가 된다.[40]

---

36) 미국의 내국세법 제104조 (a)(2)(Internal Revenue Code of 1954. Section 104(a) (2) (26 USC §104))는 인신상해나 病狀에 의한 손해배상액은 소득세의 대상으로 되지 아니한다고 규정하고 있다.

37) American Jurisprudence 2nd ed.(제4장 제2절 주 22), §129.

38) American Jurisprudence 2nd ed.(제4장 제2절 주 22), §88.

39) Norfolk & W. Ry. Co. v. Liepelt, 444 U.S. 490 (1980). 이 판결에서는 증명된 손실의 두 배를 손해배상으로 인정하였다.

40) 다만 미연방대법원은 Norfolk & W. Ry. Co. v. Liepelt (1980) 판결에서 장래 일실수입에 대한 소득세가 얼마나 부여될지에 대한 증거를 제시하는 것은 허용하고 있지만 이에 반하여 주 법원은 위 연방대법원의 판시사항이 주 법률을 적용하는 사건까지 기속하는 것은 아니라 하여 이를 따르지 않고 있다고 한다. 이에 관해서는 Fleming, "Tort Damages for Loss of Future Earnings", 34 Am. J. Comp. L. Supp. 141, 147, 1986, p. 152를 참조.

독일에서는 일실소득으로 인한 손해를 산정함에 있어 영국에서와 같이 순수입(Netto-einkommen)을 기초로 하고 있다. 순수입을 산정하기 위해서 세금과 보험료 등을 공제하고 있는 것이 실무의 경향이다.[41] 이러한 경향은 차액설(현실소득설, 소득상실설)에 충실한 것으로 볼 수 있다.

일본의 하급심판례는 1961년, 1962년경까지는 주로 공제설을 취하였으나, 1963년경부터 비공제설을 채용한 것이 나타나고,[42] 1968년부터 1970년 전반에 걸쳐 공제설과 비공제설로 대립되어 있었다.[43][44] 그러나 1970년의 최고재판소판결이 비공제설을 채택하게 됨으로써 비공제설이 유력하게 되었다. 즉 최고재판소는 "피상고인의 본건사고로 인한 부상 때문에 연초소매업을 폐업할 수 밖에 없게 되어 위 영업상 얻을 수 있었던 이익을 상실함으로 말미암아 입은 손해액을 산정함에 있어서 영업수익에 대하여 부과될 소득세 기타 조세액을 공제할 것이 아니라고 한 원심의 판단은 정당하고 세법상 손해배상금이 비과세소득으로 되어있다 하여 손해액의 산정에 있어서 조세액을 공제하여야 할 것이라고 이해함은 상당하지 아니하다"라고 판시하였던 것이다.[45] 그러나 이러한 최고재판소판결 이후에도 일부 하급심에서는 위 판지에 반하여 공제설을 취하고 있어,[46] 앞으로의 방향은 그 어느 설이라고 속단하기 어려운 상황이라고 한다.[47]

---

41) Küppersbusch(제2장 제2절 주 107), Rn. 126ff, 329; BGH VersR 71, 717; OLG Stuttgart VersR 69, 720; 외국사법제도연구(1) -각국의 인신사고 손해배상사건에서의 손해배상액 산정-, 법원행정처, 2007, 287-288면.
42) 東京地裁 1963(昭和 38). 4. 3. 判決(交通下民 1963, 134).
43) 공제설에 의한 것으로서, 東京地裁 1968(昭和 43). 1. 20. 判決(交通民集 1卷 1号, 25面); 大阪地裁 1970(昭和 45). 4. 2. 判決(判例時報 606号, 57面) 등. 비공제설에 의한 것으로서, 東京地裁 1968(昭和 43). 10. 3. 判決(判例時報 536号, 65面); 大阪高裁 1969(昭和 44). 5. 15. 判決(判例タイムズ 235号, 151面) 등.
44) 加藤了, "逸失利益と税金", 判例タイムズ 268号, 161面.
45) 最高裁 1970(昭和 45). 7. 21. 判決(判例時報 607号, 43面).
46) 東京地裁 1970(昭和 45). 8. 12. 判決(判例タイムズ 257号, 164面); 東京地裁 1972(昭和 47). 2. 3. 判決(交通民集 5卷 1号, 156面).

나. 우리나라의 판례와 학설

우리나라의 현행 소득세법은 손해배상금을 과세대상으로 규정하고 있지 않다. 따라서 일실소득을 산정함에 있어 피해자가 얻을 수 있는 소득으로부터 세금을 공제할 것인지 여부에 대해 논란이 있었다.

이 문제에 관하여 판례는 여러 차례 변화하였다. 초기에는 공제하여야 한다는 판례와 공제하여서는 안 된다는 판례가 혼재하고 있다가,[48] 대법원 1969. 2. 4. 68다2178 전원합의체 판결에[49] 이르러, 봉급근로자의 소득처럼 소득세가 원천징수되는 근로자의 경우에는 소득세 등을 공제하여야 한다는 것으로 판례를 통일하는 한편,[50] 도시 또는 농촌의 일용노동자의 임

---

47) 原島克己, "東京地裁における各種損害算定基準", 判例タイムズ 268号, 212面.

48) 대법원 1962. 3. 29. 선고 4294민상1008 판결(대법원판결요지집 민사, 상사편 I-2 1375면)은 공제설을 취하였으나, 그 후 대법원 1967. 2. 28. 선고 67다11 판결(集 15권 1집 民206)에서 비공제설을 취하기 시작하여, 대법원 1967. 6. 13. 선고 67다659 판결; 대법원 1968. 11. 5. 선고 68다1771 판결; 대법원 1968. 11. 24. 선고 68다1957 판결 등(대법원판결요지집 민사, 상사편 I-2 1375-6면 참조)이 비공제설을 지지하였다. 그러나 대법원 1968. 1. 31. 67다2660 판결(集 16권 1집 民62)은 다시 공제설을 취하였다. 판례의 소개는 孫智烈, "期待收益喪失損害額의 算定에 있어서 稅金을 控除할 것인가", 民事裁判의 諸問題 제1권, 1977, 76면 이하 참조.

49) 대법원 1969. 2. 4. 선고 68다2178 전원합의체 판결(集 17권 1집 民167). 이 판결은 "손해배상제도의 목적은 피해자에게 생긴 실질적인 손해의 공평한 분담을 하게 하는 것이므로 일실이익의 산정에 있어서는 피해자의 상실한 실질적 이익의 전보를 도모하면 족하다 할 것이므로 그 실질적 이익 중에는 원천징수 되는 소득세 등의 액은 포함되지 않는다고 해석함이 가하며 더구나 근로자인 경우에 현행 소득세법의 규정에 의하면 소득세를 원천징수 하게 마련되어 있어서 그 근로자가 실제로 받은 액이 경제적으로는 근로에 의하여 받은 재산상의 이익이라고 할 것이니 원심이 망인의 월간 수입에서 소득세 등을 공제한 나머지를 일실이익이라고 판시한 조치는 정당하다"고 판시하였다.

50) 대법원 1969. 4. 29. 선고 68다1897 판결(集 17권 2집 民63); 대법원 1970. 2. 24. 선고 48다2411 판결(集 18권 1집 民110); 대법원 1970. 9.29. 선고 70다1919 판결(集 18권 3집 民176); 대법원 1973. 11. 27. 선고 73다1454 판결(集 21권 3집 民

금과 같이 소득세가 원천징수되지 않는 경우에는 공제하여서는 안 된다는 것이 주류적인 판례였다.[51][52]

그러던 중 대법원 1978. 9. 26. 판결 78다895 판결은[53] 실무상 세액산정의 어려움과 현재의 세금종목의 장래존속의 불확실성을 이유로 비공제설을 취하였고, 이로 인해 판례의 태도에 다시 혼란이 야기되었으나, 결국 대법원 1979. 2. 13. 선고 78다1491 전원합의체 판결이[54] "생명이나 신체에 대한 불법행위로 인하여 가동능력의 전부 또는 일부를 상실함으로써 일실하는 이익의 액은 그 피해자가 그로 인하여 상실하게 된 가동능력에 대한 총평가액으로써 소득세 등 제세금액을 공제하지 아니한 금액이라고 봄이 상당하다 할 것이니, 이 건에 있어 원고의 상실이익액을 산정함에 있어서는 위 원고의 각종 노임에 대하여 부과될 소득세 등 제세금액을 공제할 것이 아니"라고 판시함으로써 비공제설로 판례를 변경한 이래[55] 현재에 이르고 있다.[56]

참고로 장래의 일실소득에 대한 손해배상청구에서는 소득세 등을 공제하지 않는 것이 현재의 판례의 태도이지만,[57] 이미 발생한 일실소득의 경

207); 대법원 1973. 12. 11. 선고 72다1852 판결(公 1974, 7632).
51) 대법원 1969. 6. 24. 선고 69다631 판결(集 17권 2집 民248); 대법원 1969. 11. 11. 선고 69다1558 판결(集 17권 4집 民10); 대법원 1975. 6. 24. 선고 74다1001 판결(集 23권 2집 民130; 公 1975, 8557) 등.
52) 가령, 일용노동자의 임금에 대해 공제설을 취한 예외적인 판결(대법원 1973. 11. 27. 선고 73다1454 판결(集 21권 3집 民207)이 존재한다.
53) 대법원 1978. 9. 26. 선고 78다895 판결(集 26권 3집 民67; 公 1978, 11119).
54) 대법원 1979. 2. 13. 선고 78다1491 전원합의체 판결(集 27권 1집 民98; 公 1979, 11774).
55) 이 판결로 종전의 대법원 1969. 2. 4. 선고 68다2178 전원합의체 판결(集 17권 1집 民167) 등은 폐기되었다.
56) 尹眞秀(주 6), 625-626면.
57) 대법원 1989. 1. 17. 선고 88다카122 판결(公 1989, 294); 대법원 1987. 12. 8. 선고 87다카1799 판결(公 1988, 273) 등.

우에는 세금을 공제한 잔액만이 손해배상청구의 대상이 된다.[58]

소득세 등의 공제여부에 관하여 우리나라의 학설은 공제설과 비공제설로 나뉘어 있는데, 그 근거로서 들고 있는 것들을 간단히 정리하면 다음과 같다.

공제설의 입장에 서는 견해는 주로 손익상계의 취지에서 그 근거를 찾고 있다. 즉, 일실소득으로부터 세금을 공제하지 않고 손해배상금을 정할 경우, 피해자 혹은 그 유족은 현실로 노동에 의하여 얻을 수 있는 수익 이상의 실질이익을 취득하는 결과가 되고, 피해자측이 이러한 초과이득을 취할 합리적 이유가 없는 것이므로 이를 공제함이 마땅하다는 것이다. 다만 세금의 공제는 법원실무상 여러가지 어려움을 야기하므로 일실소득에 대한 손해배상금을 세법상 과세대상으로 하는 것이 오히려 바람직하다고 한다.[59]

이에 반해 비공제설의 근거는 다음과 같은 여러 관점에서 제시되고 있다.

첫째, 세금은 생활비처럼 수입을 얻기 위한 필요경비와는 그 성질을 달리하므로 손익상계의 대상이 될 이익에 해당하지 아니한다. 즉 세금은 수입이 있은 후의 지출에 해당하는 것이지 수입을 얻기 위하여 필요한 경비는 아니라고 한다.[60]

---

58) 가령, 대법원 1979. 12. 28. 선고 79다1727 판결(公 1980, 12538)은 "생명이나 신체에 대한 불법행위로 인하여 가동능력의 전부 또는 그 일부를 상실함으로써 일실하는 이익의 액은 그 피해자가 그로 인하여 상실하게 된 가동능력에 대한 총 평가액으로서 소득세 등 제세금액을 공제하지 아니한 금액이라고 보아야 한다 함은 논지와 같다 할 것이나, 원심이 인정한 원고의 위 입원치료기간 중의 일실손해금은 원고의 가동능력의 상실과는 관계없이 오로지 이 건 사고로 인한 상해의 치료때문에 실제로 노동에 종사하지 못함으로 인하여 입은 이미 발생한 손해인 것이고, 노동능력의 전부 또는 일부의 상실로 인하여 잃게 된 가동능력에 대한 총 평가액으로서의 장래 얻을 수 있는 이익의 상실이 아니기 때문에, 원심이 위의 실지로 이미 발생한 손해를 산정함에 있어 사실에 충실하게 제세공과금을 공제하여 그 액수를 산출하였다 하여, 일실이익의 산정에 관한 법리를 오해하였다고 할 수 없고"라고 판시하고 있다.

59) 吳宗根(제2장 제3절 주 24), 311면 이하.

둘째, 가동능력상실설의 입장에서 일실이익의 본질은 가동능력상실의 평가이고 얻을 수 있었을 수입액의 산정은 가동능력의 경제적 가치의 측정방법에 불과하므로 그것은 세액을 공제하기 전의 추상적 수입액을 기준으로 할 것이고 여기에서 세금을 공제할 이유가 없다고 한다.[61]

셋째, 현행 소득세법상 일실이익의 배상금은 과세대상이 되지 않는바, 법이 이를 비과세대상으로 한 이유는 인신에 대한 침해를 원인으로 한 손해배상이라는 점을 중시하여 피해자를 두텁게 보호하자는 정책적 고려에 기한 것이므로 세금을 공제하는 것은 이러한 입법취지를 몰각하는 결과를 초래하며 가해자가 그 공제분을 스스로 국가에 납부하지 아니하는 이상 가해자는 국가의 손실로 인하여 부당한 이익을 취득하게 된다는 것이다.[62]

넷째, 국가는 입법정책에 따라서는 배상금에 대하여 소득세법이나 상속세법에 의하여 과세할 수도 있으므로 세금을 공제하게 되면 2중으로 세금을 납부하는 결과로 될 수도 있다고 한다.[63]

다섯째, 실무상 세액의 파악이 극히 곤란하다. 즉 세액산정의 방법은 복잡다기하여지고 세법의 빈번한 개정에 의하여 세액산정의 방법도 변화가 심하여 실무상 정확한 세액을 산출하는 것은 불가능하다고 한다.[64]

다. 검토

공제설은 주로 손익상계의 취지나 소득상실설의 입장에서 주장되고 있다. 즉 소득상실설의 입장에서는 현실적인 소득상실액이 손해가 되므로 소

---

60) 孫智烈(주 48), 93면.
61) 陳成圭(제2장 제3절 주 24), 284면 이하; 孫智烈(주 48), 89-90면.
62) 李在性, "將來의 可得收益의 喪失에 대한 損害額의 算定과 稅金控除의 要否", 民事裁判의 理論과 實際 1권, 1976, 441면; 서울고등법원 1978. 10. 5. 선고 78나1760 판결(判例月報 103號 52면).
63) 郭潤直, 債權各論, 第六版, 博英社, 2003, 461면.
64) 孫智烈(주 48), 95면; 서울고등법원 1978. 12. 22. 선고 78나1853 판결.

득세를 공제한 실제 소득을 기준으로 소득액을 파악하고자 하는 것이다. 반면에 비공제설은 대체로 3개의 각각 다른 취지에 근거를 두고 있다. 즉 첫째는 세법의 규정에 근거를 두고 있는 것이고, 둘째는 배상하여야 할 일실이익은 상실된 노동력자본의 평가액이라는 가동능력상실설의 이론에 근거를 두며, 셋째는 세액의 파악이 곤란하다는 실질적 관점에 그 근거를 두고 있는 것이다.[65]

일실소득으로부터 소득세 등을 공제할 것인지 여부의 문제는, 처음에는 손익상계의 차원에서 다루어졌으나 점차 일실이익의 본질에 관한 문제로 파악하게 되었다.[66] 일실소득의 본질의 문제로서 소득세 등의 공제여부를 판단한다면, 세금을 공제하기 전의 총소득이 피해자의 가동능력의 반영이라는 점에서 비공제설을 취하는 것이 논리적으로 타당하다고 할 것이다. 앞서 살펴 본 대법원 1979. 2. 13. 선고 78다1491 전원합의체 판결이[67] "생명이나 신체에 대한 불법행위로 인하여 가동능력의 전부 또는 일부를 상실함으로써 일실하는 이익의 액은 그 피해자가 그로 인하여 상실하게 된 가동능력에 대한 총평가액으로써 소득세 등 제세금액을 공제하지 아니한 금액이라고 봄이 상당하다 할 것"이라고 판시하며 비공제설을 취한 것이나, 대법원 1979. 12. 28. 선고 79다1727 판결이 "생명이나 신체에 대한 불법행위로 인하여 가동능력의 전부 또는 그 일부를 상실함으로써 일실하는 이익의 액은 그 피해자가 그로 인하여 상실하게 된 가동능력에 대한 총 평가액으로서 소득세 등 제세금액을 공제하지 아니한 금액이라고 보아야 한다 함은 논지와 같다 할 것이나, 원심이 인정한 원고의 위 입원치료기간 중

---

65) 陳成圭(제2장 제3절 주 24), 284면.
66) 가령, 朴海成(주 16), 254면은 所得稅의 공제 문제에 대하여 所得喪失說의 입장에서는 현실적인 所得喪失額이 損害가 되는 것이므로 이론적으로는 所得稅를 공제하는 것이 타당하다는 결과가 된다고 한다.
67) 대법원 1979. 2. 13. 선고 78다1491 전원합의체 판결(集 27권 1집 民98; 公 1979, 11774).

의 일실손해금은 원고의 가동능력의 상실과는 관계없이 오로지 이 건 사고
로 인한 상해의 치료 때문에 실제로 노동에 종사하지 못함으로 인하여 입
은 이미 발생한 손해인 것이고, 노동능력의 전부 또는 일부의 상실로 인하
여 잃게 된 가동능력에 대한 총 평가액으로서의 장래 얻을 수 있는 이익의
상실이 아니기 때문에, 원심이 위의 실지로 이미 발생한 손해를 산정함에
있어 사실에 충실하게 제세공과금을 공제하여 그 액수를 산출하였다 하여,
일실이익의 산정에 관한 법리를 오해하였다고 할 수 없고"라고[68] 판시하
여, 이미 발생한 일실소득의 경우에는 세금을 공제한 잔액만이 손해배상청
구의 대상이 된다고 한 것은 모두, 소득세 등의 공제여부에 관한 문제를 일
실소득의 본질의 문제로 파악하여, 결국 가동능력상실설의 입장에서 소득
세 등의 공제를 부인하고 있는 것으로 평가할 수 있을 것이다.[69]

3. 소결

이상에서 일실소득의 본질과 관련한 다양한 문제들을 살펴보았다. 일실
소득의 본질을 현실소득의 상실로 보는 경우 가해행위시에 소득이 있었던

---

68) 대법원 1979. 12. 28. 선고 79다1727 판결(公 1980, 12538).
69) 金曾漢/金學東(제3장 제2절 주 1), 960면 주 53은, 대법원 1979. 2. 13. 선고 78다
　　1491 전원합의체 판결에 대해 가동능력상실설에 기초한 최초의 판결이라고 할 수
　　있으며 가동능력상실설을 비공제설의 근거로 삼고 있다고 설명하고 있다. 소득상
　　실설에 의하면 피해자가 사고로 인하여 잃게 된 순이익은 총수입에서 세금을 공제
　　한 잔액이므로 이를 공제해야 한다고 보는 것을 전제로 하고 있기 때문이라는 것
　　이다. 그러나 이어서 "과연 손해액산정방식의 문제와 소득세 공제 문제가 관련되
　　는지 의문이다. 일실이익의 산정에서 소득세의 공제 여부는 소득세 자체의 목적이
　　나 성질을 고려해서 판단해야 할 사항이 아닐까?"라고 하여 일실소득의 본질 문제
　　와 소득세 등의 공제여부의 문제의 관련성에 관해 의문을 제기하고 있다.

피해자의 경우에는 장래 소득의 상실을 손해로 파악하는 데에 어려움이 없으나, 그렇지 않았던 피해자의 경우에는 손해를 인정하기 어려운 점이 있다. 즉, 가해행위시에 미성년자이거나, 직업이 없는 가정주부이거나 또는 직업이 없는 무직자의 경우는 소득상실설의 논리에 의할 때에는 현실적인 불이익이 없는 것으로 볼 여지가 있는 것이다. 그러나 판례는 현실적인 수입이 없었다고 하더라도 일정한 수입액(예컨대 농촌 또는 도시의 일용근로자의 임금상당액 등)을 상실한 것으로 인정하여 그 손해의 배상을 인정해 오고 있으며, 이는 소득상실설에 의할 때에는 합리적으로 설명하기 어려운 것이다. 또한 사고로 인하여 종전의 직업에는 종사할 수 없게 되어 다른 직업에 종사하게 된 결과 오히려 종전보다 많은 수입을 올리게 된 경우에도 소득상실설에 의할 때에는 손해가 없는 것으로 판단할 여지가 있어 부당하다. 위법소득의 문제나 세금 등의 공제 문제 뿐만 아니라, 실제 소득이 없는 자나 피해자의 향후 소득을 예측함에 있어 평균적인 예견을 하는 것도 추상적 산정이 적용되는 예라고 볼 것이어서 가동능력상실설에 의할 때 그 설명이 용이하게 되는 것이다.

　종래 우리 대법원은 "일실이익의 산정은 당해 사건에 현출된 구체적 사정을 기초로 하여 합리적이고 객관성 있는 기대수익액을 산정할 수 있으면 되고, 반드시 어느 한 쪽만이 정당한 산정방법이라고 고집해서는 안 된다"고 판시하여,70) 소득상실설과 가동능력상실설 중 어느 것도 가능하다는 입장이라는 것은 이미 서술한 바와 같다. 판례의 이러한 태도는 당해 사건의 사정에 맞추어 소득상실설과 가동능력상실설의 논리를 그 때 그 때 활용하고 있는 것으로 볼 수 있다. 현실적으로는 소득상실설을 주장하는 견해나 가동능력상실설을 주장하는 견해 모두 논리적 일관성을 고집하기보다는 구체적으로 타당한 결론을 도출하기 위해 서로 수렴해가는 측면도 있으므로,71)72) 판례의 태도에 문제가 있다고는 할 수 없을 것이지만, 일실소득과

---

70) 대법원 1994. 4. 14. 선고 93다52372 판결(公 1994, 1423) 등.

관련한 다양한 문제들을 논리적으로 설명할 수 있는 것은 규범적 관점을 고려하는 가동능력상실설(평가설)이라고 할 수 있을 것이다. 또한 침해의 사실적 측면에서 볼 때도 인신사고에 수반하는 일실소득의 경우 직접적으로 침해되는 것은 가동능력 자체이고 소득의 변화는 가동능력침해의 결과에 해당하는 것으로 볼 수 있다. 즉 가동능력의 침해는 있으나 소득의 변화가 없는 경우 일실소득을 인정하기 곤란하게 되는 것은 그러한 소득의 침해가 가해행위의 직접적인 결과라기보다 가동능력 침해로 인해 나타나게 되기 때문일 것이다. 따라서 일실소득의 침해에 있어서도 직접적인 불이익은 가동능력 자체의 침해로 파악하고 가동능력침해의 정도를 평가하여 장래 소득의 상실을 산정하는 것이 일실소득침해에 있어서의 모든 손해를 인정할 수 있게 되는 직접적인 해결책이 될 것이라고 생각한다.

이와 같이 일실소득의 문제는 가해행위로 인하여 장차 상실하게 될 장래의 소득을 대상으로 하고 있다는 점에서 그 산정에 있어 다소간의 어려운

---

71) 가령 尹眞秀(주 6), 595면은, 차액설과 평가설이 반드시 배타적인 개념으로서 그 중 한가지만 옳고 다른 한가지는 틀리다고 하기는 어렵다고 하고 있으며, 이보환, 자동차사고손해배상소송(개정증보), 1990, 376-377면도 양설이 상충되는 것은 아니라고 한다. 대법원 1986. 3. 25. 선고 85다카538 판결(集 34권 1집 民155; 公 1986, 692)도 참조.

72) 朱基東(제4장 제2절 주 13), 509면은, 우리의 재판실무를 구체적으로 살펴보면, 원칙적으로 現實損害說(소득상실설)에 입각하여 손해를 적극적 손해, 소극적 손해 및 정신적 손해로 3분한 뒤 각 항목에 따른 손해액을 합산하여 총손해액을 산정하는 바, 위 現實損害說을 기계적으로 적용함으로 발생하는 불합리한 결론을 피하고 구체적 타당성 있는 결론에 도달하기 위하여 개개의 경우에 있어서는 현실손해의 개념을 의제·확장하여 死傷損害說(평가설)의 결론에 접근하고 있고, 나아가 사상손해설의 주장을 정면으로 채택하는 경우도 있다고 한다. 그리고 그 예로서, 첫째, 현실적으로 아무런 소득이 없는 미성년자, 가정주부, 무직자의 경우에도 일실이익을 인정하고 있고, 둘째, 일실이익의 산정에 있어 稼動能力喪失說에 의한 산정방법을 사용하고 있으며, 셋째, 현재 지급하고 있지 않는 향후치료비를 현재의 손해로 인정하고, 넷째, 손해배상채무에 대한 지연손해금의 기산점을 예외없이 사고발생시로 보는 것 등을 들고 있다.

문제들이 발생하기도 한다.

가령, 사고 후에 소득이 증감하거나 승진·轉職의 가능성 등을 고려하여야 할 것인지가 그와 같은 문제 중의 하나인데, 판례는 장차 그 수익이 증가될 것이 확실하게 예측되는 객관적인 자료가 있는 경우에는 이를 고려해야 한다고 하고 있다.73) 그러나 대법원 1997. 4. 25. 선고 97다5367 판결은74) "피해자가 근무하던 회사가 사고 후 부도로 폐업하였다면, 피해자의 사망 때문에 회사가 도산되었다는 등 특별한 사정이 없는 한, 피해자가 회사에 폐업 이후 정년시까지 계속 근무할 수 있는 것을 전제로 하여 그 기간 중의 일실수입을 산정할 수는 없고, 이러한 경우에는 피해자의 연령, 교육정도, 종전 직업의 성질, 직업경력, 기능 숙련정도 및 유사직종이나 다른 직종에의 전업 가능성과 확률, 그 밖의 사회적, 경제적 조건과 경험칙에 비추어 장차 피해자가 종사 가능하다고 보여지는 직업과 그 소득을 조사 심리하여야 할 것이며, 장차 피해자가 종사 가능하다고 보여지는 직업에서 얻는 수입이 일반노동임금보다 소액이라는 등의 특별한 사정이 없는 한 일반노동에 종사하여 얻을 수 있는 수입을 기준으로 피해자의 회사 폐업 이후의 일실수입을 산정할 수는 없다"라고75) 판시하고 있다. 이러한 판결은 아마도 차액설의 입장에서76) 가정적 인과관계(hypothetische Kausalität)

---

73) 대법원 1987. 3. 10. 선고 86다카1740 판결(公 1987, 636); 대법원 1988. 6. 28. 선고 87다카1858 판결(公 1988, 1114); 대법원 1996. 4. 23. 선고 94다446 판결 (公 1996, 1542) 등.

74) 대법원 1997. 4. 25. 선고 97다5367 판결(公 1997, 1599).

75) 대법원 1987. 2. 10. 선고 86다카1453 판결(公 1987, 419); 대법원 1988. 5. 10. 선고 87다카1539 판결(公 1988, 946); 대법원 1991. 5. 14. 선고 91다124 판결(公 1991, 1623) 등도 같은 취지의 판례이다.

76) 손해를 차액설의 입장으로 이해하면, 가정적 인과관계의 경우에는 가정적 원인에 의해서도 현실적 원인으로 인하여 발생한 손해와 마찬가지의 손해가 발생했으리라고 생각되는 경우에는 현재의 총재산상태와 가정적 총재산상태의 차는 없는 것이 되므로 손해가 존재하지 않는 것이 되고, 결국 현실적 야기자의 책임이 부정되는 결과가 되어, 가정적 인과관계의 문제는 차액설 비판의 논거가 되어 왔다.

를[77]) 고려하고 있는 것으로 볼 수 있으나,[78]) 이는 사고 후에 임금이 상승되는 등의 경우에는 그것이 상당한 정도로 확실하게 예상되어야 한다고 하여 장래의 사정을 고려함에 엄격한데 반하여, 회사의 도산으로 소득이 감소된 경우에는 반대로 이를 용이하게 고려하는 점에서 판례의 태도 간에 모순이 있다고 하겠다.[79]) 또한 당사자의 과책 등과 관련없는 가정적 인과관계를 고려하고 있다는 점과 손해의 발생여부 또는 발생한 손해의 귀속문제의 판단과 관련되는[80]) 가정적 인과관계의 문제를 손해배상의 산정(손해의 평가)문제, 즉 손해배상의 산정시기와 관련시키고 있다는 점에서도 문제가 있는 판결로 보인다.

일실소득의 본질의 문제는, 현실의 소득이 없는 자나 가해행위 이후에도 소득의 감소가 없는 피해자의 경우 차액설에 의해서는 현실소득의 차액이 없게 되는 결과 그 손해배상청구권이 인정되지 못하게 될 수 있는 불합리를 해결하기 위해 논의되기 시작한 것으로서, 규범적 손해개념의 문제로 취급되어 온 가장 전통적이고 대표적인 주제이다. 그리하여 차액설이 통설, 판례인 독일에서도 일실소득의 문제의 경우에는 규범적 고려 하에 차액설

---

77) 가정적 인과관계(hypothetische Kausalität)라 함은, 손해발생 후 손해원인인 채무불이행 또는 불법행위가 없어도 같은 손해를 야기하였을 것이라고 생각되어지는 다른 사정이 이미 이행기 또는 불법행위시에 존재하는 경우(잠재적 사정) 또는 이행기 또는 불법행위시 이후에 발생한 경우(후발적 사정), 이들 사정을 배상액산정시에 참작해야 할 것인가라는 문제이다. 즉, 어떤 현실적 원인에 의해서 현실로 손해가 발생함과 동시에 또는 그 후에 그 현실적 손해원인이 없었다고 하더라도 다른 원인에 의해서 그와 동일한 손해를 야기하였을 것이라고 보여지는 경우에, 그 현실적 원인 야기자는 위와 같은 사정을 주장하여 그의 책임을 면할 수 있느냐의 문제인 것이다(양삼승(제2장 제3절 주 19), 71면).

78) 民法注解[IX], 561면(池元林 집필부분)은 이러한 판결을 가정적 인과관계에 대한 것으로 평가하고 있으며, 앞으로의 소득의 감소 또는 이와 유사한 장기간 계속되는 이익의 상실과 같은, 결과적 손해에 있어서는 예비적 원인이 참작되어야 한다고 하여 판례의 태도에 찬성하고 있다.

79) 金曾漢/金學東(제3장 제2절 주 1), 965면.

80) 임건면, "假定的 因果關係에 관한 小考", 成均館法學 16권 2호, 2004, 225-226면.

을 수정하거나 아예 차액설과는 다른 설명을 하고 있다. 또한 평균임금이나 통계표에 의한 일실소득의 추정이 비교적 넓게 인정되어 추상적 손해산정이 대표적으로 인정되는 예외적인 사안이기도 하다는 데에서 일실소득의 문제의 의의를 찾을 수 있다.

비록 우리나라의 평가설은 일실소득의 계산을 함에 있어, 가동능력상실의 정도를 평가하여 산정하는 것이 아니라, 현실 소득액을 기초로 하여 가동능력상실률을 곱하여 산정하는 결과 현실소득설에 접근하는 측면이 있으나, 현실의 소득이 존재하는 경우는 현실 소득이 피해자의 추정 소득을 가늠해 볼 수 있는 주요한 기준의 하나가 될 것이라는 점에서 수긍할 수도 있을 것이다.[81]

또한 이미 지적한 바와 같이 일실소득의 본질의 문제에 있어서의 규범적 손해라고 하는 의미는 주로 현실적인 소득이 없거나 또는 가해행위 이후 오히려 소득이 증가하는 등으로 소득의 차액이 존재하지 않는 경우에도 손해를 인정하거나, 평균소득 등의 추상적 손해산정에 의해 손해를 인정하는 취지로 사용되고 있어, 손해의 일반적 개념론이나 본질론에 있어서의 손해의 규범적 요소의 의미와 비교해 볼 필요가 있을 것이다. 다만, 위법소득의 문제에서는 규범적 요소의 의미가 손해배상제도의 목적이나 보호법익 등의 고려의 의미에서 사용되고 있으며, 소득의 차액이 존재하지 않는 경우에도 손해를 인정하려는 것은 가해행위에 책임이 있는 가해자를 면책시키는 것이 부당하다는 고려와도 연결되어 있다는 점에서, 이러한 제반 사항들은 손해의 규범적 요소에 의한 것이라는 점을 지적할 수 있을 것이다.

---

81) 일실소득산정의 유형을 가해행위 전후의 소득을 확정할 수 있는지의 여부에 따라, 종전소득과 향후소득을 모두 확정할 수 있는 경우, 종전소득은 확정가능하지만 향후소득을 확정할 수 없는 경우, 종전소득은 확정할 수 없지만 향후소득은 확정가능한 경우, 그리고 종전소득과 향후소득 모두를 확정할 수 없는 경우의 네 가지 유형으로 구분하고 있는 것으로는, 吳炳喆, "逸失利益算定의 類型的 分析", 延世法學研究 第3輯: 均齋梁承斗敎授 華甲紀念論文集, 1995, 824면 참조.

제5장

이른바 '원치 않은 아이'

제1절 서

이른바 '원치 않은 아이로 인한 손해배상'이라 함은 의사의 과실로 원치 않은 자녀를 임신하거나 출산한 경우에 의사가 부모 또는 태어난 자녀에 대해 손해배상책임을 부담하는가의 문제이다.[1)

원치 않은 아이로 인한 손해배상의 문제는 대개 3가지의 사례유형으로 분류되어 논의되곤 하는데,[2) 각 용어의 정의와 사용이 아직까지는 통일되지 않은 채로 사용되고 있다. 그 한 유형에 해당하는 'wrongful life'라고 하는 용어는 원래 'wrongful death'[3) 표현으로부터 유추된 것이라고 하며,[4) 'wrongful conception/pregnancy'와 'wrongful birth' 또한 마찬가지 용례이다.[5) 통일되지 않은 용어법과 개념정의의 불완전성으로 인해 먼저 그 구체적인 유형과 용어를 정의한 후 고찰하기로 한다.

---

1) 원치 않은 아이의 임신이나 출산은 종종 생식보조술, 산전검사나 유전상담의 과실, 피임약 조제 등과 관련된 과실에 의해 간호사, 임상병리사, 유전상담사나 약사 등에 의해서도 발생할 수 있으므로 엄밀히는 의료종사자의 책임으로 정의할 필요가 있으나, 대표적으로 문제되는 손해배상주체인 의사의 책임으로 간단히 정의하기로 한다.

2) 원치 않은 아이 사건의 구체적인 사례군들에 대해서는 이은영, 원치 않은 아이에 따른 손해배상에 관한 연구 -원치 않은 임신, 원치 않은 출산, 원치 않은 삶-, 中央大學校 大學院 法學博士學位論文, 2008, 32면 이하 참조.

3) 우리나라에선 '생명침해', '불법사망', '침해된 생명' 등으로 번역되곤 하는데, 여기서 'wrongful'의 의미는 직역하면 '불법적' 내지 '부당하거나 잘못된 것'이라는 부정적인 가치평가를 담고 있는 것이다.

4) Deutsch(제2장 제2절 주 118), S. 534.

5) 'wrongful life', 'wrongful conception/pregnancy'와 'wrongful birth'라고 하는 용어는, 우리나라에선 각각 '원치 않은 삶', '원치 않은 임신' 및 '원치 않은 출산' 등으로 번역하여 사용하는 것이 일반적이다.

원치 않은 아이로 인한 손해배상의 문제는 크게 다음의 3가지 유형으로 구분할 수 있다.6) 즉, 첫째, 자녀를 낳지 않으려고 하였는데 의료종사자의 잘못으로 정상아인 자녀가 출생한 경우의 의사의 손해배상책임(正常兒型, wrongful conception/pregnancy)과 둘째, 부모가 장차 낳게 될 자녀가 정상아이면 낳고 장애아이면 낳지 않으려고 하였는데, 의사가 그 진단이나 의료적 처치를 그르쳐 장애아가 출생한 경우 의사의 부모에 대한 손해배상책임(障碍兒 父母型, wrongful birth) 및 셋째, 위 둘째의 경우에 장애아로 출생한 자녀 본인에 대한 의사의 손해배상책임(障碍兒 自身型, wrongful life)이 그것이다.

위 각 유형에서 문제되는 손해배상책임의 내용으로는 의료비, 일실소득 등도 생각해 볼 수 있을 것이나, 원치 않은 아이의 사안과 관련해 특수하게 논의되는 것은 원치 않은 아이 자체의 손해성 여부와 자녀의 양육비 그리고 정신적 손해로 인한 위자료에 대한 것이므로 이를 중심으로 살펴보기로 한다.

---

6) 이러한 유형 분류 및 그 용어의 사용에 대해 자세한 설명은, 尹眞秀, "의사의 과실에 의한 자녀의 출생으로 인한 손해배상책임", 民法論攷 Ⅲ, 博英社, 2008, 424면 참조.

제2절 비교법적 고찰

원치 않은 아이로 인한 손해배상의 문제는 1930년대 미국을 시작으로 영국, 독일, 프랑스 등을 비롯한 여러 나라에서 문제되기 시작하여 오늘날까지 판례와 학설 등에서 다양한 논의가 이루어지고 있다.

1. 독일

원치 않은 아이로 인한 손해배상책임의 문제는 독일에서는 주로 출생한 자녀에 대하여 부모가 부담하여야 하는 양육비를 손해로 보아 그 배상을 인정하게 할 수 있을 것인지를 중심으로 논의되고 있다. 연방대법원의 판례는 장애아 자신형을 제외하면 장애 여부와는 무관하게 양육비를 포함한 모든 손해의 배상을 인정하는 입장을 취하고 있다.

(1) 정상아형과 장애아 부모형의 경우

부모에게 양육비 상당의 손해를 인정할 것인가의 문제에 관한 독일 판례의 전개는 대개 독일연방헌법재판소 제2재판부(Zweiter Senat)가 1993. 5. 28. 선고한 낙태죄의 위헌여부에 관한 판결[1] 전과 그 이후로 나누어 볼 수 있다.[2] 연방대법원이 이 문제에 관하여 처음으로 태도를 밝힌 것은 1980.

3. 18. 의 두 판결인데,[3] 부인의 임신을 초래한 것은 독일민법 제823조 제 1항의 신체상해에 해당하며, 부부에게 각각 위자료를 지급하여야 한다고 결론내리고, 또 아이의 양육비에 대해서도 가족계획의 침해라는 입장에서 배상되어야 하는 손해로 인정함으로써 부모의 청구를 인용하였다. 이 두 판결이 내려진 이후에도 여전히 양육비의 청구를 인정하지 않는 하급심 판결도[4] 있었으나, 연방대법원은 대체적으로 원치 않은 아이의 출산으로 인한 양육비용이 손해배상청구의 대상이 될 수 있다는 입장을 취하고 있었다.

이러한 판례의 태도에 대해 논란을 불러일으키게 한 계기가 된 것은, 낙태를 일정한 범위에서 허용하는 독일형법 제21조a 이하 규정의 위헌여부에 관한 연방헌법재판소 제2재판부의[5] 판결로서, 이 판결의 14번째 주문은 법률적으로 자녀의 존재를 손해의 원천으로 특징짓는 것은 독일기본법 제1조 제1항(인간의 존엄과 가치)에 비추어 허용되지 않으며, 따라서 자녀를 위한 양육의무를 손해로 파악하는 것은 금지된다는 것이었다.[6]

이러한 독일연방헌법재판소의 판결에도 불구하고 연방대법원은 양육비에 관하여 종래의 판례를 계속 유지하고 있다. 가령 1993. 11. 16. 유전학

---

1) BVerfGE 88, 203 = NJW 1993, 1751. 이 판결 이전의 연방대법원의 판례는 출생한 자녀가 정상아인지 장애아인지와 무관하게 양육비 상당의 손해배상청구를 인정하여 왔으나, 위 연방헌법재판소 판결이 이러한 연방대법원의 판례를 비판함으로써, 이 문제에 관한 논의는 새로운 양상을 띠게 된 것이다. 하지만 연방헌법재판소의 판결 이후에도 연방대법원은 종래의 판례를 고수하였고, 이후 연방헌법재판소 제1재판부는 1997년에 이러한 연방대법원의 판례를 지지하였다.

2) 尹眞秀(제4장 제4절 주 32), 475면.

3) BGHZ 76, 249 = JZ 1980, 406; BGHZ 76, 259 = JZ 1980, 409.

4) LG Kassel, NJW 1984, 1411; OLG Zweibrücken, NJW 1984, 1824.

5) 독일연방헌법재판소는 각 8명씩으로 구성된 제1재판부(Erster Senat)와 제2재판부(Zweiter Senat)로 구성되어 있다. 양 재판부는 원칙적으로 독립하여 재판하며, 전원합의체(Plenum)에 의한 재판은 예외적으로만 인정된다.

6) BVerfGE 88, 203=NJW 1993, 1751=JZ 1993 Sonderausgabe.

적 판단을 잘못하여 장애아를 출산한 사건에서도 연방대법원은, 장애아이기 때문에 추가로 소용되는 비용 뿐만 아니라 모든 부양비용을 배상하여야 한다고 판시하였으며,[7] 1995. 6. 27. 정관 불임수술을 받았음에도 건강한 아이인 여섯째 아이를 출산한 사건에서도 연방대법원은 1993. 5. 28. 헌법재판소 제2재판부 판결의 영향으로 양육비배상을 기각한 OLG Frankfurt a. M. 고등법원의 판결에 대하여, 원심이 양육비를 기각한 것은 연방대법원의 종래 판례에 배치되어 인정할 수 없다고 판시하였다.[8] 이 판결들은 연방헌법재판소의 판결 이후에도 종전 연방대법원의 입장을 유지하면서 그 이유에 대한 자세한 설명까지 덧붙인 것이었다.

연방헌법재판소 제2재판부의 판결에도 불구하고 연방대법원이 양육비청구를 인정하는 태도를 유지하자, 손해를 배상할 책임이 있는 피고들은 연방헌법재판소에 헌법소원을 제기하였다. 두 개의 사건이 헌법소원의 대상이 되었는데, 하나는 이미 설명한 1993. 11. 16. 판결이었으며, 또 하나의 사건은 불임시술에 실패한 비뇨기과 의사가 네 번째 아이를 출산한 원고에게 양육비를 지급하라는 지방법원과 고등법원의 판결을 받게 되자 이 판결이 위헌이라고 주장한 것이었다.[9]

헌법소원은 연방헌법재판소 제1재판부가 담당하였고, 헌법소원을 담당하지 않은 연방헌법재판소 제2재판부는 1997. 10. 22. 결정에서 이 헌법소원에 관하여 견해를 밝힌 바 있다.[10] 즉 1993. 5. 28. 당 재판부의 견해는 출생아가 헌법상 손해로 파악되어서는 안 된다는 것이었는데, 이는 재판에 영향을 미치는 법적 견해라는 것이 다수의견이었으며, 이에 관하여 헌법재판소 제1재판부와 제2재판부의 견해가 상이할 경우에는 재판에 영향을 미치는 주된 이유인가(아니면 방론인가)의 여부에 관하여 전원합의체를 구성

---

7) BGHZ 124, 128 = JZ 1994, 305.
8) NJW 1995, 2407.
9) 尹眞秀(제4장 제4절 주 32), 488면.
10) JZ 1998, 356, 357.

하여 결정해야 한다는 것이 당 재판부의 견해라고 한 것이다. 그러나 연방
헌법재판소 제1재판부는 아이에 대한 양육비를 손해로 보는 연방대법원의
판결은 독일기본법 제1조 제1항에 위배되지 않는다는 이유로 위헌이 아니
라고 판시하여 연방대법원의 판례를 옹호하는 결정을 하였다.11)12)

학설의 견해도 정상아형과 장애아 부모형의 경우 아이를 손해로 인정
할 수 없는 이상 실체법상의 청구권이 결여되었다는 이유로 이를 인정하지
않는 견해가13) 있으나, 아이의 출생으로 인한 양육비용을 경제적 손실로
보아 이를 인정하는 견해가 다수설을14) 이루고 있다.

(2) 장애아 자신형의 경우

정상아형과 장애아 부모형의 경우에는 많은 논란 속에서도 양육비에 대
한 손해배상까지도 인용되는데 반해, 독일연방대법원은 풍진감염에 의한
장애아의 출생사건에서 처음으로 장애아 자신의 청구권을 부정한 이래로
일관되게 그 입장을 견지하고 있다.15)

학설의 입장도 장애아 자신의 청구권을 부정하는 것이 다수설의 입장이

---

11) JZ 1998, 358.
12) 姜信雄, "원하지 않은 子女가 출생한 경우의 醫師의 損害賠償 問題 -獨逸判例
   를 中心으로-", 法學硏究 第11卷 第1號, 忠南大學校 法學硏究所, 2000, 21면.
13) Picker, "Schadensersatz für das unerwünschte Kind »Wrongful Birth«", AcP 195,
   1995, 503ff.
14) Deutsch, "Neues Verfassungszivilrecht: Rechtswidriger Abtreibungsvertrag gültig
   Unterhaltspflicht aber kein Schaden", NJW 1993, 2361ff; Roth,
   "Unterhaltspflichr für ein Kind als Schaden?", NJW 1995, 2402ff; Giesen, "Zur
   Schadensrechtlichen Qualifikation der Unterhaltspflicht für ein ungewolltes
   Kind", JZ 1994, 305.
15) BGHZ 86, 240.

다.16) 그 논거로서는, 의사가 이러한 장애아에 대하여 불법행위법상의 의무를 부담하는지와 관련하여, 독일 민법 제823조 제1항은 생명의 보호를 지향하는 것이지 그 제거를 지향하는 것이 아니므로, 출산을 막지 못하였음을 이유로 하는 불법행위법상의 의무는 존재하지 않는다고 하는 점과17) 심하게 장애를 입고 태어날 아이이더라도 생존능력이 있는 한 의사와 부모는 그 생명유지에 노력해야 할 의무가 있다는 점,18) 그리고 독일의 판례에서 발전한 제3자를 위한 보호효(Schutzwirkung zugungsten Dritter)를 근거로 장애아가 의사와 母 사이의 계약에 기하여 손해배상청구권을 행사할 수 있는지와 관련하여, 태아는 낙태를 통해서 출산이 방지될 수 있는 대상에 불과하지 이처럼 제3자 보호효가 있는 계약(Vertrag mit Schutzwirkung für Dritte)의 주체로 인정될 수는 없다는 점19) 등이 제시되고 있다.

이에 반하여 아이가 부모와 의사 간에 체결된 계약의 보호범위 내에 있으며 아직 인간이 아닌 태아의 경우도 법적 보호를 받는데 반해 아이에게 청구권을 인정하지 않는 것은 부당하다는 견해와20) 장애아의 부모에 대해서는 손해배상청구를 인정하면서도 장애아 자신에 대해서 부정하는 것은 평등의 문제와 정의의 관점에서 기본적인 가치판단의 모순을 초래하는 것이므로 이를 인정해야 한다는 견해 등의21) 소수설이 있다.

---

16) 이에 관해 상세히는 Picker, Schadensersatz für das unerwünschte eigene »Wrongful Life«, 1995, S. 12 Fn. 27 참조.
17) Larenz/Canaris, Lehrbuch des Schuldrechts, Bd. II/2, 1994, § 76 III f.
18) Brüggemeier, Deliktsrecht: ein Hand- und Lehrbuch, 1986, Rn. 199; Fikentscher (제2장 제2절 주 112), Rn. 1206.
19) MünchKomm.-Gottwald, § 328, Rn. 109.
20) Deutsch, "Das Kind oder sein Unterhalt als Schaden", VersR 1995, 614.
21) Picker(주 16), S. 117.

2. 프랑스

(1) 정상아형과 장애아 부모형의 경우

프랑스의 최고행정재판소인 국참사원(Conseil d'État)은 1982년에 공립
병원의 의사가 시행한 임신중절수술상의 과실로 인해 정상아를 출산한 사
건에 대해 산모의 임신중절수술의 요청이 적법한 요건을 갖춘 경우에만 손
해배상청구권이 인정되며 그 경우에도 특별한 사정 또는 상황이 존재한 때
에만 손해배상이 정당화된다고 판시하면서, 이 사건의 경우 산모가 독신이
고 수입이 매우 적다는 특별한 사정이 있다는 이유로 손해배상청구를 인용
하였다.[22] 파기원은 1991년에 국참사원과 동일한 판결이유를 내세우면서
도 양육비청구를 기각한 항소법원의 판결을 인정하였다.[23] 이후 파기원은
장애아 부모형에 대해서도 의사들에게 나쁜 결과의 발생을 방지하기 위한
의료검사를 실시하지 않았다는 이유와 임신이 가져올 위험에 대한 정보제
공의무를 다하지 않았다는 이유로 양육비에 대한 배상책임을 인정하였
다.[24] 이처럼 프랑스의 판례는 원칙적으로 원치 않은 아이로 인한 손해배
상이 정당화되는 특별한 사정 또는 상황이 존재하는 때에만 산모에 대한
손해배상을 제한적으로 인정하고 있다.[25]
　　장애아 부모형에서의 손해배상청구권에 관해 학설도 대체로 긍정하는
입장을 취하고 있는데, 장애아출산의 가능성이 있는 경우 임신중절을 허용
하고, 이것이 의사의 과실로 방해되었을 때 의사에게 책임을 지워 손해배
상하도록 요구하는 것이 손해배상법의 기본원리이며, 장애아의 출산으로

---

22) CE, 2 juil. 1982, D. 1984.J.425, note J. B. d'Onorio.
23) Cass. civ. 1re, 25 juin 1991, D. 1991.J.566, note P. le Tourneau.
24) Cass. civ. 1re, 16 juil. 1991, Bull. civ. I, n° 248.
25) 이은영(제5장 제1절 주 2), 86면.

부모가 겪는 고통이나 장애아가 겪는 고통은 장애아에게 내재하는 것이라고 해서 손해배상을 부정하는 것은 결국 잠재적인 인간에 대한 장애에서 유래하는 침해 및 그 손해를 부정하는 것이 된다고 하고 있다.[26]

이에 반해 손해배상청구권을 인정하게 되면 의사들은 태아의 비정상적인 상태에 대하여 조금이라도 의심이 가는 경우에는 자신의 책임을 회피하기 위하여 산모로 하여금 임신중절시술을 받을 것을 권유할 것이고, 결과적으로 인간의 존재를 가치있는 삶과 그렇지 못한 삶으로 구별하게 될 것이며, 장애를 미리 방지하고자 하는 예방적 차원의 우생학이 보다 나은 아이를 찾는 도구로 전락하게 된다고 하여 비판적인 견해도[27] 있다.

(2) 장애아 자신형의 경우

프랑스 파기원은 장애아 자신형에 대하여 1996. 3. 26.의 두 개의 판결에 의하여 처음으로 손해배상을 인정하였는데, 한 사건에서는 이를 기각한 원심판결을 파기환송하고, 다른 사건에서는 이를 인용한 판결을 승인함으로써 손해배상을 인정하였다.[28] 전자는 뻬뤼쉬 사건(Affaire Perruche)으로서[29] 의사 등의 오진으로 산모의 풍진을 발견하지 못하여 장애아가 출생한 것이고,[30] 후자는 남편의 유전질환에 대한 오진으로 인하여 동일한 증상의 장애아가 출생한 사건이었다.[31][32]

---

26) Saint-Rose, Conclusions orales, D. 2001, p. 316.
27) Mémeteau, Traité de responsabilité médicale, mise à jour 1997, n° 126; Hauser, RTD civ. 2000, p. 80.
28) Lewis, "The necessary implications of Wrongful claims: lessons from France", European Journal of Health Law 12, 2005, pp. 135-153.
29) 이 사건의 아동의 이름을 따서 '뻬뤼쉬 사건(Affaire Perruche)'이라고 부른다.
30) Costich, "The Perruche case and the issue of compensation for the consequence of medical error", Health Policy 78, 2006, pp. 8-16.

파기원에 의하여 선고되었던 뻬뤼쉬 사건은 제1차 파기이송법원의 저항 판결로 다시 상고되어 파기원의 충원합의부(l'Assemblée plénière)에서 심리되면서 뜨거운 논쟁을 불러 일으켰다.[33] 2000년 11월 17일 파기원은 의사 등의 과실과 아이의 장애사이의 인과관계를 인정하여 아이의 손해배상청구를 재인용하였다.[34] 이 판결은 프랑스 민법이 제정된 이래 그 어느 판결도 이 판결만큼 많은 평석을 낳게 하지는 않았다고 말할 정도로 많은 논란을 제기하였다. 일부 하급법원들 뿐만 아니라 대부분의 학자들, 장애인, 일반 여론도 이 판결에 대해 비판적이었다. 즉 이 판결은 장애를 가지고 태어나는 것보다는 태어나지 않는 것이 좋다고 하는 것이 된다는 것이다.[35]

그럼에도 불구하고 파기원은 그 후에도 이러한 판례를 고수하였다. 그러자 프랑스 의회는 이러한 판례를 봉쇄하기 위하여 '病者의 권리와 보건체

---

31) Cass. civ. 1re, 26 mars 1996, Bull. civ. I, n° 156. 장애아 자신형의 소송은 1997년 국참사원에서도 다루어졌지만(CE, 14 févr. 1997, JCP 1997. II. 22828, note J. Moreau), 그 결과는 파기원의 판결과 상반되는 것이었다.

32) 프랑스에서의 원치 않은 아이와 관련된 논의에 대해서는 尹眞秀, "Wrongful Life에 관한 프랑스의 최근 판례와 입법", 民法論攷 III, 博英社, 2008, 531면 이하를 참조.

33) 파기원에서 파기된 사건을 이송받은 제1차 파기이송법원(la juridiction de renvoi)은 원심법원과 동일한 권한을 가진다. 사실문제에 대하여 원심법원과 다르게 판단할 수 있으며, 법률문제에 대하여 파기원의 법률적용과 해석에 기속되지 않는다. 만일 제1차 파기이송법원이 파기원의 법해석을 따르지 않아서 이에 불복하는 자가 파기원에 다시 상고하는 경우(제2차 상고(second pourvoi)) 파기원은 충원합의부(l'Assemblée plénière)에서 결정하게 된다. 이 때 파기원이 제1차 파기이송법원의 판결을 파기하여 제2차 파기이송법원(la seconde juridiction de renvoi)에 이송하는 경우, 제2차 파기이송법원은 사실문제에 대하여는 제1차 파기이송법원과 마찬가지로 자유롭게 판단할 수 있지만, 법률문제에 관하여는 파기원 충원합의부의 판단에 기속된다(Perrot, Institutions judiciaires, 12e éd., 2006, n°s 222-224).

34) Cass. ass. plén., 17 nov. 2000, JCP 2000. II. 10348, concl. J. Sainte-Rose, rapp. P. Sargos, note F. Chabas.

35) 尹眞秀(제4장 제4절 주 32), 516면.

계의 質에 관한 2002년 3월 4일의 2002-303 법률'을[36] 제정하여 그 제1편 '장애자에 대한 연대' 부분에 2개의 조문으로 된 이른바 '反뻬뤼쉬법(Loi Anti-Perruche)'을 규정하였다. 즉 이 법률 제1조 제1항 제1문은 "어느 누구도 자신의 출생이라고 하는 사실만으로부터 손해를 주장할 수 없다"고 규정하여 장애아 자신형의 소송을 금지하고 있는 것이다.

학설은 뻬뤼쉬 사건과 관련하여 손해배상청구권을 부정하는 견해와 긍정하는 견해로 나뉘어 대립하였는데, 손해배상청구권을 부정하는 견해는 다음과 같은 논거를 들고 있다. 먼저 의사의 과실과 태아의 장애 사이에는 아무런 인과관계가 없다는 점과,[37] 장애아 자신의 손해를 인정하는 것은 장애상태의 삶이 자신에게 손해이며, 차라리 죽음이 더 낫다는 것을 받아들이는 것으로 이것은 도덕에 반하는 것이며 장애를 이유로 손해배상을 인정하는 것은 장애아의 삶에 부정적인 가치를 두는 것이고 인간의 존엄성의 원칙에 반한다는 점,[38] 의사의 과실이 없었다면 아이는 존재하지 않았을 것이므로 여기서 요구되는 비교상태는 삶과 비존재 사이라고 할 수 있는데, 비존재를 바람직한 것으로 볼 경우 죽음이 긍정적인 가치로 평가되고 삶은 부정적인 가치로 평가되는 역설을 인정하게 되므로 이는 손해로서 평가될 수 없는 것이며, 태어난 아이는 계약의 당사자가 아니기 때문에 의무의 상대방이 아니므로 母에 대한 정보제공의 실패는 단지 母에 대한 권리침해이지 아이에 대한 침해가 아니라는 점[39] 등이 논거로서 제시되고 있다.

---

36) Loi n° 2002-303 du 4 mars 2002 relative aux droits des malades et à la qualité du système de santé.
37) Chabas, JCP 2000. Ⅱ. 10438, p. 2309; Mémeteau, "L'action de vie dommageable", JCP 2000, p. 2278.
38) Aynés, "Préjudice de l'enfant né handicapé: la plainte de Job devant la Cour de cassation", D. 2001. Ch. 494, n°s 19-20.
39) Saint-Rose, JCP 2000. Ⅱ. 10438, p. 2307.

이에 반해 손해배상청구권을 긍정하는 견해는 다음과 같은 논거를 들고
있다. 태아의 장애여부가 판명될 경우 임신중절의 선택을 위한 의사의 정
보제공의무가 있고, 이 의무를 다하지 못하여 임신중절을 선택하지 못한
결과 장애아가 출생하였다면 그 아이의 장애는 결국 의사의 과실에 의해
발생한 것으로 보아야 한다는 점과[40] 손해로서 인정해야 하는 것은 장애
아의 삶 자체가 아니라 그 아이의 장애상태의 삶이며 장애아 자신의 손해
를 인정한다는 것의 의미는 살지 않을 권리를 인정하는 것도 아니고 다만
심각한 장애상태로 살지 않을 이익을 의미할 뿐이라는 점,[41] 장애아의 손
해는 부정하면서 그 부모가 입은 손해는 인정한다면 이는 모순되는 것으로
가해자의 과실의 직접적인 피해자는 장애아이고 이로 인해 부모가 반사적
으로 침해를 받는 것에 지나지 않으므로 부모의 손해를 인정하기 위해서는
보다 원천적인 아이의 손해를 당연히 전제하고 있어야 한다는 점,[42] 그리
고 아이에 대한 손해배상을 거부하는 것도 마찬가지로 인간의 존엄성에 배
치될 수 있으며 손해배상을 인정하는 것이 장애아에게 자신의 존엄성을 보
호할 수단을 주고 오히려 그러한 존엄성을 제고시키는 것이라는 점[43] 등
이 논거로서 제시되고 있다.

---

40) Sargos, rapp. conforme, JCP 2000. Ⅱ. 10438, n°s 38-39.
41) Jourdain, note, D. 2001, p. 337.
42) Gobert, A propos de l'arrêt du 17 novembre 2000, Petites affiches, 8 déc. 2000. n° 245, p. 6.
43) Fabre-Magnan, "Avortement et responsabilité médicale", RTD civ. 2001, p. 285 et s.

3. 영국

영국에서는 원치 않은 아이의 임신과 출산 그 자체를 신체손상의 일종으로 보아 정상아형과 장애아 부모형의 경우에는 손해배상을 인정하지만, 장애아 자신형의 경우에는 손해배상을 인정하지 않는다. 하지만 장애아 부모형에 있어서는 양육비의 배상여부와 관련해서 논란이 있다.

장애아 자신형에 해당하는 판결로는, 산모의 풍진의 영향을 받은 장애아가 제기한 맥케이 사건(McKay v. Essex AHA)이[44] 있으며, 이러한 청구를 인정하는 것은 아이가 장애를 가지고서는 태어나지 않을 권리가 있거나 의사에게 아이의 생명을 박탈할 의무가 있다는 것을 인정하는 것으로서, 인간의 존엄을 침해하고 공서양속(Public Policy)에 반한다고 하여 법원은 청구를 기각하였다.

불임수술의 실패로 장애아를 출산한 에메 사건(Emeh v. Kensington Chelsea and Westminster AHA)에서[45] 항소법원은 양육비의 배상이 공서양속에 반하지 않는다고 확인하였으며, 이후 원치 않은 아이의 양육비는 아이의 장애여부와 상관없이 원칙적으로 배상가능한 것으로 받아들여졌으나, 귀족원이 처음으로 원치 않은 아이 소송을 다룬 맥팔레인 판결(McFarlane v. Tayside Health Board)에[46] 의하여 판례의 태도는 변경되었다.

장애아 부모형의 경우, 맥팔레인 판결 이후에 산전검사의 과실로 다운증후군의 아이가 출생한 랜드 사건(Rand v. East Dorset HA)에서[47] 법원은

---

44) [1982] Q.B. 1166.
45) [1985] Q.B. 1012.
46) [2000] 2 A.C. 59. 남편의 정관절제술의 실패로 정상아를 출산한 이 사건에서, 귀족원은 원치 않은 임신을 신체손상으로 보아 임신에 따른 고통과 불편에 대한 손해배상을 인정하면서도 양육비에 대해서는 기각하였고, 이후 항소법원은 정상아에 대한 양육비 배상은 '재정적인 특권'을 주는 것이라고 하여 손해배상을 기각하였다.
47) [2000] Lloyd's Rep. Med. 181.

맥팔레인 판결을 적용하지 않고 장애로 인한 추가비용에 한하여 양육비를 인정하였고, 이후에도 이러한 판결은 계속되었다.48)

영국에서 장애아 자신형에 관해 손해배상청구권을 부정하고 있는 판례의 태도에 대하여는, 신체적 권리침해를 이유로 하는 다른 많은 청구소송에서와 같이 손해배상의 인정을 통하여 피해자에게 가능한 한 금전으로 '정상적인' 삶을 제공하게 하고 적어도 불법행위의 결과를 개선하려고 하여야 하므로 손해배상을 인정하는 것이 의사의 과실이라는 불법행위의 결과인 장애를 입고 살아야 하는 삶을 개량하는 것이라는 점과49) 충분한 의학적 정보와 충고를 장애아의 부모에게 제공해야 할 의무가 의사에게 있다면 母가 아이의 이익을 위해 소를 제기하고 있는 사정들을 감안할 때 母를 아이의 대리인으로 인정하는 것이 합리적이며 의무위반을 이유로 하는 의사의 책임은 母라는 대리인을 통해 아이에게 인정되어야 한다는 점을50) 논거로 비판하는 견해들이 존재하고 있다.

4. 미국

(1) 정상아형의 경우

미국에서 정상아형에 대한 소송의 경우 피고는 대개 정관수술을 잘못한

---

48) 가령, Parkinson v. St James and Seacroft University Hospital NHS Trust [2002] Q.B. 266 등.

49) Morris/Saintier, "To be or not to be: Is that the Question? Wrongful life and misconceptions", M.L.R. 176, 2003, p. 186.

50) Jackson, "Action for Wrongful Birth/Life Debate: Pro-disabled Sentiment Given Life, 6 Roger Williams U. L. Rev. 566", 2001, p. 555.

의사이다. 그러나 임신의 진단을 잘못한 의사, 낙태수술에 실패한 의사 등
도 피고가 되기도 하며 피임처방을 다른 약으로 조제한 약사, 피임약의 제
조자, 피임기구의 제조자 등도 피고가 되곤 한다. 미국의 초기 판결은 건강
한 아이를 갖는 이익이 다른 불이익을 능가한다는 점 또는 정상적인 아이
의 출산에 대하여 손해배상을 인정하는 것은 공서양속(Public Policy)에 반
한다는 점을 들어 부모의 손해배상청구를 부정하였다.[51] 현재는 의사의 과
실로 인한 통상적인 자녀양육비에 대해서는 대부분의 법원이 건강한 자녀
를 갖게 된 대다수의 부모가 금전적 및 비금전적으로 얻게 되는 이익을 평
가하여야 한다는 이른바 '이익 규칙(benefits rule)'을 채택하여 부모의 양
육비에 대한 청구를 부정하고 있고, 다만 의사의 과실로 인하여 발생한 의
료비, 부모의 신체적인 고통과 정신적인 괴로움에 대한 배상 및 자녀의 양
육으로 인한 부모의 수입의 상실 등에 대한 손해배상청구만을 인정하고
있다.[52]

(2) 장애아 부모형의 경우

장애아 부모형과 관련하여 미국에서는, 연방대법원이 Roe v. Wade 판결
에서[53] 여성의 임신중절여부를 결정할 헌법상의 권리를 인정한 이후, 텍사

---

51) Shaheen v. Knight, 11 Pa. D. & C.2d 41 (1958).

52) 김민중·박종원, "'원치 않은 아이'에 관한 醫師의 損害賠償責任 -국·내외의 판례
를 중심으로-", 法學研究 제22집, 전북대학교 법학연구소, 2001, 228면.

53) Roe v. Wade, 410 U.S. 113 (1973). 이 판결에서 연방대법원은 임산부의 낙태권은
헌법상 보장된 권리이므로 낙태를 금지한 텍사스 주 형법규정은 위헌이고 따라서
무효라고 판시하였다. 이 판결 이전의 장애아 부모형에 대한 소송은, 태아단계에서
결함이 있는 아이의 존재를 중단시킬 기회가 박탈되었다는 이유로 제기된 부모의
청구를 인용하는 것은 낙태를 허용하는 것이기 때문에 받아들일 수 없다고 하여
부모의 청구를 기각하는 것이 대체적인 판례의 경향이었다.

스 주 대법원에 의해 Jacobs v. Theimer 판결에서54) 처음으로 부모의 손해
배상청구가 인정되었다. 법원은 장애아 부모의 재산적 손해배상(아이의 손
상의 치료 및 간호에 소요되는 통상의 비용)은 인정하였으나 정신적 손해
배상은 부정하였다. 그 외에 재산적 손해배상은 부정하고 정신적 손해배상
만을 인정한 Berman v. Allan 판결이라든지,55) 모든 청구를 부정하고 있는
Wilson v. Kuenzi 판결56) 등 예외적인 판결도 찾아 볼 수 있지만, Jacobs
v. Theimer 판결 이후 미국에서는 많은 주들이 장애아의 부모에게 손해배
상청구권을 인정하기 시작하여 오늘날에는 미국의 관할법원 가운데 25개
의 관할법원이 부모의 청구를 인정하고 있다. 다만 손해배상의 인정범위는
통일되어 있지 않다.57)

장애아 부모형에 대하여 부모의 손해배상청구를 인정하고 있는 다수의
판결의 영향으로 학설상으로도 긍정설이 우위에 있다. 그 논거로서는 원
치 않은 아이의 출산으로 인하여 부모에게 주어졌을 만족감이나 즐거움이
라는 무형의 개념들은 부모 자신이 고려해야 할 사항이지 법원에 의해 고
려되어야 할 사항은 아니며 양육과 관련된 재정적 부담을 경감시키는데
도움이 되지 않는다는 점과58) 의사가 부모에게 장애아의 출산가능성을 알
리지 못한 과실이 있고 그러한 과실로 인하여 부모가 낙태의 기회를 박탈
당한 것이므로 아이의 양육비는 장애아를 출산하는 것과 낙태를 하여 아
이를 출산하지 않은 것을 비교하여 배상하여야 한다는 점59) 등이 제시되

---

54) Jacobs v. Theimer, 519 S.W.2d 846 (Tex. 1975).
55) Berman v. Allan, 80 N.J. 421 (1979).
56) Wilson v. Kuenzi, 751 S.W. 2d 741 (Mo. 1988).
57) 朴永浩, "Wrongful Conception과 Wrongful Birth 등에 대한 損害賠償", 判例月
報 제360호, 2000, 14면.
58) Murtaugh, "Wrongful birth: The court's dilemma in determining a remedy for a
"blessed event"", Pace L. Rev. 241, 2007, p. 284.
59) Kelly, "Wrongful life, wrongful birth, and justice in Tort Law", 1979 Wash. U.
L. Q., 919, pp. 952-954.

고 있다.

그에 반해 손해배상청구를 부정하는 견해들은 책임을 두려워하는 의사들이 점차 예방수단으로 임신중절을 권고할 것이라는 점과[60] 배상액의 산정이 곤란하다는 점, 그리고 그러한 손해배상청구는 아이에게 마음의 상처를 줄 것이라는 점[61] 등을 논거로서 제시하고 있다.

(3) 장애아 자신형의 경우

미국의 대다수의 법원은 장애아 자신형의 경우에 주로 공서양속과 손해산정의 불가능을 이유로 손해배상청구를 부정하고 있다. 여기에서 공서양속에 반한다는 것은 장애를 지니긴 하였지만 생명 자체가 손해가 될 수는 없다는 것이다. 그리고 불법행위로 인한 손해에 있어서의 손해산정은 가해행위 전후의 아이의 상태를 비교하는 것에 의해야 하는데, 손해가 발생하기 전의 상태인 비존재의 상태(utter void of nonexistence)와 장애를 가진 상태인 자신의 생명 사이의 차이에 대하여 형량을 하는 것은 불가능하다는 것이다.

장애아 자신형에 대한 미국에서의 최초의 판결이라고 볼 수 있는 Gleitman v. Cosgrove 판결에서[62] 뉴저지 주 고등법원 역시 공서양속과 손해산정의 불가능을 이유로 원고의 청구를 기각하였다. 현재 3개의 주를[63] 제외한 모

---

60) Hetherington, "Rhode Island Facing the Wrongful Birth/Life Debate: Pro-disabled Sentiment Given Life", 6 Roger William U. L. Rev. 566, 2001, p. 570
61) McDonough, "Wrongful Birth: A Child of Tort Comes of Age", 50 U. Cin L Rev. 65, 1981, pp. 74-75
62) Gleitman v. Cosgrove, 49 N.J. 22 (1967).
63) 즉, 캘리포니아, 뉴저지, 워싱턴 주에서만 장애아 자신형의 경우 손해배상청구를 인정하고 있다.

든 주에서는 장애아 자신형의 경우 손해배상청구를 부정하고 있으며, 9개의 주에서는64) 법률로서 장애아 자신형의 소송을 금지하고 있다. 장애아 자신형에 대해 손해배상청구를 인정하는 3개의 주 법원이 그러한 소송을 인정하는 근거는 일치하지 않는다. 즉, 장애아 자신형의 소송은 다른 의료과오소송과 마찬가지로 의료과실을 방지하는 수단이라는 사실 또는 장애아의 신체적 손상은 차치하고라도 유전적·선천적 질병에 감염된 아이는 어린 시절의 삶의 질을 저하시키는 과실행위로 인하여 손해를 입는다는 사실 또는 장애아 자신형의 소송은 장애를 입고 살아가는 삶에 대한 고통을 경감하는 수단으로 필요하다는 사실 등을 그 근거로 들고 있다.65) 또한 그러한 청구를 인정하더라도 허용되는 손해배상의 범위는 장애의 치료 등에 필요한 통상 외의 비용에 대한 특별손해로 한정하고 있다.66)

학설상으로도 손해배상청구권을 부정하는 견해가 많은데, 그 논거로서는 인간의 존엄과 정의의 기본적인 개념과 일치하지 않는다는 점과,67) 장애를 지닌 모든 사람들에게 부정적인 영향을 미치고 결국엔 교양있고 사려깊은 사람이라도 긍정적인 자아상을 유지하기 어렵게 할 것이라는 점68) 등이 제시되고 있다.

이에 반해 손해배상청구권을 긍정하는 견해는, 산모에 대한 의료조치의 목적이 아이의 장래를 보호하기 위한 것이기 때문에 장래를 위한 아이의

---

64) 9개 주는 인디애나, 북 캘리포니아, 아이다호, 미주리, 유타, 미네소타, 펜실베니아, 북 다코타, 앤 등이다.

65) 김민중·박종원(주 52), 239-240면.

66) Turpin v. Sortini, 643 P.2d 954 (Cal. 1982); Harbeson v. Parke Davis, Inc., 656 P.2d 483 (Wash. 1983).

67) Hensel, "The disabling impact of wrongful birth and wrongful life actions", 40 Harvard Civil Rights-Civil Liberties L. Rev. 148, 2005, p. 171

68) Fadem et al., "Attitude of People with Disablities Toward Physician Assisted Suicide Legislation; Broadening the Dialogue", 28 J. Health Pol. Pol'y & L. 977, 2003, p. 988.

손해배상청구는 예견가능한 것으로서 이를 인정하여야 한다는 점과[69] 손해배상청구를 부정하는 견해들이 이론적으로 '삶'을 권리의 침해로 보기 어렵다고 하는 것은 침해받은 당사자의 조력을 필요로 하는 실제적인 현실보다 그리 중요하지 않다는 점[70] 등을 논거로서 제시하고 있다.

5. 우리나라

우리나라에서는 1970년대 말 처음으로 원치 않은 아이 소송이 제기되어 판결이 내려진 이후, 지금까지 장애아 자신형에 대한 2개의 판결을 포함하여 10여건의 판결이 내려졌다. 이 판결들을 분석해 보면, 대체로 법원은 장애아 부모형에 있어서 의료상의 과실 내지 설명의무위반이 인정되더라도 드물게 분만비의 배상을 인정할 뿐 기타 양육비 등 재산적 손해를 인정하는 데에는 소극적이며, 제한적으로 설명의무위반으로 인한 위자료의 배상을 인정하고 있다.[71]

(1) 정상아형의 경우

정상아형의 경우 위자료청구에 대하여 학설과 판례는 대체로 이를 인정하고 있다. 그러나 정상아인 자녀에 대하여 부모가 부담하게 될 양육비 즉

---

69) Rhinehart, "The Debate Over Wrongful Birth and Wrongful Life", Law and Psychology Rev. 141, 2002, p. 151.
70) Belsky, "Injury as a matter of Law: Is This the Answer to the Wrongful Life Dilemma?", 22 U. Balt. L. Rev. 185, 1993, p. 236.
71) 이은영(제5장 제1절 주 2), 98면.

부양의무를 손해로 평가할 수 있는가의 여부에 대하여는 부정설과[72] 긍정
설이[73] 대립한다. 부정설의 근거로는 헌법 제10조의 인간의 생명권 존중과
기본적 인권의 보장에 반한다는 것, 부모의 부양의무의 면제나 이전이 허
용되지 않는다는 것 등이며, 긍정설의 근거로는 원치 않은 아이의 생존에
대한 법정책적·사회정책적 고려 등이 제시되고 있다.

한편 판례는 분만비 및 위자료에 한해서 손해로 인정하여 인용하였을
뿐, 그 외의 양육비나 교육비에 대해서는 이를 손해로 볼 수 없다고 하여
그 배상을 부정하였다.[74] 그 근거로서는 부정설의 근거와 같이 헌법 제10
조와 부모의 부양의무의 면제나 이전이 인정되지 않는다는 것을 들고 있는
데, 그 판시내용을 보면 원치 않은 아이의 사안과 관련된 손해의 가치평가
적 요소에 대하여 이해하는데 도움이 될 것이므로 구체적으로 살펴보기로
한다.

즉, 이 판결의 사안은 병원측의 과오에 의한 불임수술계약의 불이행으
로 인하여 원고의 처(選定者)가 원치 않은 아이를 출산한 정상아형의 경우
로서, 원고가 청구한 분만비 및 위자료 및 양육비·교육비에 대해 서울고등
법원은 분만비용과 위자료청구는 인용하였으나 그 외의 양육비 및 교육비
상당의 손해배상청구에 대해서는 이를 손해로 볼 수 없다고 하여 기각하
였다.

그런데 그 판결이유를 보면 "불임시술을 목적으로 하는 의료계약은 다
른 일반계약과는 달리 그 이행으로서의 수술은 아직 구체화되지 않은 인간
의 생명 및 그 탄생에 반하는 것이고, 오히려 그 불이행은 인간 생명의 탄
생으로 직결되는 것이며, 또한 위 불이행으로 인한 원치 않은 아이의 임신

---

72) 尹眞秀(제5장 제1절 주 6), 463면 이하.
73) 李德煥, "障碍兒 出生과 醫師의 責任", 石霞金基洙敎授停年紀念論文集, 1997,
    919면 이하; 崔載千, "'원치 않은 아이'와 손해배상책임", 人權과 正義 (1997.
    12.), 97면 이하.
74) 서울고등법원 1996. 10. 17. 선고 96나10449 판결(확정, 下集 1996-2, 73).

및 그 탄생은 부모의 입장에서 보면 부모로 하여금 그 자(子)에 대한 부양 의무 등을 지게 한다는 점에서 일응 경제적 손해를 가져온다고도 볼 수 있으나 태어난 자(子)의 시각에서 본다면 유일한 생명을 구해준 은혜로운 행위가 된다는 점에서 그 법적 특수성이 있으므로, 과연 그 계약의 불이행으로 인하여 부모가 '손해'를 입게 될 것인가의 문제는 부모의 재산상 이익과 자(子)의 생명권 중 어디에 우월적 지위를 인정할 것인가의 문제로 귀착된다고 볼 것인데, 우리 헌법 제10조에서 "모든 국민은 인간으로서의 존엄과 가치를 가지며, 행복을 추구할 권리를 가진다. 국가는 개인이 가지는 불가침의 기본적 인권을 확인하고 이를 보장할 의무를 진다"고 규정하여 개인의 생명권 존중 및 기본적 인권 보장의 원칙을 천명하고 있고, 이를 받아 민법 제752조에서 타인의 생명을 해한 자는 피해자의 직계존속, 직계비속 및 배우자에 대하여는 재산상의 손해 없는 경우에도 손해배상의 책임이 있다고 규정하고, 형법 제250조 내지 제256조(살인 등의 죄), 제262조(폭행치사죄), 제268조(업무상 과실치사상 죄) 등에서 사람의 생명을 해한 행위를 범죄로 규정하여 처벌하고 있는 점 등에 비추어 비록 원치 않은 임신에 의하여 출생한 자(子)라 할지라도 그 자의 생명권은 절대적으로 보호되어야 할 가치로서 부모의 재산상 이익에 우선하여야 한다고 보아야 할 뿐만 아니라(만일 반대로 해석하여 제3자가 채무불이행으로 인하여 아이의 생명을 탄생시키게 함을 법적 비난의 대상으로 삼아 그 제3자에게 손해배상의 형식으로 제재를 가한다면 이는 실질적으로 우리 헌법정신에 반하는 것이 될 것이다), 민법 제913조에서는 "친권자는 자(子)를 보호하고 교양할 권리의무가 있다"고 규정하고 있고, 위 부모의 친권에 기한 미성년의 자(子)에 대한 부양의무는 원칙적으로 이를 면제받거나 제3자에게 전가할 수 있는 성질이 아니라 할 것이므로 비록 원치 않은 임신에 의하여 출생한 자(子)라고 할지라도 부모는 일단 출생한 자에 대하여는 부양의무를 면할 수 없다할 것이고, 따라서 자의 출생 및 그로 인한 부양의무를 '손해'로 파악할 수는 없다 할 것이다.

따라서, 피고의 채무불이행으로 인한 원치 않은 임신에 의하여 사건 본인의 출생으로 원고 부부가 자(子)가 성인이 될 때까지 그 양육비 등을 지출하게 된다고 하더라도 이는 원고 부부의 손해라고 볼 수 없으므로 그 비용이 손해임을 전제로 한 원고 부부의 이 부분 양육비 및 교육비 청구는 나머지 점에 관하여 더 나아가 살펴 볼 필요 없이 이유 없다 할 것이다"라고 하여, 비록 하급심판결이긴 하나, 우리 법원이 손해의 자연적 요소와 규범적 요소에 대한 고려를 하고 있음을 뚜렷하게 확인할 수 있는 것이다.

(2) 장애아 부모형의 경우

장애아 부모형의 경우 학설상으로는 역시 인간의 존엄과 가치를 근거로 양육비의 배상을 부정하고[75] 부모의 자기결정권의 침해에 따른 위자료의 배상을 긍정하는 견해와[76] 양육비의 배상을 긍정하는 견해로 나뉘는데, 양육비의 배상을 인정하는 견해에 있어서도 양육비용 전체를 손해로 볼 수는 없으며 장애로 인하여 추가적으로 소요되는 양육비용만을 배상하여야 한다는 견해와[77] 정상아와 장애아를 구별할 필요 없이 자녀의 생존과 관련한 비용, 즉 모든 양육비용을 배상해야 한다는 견해로[78] 나뉘고 있다.

---

75) 강희원, "손해배상법에 있어서 손해의 개념과 인간의 존엄성 — '원치 않는 아이 (子)'는 손해인가?—", 법철학연구 3권2호, 한국법철학회, 2000, 53면 이하는 양육비의 배상이 부정된다는 것에 관하여만 서술하고 있는 것으로 보인다.

76) 全炳南, "원치 않은 아이의 출생과 의사의 손해배상책임", 의료법학 제2권 1호, 2001, 18면 이하. 金伸, "원치 않은 아이의 출생과 의사의 손해배상책임", 判例研究 12집, 부산판례연구회, 2001, 745면 이하도 같은 취지인 것으로 보인다.

77) 尹眞秀(제5장 제1절 주 6), 467면 이하.

78) 李德煥(주 73), 919면 이하; 崔載千(주 73), 97면 이하.

한편 장애아 부모형과 관련하여 2006년 의사의 과실로 척추성 근위축증 (SMA) 을 가진 아이를 출산한 사건에서 서울서부지방법원은 의료상의 과실과 설명의무위반을 인정하여 장애로 인한 추가양육비 등의 지급을 인정하였으나,[79] 이 사건은 항소심인 서울고등법원에서 제1심 판결에 의한 손해배상금액을 일부 감액한 금액으로 임의조정이 성립되었다. 자기결정권의 침해에 따른 위자료 청구에 대하여는 이를 인정한 판례와 부정한 판례가 존재하는데, 춘천지방법원 1997. 6. 27. 선고 96나4187 판결은 피고측이 다운증후군 검사를 제대로 하지 않은 과실이 있고, 이는 원고의 자기결정권 침해라 하여 위자료 지급의무가 있다고 하였으나, 장애아의 출산 그 자체로 인한 위자료 지급의무의 주장에 대하여는 인과관계가 없다는 이유로 이를 부정하였고,[80] 자기결정권의 침해에 따른 위자료청구를 부정한 판결은 낙태가 허용되지 않는 경우라는 것을 근거로 들었다.[81]

(3) 장애아 자신형의 경우

장애아 자신형의 경우 학설상으로는 장애아 자신이 의료계약의 당사자가 아니라거나 인간의 존엄과 가치에 반한다는 것을 근거로 손해배상청구권을 부정하는 견해와[82] 정신적 고통에 대한 위자료는 인정되어야 한다거

---

79) 서울서부지방법원 2006. 12. 6. 선고 2005가합4819 판결(各公 2007, 307).
80) 이 판결에 대하여는 원고가 상고하였으나 대법원은 1997. 11. 26 심리불속행판결에 의하여 상고를 기각하였다.
81) 부산고등법원 1998. 6. 11. 선고 97나12792 판결; 대법원 1999. 6. 11. 선고 98다33062 판결(公 1999, 1366). 그 밖에 대법원 1999. 6. 11. 선고 98다22857 판결(公 1999, 1361)도 참고.
82) 강희원(주 75), 58면 이하; 김민중·박종원(주 52), 242면; 申鉉昊, "원치 않은 生命(上)", 保險法律 통권3號 (95.06), 39면 이하; 尹眞秀(제5장 제1절 주 6), 470면 이하; 全炳南, "원치않는 삶과 醫師의 損害賠償責任 -대법원 1999.1.11.선고

나[83] 자녀의 광범위한 인격권의 측면, 손해배상법의 권리추구적 성격을 근거로 장애아 자신의 손해배상청구권을 인정해야 한다는 견해로[84] 나뉘어 있다.

대법원은 다운증후군을 갖고 출생한 아이의 사안과[85] 소두증 등을 갖고 출생한 아이의 사안에서[86] 장애아가 정상인보다 더 많은 비용이 소요된다는 주장에 대해서는 일응 수긍하면서도, 헌법이 보장하는 인간의 존엄과 가치에 반한다는 등의 이유를 들어 손해배상청구를 모두 기각하였다. 특히 전자의 판결은 그 판결이유에서 "원고는 자신이 출생하지 않았어야 함에도 장애를 가지고 출생한 것이 손해라는 점도 이 사건 청구원인 사실로 삼고 있으나, 인간 생명의 존엄성과 그 가치의 무한함(헌법 제10조)에 비추어 볼 때, 어떠한 인간 또는 인간이 되려고 하는 존재가 타인에 대하여 자신의 출생을 막아 줄 것을 요구할 권리를 가진다고 보기 어렵고, 장애를 갖고 출생한 것 자체를 인공임신중절로 출생하지 않은 것과 비교해서 법률적으로 손해라고 단정할 수도 없으며, 그로 인하여 치료비 등 여러 가지 비용이 정상인에 비하여 더 소요된다고 하더라도 그 장애 자체가 의사나 다른 누구의 과실로 말미암은 것이 아닌 이상 이를 선천적으로 장애를 지닌 채 태어난 아이 자신이 청구할 수 있는 손해라고 할 수는 없다"라고[87] 하여 법률적인 의미에서의 손해에 대해 언급하고 있다. 이는 손해의 개념과 본질에 대한 고려라고 볼 수 있으며 특히, 손해의 규범적 요소에 대한 고려를 하고 있는

1998다22963 판결-", 法曹 通卷 522號 (2000. 3.), 222면.

83) 이은영, "원치 않은 불임시술·출생에 관한 법적 문제", 한국의료법학회지 6권 1호. 1999, 90면.

84) 박철호, 장애아출산에 대한 의사의 민사책임에 관한 연구, 한양大學校 大學院 法學博士學位論文, 2008, 241면 이하; 이은영(제5장 제1절 주 2), 173면 이하; 崔載千(주 73), 95면 이하.

85) 대법원 1999. 6. 11. 선고 98다22857 판결(公 1999, 1361).

86) 대법원 2001. 6. 15. 선고 2000다17896 판결.

87) 대법원 1999. 6. 11. 선고 98다22857 판결(公 1999, 1361).

것으로 평가할 수 있을 것이다. 그런데 이러한 법적 의미에서의 손해의 본
질에 대한 판단은 다른 손해배상판결들에서는 쉽게 발견되지 않는 것이며,
이러한 점에 있어서도 원치 않은 아이의 사안이 손해의 개념 및 본질론에
있어서 갖는 의미를 가늠해 볼 수 있게 하는 것이라 하겠다.

제3절 원치 않은 아이와 손해에 관한 검토

원치 않은 아이로 인한 손해배상의 문제를 이해하기 위해 정상아형과 장애아 부모형 그리고 장애아 자신형의 3유형으로 나누어 살펴보는 것이 유용하다는 것은 이미 살펴보았다. 이러한 유형에 의한 고찰은 원치 않은 아이로 인한 손해배상이 발생하는 사안 유형에 따라 분류해 보는 방식이다. 그 결과 각 사안유형에서 발생하는 모든 손해항목을 빠짐없이 포섭해 내고 그 산정문제를 해결해 낼 수 있는 장점을 갖는다. 그러나 본서의 취지는 원치 않은 아이 사안들에서 문제되는 각 손해항목들을 손해의 개념 및 본질과 관련하여 고찰하기 위한 것이므로, 이하에서는 배상의 대상 내지 보호법익에 해당하는 것으로 볼 것인지의 문제를 규명하기 위해 주로 논란의 대상이 되고 있는 개별 항목들을 중심으로 검토하고자 하며, 개별 유형에서의 구체적인 문제해결보다는 원치 않은 아이의 사안이 손해의 개념 및 본질론과 관련하여 갖는 의미와 구체적인 양상을 중심으로 살펴보고자 한다. 구체적으로는 원치 않은 아이 자체의 손해성과 양육비의 손해성 그리고 위자료의 인정여부로 나누어 고찰하며 각 항목별로 살펴보는 방법은 앞서 분류한 3유형의 사안별로 검토하기로 한다. 물론 각각의 손해항목이 문제되지 않는 사안유형들의 경우에는 그러한 사실을 지적하고 생략하게 될 것이다.

1. 원치 않은 아이 자체의 손해성

원치 않은 자녀의 존재 그 자체를 손해로 볼 수 있을 것인가에 대해 이를 긍정하는 견해는 존재하지 않는다. 자녀가 정상아인 경우와 장애아인 경우에도 차이가 없다. 장애아 자신이 손해배상을 청구하는 경우에도 마찬가지이다. 다만 각 사안유형에서 고려되는 요소는 차이가 있으므로 이를 살펴보기로 한다.

(1) 정상아형의 경우

의사 등의 과실로 원치 않은 자녀가 존재하게 된 경우, 그 자녀의 존재 자체가 손해가 될 것인지의 문제에 대한 판단은 손해의 본질 중 규범적 요소의 측면의 문제라 할 것이다.

즉 이미 살펴본 바와 같이 손해라 함은, 재산적이든 비재산적이든 법적으로 보호되는 이익상황의 불이익한 변화라고 할 것인데, 원치 않은 아이가 존재하게 된 상황이 불이익하다고 볼 수 있는지의 문제는 사실적 요소(즉, 불이익한 사실의 존재여부)의 판단의 문제가 아니다. 이는 차액설이나 구체적 손해설 등의 손해개념에 관한 일반적 견해 어느 것에 의하는 경우에도 마찬가지이다. 가령 의사 등의 과실로 원치 않은 자녀가 존재하게 된 경우를 차액설에 의해 판단해 본다면, 그 자녀가 존재하게 된 현실상황과 의사 등의 과실행위가 없었다면 존재하였을 자녀가 존재하지 않는 가정상황의 비교가 문제된다. 그런데 자녀의 존재 자체가 손해가 될 수 없다는 것에 대한 모든 의견의 일치는, 자녀가 존재하는 상황(자녀가 존재하게 된 사실)이나 존재하지 않았을 상황의 재산적 혹은 비재산적 이익상황에 대해 각각 혹은 그 차액을 기술적으로 측정하는 게 어렵다는 사실적 측면(산술적 평가, 존재론적 판단)에 대한 고려가 아니라, 그러한 변화가 이익이 된 것으로든 불이익하게 된 것으로든 그 어느 쪽으로도 평가 또는 비교가 되어서는 안 된다는 당위적 측면이다.[1)

그리고 이러한 당위적 측면의 근거가 되는 것은, 자녀의 존재 그 자체를 적어도 손해 즉 불이익한 것으로 본다는 것은, 인간의 다툴 수 없는 인격으로서의 가치에 대한 부정적인 평가가 될 것이라는 규범적 고려이다. 그러한 판단은 인간의 존엄을 법질서의 근본가치로 하고 있는 것과 모순되는 것이 될 것이며 모든 이들의 법감정에도 반한다. 즉 자녀의 존재 그 자체는 어떠한 경우에도 손해배상의 대상 혹은 손해항목이 될 수 없다고 할 것이며 이는 손해의 규범성의 측면에서 발현되는 것이다.

(2) 장애아 부모형의 경우

자녀의 인간으로서의 가치는 정상아인지 장애아인지의 여부에 따라 달라질 수 없음은 명백하다. 이는 인간의 존엄성의 측면이기도 하고 평등의 관점에 의한 것이기도 하다. 이 역시 손해의 본질 중 규범적 요소에 기한 고려가 될 것이다.

---

1) 물론 자녀의 탄생은 축복이라거나 인간존엄의 발현이라는 생각은, 원치 않았던 것이라 해도 자녀가 존재하게 된 것을 이익이 되는 변화라고 적극적으로 평가하고 있는 생각이라고 할 것이므로 다소 다른 차원의 고려가 될 것이다. 물론 그러한 자녀가 존재하게 된 것은 적극적으로 이익이 된 것으로 판단해야 한다는 견해가 인간의 존엄성에 더 부합하는 것이라고 주장할 여지도 있으나, 이익이 되었는지 불이익이 되었는지의 평가, 비교 자체가 금지되어야 한다는 생각이 전자의 생각보다 인간의 존엄성을 보장하지 못 하는 것은 아닐 것이다.

(3) 장애아 자신형의 경우

장애아 자신이 손해배상을 청구하는 경우는 주로 위자료의 청구가 될 것이지만 사안에 따라서는 양육비를 청구하는 것도 상정할 수 있을 것이다. 장애아가 부모의 양육을 받을 수 있는 것은, 부모가 생존하는 경우에 한하여서이고, 부모가 사망한다면 더 이상 그러한 보호를 받을 수 없기 때문이다. 그러나 장애아 자신의 손해배상청구가 인정될 수 없다고 보아야 하는 것은 근본적으로는, 앞서 (1) 정상아형의 경우에서 살펴 본 규범적 고려 때문이기도 하고, 인간의 존엄을 규정한 헌법에 비추어 보더라도, 어떠한 인간 또는 인간이 되려고 하는 존재도, 다른 사람에 대하여 자신의 출생을 막아 줄 것을 요구할 권리를 가진다고 할 수 없다는[2] 역시 규범적인 고려 때문이라고 하겠다.

물론 비존재는 가정할 수 없고 나아가 비존재를 평가하여 존재 내지 장애를 가진 존재와의 비교를 통하여 손해배상액을 산정할 수도 없다고 하여 손해산정의 불가능성이라는 사실적 요소를 근거로 하거나,[3] 장애아 자신의 청구를 인정하게 되면 의사에게 방어진료 내지 과잉진료를 조장하게 하고, 불법낙태를 부추길 수 있다는 의료정책적 논거가 제시되기도 하며,[4] 의사가 장애아를 출산하지 않게 할 의무를 부담하는 것은, 어디까지나 의료계약의 당사자 내지 그 배우자 등에 대한 관계에서일 뿐이고, 장애아 자신에 대하여까지 그러한 의무를 부담한다고 할 수는 없기 때문에 법리적으로 장애아 자신에게 손해배상청구권을 인정할 수는 없다고 보는 것이 불가

---

2) 가령, 尹眞秀(제4장 제4절 주 32), 528면.

3) 원치 않은 삶 그 자체가 아이에게 일상적 의미의 해악(harm)을 끼치지 않는다는 견해로는 Steinbock/McClamrock, “When Is Birth Unfair to the Child”, Hastings Center Report 24, 1994, pp. 15-21.

4) Law Commission Report No. 60 Report on Injuries to Unborn Children(1974) Cmnd 5709 para 89.

피하다는 지적도5) 있지만, 근본적인 문제는 앞의 두가지 규범적 고려 때문
이라고 하겠다.

우리 대법원도 장애아 자신의 손해배상청구를 기각하면서, "원고는 자신
이 출생하지 않았어야 함에도 장애를 가지고 출생한 것이 손해라는 점도
이 사건 청구원인 사실로 삼고 있으나, 인간 생명의 존엄성과 그 가치의 무
한함(헌법 제10조)에 비추어 볼 때, 어떠한 인간 또는 인간이 되려고 하는
존재가 타인에 대하여 자신의 출생을 막아 줄 것을 요구할 권리를 가진다
고 보기 어렵고, 장애를 갖고 출생한 것 자체를 인공임신중절로 출생하지
않은 것과 비교해서 법률적으로 손해라고 단정할 수도 없으며"라고 판시하
여,6) 인간의 존엄과 가치에 반한다는 것과 출생한 것과 출생하지 않은 것
을 비교할 수는 없다는 것을 근거로 제시하고 있다. 참고로 이러한 판시는
장애아 자신이 손해배상청구를 하는 경우는 양육비의 손해성이나 위자료
의 인정여부의 문제와도 관련이 있는 것이지만, 본질적으로는 아이 자신의
손해성 여부의 문제와도 연결되는 것임을 보여준다고 하겠다.

2. 양육비의 손해성

원치 않은 아이의 사안을 둘러싼 견해대립은 주로 양육비를 손해로 인정
할 수 있을 것인지 그리고 원치 않은 아이가 정상아인지 장애아인지에 따
라 그러한 인정여부와 인정범위가 달라질 것인가를 두고 전개되었다고 하

---

5) 가령, Whitfield, "Actions Arising from Birth", in Grubb/Laing(eds.), Principles
   of Medical Law, 2nd ed., 2004, pp. 815-816은, 의사는 부모가 아닌 아이에게는
   아무런 주의의무가 없다고 한다.
6) 대법원 1999. 6. 11. 선고 98다22857 판결(公 1999, 1361); 대법원 2001. 6. 15.
   선고 2000다17869 판결.

겠다. 이하에서는 이를 고찰하기로 한다.

다만 장애아 자신형의 경우는 원치 않은 아이 자체의 손해성의 문제와
중복되며 이미 해당 부분에서 검토한 바와 같으므로 생략하기로 한다.

(1) 정상아형의 경우

원치 않은 아이에 대한 양육비 배상을 부정하는 입장은 그 자녀가 정상
아인지 장애아인지를 구별하지 않는 입장과 정상아형과 장애아 부모형을
구별하고 있는 견해로 나뉜다.

양육비배상을 부정하는 입장을 뒷받침하는 논거들은 대개 다음과 같다.
즉, 아이에 대한 부모의 양육의무는 양도불가능한 고유의 의무이므로 이
를 의사에게 전가할 수 없다는 논거,[7)] 아이가 자신이 부모에게 원치 않은
아이였다는 사실을 뒤늦게 알았을 때 받게 될 정서적 고통이 클 것이라는
논거,[8)] 또 손해배상법의 이념인 공평한 손해분담, 다시 말해 배분적 정의
에 비추어 의료과실의 정도와 배상의 범위가 비례하지 않는다는 논거,[9)] 원
치 않은 아이에 따른 손해배상책임을 인정함으로써 한정된 의료재원을 고
갈시킬 위험이 있으며, 또 의사들로 하여금 과잉진료 내지 방어진료를 하
도록 유도할 것이라는 정책적인 논거,[10)] 그리고 장애아 자신에게 손해배상
청구가 부정되는 것과 일관성을 갖기 위하여 부모의 손해배상청구 역시 부
정되어야 하므로 양육비도 배상되어서는 안 된다는 정합성[11)] 등을 그 논

---

7) McFarlane v. Tayside Health Board [2000] 2 A.C. 59 (per Lord Millett).
8) McDonough(제5장 제2절 주 61), pp. 74-75; Picker(제5장 제2절 주 13), S. 523.
9) McFarlane v. Tayside Health Board [2000] 2 A.C. 59 (per Lord Hope, Lord
   Clyde).
10) Hetherington(제5장 제2절 주 60), p. 570; Stürner, "Das nicht abgetriebene
    Wunschkind als Schaden", FamRZ 1985, S. 325.

거로 들고 있다.

그런데 이러한 논거 이외에도 양육비 배상을 부정하는 가장 주된 논거이자 가장 오래된 논거는 역시, 아이에 대한 양육비를 손해배상으로서 인정하는 것은 결과적으로 아이의 존재 자체를 손해로 보는 것으로 인간의 존엄성을 침해한다는 것(이른바 '단일설')이다.[12]

이에 반해 부모의 양육비 상당의 손해배상청구를 긍정하는 견해에서는 양육 부담을 손해로 본다 하여 자녀 그 자체를 손해로 보는 것도 아니고 (이른바 '분리설'),[13] 이 경우 계약위반에도 불구하고 아무런 책임도 물을 수 없다면 계약의 존재의 의의가 말살되고 말 것이며(계약책임의 권리추구적 기능),[14] 원치 않은 아이에 대한 사회보장장치를 기대하기 어려운 현실에서 손해배상을 통하여 이를 보완한다는 것이 바람직하다는 점,[15] 이로써 아이의 양육의 부담을 다소나마 덜어주는 것이 아이의 인간으로서의 존엄성도 더 존중하는 길이 될 것이라는 점[16] 등을 근거로 한다.

이상의 모든 논거들을 살펴보면 각 논거의 당·부당의 여부를 떠나서 원치 않은 아이의 양육비 배상을 인정할 수 있을 것인지의 문제 즉, 양육비를 손해로 보아야 할 것인지의 문제는 손해의 본질 중 사실적 요소의 문제라기보다는 규범적 요소의 문제라는 것을 알 수 있다.[17]

---

11) McFarlane v. Tayside Health Board [2000] 2 A.C. 59 (per Lord Steyn).
12) Picker(제5장 제2절 주 13), S. 503ff; Roth, "Kindesunterhalt als Schaden", NJW 1995, S. 2400.
13) Giesen, "Schadensbegriff und Menschenwürde", JZ 1994, S. 287.
14) Deutsch(제5장 제2절 주 20), S. 613.
15) Giesen(주 13), S. 291; Boin, "Unterhaltsbelastung für ein Kind als Schaden - Eine unendliche Geschichte?", JA 1995, S. 427.
16) Boin(주 15), S. 427.
17) 尹眞秀(제4장 제4절 주 32), 523면은, "결국 정상아가 출생한 경우에는 의사에 대한 양육비 상당 손해배상청구는 인정되어서는 안 될 것이다. 그에 대한 이론적 근거를 제시한다면, 사실적으로는 양육비 상당의 손해가 있지만, 규범적으로는 이를 손해배상의 대상이 되는 손해로는 인정할 수 없다고 설명하여야 할 것이다. 이처럼

즉 의사 등의 과실에 의해 원치 않은 아이가 존재하게 된 경우 부모에게 양육비의 부담이 발생하게 된다는 것은 분명하다. 이는 손해의 사실적 측면에서는 양육비 상당의 불이익이 발생하게 된 것을 의미한다. 문제는 그러한 불이익한 변화, 즉 양육비 부담의 문제를 아이 자체를 손해로 보게 되는 것인지의 문제와 불가분한 것으로 볼 것인지에 대한 판단이다. 물론 그 경우는 인간의 존엄성 존중이라는 규범적 요소의 문제임은 분명하다.

그리고 손해배상의 목적이나 기능의 측면에서도 검토해 볼 필요가 있다. 양육비 배상을 긍정하는 견해는 손해배상책임의 권리추구적 기능을 그 한 논거로 들고 있는데, 양육비 배상은 손해배상의 전보적 기능을 고려해 볼 때에도 인정될 수 있는 것이다.[18] 다만 양육비 배상을 긍정하는 견해는 전보적 기능 외에도 권리추구적 기능에 비추어 볼 때에도 양육비 배상은 인정되어야 한다는 취지로 볼 수 있을 것이며, 이와 같은 책임규범 및 손해배상의 목적, 기능을 고려한다는 것 역시 손해의 규범적 요소의 문제일 것이다.

(2) 장애아 부모형의 경우

정상아형의 경우에 양육비의 배상을 인정하는 입장들은 마땅히 장애아 부모형의 경우에도 양육비의 배상을 인정하고 있는데 반해, 정상아형에서는 양육비 상당의 손해배상을 부정하면서 장애아 부모형에서는 양육비 전

규범적 관점에서 손해를 부정하는 예로서는, 일실이익의 산정에 있어서 위법소득을 고려하지 않는 경우를 들 수 있다...(중략) 따라서 손해를 입은 것이지만, 규범적인 측면에서는 이를 손해배상의 대상이 되는 손해라고 인정할 수 없는 것이다"라고 지적하고 있는데, 이는 타당한 것으로 보인다. 그 밖에 대법원 1966. 10. 18. 선고 66다1635, 1636 판결(集 14권 3집 民166)도 참고.

18) BGHZ 124, 143.

액19)20) 또는 장애로 인하여 추가로 소요된 비용 상당의 손해배상을 인정
하는 견해들도 있다.

특히 장애로 인하여 추가로 소요된 비용 상당의 손해배상을 인정하는 견
해는,21) 이 문제는 관념적인 문제라기보다는 이익형량의 문제라면서, 장애
아 출산의 경우에는 그 부모는 정상아를 출산하려고 의욕하고 있었으므로
정상아의 출산에 소요되는 비용 상당은 부담할 의사를 가지고 있었다는
점, 정상아 출생의 경우 정상아의 양육비가 손해로 인정될 수 없다면 장애
아의 경우에도 통상의 양육비는 손해로 인정할 수 없고, 그와 같이 보지 아
니한다면 장애에 대한 차별이 된다는 점 등을 그 근거로 들고 있다.

정상아형에서 양육비가 손해에 해당할 것인지의 여부는 손해의 규범적
요소의 문제라고 하는 것은 이미 살펴본 바와 같다. 이는 장애아 부모형의
경우를 정상아형에서와 같이 보는 경우에도 마찬가지 문제가 발생하는 것
이며, 한편 정상아형과 장애아 부모형을 달리 보고자 하는 견해들의 논거
를 살펴보면, 이 또한 결국 이익형량이라든가 차별의 문제 등의 역시 규범
적 요소의 문제임을 알 수 있는 것이다.

---

19) Roth(제5장 제2절 주 14), S. 2403.
20) 오스트리아 최고법원(OGH)의 2006년 3월 7일 판결(5 Ob 165/05h)의 태도가 그
   대표적인 예라고 할 것이다. 그 상세는 이동진, "이른바 '원치 않은 아이의 출생으
   로 인한 손해배상'에 대한 오스트리아 최고법원의 판례", 인권과 정의 (2009. 4.),
   115면 이하 참조.
21) Strasser, "Misconceptions and Wrongful Births: A Call for Principled Jurisprudence",
   Arizona State Law Journal 31, 1999, p. 182.

3. 위자료의 인정여부

원치 않은 아이의 양육비를 손해배상의 대상으로서 인정할 수 있을 것인지의 문제와 위자료를 손해배상의 대상으로서 인정할 수 있을 것인지의 문제는 반드시 동일하게 볼 수 있는 것은 아니다. 물론 양자의 문제에 대해 같은 입장을 보이는 견해들도 있으나 구별해서 파악하려는 입장들도 많이 있다. 이하에서 구체적으로 살펴보기로 한다.

다만 장애아 자신형의 경우는 원치 않은 아이 자체의 손해성의 문제와 중복되며 이미 해당 부분에서 검토한 바와 같으므로 이하의 고찰에서는 생략하기로 한다.

(1) 정상아형의 경우

양육비에 대한 손해배상인정 여부에 대해 인간의 존엄성이나 아이의 정서적 고통 등을 논거로 부정하고 있는 견해는 대체로 위자료에 대해서도 부정적인 태도를 취하고 있다.[22] 이는 자녀의 양육비 상당의 손해배상청구를 부정하는 근거가 위자료 청구에 대하여도 적용되는 것으로 파악하고 있기 때문이라 하겠다.

그러나 양육비 상당의 손해배상청구를 인정하는 것과 위자료 청구의 인정여부는 달리 보아야 할 문제이다. 위자료 청구에서 문제되는 것은 자기결정권에 포함되는, 자녀를 낳을지 여부를 결정할 권리를 침해한 데 따른 것으로 보아야 하기 때문이다. 즉 양육비의 문제와는 손해항목을 달리하는 별도의 문제인 것이다.[23]

---

22) Picker(제5장 제2절 주 13), S. 503ff.

또한 원하지 않았던 자녀의 출생에 대하여 위자료 지급의무를 인정하는 것은 원래 원하지 않았던 자녀를 낳아야 하게 됨으로 인하여 부모가 입게 된 정신적 고통 그 자체에 대한 것이지, 그 자녀가 출생한 후에도 계속 그 자녀를 원하지 않는다는 것을 전제로 하는 것은 아니다. 이는 말하자면 원하지 않았던 자녀의 출산으로 인한 출산비용을 청구하는 것과 다를 바가 없다. 따라서 양육비 상당의 손해배상청구를 인정하는 데 대하여 제기되었던 비판은 위자료 청구에 대하여는 적용될 여지가 없는 것이다.24)

그 밖에 이러한 위자료 청구마저 인정하지 않으면, 의사의 과실에 대한 최소한도의 책임 추궁까지 부정하는 것이 되어 부당하다는 논거도 제시되고 있다.25) 이는 손해배상청구권의 권리추구기능이나 손해배상제도의 예방적 또는 제재적 기능과 관련되는 것이며, 손해의 공평한 분담이나 위자료의 보완적 기능과 연결시킬 수도 있는 것인데, 이러한 요소들이 손해의 규범성과 관련되는 것임은 이미 살펴본 바와 같다.

따라서 이상의 논의를 종합해보면, 위자료 배상을 인정할 수 있을 것인지의 문제를 양육비 배상의 문제와 같이 보는 견해나 달리 보는 견해 모두 규범적 고려를 하고 있음을 확인할 수 있다.

---

23) 참고로, BGHZ 124, 128 판결은 양육비의 손해배상은 인정하면서도, 부모의 인격권 침해에 의한 위자료배상에 대해서는, 아이의 존재를 부모에 대한 불이익으로서 판단하는 것은 의사에게 부모의 양육비라는 경제적 부담을 배상하게 하는 것 보다 더 직접적이고 중대하게 아이의 인격에 영향을 미칠 것이라는 이유로 그 배상을 부정하고 있다.
24) 尹眞秀(제5장 제1절 주 6), 466면 참고.
25) Deutsch(제5장 제2절 주 20), S. 613.

(2) 장애아 부모형의 경우

정상아형의 문제에서 검토된 논의들은 장애아 부모형에서도 대체로 마찬가지이다.[26]

다만, 장애아 출산의 경우에 정상아의 경우보다 더 큰 충격을 받는다고 할 수 있는지 그리하여 더 많은 액수의 위자료를 인정할 수 있을 것인지가 인간의 존엄성의 측면이나 평등의 관점에서 제기될 수 있을 것이며, 이 역시 손해의 본질 중 규범적 요소와 관련되는 문제일 것이다.

양육비의 경우나 출산비용을 청구하는 것과 마찬가지의 것으로 본다면 더 많은 액수의 위자료를 인정할 수 있을 것이고, 장애아를 차별하는 것이고 인격에 영향을 미치는 것이라고 본다면 더 많은 액수의 위자료를 인정할 수는 없을 것이다. 전자가 주로 손해의 사실적 요소 또는 손해항목이 다르다는 점에 주목하는 것인 반면에, 후자의 태도는 두가지 문제를 구별하지 않고[27] 규범적 측면에서 판단하고 있는 입장이라고 볼 수 있을 것이다.

---

26) 춘천지방법원 1997. 6. 27. 선고 96나4187 판결은 자기결정권의 침해로 인한 위자료만을 인정하고, 장애아 출산으로 인한 위자료는 인정하지 않았으나, 이러한 경우에 양자를 구별할 수 있는지, 그 구별에 의미가 있는지 의문이라는 비판이 있다. 또한 이는 위자료의 포괄산정방식과도 모순되는 측면이 있다.

27) 물론 전술한 BGHZ 124, 128 판결의 태도에 비추어 보면, 그 판결에 나타나 있는 독일연방대법원의 입장은 양육비 배상의 문제와 위자료 배상의 문제라는 두가지 문제를 구별하면서도, 정상아형의 경우와 장애아 부모형의 양 경우에서 동일하게 위자료의 배상을 부정할 것으로 예측해 볼 수 있을 것이다.

제4절 소결

오늘날 어떠한 견해도 원치 않은 아이 자체를 손해로 파악하는 입장은 존재하지 않는다. 의사의 불임수술이나 임신중절수술의 실패 또는 선천성 장애아의 검진·상담의 과오로 인하여 출생한 아이가 정상아이든 장애아이든 그 자체는 인격권을 가진 하나의 비재산적 개체로서 손해로 될 수 없다. 이는 손해개념의 규범적 요소가 강하게 반영되어 있는 대표적인 문제라 할 것이다. 모든 법질서에 있어 인간으로서의 존엄과 가치는 근본규범의 지위를 차지하고 있다고 할 것이며, 그러한 존엄과 가치란 인격을 그 내용으로 하고 있는 윤리적 가치를 의미하는 것이다. 이는 인격의 핵심이므로 양도할 수도, 포기할 수도 없는 것이다.

따라서 장애아라고 하여 인간으로서의 고유가치를 부정하거나 생존가치가 없는 것으로 단정하여서는 안 될 것이다. 그리고 부모의 입장에서 보았을 때는 비록 원치 않은 아이(정상아이든 장애를 가지고 있든 상관없이)라고 하더라도 아이의 생명권과 인격권은 절대적으로 보호되어야 할 가치이므로 그 자체를 손해로 인정할 수는 없는 것이다.

원치 않은 아이 자체가 손해가 될 수 있는가의 문제와 달리, 그로 인한 부양의무의 부담 또는 양육비를 손해로 볼 수 있는가의 문제는 여러 가지 법리와 현실적 문제가 얽혀 있는 난해한 문제가 아닐 수 없다. 아이의 출생으로 양육비를 지급하게 되리라는 것이 분명하므로 손해의 자연적 요소에 비추어 보면 일응 그 요건을 갖추고 있다고 볼 수도 있을 것이다.

원치 않은 아이의 출생과 그로 인한 부양의 부담을 별개의 분리된 문제로 볼 것인가 아니면 연장선상의 문제로 볼 것인가에 의해 양육비를 손해

로 볼 것인지 아니면 손해가 아닌 것으로 볼 수 있는지가 결정된다고 생각
해 온 것이 양육비의 손해성에 대한 독일법계의 견해대립이었다면, 프랑스
에서는 결국 사회연대의 관념과 사회보장제도로 해결해야 한다는 입장이
입법에 반영되어 잠정적으론 정책적 해결방법을 취하게 되었다. 물론 이러
한 입장들은 손해의 규범적 평가가 반영되어 있는 태도라 할 것이다.

그러나 한편으론 원치 않은 아이의 출생과 양육비의 부담을 별개의 문제
로 보는 것과 양육비를 손해로 볼 것인지의 문제가 반드시 연결되는 것은
아니라는 견해들도 등장하였고, 그러한 법리를 따르고 있는 판결들도 등장
하게 되었다. 장애아의 경우 통상의 양육비와 장애아에게 추가적으로 필요
하게 되는 초과 양육비의 문제를 구별해서 생각하고자 하는 견해의 등장은
원치 않은 아이를 둘러싼 손해의 문제에 대한 논증이 보다 정치해졌음을
반증하는 것이다.

결국 정상아형의 경우에는, 손해의 자연적 요소에 비추어 손해가 존재하
는 것으로도 보일 수 있는 양육비 상당액이 규범적 관점에 의하여 손해로
인정될 수 없는 것으로 보아야 할 것이다. 또한 양육비 상당의 손해배상청
구를 인정하는 것에서 오는 부정적인 면과 긍정적인 면 사이의 이익교량의
관점 역시 고려될 수 있을 것이다. 그리고 이러한 판단은 형평의 견지에서
장애아 출산의 경우에도 그 상당의 비용은 손해로 인정하지 않아야 할 것
이다. 다만 장애아의 경우에 장애로 인한 추가비용은 장애라는 사실 자체
에 기인하는 것이라 할 것이므로 그 추가비용 상당의 손해배상청구는 인정
될 수 있을 것이다.

마지막으로 위자료의 문제는 아이 자체의 손해여부나 양육비의 문제와
는 다소 구별되는 것이라고 할 수 있다.[1] 부모의 위자료청구는 원치 않은

---

1) 尹眞秀(제5장 제1절 주 6), 466면은 원치 않은 아이로 인한 위자료지급의무의 문
   제는 원치 않은 아이의 출산으로 인한 출산비용을 청구하는 것과 다를 바가 없다
   고 한다.

아이의 출산으로 인하여 부모가 입게 된 정신적 고통 그 자체에 대한 것이라 할 것이므로, 위에서 제기되었던 비판은 위자료의 경우에는 적용되지 않는다고 할 것이다.

이와 같은 고찰을 종합해보면 원치 않은 아이를 둘러 싼 손해배상의 문제는 손해의 규범적 요소가 전면에 등장하게 되는 대표적인 문제에 해당함을 알 수 있다. 손해배상과 관련한 어떠한 다른 사안들도 원치 않은 아이의 사안만큼 손해의 가치평가적 요소들 간의 문제에 대해 열띤 토론을 하게 한 적은 없다. 손해배상을 긍정하거나 부정하는 견해들 그리고 일부 제한하는 견해들까지 모두 주로 손해의 평가적 요소들에 대한 고려에 기초하고 있으며, 원치 않은 아이의 사안은 다른 사안들에서는 쉽게 발견되지 않았던 규범적 요소의 구체적인 내용들의 의의와 의미, 그리고 우선순위를 조명하고 좀 더 명확하게 하여 줄 가치형량의 계기를 제공해 주고 있다는 점에서, 손해의 본질론에 있어 커다란 의의를 갖는다고 할 것이다.

원치 않은 아이 사안과 관련하여 독일에서 단일설과 분리설이 대립하고 있는 것과 우리 대법원이 손해로 인정할 수 없다는 손해개념론에 대한 판시와 고려를 사실상 처음으로 하게 되었다는 것도 원치 않은 아이의 사안이 손해의 개념 및 본질론과 밀접한 관련이 있다는 사실과 그 의의를 보여주는 것이다. 그리고 결국 원치 않은 아이의 사안과 같은 사례유형들은 손해배상의 인정여부를 판단할 때 손해의 가치평가적 요소가 그 주된 논거가 될 것이라는 점과 그 사안과 관련된 제반 규범적 요소들을 고려할 때 판단하기 쉬우리라는 것을 보여줌으로써 손해의 규범적 요소의 의의를 제고시켜 주는 것이다. 다소 과장해서 말한다면, 손해의 개념 및 본질이나 규범적 요소에 대해선 전혀 언급하거나 고려하지 않던 학자들이나 법원들도 원치 않은 아이의 사안에선 모두 그리고 여러 나라에서 유사한 양상으로 논거를 대고 있는 상황을 目睹하게 되면, 손해개념이나 본질에 대한 보편적인 합의가 형성될 여지도 있으리라는 생각까지 들게 하는 것이다.

구체적으로 본다면, 앞서 살펴본 바와 같이 원치 않은 아이의 사안과 관련한 제반 손해배상여부에 대하여 의견을 밝히고 있는 많은 학자들과 판결들이 논거로 들고 있는 인간의 존엄성이나, 부모의 부양의무의 이전문제, 의료정책적 이유와 아이의 생존문제 그리고 사회연대의 사고 등 거의 대부분이 가치평가적 고려와 관련되어 있는 것이다. 또한 손해배상을 넓게 인정하고자 하는 견해들도 손해전보의 이념과 의사 등 가해자의 부당한 면책금지 그리고 손해배상의 예방적·제재적 기능과 권리추구기능 등을 그 근거로 제시하고 있다. 이러한 논거들도 손해의 가치평가적 요소라는 것은 이미 여러 번 언급한 바와 같다.

한동안 잊혀졌던 손해의 개념과 본질에 대한 문제가 다시 환기되고 있는 것도 사실상 원치 않은 아이로 인한 손해배상문제가 등장하여 활발한 논쟁이 이루어지게 된 사정과 관련이 있다. 이와 같이 원치 않은 아이의 사안은 손해의 사실적 요소와 손해의 가치평가적 요소에 대한 고민과 함께 손해의 평가적 요소의 구체적인 내용들 간의 우열과 다양한 이익형량에 대한 판단을 요구하고 있는 대표적인 Hard Case인 것이다. 그리고 이는 결국 각 나라와 사회를 지배하고 있는 법의식과 가치평가에 따라 규율되게 될 것이며, 그렇게 판단된 결과들은 다시 필연적으로 손해 일반의 개념과 본질에 관한 법리에 영향을 미치게 될 것이다.

그리하여 본 장에서는 원치 않은 아이의 사안을 중심으로 손해의 개념과 본질의 문제에 관하여 살펴보았다.

이상에서의 논의와 검토에 기초하여 본 장의 결론을 간략하게 요약하면 다음과 같다.

첫째, '원치 않은 아이'의 사안은 정상아형과 장애아 부모형 및 장애아 자신형의 유형으로 나눌 수 있다. 원치 않은 아이의 사안에서의 손해는 아이 자체의 손해여부와 양육비의 손해여부 그리고 위자료의 인정여부의 문제로 나누어 고찰할 수 있다.

둘째, 원치 않은 아이 자체는 손해가 될 수 없다. 이는 무엇보다 인간의 존엄성에 기초하고 있는 법질서 전체의 관점에서 그러하다. 장애아 자신의 손해배상청구도 인정될 수 없다. 의사는 장애아에 대하여 장애아를 출산하지 않도록 할 의무를 부담하지 않으며, 장애아는 자신의 출생을 막아 줄 것을 요구할 권리를 가진다고 할 수 없다. 이 또한 인간의 존엄성에 기초하고 있는 법질서 전체의 관점에서 그러하며, 손해의 규범적 요소에 의한 것이다.

셋째, 자녀의 손해여부와 양육비의 손해여부의 문제는 분리해서 고찰할 수 있는 문제이다. 그러나 통상의 양육비는 배상될 수 없다. 손해의 사실적 요소의 측면에서는 양육비 상당의 손해가 있는 것이지만, 규범적으로는 이를 손해배상의 대상이 되는 손해로 인정할 수 없기 때문이다. 장애아 부모형에 있어서도 통상의 양육비는 배상될 수 없다. 이는 정상아형의 경우에 양육비가 배상될 수 없는 것에 대응하는 것으로서 형평의 고려에 의한 것이다. 그러나 장애로 인한 추가 양육비는 배상이 인정되어야 한다. 이는 장애라는 사실 자체에 기인하는 것으로서 손해의 가치평가적 요소에 반하는 것이 아니다.

넷째, 정상아형과 장애아 부모형에서 모두 위자료는 배상될 수 있다. 이는 원치 않았던 자녀를 낳아야 하게 됨으로써 부모가 입게 된 정신적 고통 그 자체에 대한 것이고 부모의 자기결정권에 포함되는, 자녀를 낳을지 여부를 결정할 권리를 침해한 것이기 때문이다. 또한 위자료 청구마저 인정하지 않으면 의사의 과실에 대한 최소한도의 책임 추궁까지 부정하는 것이 되어서 부당하기 때문이기도 하다. 이러한 고려는 가해자의 부당한 면책금지와 손해배상청구권의 권리추구기능, 제재적 기능과 정책적 이유에 의해서도 뒷받침될 수 있다.

그리고 마지막으로 '원치 않은 아이'의 사안은 주로 손해의 가치평가적 요소에 대한 입장의 차이에서 나타나는 문제로서, 손해의 규범적 요소가 가장 분명하게 모습을 드러내는 대표적인 주제 중 하나이다.

제6장

치료기회의 상실

제1절 서

이른바 '機會의 喪失(loss of chance; la perte d'une chance; der Verlust einer Chance)'에 대한 논의는, 원래 프랑스에서 유래한 것으로서,[1] 어떠한 가해행위로 인해 발생한 나쁜 결과(惡결과 또는 중한 결과)를 손해로 보는 대신에, 그러한 나쁜 결과를 피하거나 좋은 결과를 가져올 수 있었던 機會(chance)[2] 그 자체를 損害로 볼 수 있을 것인가에 대한 문제이다.[3] 이러한 논의는 원래, 가해행위와 나쁜 결과 간에 인과관계가 인정되기 어려운 경우에도, 가해자의 과실의 정도가 중대하거나 나쁜 결과의 중대성에 비추어, 손해로 인정되지 않는 불합리를 구제하고자 하는 여러 가지 시도 중의 하나로서 제기된 이론이라고 하겠다.

기회상실의 문제를 바라보는 시각의 근본적인 차이는 기회상실과 관련된 문제들이 전통적인 인과관계(양자택일적 인과관계)로 판단되어야 할 전

---

1) Radé/Bloch(제4장 제2절 주 10), n° 32. 기회상실 자체에 대해 손해배상을 인정하자는 논의들을 대개 '기회상실론(la théorie de la perte d'une chance)'이라고 칭하곤 한다.

2) '기회의 상실(loss of chance)'이 문제되는 경우에 있어 'chance'는 대개 '機會'라고 번역하는 것이 일반적이나, 기회상실론이 전형적으로 다루는 사안들에서의 'chance'의 실질적 의미는 '機會(opportunity, 치료행위를 받을 이익)'보다는 '可能性(possibility, 치유가능성)'을 뜻하는 것으로 이해하는 것이 기회상실론을 이해하는데 보다 도움이 될 것으로 보인다. 이에 대해서는 후술한다.

3) 즉 기회상실에 대해서 비교적 오래 전부터 폭넓게 손해배상을 인정하고 있는 프랑스에 있어서도, 일반적으로는 '법적으로 보호되어야 할 정당한 이익(intérêt légitime juridiquement protegée)'이 아니라면 배상되어야 할 손해로서 인정되지 않는데, 기회상실사안에 대해서는 상실된 기회(chance) 그 자체의 가치(valeur)를 인정하고 그 배상에 정당성을 부여하고 있는 것이다.

형적인 논제일 뿐 독자적인 의미를 갖지 않는다는 입장과 기회상실의 문제
는 인과관계인정의 문제와는 구별되어야 할 새로운 보호법익의 인정여부
의 문제에 해당한다고 생각하는 입장의4) 관점차이라 할 것이다.

　대체로 인과관계의 문제로 다루는 견해에서는, 기회상실과 관련되는 것
으로 상정되는 사안들에 대하여, 가해행위와 나쁜 결과 간에 all or nothing
의 원칙(전부 또는 全無를 인정하는 것)에 입각한 전통적인 인과관계의 존
재가 인정되지 않는 경우라고 봐서 어떠한 손해도 인정하지 않는데 반해,
새로운 보호법익의 인정여부의 문제로 보는 견해에서는 그러한 기회상실
자체가 손해가 될 수 있을 것인지를 판단하여 손해여부를 결정하고 있다.
다만 전자의 견해에 속하면서도 전통적인 인과관계의 경직성을 비판하며
부분적 책임을 인정하고자 하는 시도들도 존재한다. 한편, 전형적인 기회상
실사안은 가해행위와 나쁜 결과 간에 인과관계가 인정되지 않는 경우(가해
행위로 인한 중한 결과의 발생가능성이 50% 이하인 경우)에 대한 것이지
만, 인과관계의 존재유무가 불분명한 경우에 대해서도 기회상실론의 문제
로 검토하는 경향도 보인다. 그리하여 후자의 경우에 대해서, 기회상실을
인과관계의 문제로 다루는 견해에서는 인과관계의 증명을 완화한다거나
그 증명책임을 전환함으로써 피해자가 보호받지 못하는 불합리를 해결하
거나 비율적·부분적 책임을 인정하여 피해자를 구제하려는 시도가 제기되
기도 하는 반면,5) 새로운 보호법익의 인정여부의 문제로 보는 견해에서는

---

4) 후술하는 바와 같이 프랑스에 있어서도, 기본적으로 기회상실론(perte d'une
　chance)은 손해의 개념(또는 손해론)의 단계에 있어서 새로운 손해 개념을 창출하
　는 것으로 평가되고 있지만, 실제로 법관이 기회상실론을 원용하는 경우에는 법리
　적인 측면에서 인과관계의 증명책임을 완화하는 기능이나 배상을 근거짓는 손해의
　확실성(certitude)요건의 엄격성을 상당한 범위에서 완화시키는 기능 등도 담당하
　고 있는 것을 확인할 수 있다.
5) 인과관계증명의 경감이나 전환 또는 이른바 '확률적 심증론(심증도에 따라 손해배
　상액을 인정하자는 주장)' 등은, 손해배상액의 산정에 관련되는 것이기도 하며 피
　해자의 구제를 도모한다는 측면에서는 기회상실론과 유사한 기능을 하는 것으로

전형적인 기회상실사안에서와 마찬가지로 기회상실 자체가 손해가 될 수 있을 것인지를 판단하여 손해여부를 결정하고 있다.

이러한 기회상실의 문제는 주로 과실에 의해 발생하는 경우를 그 대상으로 하며, 대개 첫째, 거래행위에서 利益을 얻을 機會의 喪失(der Verlust einer Gewinnchance)과[6] 둘째, 변호사 등의 과실로 인한 勝訴機會의 喪失(der Verlust einer Prozeßchance), 그리고 셋째, 의사 등의 과실로 인한 治療期會의 喪失(der Verlust einer Heilungschance)에 관한 유형의 3가지 사안유형으로 크게 구분해서 논해지고 있다.[7] 본서는 그러한 세 가지 유형 중에서도 가장 대표적으로 다루어지고 있는 치료기회의 상실을 중심으로 기회상실의 문제를 고찰하기로 한다.

기회상실의 유형 중에서 치료기회의 상실이라 함은, 의사 등의 의료과오

볼 수 있으나, 기본적으로 소송절차의 단계에서 문제되는 절차법 단계의 문제로서의 속성도 갖는 것인데 반해, 기회상실론은 새로운 손해항목 또는 보호법익의 인정여부의 문제라는 의미에서 실체법상의 문제의 성격을 가지므로 그 법적 성질이 구별되는 것이라 하겠다. 이에 관해서는 Koch/Koziol(제4장 제2절 주 10), pp. 416-417 참고.

6) 유럽계약법전 예비안(파비아 草案)(Code europeén des contrats. Avant-projet)은 '특별한 사정 및 채권자가 행한 조치를 고려할 때 사태의 정상적인 과정에 따라 그가 합리적으로 기대할 수 있는 일실이익, 이익을 얻을 기회의 상실로서 그 발생이 상당한 확실성을 가진다고 인정할 수 있으며 불이행 또는 지체의 시점에서 평가가 가능하였던 것은 일실이익에 포함된다'고 규정하고 있으며(Art. 164.1.b; 번역은 梁彰洙/金炯錫(譯), 유럽계약법전 예비안(파비아 草案) 제1부 (Ⅲ·完), 서울대학교 法學 제46권 제1호, 2005, 623면을 참조), 국제상사계약원칙(Principles of International Commercial Contracts)은 '기회의 상실에 대해서는 그 발생의 개연성에 비례하여(in proportion to the probability of its occurrence) 배상이 이루어질 수 있다'고 하고 있다(Art. 7.4.3).

7) 이에 대해서 상세하게는 Mäsch, Chance und Schaden, Mohr Siebeck, 2004, S. 30ff; Tourneau, La responsabilité civile, 1972, n°s 262 et s.; Flour/Aubert, Droit civil, Les obligations, 1981, n° 639 note 4 et s. 참조. 특히 투르노(Tourneau)와 플루/오베르(Flour/Aubert)의 저서는 기회상실의 문제를 위 세가지 유형 외에도 여러 유형으로 분류하여 판례를 정리하고 있다.

가 없었더라면 당해 환자가 보다 나은 결과를 얻을 수 있는 기회(또는 가
능성)는 확실하지 않다고 할지라도, 의사 등의 과실이 환자로부터 그와 같
은 기회(또는 가능성)를 박탈한 것이 확실한 경우, 실제로 발생한 중한 결
과 혹은 나쁜 결과와는 별도로 보다 나은 결과를 얻을 수 있는 기회 그 자
체를 상실한 것에 대하여 독자적인 손해배상을 인정할 수 있을 것인지에
대한 논의이다.

　이해의 편의를 위해 치료기회의 상실이 문제되는 구체적인 사안을 들어
보면 다음과 같다.8) 어떤 남성이 가래 등의 증상으로 피고 병원을 내원하
여 X선 사진을 찍는 등의 의사의 진찰을 받았으나, 의사는 그 당시에 이미
환자의 좌측 폐에 침윤이 나타났음에도 과실에 의해 폐암임을 전혀 발견하
지 못하고 계속 감기약만 투여하였다. 남성은 그 후 6개월 뒤에 다른 병원
에서 폐암을 확진받은 후 폐를 절제하는 수술을 받았으나 20개월 후에 사
망하였다. 전문가의 증언에 의하면, 폐암의 진단이 6개월 빨랐으면 환자가
5년간 생존할 가능성은 39%였으나 폐암이라고 진단된 때에는 5년간 생존
할 가능성이 25%로 감소하였다. 이에 원고 측은 5년간 생존할 가능성
14%를 의사의 과실로 인해 상실하였다 하여 손해배상을 청구한다.9)

　위의 사안의 특징을 살펴보면 치료기회의 상실이 전형적으로 문제되는

---

8) 이하의 예는, 미국 워싱턴 주 대법원의 Herskovits v. Group Health Co-op. of
Puget Sound, 664 P.2d 474 (Wash. 1983) 판결의 사안이다.

9) 원래 Herskovits v. Group Health Co-op. of Puget Sound 사건의 쟁점은, 50% 이
하의 생존할 chance(가능성 또는 기회)밖에 없는 경우에 인과관계에 대하여 배심
에 붙일 만큼의 cause of action(청구권원)이 인정될 수 있는가의 여부였다. 피고는
cause of action(청구권원)이 없다고 항변하고 summary judgement(略式裁判, 정
식 사실심리를 경유하지 않기로 하는 판결로서 배심의 심리를 거치지 않는다는 점
에 큰 의미가 있음)를 구하였다. 사실심법원이 이 주장을 인정하였으므로 원고가
상소하였던 것이다. Cause of action(청구권원)이란, 법적 구제조치를 요구할 수 있
는 권리를 발생시키는 사실을 가리키며, 때로는 사법절차를 시작할 수 있는 권리를
의미하기도 한다(Garner(eds.), Black's Law Dictionary, 7th ed., 1999, p. 214).

사안의 국면을 보다 쉽게 이해할 수 있다. 즉 위의 사안에서 의사가 침윤이 나타난 X선 촬영결과에도 폐암임을 발견하지 못한 것은 명백히 과실로서 인정된다. 그리고 이후 환자가 폐암으로 사망하였으므로 사망이라는 중한 결과가 발생하였다. 그러나 환자의 내원당시 의사가 과실이 없이 폐암임을 발견하였다 할지라도 환자가 5년간 생존할 가능성은 39%에 그쳤으므로 전통적인 양자택일적 인과관계론에 의할 때 의사의 과실행위와 환자의 사망 간의 인과관계는 인정될 수 없을 것이다. 따라서 환자의 사망에 대해서는 의사는 명백한 과실에도 불구하고 어떠한 손해배상도 부담하지 않게 될 것이다. 그러나 의사의 과실행위와 환자가 5년간 생존할 가능성이 14% 감소한 것 간에는 확실히 인과관계가 인정되는 것으로 볼 여지가 있다. 또한 피고측의 과실이 명백하고 사망이라는 중한 결과가 발생하였음에도 불구하고 피고측이 어떠한 손해배상도 부담하지 않는다는 것은 공평에 반하지 않는가라는 의문이 든다. 그리하여 인과관계가 존재하지 않는 사망이라는 결과에 대해서는 손해배상을 청구할 수 없지만 5년간의 생존가능성이 14% 감소한 것을 사망과는 별개의 손해 또는 보호법익의 침해라고 인정하여 그에 대해 손해배상을 인정할 수는 없겠는가가 문제가 되는 것이다.[10]

---

10) 이처럼 기회상실론이 제기되고 있는 실제적 취지는, 손해론(손해의 개념론)·인과관계론이라는 법리적인 틀을 넘어, '귀책' 즉 피해자에게 발생한 불이익을 가해자에게 전보케 할 것인가 아니면 피해자가 사회생활상의 위험으로 스스로 감수하게 할 것인가라는 근본적인 문제에 대한 논의를 촉구하는 것이다. 즉 만일 어떠한 손해가 존재하고 있다면 방치되어서는 안된다는 생각이다. 리페르(Ripert)는 현재 민사책임법의 시점이 가해자측(가해자의 faute(과책, 대개 고의, 과실과 위법성을 포함한다고 해석되며 경우에 따라서는 인과관계까지도 포함한다고 한다))에 있는 것이 아니라 피해자측으로 이행하고 있는 것에 대하여 다음과 같이 서술하고 있다. "민사책임이 도덕성을 띠고 있는 것(faute에 의해 타인에게 손해를 가해서는 안된다는 규범으로 보인다)은 형사적 요소가 남아있던 것이고 피해자 자신도 가해자의 재산에 타격을 준다는 의미에서 사적 보복을 바라고 있었다. 그런데 피해자는 같은 상황에 놓였더라면 자신도 범했을지 모를 faute를 비난하는 것에 대해서는 생각하지 않게 된다. 피해자가 바라고 있는 것은 배상이다. 가해자의 행위가 비난되어야 할

이와 같이 치료기회의 상실이 문제되는 사안은, 의사 등의 과실의 존재
가 대부분 명백하게 확인될 수 있다는 점에서 일반적인 의료과오의 사안과
구별되며, 중한 결과 및 치료기회(또는 가능성)의 상실과의 인과관계를 판
단하기 위한 결과발생의 가능성의 정도를 대부분 확정할 수 있다는 점에
서,11) 인과관계의 존재여부가 불명한 경우에 인과관계증명의 경감이나 전
환에 의해 피해자를 구제하고자 하는 시도가 문제되는 의료과오사안이나
다른 기회상실유형의 사안과도12) 구별되는 특징을 갖는다. 그리고 이러한

것인가, faute가 무거운 것인가 가벼운 것인가, 인식능력이 있었는가, 행위를 정
당화할 외적 사정이 존재하였는가 등의 것은 피해자에게 있어 중요하지 않다. 피
해자에게 있어 민사책임의 문제는 배상의 문제일 뿐이다"(Ripert, Le régime
democratique et le droit civile moderne, 1948, n° 169).

11) 물론 기회상실론은 중한 결과와의 인과관계가 불확실한 경우에 대해서도 기회상실
과의 인과관계의 인정을 통하여 손해배상을 가능케 함으로써 중한 결과에 대한 인
과관계의 문제를 해결하는 기능을 하기도 하지만, 기회상실론이 상정하는 전형적
인 사안들은 대개 중한 결과에 대한 인과관계가 50% 이하가 되어 전통적인 인과
관계론에 의해서는 어떠한 배상도 인정되지 않는 경우들에 대한 것이다. 또한 치료
기회의 상실이 인정되는 사안들은 중한 결과와의 인과관계는 불확실한 경우(또는
부정되는 경우)에도 상실되는 기회(또는 가능성)의 정도나 크기는 대개 확정되는
경우들이다. 이는 기회상실이 손해로 인정되려면 어느 정도 보호할 가치가 있는 정
도에 이르는 크기의 기회(또는 가능성)여야 한다는 문제도 있고, 치료기회상실의
유형은 의사 등의 전문가의 감정에 의해 치료가능성의 정도 내지는 확률적 크기를
사후적으로는 비교적 어느 정도 인식할 수 있는 數値상으로 확인할 수 있다는 특
성에서 그러한 것으로도 볼 수 있다. 물론 인과관계의 판단은 단순한 사실적 문제
라기보다는 규범적 판단의 문제이므로 법관은 의사 등의 감정인의 의견에 구속받
지 않고 인과관계의 존재여부를 판단할 수 있는 것이지만(가령, 대법원 2002. 9. 4.
선고 2001다80778 판결(公 2002, 2321) 참고), 치료가능성의 정도의 판단에 있어
전문가의 의학적 판단이 중요한 하나의 기준으로 작용하게 될 것이라는 점에서 위
와 같이 볼 수도 있을 것이다.

12) 승소기회의 상실의 유형도 법률전문가인 법관이 그 직능으로 인해 결과발생의 가
능성의 정도를 비교적 확정할 수 있는 것으로 볼 여지도 있다. 그러나 입찰일정을
통지받지 못함으로써 입찰에 참여하지 못한 결과 상당한 경쟁률이 있는 계약의 입
찰기회를 상실하는 것과 같은, 이익을 얻을 기회의 상실의 유형에서는 그 결과발생

특성은 결국 치료기회의 상실의 문제를, 일반적인 의료과오 사안이나 利益을 얻을 機會의 喪失의 유형 등과는 별도로 고찰해 볼 필요성을 갖게 하는 것이라 하겠다.[13]

이하에서는 우선 치료기회의 상실이 문제되는 상황에 대한 각 나라에서의 학설과 판례들을 중심으로 비교법적 고찰을 행한 후, 그 이론구성의 타당성을 검토하게 될 것이다. 다만 기회상실에 대한 논의가 전개되어 온 과정을 다루게 될 것이므로 치료기회의 상실유형 뿐 아니라 그 밖의 유형에 대한 고찰도 함께 이루어지게 될 것이다.

의 가능성을 판단하는 것이 쉽지 않다. 가령 낙찰받게 될 자는 1인인데 비해 입찰에 참여하는 자는 5인이었다 하더라도 산술적으로 계산하여 20%의 기회 또는 가능성을 상실하게 된 것이라고 볼 수 있는지는 의문인 것이다. 참고로 프랑스에서는, 법관이 그 직능으로 인해 비교적 승소기회의 정도에 대한 판단이 다른 유형에 비하여 용이하다는 특수성으로 인해, 기회상실사안에 대해 손해배상을 인정하기 시작한 초기에는 기회상실론이 주로 승소할 기회나 법률행위를 실현할 기회와 같이 법관의 권한으로 용이하게 인정할 수 있는 사안에 한정되어 있었다(Marty/Raynaud, Droit Civil, t. 2, vol. 1, 1969, n° 377).

13) 이익을 얻을 기회의 상실의 유형과 치료기회의 상실의 유형이 서로 다른 양상을 지니게 되는 논의이어서 구별해야 하는 것인지 아니면 구별할 의의가 크지 않은 것인지에 대해서는 논란이 있다. 가령, 플라이셔(Fleisher)와 힐(Hill)은 전자의 입장(Fleisher, "Schadensersatz für verlorene Chance im Vertrags-und Deliktsrecht", JZ 1999, 771ff; Hill, "A Lost Chance for Compensation in The Tort of Negligence by the House of Lords", The Modern Law Review 54, 1991, pp. 511)이고, 슈톨(Stoll)과 코찌올(Koziol)은 후자의 입장이다(Stoll, "Schadensersatz für verlorene Heilungschancen vor englischen Gerichten in rechtsvergleichender Sicht", Festschrift für Erich Steffen zum 65. Geburtstag, 1995, S. 471ff; Koziol, "Schadensersatz für den Verlust einer Chance?", Festschrift für Hans Stoll zum 75. Geburtstag, 1978, S. 242ff). 물론 후자의 입장에서도 두 유형 간의 개별적인 차이점이 있을 수 있다는 것은 인정하고 있다.

제2절 비교법적 고찰

1. 프랑스

(1) 손해배상청구권의 발생요건과 기회의 상실

프랑스법상 피해자에게 손해배상청구권이 발생하기 위해서는, 손해가 직접적(direct)이고 현실적(actuel)이며, 확실한(certain) 것이어야 한다. 손해의 직접성이라는 것은 가해행위와 손해 간의 인과관계의 필요성을 말하는 것이다. 그러나 파급손해(dommage par ricochet)도 배상될 수 있으므로 direct라는 단어는 그다지 의미가 없다. 또한 현실성이라는 것도, 장래손해라 하여도 확실히 발생하는 것이라면 손해배상이 가능하므로 역시 큰 의미는 없다. 엄밀히 말하면 actuel의 의미는 판결일에 평가되는 손해밖에 배상되지 않는다는 것이다. 결국 손해배상책임의 발생을 위해 필요한 세가지 요건 중 확실성만이 실질적인 의의를 가지게 된다.[1]

즉 프랑스 민법 제1149조는 "채권자에게 귀속되어야 할 손해배상은, 이하의 규정에서 정하는 예외 또는 변경의 경우를 제외하고는, 원칙적으로 그가 입은 적극손실 및 상실한 소극이익으로 한다"라고[2] 규정하고 있는데,

---

[1] Flour/Aubert(제6장 제1절 주 7), n°s 637 et s.

[2] 프랑스민법(Code Civil) 제1149조
    Les dommages et intérêts dus au créancier sont, en général, de la perte qu'il a faite et du gain dont il a été privé, sauf les exceptions et modifications ci-après.

이 규정에 의하여 적극적 손해와 일실이익은 피해자가 손해의 확실성(le caractère certain du dommage)을 증명할 수 있는 경우 완전히 배상되며, 따라서 발생할 것이 확실하고 그 액수가 판단될 수 있는 경우에는 아직 발생하지 않은 손해에 대해서도 손해배상이 인정된다.3) 그러나 단순히 의문스럽거나 가정적인(hypothétique) 손해는 배상이 불가능하며, 그리하여 거래상의 이익 상실이나 감소 등은 증명하기 어려워 사실상 그 배상이 매우 어렵게 된다.4)

프랑스의 판례는 비교적 일찍부터 손해의 확실성과 가정적인 손해 사이의 경계상에 위치하는 것으로서 기회상실 그 자체를 하나의 독립한 손해로 인정하는 이른바 '기회상실(la perte d'une chance)의 손해'를 인정하여 왔다. 판례는 처음에는 기회의 상실을 불확실한 손해(dommage éventuel)라고 하여 그 배상을 인정하지 않았다.5) 그러나 차츰 법관이 평가하는 것이 용이한 승소가능성이나, 법률행위가 실현될 가능성을 시작으로 해서, 평가가 곤란한 유형에 대해서까지 기회상실의 손해를 인정하게 되었다.6) 그리하여 다른 분야에서도 쉽게 기회상실의 손해를 인정할 수 있었으며, 치료기회의 상실과 관련하여서도 다른 어느 나라보다도 일찍 치유가능성 또는 연명가능성(chance de guérison ou survie)의 상실 그 자체에 대해서 손해배

3) Radé/Bloch(제2장 제2절 주 14), p. 44; Herbots, "Economic Loss in the legal systems of the continent, French law", in Furmston, The Law of Tort, 1986, p. 142.
4) 金廷玟, 不法行爲에서의 純粹 經濟的 損害에 관한 硏究, 梨花女子大學敎 大學院 法學博士學位論文, 2008, 178면.
5) Malaurie/Aynes, Cours de droit civil, t. 6, Les Obligations, 6ᵉ éd., 1995, p. 140.
6) 예를 들면, 소송대리인(avoué)이 정해진 기한 내에 항소를 제기하지 못하였던 데 과실이 있었던 경우라든가(Cass. civ. 1ʳᵉ, 29 avril 1963, JCP 1963. 12227. concl. R. Lindon), 집달관(huissier)이 그 업무와 관련하여 과실이 있었던 경우(Cass. civ. 1ʳᵉ, 2 juin 1969, D. 1970. som. 12), 소송대리인이나 집달관의 책임과 관련해서 판례는 일찍부터 기회의 상실에 대하여 배상책임을 인정하게 되었다. 변호사의 경우에 대한 판례로는 Cass. civ. 1ʳᵉ, Ⅱ mai 1964, JCP 1964. Ⅱ 13708.

상을 인정하였던 것이다. 그 결과 오늘날에는 기회가 현실적으로 존재하고 있었다면, 즉 그 기회가 실현될 개연성이 있었다면(probable), 그 손해는 확실한 것으로 보고 있다. 즉 프랑스에서는 기회상실 그 자체를 확실한 손해라고 인정하는 것이다.

(2) 판례의 태도와 학설의 대립

법관의 평가가 비교적 용이한 사안들에서 인정되기 시작한 기회상실론은 1962년의 그레노블항소법원의 판결 이래로[7] 치료기회의 상실사안에서도 인정되게 되었다. 그리하여 1965년에는 파기원의 판결에서도[8] 비로소 치료기회의 상실에 대한 배상책임을 인정하였고, 현재까지도 프랑스는 치료기회의 상실을 대표적으로 인정하는 나라에 해당하고 있다.

치료기회의 상실에 관한 문제를 전반적으로 이해하는데 도움이 되고,

---

7) Grenoble, 24 oct. 1962, RTD civ. 1963, 334.
8) Cass. civ. 1re, 14 déc. 1965, JCP 1966. Ⅱ. 14753, note Savatier. 파기원 제1민사부의 1965년 12월 14일 판결의 내용은 다음과 같다. 즉 환자의 손목관절을 치료하던 의사가 오진으로 인하여 잘못된 치료를 하였고 결과적으로 그 환자는 불구가 되었던바, 원심이, "피해자가 불구가 된 것은 피고에 대하여 인정되는 과실의 직접적인 결과라고 충분히 추정된다"라고 판단하면서도, 불구가 된 것에 대해 결론을 내리는 대신에 환자가 상실한 '치유의 가능성(chance de guérison)'을 평가한 것처럼 되어 있었는데, 이에 대해 파기원은, "손해의 모든 원인들이 뒤섞여 있는바 피해자의 청구를 부분적으로 인정하여 그가 입은 손해의 정당한 배상을 함에 아무런 모순이 없었다"고 판결하였다. 이 이후로, 환자가 죽거나 불구가 된 사건에서, 의사의 진료상의 과실이 인정되면, 그러한 과실이 없었더라면 살았거나 완치될 수 있었다는 것이 확실하지 않음에도 불구하고(따라서 환자는 단순히 완쾌할 가능성만을 가지고 있었을 뿐인 경우에도) 의사에게 배상을 명하는 판결이 많이 내려졌다. 이 판결에 대해 제기된 논쟁의 상세한 내용에 관하여는 정태윤, "기회상실의 손해에 관한 연구", 比較私法 第5卷 第1號, 韓國比較私法學會, 1998, 172-174면 참조.

이 논제에 관한 프랑스 판결들의 특징을 살펴보기 위해, 다음의 파리항소
법원의 판결을[9] 비교적 상세하게 살펴보기로 한다. 소송의 경과는 다음과
같다.

T부인은 C를 출산한 후 출혈과다에 의해 사망하였다. T부인의 남편은
부인의 출혈과다가 산후의 처치가 불충분한데서 기인한다고 하여 당시 담
당의였던 산부인과의사 Y와 병원 등에 대하여 C의 명의로 20만 프랑의 손
해배상청구를 하였다.

법원이 인정한 사실은 이하와 같다. T부인의 분만이 있은 1시간 후에 Y
의사는 혈액, 血塊의 배출을 유발하는 처치를 행한 후, 동료를 자신의 차로
바래다주기 위하여 병원을 나왔다. 이 1시간에 가까운 Y의사의 부재중 T
부인은 출혈을 계속한 탓에 2번의 지혈주사를 맞았으나 효과가 없었다. Y
의사가 병원에 돌아온 후 수혈전문의에게 원조를 청하여 수혈을 시작하였
으나 여전히 출혈은 멈추지 않았다. 이에 혈액응고이상(fibrinolyse)의 의심
이 생겨 혈액검사결과 피브리노겐(fibrinogèn)의 혈관 내 지속주입을 행하
였다. 그런데도 용태는 악화되기만 하여 자궁절개수술이 시행되었으나 T부
인은 수술 후 45분만에 사망하였다.

1심 법원은 감정의견을 받아 T부인의 죽음이 통상 분만의 경우에 드물
게 병발하는 혈액응고이상에 원인이 있다는 것과 그 증상은 1958년 당시
로서는 피브리노겐의 수혈에 의해 의학적으로는 치료가능하였다는 것, 혈
액응고이상에 의한 사망률은 당시 15~20%였다는 것 등을 인정하여 다음
과 같이 판시하였다.

원고가 주장하는, 혈액응고이상에의 대응이 늦은 것은 손해발생에 기여한
여러 가지 상황의 하나로 보아야 하고 Y의사의 직업상의 과실(negligence
professionnelle)에 기인한 것이 아니다. 병원에 남아 있던 의사들도 온갖
수단을 다 써 보았고 病狀이 회복곤란하였다는 것을 생각하면 혈액응고이

9) Paris, 1re, ch., 10 mars 1966, JCP 1966. Ⅱ. 14753.

상의 치료가 늦은 것과 T부인의 사망과의 인과관계는 없다고 할 수 있다.

이러한 1심 판결에 불복하여 원고측이 항소하였는데, 이유는 Y의사가 한 시간동안 병원을 떠난 것이 정당한 이유를 갖지 않는다는 것과 만일의 경우에 대비하여 대신할 의사를 준비하지 않았던 것, 아주 간략한 검사만으로 환자의 곁을 떠난 것 등이었다.

이에 대하여, 파리항소법원의 판결요지는 다음과 같다.

a. Y의사의 faute(과책)에 관하여

Y의사로서는 분만이 정상적으로 이루어졌다고 하더라도 혈액응고이상의 발생은 예견해야 했다. 당시에는 항피브리노겐제가 개발되지 않았고 아주 곤란한 증상이었다고 하더라도 신속한 치료는 치유를 가능하게 하였을 것이라고 할 수 있다…… T부인은 계약에 의해 충분한 조치를 받을 권리를 가지고 있고 그것에 대하여 신뢰를 갖고 있었음에도 불구하고 결국 의사는 충분한 의료조치를 하지 않고 치료의 지연을 초래하였던 것이다.

b. Y의사의 faute와 손해와의 관계에 관하여

원고는 faute와 손해와의 인과관계를 확정적인 것으로서 증명함에 이르지는 않았으나, T부인의 사망이 Y의사에 의해 범해진 faute의 결과라는 것을 인정함에 족할 만큼의 엄격하고(grave), 명백하며(précise) 부합하는(concordante) 추정이 이루어질 수 있었던 것이다…… 피브리노겐의 혈관에의 지속주입과 수혈이 보다 빨리 다량으로 이루어졌더라면 당시 80% 이상의 치유가능성이 있었으므로[10) 병을 극복하는 것도 가능하였다고 할 수 있다.

---

10) 혈액응고이상에 의한 사망률이 당시 15~20%였다는 것에 비추어 치유가능성의 크기가 80% 이상이었다는 것을 의미하는 것일 뿐, 의사의 과실행위와 사망 간의 인과관계 즉 중한 결과발생의 가능성의 크기가 20% 이하였다는 의미는 아니다. 병원에 남아 있던 의사들이 온갖 수단을 다 써 보았고 病狀이 회복곤란하였다는 것을 생각하면 혈액응고이상의 치료가 늦은 것과 T부인의 사망과의 인과관계는 없다고

c. Y의사의 책임에 관하여

이상에 의해 Y의사의 의무해태(manquements á ses obligation)는 피해자가 치유될 chance를 상실시켰다. 때문에 원판결을 파기하고 각종의 원인사실, 제출된 자료에 의해 청구액의 일부를 인정하고 Y의사에게 3만 프랑의 배상을 지급할 것을 명하였다.

이에 관하여 사바티에(Savatier)는 다음과 같이 평가하고 있다. 의료책임에 있어서 치유가능성 또는 연명가능성(chance de guérison ou survie)이 문제가 되는 때에 중요한 것은 인과관계의 증명에 관한 것이다. 통상 의료사고에서는 의사가 범한 과실의 증명과 발생한 결과와의 인과관계의 증명이 곤란한 경우가 적지 않다. 그리하여 판례와 학설은 양자에게 추정원칙을 적용하는 것이 가능하다고 하고 있다. 원인관계의 추정원칙을 적용하는 경우에는 원고로서는 의사의 과실행위에 의해 박탈된 생명이나 건강을 과실행위가 없었더라면 보유하였을 것이라는 점을 증명할 수 있으면 되는 것이다.11) 이러한 추정방법으로서 기회상실의 구성이 판례법상 인정되고 있다. 피해자로서는 의사가 보다 진지하게 주의를 하고 있었더라면 치유되거나 생존할 가능성이 보다 컸을 것이라는 점을 증명하면 되는 것이고,12) 그리하여 증명책임은 경감되어 있다. 의사의 과실행위가 환자의 치유 내지

할 수 있다고 한 1심 법원의 판시내용이나, 파리항소법원의 다른 판시내용을 보더라도 의사의 과실행위와 사망 간의 직접적인 인과관계는 인정되기 곤란한 사안으로 볼 수 있을 것이다. 다만 파리항소법원이 치유가능성에 대한 인과관계존재의 증명을 통해 사망에 대한 인과관계가 증명된 것으로 볼 수 있는 추정이 가능하다고 판시하고 있음을 주목할 필요가 있다. 그러나 결국 파리항소법원이 최종적으로 손해로 인정하고 배상을 인정한 대상은 사망이 아니라 치유가능성의 상실이었다. 이러한 점들은 프랑스에 있어서의 기회상실론의 기능과 특징을 이해하는데 도움이 될 것이다.

11) Savatier, Une faute reut-elle engendre la responsabilité d'un dommage sans l'avoir causé?, 1970, n° 779; Savatier, JCP 1966. Ⅱ. 14753(Mäsch(제6장 제1절 주 7), SS. 170-171에서 재인용).

12) Tourneau(제6장 제1절 주 7), n° 267.

생존할 가능성의 상실을 초래하였다고 이해하는 것에 의해 가능성의 상실에 대한 배상이 인정되고 있다. 치료상의 과오, 주의부족이 환자의 병상의 악화를 촉진시키는 것은 종종 볼 수 있는 것이다. 의사로서는 환자에 대하여 과학적인 데이터에 따라 충분한 주의를 할 의무를 가지고 있기 때문에, 위 사건의 경우 분만 후 산후조치만을 한 채 대리의사를 붙이거나 특별한 지시도 남기지 않고 병원을 떠났다는 사실은 Y의사의 환자에 대한 조치의무 불이행이라고 할 수 있을 것이다. 그러나 한편으로 그러한 의사의 과실과 T부인의 사망과의 인과관계에 관하여는 의심의 여지가 있다. 판결문 중, '....인과관계는 항변의 여지없이 증명되었다고 할 것은 아니다...'라는 표현이나 '....Y의사는 치유가능성을 현저히 상실시켰다' 등의 표현에서 추측할 수 있는 것은 항소심에 있어서 법관이 인과관계의 존재에 대하여 충분한 심증을 얻었다고는 말할 수 없다는 것이다. 그리고 파리항소법원의 판결에서 손해배상의 대상이 된 것은 T부인의 사망이라는 손해가 아니라 치유가능성의 상실이다. Y의사의 과실행위는 T부인이 치유될 가능성의 상실에 대하여서만 책임을 부담하게 한다. 그런데 그 가능성이 과연 기대되었던 결과(이 사건에서는 T부인의 치유)를 얻을 수 있는 것이었느냐에 대하여 법관의 심증은 충분하지 않은 것이다.

의료책임소송에서 기회상실을 인정한 판결들에 공통하는 점은 다음의 여섯 가지이다.[13)]

  a. 의료행위시에 과실이 존재하였던 것이 증명되고 있다.
  b. 이러한 과실이 의료행위가 성공할 것이라는 전망(예견)을 감소시켰다.
  c. 의료행위는 실패로 끝났다. 그 결과로서 病狀의 악화 내지 사망이라는 손해가 발생하였다.
  d. b에서 말하는 성공의 전망(예견)이 의료행위의 실패를 회피할 수 있었는지에 대하여[14)] 법관의 심증이 충분하다고는 할 수 없다.

---

13) Savatier, JCP 1966. Ⅱ. 14753.

e. 그러나 이 전망(예견)에 상응하는 성공의 chance(가능성)를 비율로써 인정하고 있다.

f. 이러한 chance(가능성)를 금전으로 평가하고 있다.

인과관계에 관한 의심이라는 점에서 본다면, 일응의 추정에 의해 인정되었다고는 하더라도 약간의 의문은 남으나 그것을 치유될 가능성의 상실이라는 것으로 커버하는 것에 기회상실의 특징이 있다고 할 수 있다.15) 즉 기회상실론은 중한 결과에의 인과관계의 증명을 회피하거나 경감시키는 기능을 하고 있는 것이다. 그리고 그 중한 결과와는 별도의 손해에 대한 배상을 인정한다는 점에서 새로운 손해항목으로서 기능하고 있는 것이다.

이러한 판례의 경향에 대하여는, 인과관계가 불분명한 데에서 발생하는 문제는 발생한 사실에 대하여 유책한 자보다도 피해자 쪽에 유리하게 해결되어야 한다는 호의적인 견해가 있다.16) 다른 한편 법관의 인과관계에 대한 의심이 항상 일부배상이라는 형태를 취하고 있는 것에 대하여 中道를 택하는 것에 의해 인과관계에의 의문을 회피하는 것은 허용될 수 없다는 비판도 있다.17) 하지만, 의료책임에 있어서는 인과관계의 인정이 완화되고 있고 환자측의 사유로서 특이체질, 잠재적 소인이 보이는 경우라도 의사가 책임을 면하는 일은 거의 없으며, 일부배상책임이 명하여졌다는 사실에서도 전체적인 경향으로서 의사는 엄격한 책임을 부담하고 있다고 할 수 있을 것이다.

---

14) 가령, 의료행위가 성공할 가능성이 51% 이상이었는지 등을 의미하는 것으로 볼 수 있다.

15) 환언한다면, 의사의 과실행위가 환자가 가지고 있던 치유할 가능성을 위험하게 했다는 것은, 의료행위의 실패와 그 결과 발생한 病狀의 악화 내지 사망과의 인과관계에 관하여는 확신을 가지지 않는다는 것을 나타내는 것임에 다름 아니다.

16) Mazeaud/Chabas(제2장 제2절 주 16), 20^e Leçon. Lectures 'La perte d'une chance'.

17) Savatier, JCP 1966. Ⅱ. 14753.

(3) 기회의 평가

기회상실의 손해가 문제된 경우에 법관은 2단계의 평가절차를 거쳐야 한다. 첫째는 그 기회가 실현되었을 때에 피해자가 있었을 상황을 평가하여야 한다. 다음으로는 그 기회가 실현될 확률을 평가하여야 한다. 그리하여 예컨대 그 기회가 실현되었다면 피해자가 현재보다 1만 프랑만큼 더 부유해졌을 것이고, 기회 실현의 확률이 50%였다면, 그 기회상실의 손해는 5천 프랑이라고 한다. 그러나 프랑스 실무에서는 그렇게 정확하게 수치로 나타내지는 않으며, '진지한(sérieuse)', '확실한(certaine)', 또는 '매우 진지한(très sérieuse)' 등으로 표현하고 있다고 한다.[18]

감소된 기회의 크기에 상응하여 손해배상을 산정하는 것에 대해서는, 각 원인의 원인력에 따라서 부분적인 책임을 인정하여야 한다는 부분적 인과관계론을 옹호하는 입장에서 찬성하는 견해도 있으나,[19] 기회상실의 손해를 인정하는 것이 결코 부분적 인과관계론을 인정하는 것은 아니며, 의사의 과실은 기회의 상실이라고 하는 손해 전체를 야기한 것이고, 의사가 부담하는 책임은 일부분이 아니라 발생한 손해 전부에 대한 책임이라고 한다. 그러므로 기회상실손해론은 인과관계에 대하여 all or nothing의 원칙에 입각해 있다고 한다.[20]

---

18) Chartier, La réparation du préjudice dans la responsabilité civile, 1983, p. 88 et s.
19) Boré, L'indemnisation pour les chances perdues: une forme d'appréciation quantitative de la causalité d'un fait dommageable, JCP 1974. I. 2620, n°s 23 et s.
20) Chartier(주 18), p. 39.

2. 영국

영국에서도 인과관계는 전통적으로 all or nothing의 원칙에 입각하고 있으나, 민사소송에서 그 증명의 정도는 우월적 개연성(proof on the balance of probabilities)으로서 족하다고 보므로, 환자는 손해가 의사의 과실로 인한 것일 가능성이 다른 원인에 의한 것일 가능성보다 많다는 점(적어도 51% 이상)만 입증하면 된다.[21] 그리하여 손해가 가해자의 행위에 의하여 발생하였을 가능성이 51% 이상이면 인과관계를 인정하여 손해 전부의 배상을 명하는 반면에, 그 가능성이 50% 이하이면 인과관계의 존재를 인정하지 않고 따라서 피해자는 전혀 배상받지 못한다.[22] 손해의 원인은 하나 이상이 될 수도 있는데, 손해가 불가분이고 가해자의 행위가 그 하나의 원인임이 증명된 경우 그 가해자는 손해 전부에 대해 배상책임을 부담하되, 책임있는 다른 가해자들에게 구상권을 행사할 수 있다.[23][24]

영국법에서는 계약위반의 경우에는 계약위반 그 자체로서 손해배상청구가 완성되는 것이고, 청구권원(cause of action)의 일부로서 손해가 별도로 필요하지 않지만, 불법행위의 경우는 손해의 발생이 손해배상청구의 요건이 되는 결과,[25] 기회상실에 대한 판단도 계약위반과 불법행위에 있어 그

21) 증거의 우월 또는 우월한 증거라는 용어는 미국에서는 'preponderance of the evidence'라는 용어가 쓰이는 반면 영국에서는 'proof on the balance of probabilities'가 쓰이고 있다(Murphy, Murphy on Evidence, 9th ed., 2005, p. 96).
22) 영국에서의 기회상실론과 관련된 논의에 대하여는 정태윤(주 8), 175-179면을 참조하였다.
23) Rogers(제4장 제2절 주 14), pp. 83-84.
24) Holtby v. Brinham & Cowan (Hull) Ltd [2000] 3 All E.R. 421 판결에서, 가해자는 자신의 기여도(extent of contribution)에 대해서만 책임이 있다고 한 Stuart-Smith 대법관의 견해는 예외적인 입장이며, 이전의 판결들과도 모순되는 것이다.
25) Weir, "Loss of a chance - compensible in tort?", in Guillod(éd.), Colloque: Développements récents du droit de la responsabilité civile, 1991, p. 119.

취급이 달라지게 된다.

(1) 판례의 태도

계약위반으로 인한 손해배상책임이 문제되는 경우에는 기회의 상실 그
자체에 대하여 배상을 인정하고 있다. 그 대표적인 예는 Chaplin v. Hicks
판결로서,26) 극장(theater)에서 3년간 주연여배우로서 고용될 12명을 뽑는
미인대회에서 6,000명의 응모자 가운데 50명의 준결승 진출자 중의 한 명
으로 뽑힌 원고가, 극장주의 과실로 인해 면접일에 대한 통지를 늦게 받게
되어 면접을 불참하고 결국 12명 안에 들지 못하게 된 사안이었다. 원고는
계약위반에 의한 손해배상을 청구하였는데, 법원은 원고가 채용되지 못한
것에 대한 손해를 배상받을 수는 없지만 채용의 기회(약 25%의 기회)를 상
실한 것에 대해서는 배상을 받을 수 있다고 판결하였다. 이 판결의 의의는
기회 그 자체를 독립된 가치로서 평가한 것에 있다고 하며,27) 그 기회가
주어졌더라면 바람직한 결과에 도달하였을 것이라는 개연성에 비추어 손
해배상을 인정하고 있는 것이다.28)
그러나 불법행위의 경우에는 우월적 개연성 기준에 의해 기회의 상실 그
자체에 대하여 배상을 인정하고 있지 않다.29) 그 최초의 판결은 Hotson v.
East Berkshire HA 사건이었는데,30) 사실관계는 다음과 같다. 13세의

---

26) Chaplin v. Hicks [1911] 2 K.B. 786.
27) Boggs, "Lost Chance of Survival Doctrine: Should the courts ever tinker with
chance?", 16 Southeren Illinois University Law Journal 421, 1992, p. 423.
28) Andel, "Medical Malpractice: The right to recover for the loss of a chance of
survival", 12 Pepperdine Law Review 973, 1985, p. 976.
29) Burrows, Remedies for Torts and Breach of Contract, 1994, p. 31.
30) Hotson v. East Berkshire HA [1985] 3 All E.R. 167.

Hotson이 나무에서 떨어져 심한 부상을 입고 병원으로 수송되었는데 병원에서는 엉덩이의 부상을 발견하지 못하여 무릎에만 붕대를 감은 채 퇴원시켰다. 5일 동안 고통에 시달리다 다시 병원에 가자 그제서야 엉덩이 부상의 심각성을 깨달은 병원은 다음날 수술하였으나 그 소년은 평생 다리를 저는 장애자가 되어 버렸다. 그런데 처음의 상처가 워낙 심해서 바로 수술을 받았다고 하더라도 성공할 가능성은 25%밖에 없었다.

1심의 판사는 이 사안을 인과관계의 문제가 아니라 손해평가(손해산정)의 문제로 보아 수술이 성공하였을 것이라는 점을 증명하였더라면 받을 수 있었던 배상액의 25%의 배상을 인정하였고 항소심에서도 1심 판결을 인정하였다. 그러나 귀족원에서는 항소심의 판결이 파기되었다. 수술이 성공할 확률이 25%라면 원래부터 성공할 가능성이 전혀 없는 것이라고 할 수 있기 때문에 상실될 기회도 없다는 것이다. 이 판결에 대해서는, 기회의 상실 그 자체가 배상의 대상이 될 수 있느냐 하는 문제에 대한 판단은 이루어지지 않았고 단지 전통적인 견해에 따라서 인과관계에 대한 판단만이 행하여졌을 뿐이었다고 평가되고 있다. 즉 귀족원에서의 판단의 대상으로 되었던 것은 사실문제의 판단일 뿐이며, 기회의 상실 그 자체가 손해로서 받아들여질 수 있는가를 판단하고 있는 것은 아니었다는 것이다.[31]

(2) 학설의 대립

불법행위에서 기회의 상실 그 자체를 손해로 볼 수 있을 것인가 하는 점에 대하여는 견해가 나뉘고 있는데, 대표적으로 다음의 두 입장을 들 수 있

---

31) 2005년의 판결인 Gregg v. Scott [2005] UKHL 2; [2005] 2 W.L.R 268 판결에서도, 영국법상으론 불법행위에 있어 기회상실손해가 인정되지 않음을 확인하고 있다(DCFR vol. 4, p. 3193).

다.[32] 먼저 위어(Weir)는 불법행위에서는 기회의 상실을 손해로 볼 수 없다고 한다.[33] 기본적으로 장래의 사실과 과거의 사실은 구별해야 하며, 전자에 대해서는 기회의 상실을 손해산정에 있어 고려하여야 하지만,[34] 후자는 그것이 발생하였느냐 아니냐의 문제이며 따라서 그 여부가 불확실할 때에는 우월적 개연성 기준에 의하여 판단하여야 한다는 것이다.[35] 또한 그는, Hotson 사건에서 원고측이 위에서 언급한 Chaplin v. Hicks 판결을 원용하고 있지만 이는 계약위반과 불법행위의 차이를 간과한 것으로서, 영국법에서는 계약위반의 경우에는 불법행위의 경우와 달리 계약위반 그 자체로서 손해배상청구가 완성되는 것이어서 손해가 별도로 요구되는 것이 아니라고 한다.

이와는 달리 스테이플튼(Stapleton)은 기회의 상실 그 자체를 손해로 구성하는 데에 찬성하고 있다.[36] 그녀는 인과관계에 관한 종래의 all or nothing 원칙에 대하여 의문을 제기하여, 25%의 가능성을 가지고 있다고 하는 것은 원고와 같은 상태의 환자들 100명 중 25명은 치료될 수 있으며 원고도 그 중 한 명이 될 수 있다고 하는 것을 의미하는 것이며, 그럼에도 불구하고 상실된 기회가 없다고 할 수는 없다고 한다. 또한 소송의 기초(gist of action)를[37] 중한 결과에 대한 것이 아니라 기회의 상

---

32) 정태윤(주 8), 177-178면.
33) Weir(주 25), p. 118.
34) 이는 이익을 얻을 기회의 상실에 관한 것으로, 계약위반에 있어서의 기회상실을 의미하는 것으로 생각할 수 있다.
35) 이는 치료기회의 상실에 관한 것으로, 불법행위에 있어서의 기회상실을 의미하는 것이다.
36) Stapleton, "The Gist of Negligence: Part 2 The Relationship between "Damage" and Causation", 104 LQR 389, 1988, pp. 391-400.
37) Gist of action(소송의 기초)이란, 법적 관점에서의 소의 본질적 원인을 가리키며, 커먼로의 訴答절차(pleading, 정식사실심리에 앞서 쟁점을 명확히 하기 위해 당사자 간에 주장서면을 교환하는 소송절차)에 있어서, 이것이 흠결되면 청구권원(cause of action)이 존재하지 않게 된다(田中英夫(編), 英米法辭典, 1991, 381面).

실에 대한 것으로 구성한다면 인과관계의 문제는 피해 갈 수 있을 것이
라고 한다.

3. 미국

(1) 기회상실론의 등장배경

미국의 의료과오소송에 있어서 환자인 원고는 다음의 네가지를 증명하
여야 한다. 즉, ① 의사가 환자에 대하여 법적 의무를 부담할 것, ② 의사
가 그 의무에 위반하였을 것, ③ 그 의무위반이 환자의 인체손해의 근접
원인(proximate cause)일 것, ④ 그 결과로서 원고에게 법익침해를 주었을
것 등이다.[38] 그리고 이 때 요구되는 인과관계는 대체로 우월적 개연성
(preponderance of the evidence)의 원칙을 충족하는 것이어야 하며 all or
nothing 원칙이 적용되었다.

이러한 전통적 인과관계이론이 적용되기 위해서는 환자의 건강회복의
기회(회생가능성)는 반드시 50%를 넘어야 하며, 그 이하일 경우에는 환자
에게 건강회복의 기회가 없다고 보아 설령 의사에게 과실이 있다 하여도
그 책임을 묻지 않는다. 이에 대해서는 앞서 본 프랑스에서 같은 비판이 제
기되어, 인과관계론의 증명부담을 완화시키거나 기회상실을 손해로 파악하
려는 견해가 등장하였다. 후자는 킹(King)의 기회상실론이 대표적인 입장
으로서, 기회의 상실 그 자체를 독자적인 손해로 파악하여 인과관계를 평
가하고 손해평가의 단계에서는 비율적 개연성에 따라 산정한다. 킹의 이론

---

38) Prosser/Keeton, Prosser and Keeton on the law of torts, 5th ed., 1984,
   pp. 164-165.

은 실무에 많은 영향을 미치게 되어 기회상실론을 수용하는 법원이 점증하고 있으나 아직도 종래의 법이론을 고수하는 법원도 있다.[39] 이하에서는 기회상실론을 중심으로 살펴보기로 한다.

(2) 기회상실 자체를 손해로 보는 이론

미국에서의 기회상실론의 전개를 대표하는 것은 킹(King)이 1981년과 1998년에 각각 발표한 2개의 논문이다.[40] 처음 논문에서 킹은 기회를 상실케 하는 행위 자체가 독자적인 불법행위의 청구권원이며, 기회상실 자체가 독자적으로 배상되어야 하는 손해라고 주장하였으며, 두 번째 논문에서는 인과관계와 손해의 평가는 명백하게 구분되어야 하며 그렇게 하기 위해서는 피해자가 보다 나은 결과를 얻을 가능성이 불법행위로 인하여 얼마나 감소하였는지에 초점을 두어야 한다고 주장하면서 기회상실에 대한 평가 방법을 제시하였다.

킹의 기회상실론을 정리해보면, 우선 인과관계의 기능과 손해평가(손해산정)의 기능을 명확히 구별할 것이 요구된다고 한다. 즉 인과관계의 문제는 피고가 원고에게 발생한 책임을 부담할 것인가의 여부를 결정하는 문제이고, 손해의 평가는 피고의 책임이 어느 정도이어야 하는가를 결정하는 문제이기 때문이라는 것이다.[41]

---

39) 그 자세한 내용에 관하여는 朴永浩, "의료소송상 기회상실 이론의 도입에 대한 소고", 司法論集 第46輯, 법원행정처, 2008, 398면 이하 참조.

40) King, "Causation, Valuation and Chance in Personal Injury Torts Involving Preexisting Injuries and Future Consequences", 90 Yale L. J. 1353, 1981, pp. 1353-1397과 "Reduction of Likelihood: Reformulation and Other Retrofitting of the Loss-of-Chance Doctrine", 28 U. Mem. L. Rev. 491, 1998, pp. 491-560.

41) King, "Causation, Valuation and Chance in Personal Injury Torts Involving

또한 종래의 인과관계론의 입장에서는 환자의 손해란 환자의 죽음이나 인체손해를 의미하였지만, 기회상실론에서는 치료기회가 상실된 그 자체를 의미한다. 결국, 기회상실론에서는 환자에게 실제로 발생한 사망과 인체손해 보다는 기회 자체를 보호하고 그것을 상실하였으면 의사에게 과실이 존재하는 한 책임을 인정한다. 생존가능성(기회)이 50% 이하인 환자라 할지라도 환자는 치료의 기회가 있을 당시에 치료의 기회를 상실하였을 뿐만 아니라 의료과학의 혜택을 받을 기회를 상실하였다고 할 수도 있다.

이러한 기회상실에 의한 손해배상을 산정하는 방법으로서는, 배심원의 전권사항으로 보는 견해와 기회상실 비율 자체를 손해로 보는 견해가 있을 수 있고, 후자의 비율적 배상방법은 다시 그 산정방법에 따라, 단순결과접근법(하나의 결과를 상정하고 그 가능성에 따라 계산하는 방법)과 기대가치평가법(모든 가능한 결과를 상정한 다음 각각의 결과에 그 결과가 발생할 가능성을 할당한 다음 그 평균치를 계산하는 방법)을 상정할 수 있는데, 킹은 기대가치평가법이 기회를 평가하는 주된 목적과 가장 부합하고 보다 합리적이며, 정확한 손해액을 계산해 낼 수 있는 방법이라고 한다.

킹은 가령 환자의 생존가능성이 50% 미만이든, 50% 이상이든 그러한 생존 가능 기회에 대한 침해는 그 침해된 생존가능성의 비율을 정확히 반영하는 방식으로 평가되어야 한다고 하여, 비율적 손해배상론의 입장을 취하고 있는 것이다.

(3) 기회상실론과 판례의 태도

기회상실론은 미국의 판결들에서 다양하게 전개되고 있다. 순수하게 기회상실론의 입장에서 사건을 해결하는 태도가 있는가 하면, 기회상실론을

Preexisting Injuries and Future Consequences", 90 Yale L. J., 1981, p. 1355.

적용하지 아니하고도 기회상실론을 적용한 것과 같은 효과를 얻으려는 태도(불법행위 제2차 리스테이트먼트 제323조를 적용하는 방법)도 있고, 기회상실론을 적용하면서도 다른 기준을 함께 고려하는 절충적인 판결들도 있다. 판례의 이러한 태도는 기회상실론의 영향을 받은 것으로 짐작된다. 다만 순수하게 기회상실론의 입장에 서 있는 판결들도 기회상실률을 그대로 손해배상의 평가에 반영하지는 않는다고 한다. 이하에서 각각 살펴보기로 한다.

1) 기회의 상실 그 자체를 손해로 보는 판결

이는 종래의 인과관계에 대한 원칙들(가령 all or nothing 원칙)을 따르면서도 기회의 상실 자체를 손해로 보고 있는 판결들로서, 대표적으로는 워싱턴 주 대법원의 Herskovits v. Group Health Co-op. of Puget Sound 판결을 들 수 있다. 그 내용은 다음과 같다.

환자가 1974년 12월에 피고 병원을 내원하여 X선 사진을 찍었는데 그 당시에 이미 좌측 폐에 침윤이 나타났음에도 계속 감기약만 투여하였을 뿐 폐암을 전혀 발견하지 못하였고, 그 후 6개월 뒤에 다른 병원에서 폐암을 확진받은 후 1975년 7월 폐를 절제하는 수술을 받고 1977년 사망하였다. 원고 측에서는 폐암의 진단이 6개월 지연되어 원고의 5년간 생존율이 39%에서 25%로 감소하였으며 이는 피고의 과실로 인해 상실된 것이라 하여 손해배상을 구하였다. 워싱턴 주 대법원은 이에 대해 청구권원(cause of action)이 있다고 인정하였는데,[42] 이 판결의 다수의견(plurality opinion)이자 보충의견(concurring opinion)은 배상하여야 할 손해를 사망이 아니라

---

42) 원래 Herskovits v. Group Health Co-op. of Puget Sound, 664 P.2d 474 (Wash. 1983) 사건의 쟁점은, 50% 이하의 생존할 chance(가능성 또는 기회)밖에 없는 경우에 인과관계에 대하여 배심에 붙일 만큼의 cause of action(청구권원)이 인정될 수 있는가의 여부였다. 이에 관해서는 전술한 제6장 제1절 주 9 참조.

생존기회의 상실이라고 하여, 종래의 인과관계법리를 따르면서도 손해배상
을 인정하고자 하였다.

이러한 보충의견의 기회상실론은 그 후 다른 주의 법원들에 의해 채택되
기도 하였는데,[43] 가령, 뉴햄프셔 주 대법원은 최근에 Lord v. Lovett 사건
에서[44] "피고의 과실이 원고의 기존상태에 의한 상해를 악화시키고, 그러
한 피고의 과실이 원고로 하여금 실질적으로 더 좋은 결과를 얻지 못하도
록 하게 하면, 원고로서는 기회의 상실에 대한 손해를 배상받을 수 있다"
고 판시하여 기회상실 자체에 대해 청구권원을 인정하였다.

2) 불법행위 제2차 리스테이트먼트 제323조를 적용하는 판결

판례의 전통적인 입장에 의하면 환자의 회복가능성이 50%를 상회하느
냐의 여부에 따라 손해배상의 전부를 인정하여 주거나 아니면 이를 부정
하는데, 이에 대해 불법행위 제2차 리스테이트먼트 제323조(Restatement
(Second) of Torts §323)를 근거로 전통적인 배상이론을 수정하려는 판결
들이 있다. 동조 제a항은 "타인을 위하여 무상 또는 유상으로 노무를 제공
하는 자는 그 노무를 이행함에 있어서 반드시 그 신체나 물건을 보호하는
인식을 가져야 한다. 만약 기울여야 할 합리적인 주의를 게을리하여 타인
의 신체나 물건에 위해가 발생하거나 그 위험성을 증가시킨 때에는 그로
인한 책임을 부담하여야 한다"고[45] 규정하고 있다. 이를 근거로 의사의 책

---

43) Fleming, "Probabilistic Causation In Tort Law", The Canadian Bar Review, Dec.
   1989, p. 676.
44) Lord v. Lovett, 770 A.2d 1103 (N.H. 2001).
45) Restatement (Second) of Torts §323 Negligent Performance Of Undertaking To
   Render Services.
   One who undertakes, gratuitously or for consideration, to render services to
   another which he should recognize as necessary for the protection of the other's
   person or things, is subject to liability to the other for physical harm resulting

임을 판단한 판결들이[46) 있는데, 이는 환자의 회복가능성(기회)이 아닌 신체손해·질병·사망을 배상의 객체로 고려하는 점이 전통적인 이론과 같다. 원고는 피고의 작위 또는 부작위가 원고의 건강상의 위험을 증가시켰음을 증명하여야 한다. 피고의 과실행위가 원고의 실질적인 생존 또는 회복기회를 박탈시켰다는 것을 판단하기 위하여 배심의 판정을 받게 된다.[47)

그러나 이에 대해서는, 환자의 회복기회가 50%를 하회하는 경우에도 의사의 과실이 인정되는 한 책임을 묻는 점에서 전통적인 태도보다 진보하였다고 할 수 있으나, 환자의 회복기회를 결정함에 있어서는 의학적인 통계에 의존하지 아니하고 배심의 독자적인 결정에 따르므로 손해산정의 일관성이 없고 경우에 따라서는 배상액이 과다하게 정해질 가능성이 있어 의사에게 가혹한 판결이 내려질 수 있다는 비판이 제기되고 있다.[48)

3) 절충적 입장의 판결

판례 중에는 순수한 기회상실론과 리스테이트먼트 제323조를 함께 적용하는 판결도 있다.[49) 환자의 생존이나 회복가능성이 50%를 하회하는 경우에도 그 회복의 기회를 하나의 법익으로 보고 의사의 과실로 인하여 그 기회가 감소된 경우에는 손해를 배상하도록 하는 점이 기회상실론의 입장과 같다. 다만 환자는 의사의 과실이 기회감소의 주된 원인임을 증명할 필요

---

from his failure to exercise reasonable care to perform his undertaking, if

(a) his failure to exercise such care increases the risk of such harm, or

(b) the harm is suffered because of the other's reliance upon the undertaking.

46) Hamil v. Bashline, 392 A.2d 1280 (Pa. 1978) 등.

47) 姜信雄, "美國 機會喪失論의 受容 與否 檢討", 比較私法 第9卷 第4號, 韓國比較私法學會, 2002, 287면.

48) Truckor, "The loss of chance doctrine: Legal recovery for patients on the edge of survival", 24 Dayton L. Rev., 1999, p. 358.

49) Kramer v. Lewisville Memorial Hosp., 858 S.W.2d 397 (Tex. 1993) 등.

까지는 없고 기회를 감소시켰다는 사실상의 가능성만을 증명하면 배심이 의사의 과실에 의하여 상실된 기회를 고려하여 배상액을 결정하여야 한다고 하는 점에서 리스테이트먼트 제323조를 적용하는 이론과 같다. 엄격하게 말하면 기회상실론에 적당한 변경을 가한 것이 아니고, 기회상실론과 더불어 리스테이트먼트 제323조를 동시에 적용한 것에 지나지 않는다.[50]

4. 일본

일본도 또한 전통적인 인과관계론에 의해 의료과오의 사안들을 규율하고 있지만, 의사측에 대하여 어떤 형태로든 책임을 인정하고자 하는 판결이 점차 하급심에서 등장하고 있다. 그러나 기회상실이 문제될 수 있는 사안에 있어서 일반론으로서 판례이론이 아직 구축되어 있지는 않으며, 이러한 사안에 대한 일본 판결들의 태도는 다음과 같이 다양하게 나뉜다.[51]

즉, 첫째, 의사의 과실행위와 결과와의 인과관계를 긍정하거나 부정하여 손해배상을 인정하거나 부정하고 있는 판결들(전통적인 인과관계론에 기초하는 입장)과[52] 둘째, 발생한 최종적인 결과와 과실행위와의 인과관계를

---

50) 姜信雄(주 47), 288면.
51) 이에 관해서는 澤野和博, "機會の喪失理論について(一)", 早稻田大學大學院 法硏論集 77號, 1996; 新美育文, "癌患者の死亡と医師の責任", ジュリスト 第787號, 有斐閣, 1983; 高波澄子, "米國における「チャンスの喪失」理論(一)", 北大法學論集 49卷 6號, 1999; 松浦以津子, "損害論の「新たな」展開", 不法 行爲法の現代的課題と展開(森島昭夫敎授還曆記念論文集), 1995; 水野謙, "損害論のあり方に關する覺書-近時の最高裁判決を手掛かりに", ジュリス ト NO. 1199, 有斐閣, 2001; 山崎進, "診療債務の不履行と死亡との因果關係 が肯定されない場合の損害の成否", ジュリスト 第949號, 1990 참조.
52) 東京地裁 1991(平成 3). 9. 30. 判決(判例時報 1433號, 92面) 등.

부정하면서도 위자료의 배상을 인정하는 판결들 및 셋째, 의무를 다하였더라도 결과가 발생할 수 있었던 점을 고려하여, 발생한 결과에 대하여 부분적인 결과를 인정하는 판결들(비율적 감액론에 기초하는 입장)이 있다.

이 중에서 셋째 판결들의 유형은 이른바 '비율적 감액론'으로 이론구성하고 있는데, 이 비율적 감액론은 기회상실 그 자체를 손해로 인정하는 이론과 결과적으로는 유사한 해결을 꾀하고 있다.

둘째 판결들의 경우 위자료의 인정근거를 넓은 의미에서의 기대권침해에 두고 있는데, 이는 다시 적절한 치료가 행하여지지 않았기 때문에 야기된 정신적 고통에 대하여 기대권침해로서 파악하여 위자료를 인정하고 있는 판결들(기대권침해론에 기초하는 입장)과53) 연명이익 상실에 기해 위자료를 인정하고 있는 판결들(연명이익의 상실론에 기초하는 입장),54) 그리고 결과회피의 기회 자체를 상실하였던 것에 기하여 위자료를 인정한 판결들(일본에서의 치료기회상실론에 기초하는 입장)55) 등으로 나뉜다. 이 중에서 특히 세 번째의 것은 적절한 치료행위를 받을 이익의 상실 자체를 손해로 파악하는 점에서56) 기회상실론과는 구별된다.57) 즉 기회상실론은 치

---

53) 宇都宮地裁 足利支部 1982(昭和 57). 2. 25. 判決(判例タイムズ 第468號, 124 面) 등.

54) 東京地裁 1991(平成 3). 7. 23. 判決(判例時報 1427號, 84面) 등.

55) 東京地裁 1985(昭和 60). 9. 17. 判決(判例タイムズ 第572號, 75面) 등.

56) 예를 들어, 大塚直, "不作爲医療過誤による患者の死亡と損害·因果關係論-二つの最高裁判決を機緣として", ジュリスト NO. 1199, 有斐閣, 2001, 16 面; 矢澤久純, "機會の喪失論とその周辺問題", 法學新報 105券4=5号, 1999, 207面 참고.

57) 最高裁 2000(平成 12). 9. 22. 判決(判例時報 1728號, 31面)은, "환자가 적절한 의료를 받을 기회를 부당히 박탈당한 것에 의해 받은 정신적 고통을 위자해야 할 책임이 있다"고 하여 병원 등에 대하여 위자료의 배상을 인정한 원심에 대하여, "질병으로 인해 사망한 환자의 진료에 있어서 의사의 의료행위가 그 과실에 의해 당시의 의료수준에 적합하지 않았던 경우, 위 의료행위와 환자의 사망 간의 인과관계의 존재가 증명되지 않았어도, 의료수준에 적합한 의료가 행하여졌더라면 환자가 그 사망시점에서 더욱 생존해 있었을, 상당 정도의 가능성의 존재가 증명되는

유가능성(possibility, 치료행위의 효과의 개연성)의 상실을 손해로 파악하는 것임에 비해, 일본에서의 치료기회상실론은 치료행위 자체를 받을 이익 (opportunity) 을 상실한 것을 손해로 파악하는 입장인 것이다. 또한 미국 등의 나라에서는 치료기회상실에 대해 손해배상을 인정하는 경우 치료비 나 일실소득 등의 재산적 손해에 대해서도 손해배상을 인정하는 경향들도 있는데 반해, 일본의 경우는 주로 위자료의 배상을 인정하는 특징이 있다.

5. 독일

독일 역시 인과관계에 관하여 Alles oder Nichts 원칙에 의하고 있으며, 인과관계증명에 대해 곤란을 겪는 피해자를 구제하기 위하여, 판례는 다음 과 같은 경우에 인과관계의 증명책임을 전환시키고 있다. 즉 첫째로 의사 에게 중대한 치료과오(grober Behandlungsfehler)가[58] 있음이 밝혀지고, 둘 째로 그 치료과오가 현실적으로 발생한 것과 같은 종류의 손해를 야기시키 기에 적합한 것일 경우, 증명책임이 전환되어 의사가 책임을 면하려면 그

때는 의사가 환자에 대하여 불법행위에 의한 손해를 배상할 책임을 부담한다고 해 석하는 것이 상당하다"라고 판시하여 원심의 판단이 정당하다고 하였다. 이에 대 해서는 최고재판소가 치료기회상실론에 대해 호의적인 입장이라는 평가와 치료기 회 자체의 상실에 대해 배상을 인정하고 있는 것이라는 평가 등이 제시되고 있다 (手嶋豊, "医療における同意の前提としての説明義務に違反したために認め られた慰藉料額の算定に關する考察", ジュリスト NO. 1199, 有斐閣, 2001, 18面; 大塚直, "不作爲医療過誤による患者の死亡と損害・因果關係論-二つ の最高裁判決を機緣として", ジュリスト NO. 1199, 有斐閣, 2001, 10面 이하 참조).

58) 중대한 치료과오는 객관적인 의무위반의 정도가 매우 큰 것을 의미하므로, 주관적 인 비난가능성의 정도가 큰 것을 의미하는 중과실(grobe Fahrlässigkeit)과는 구별 하여야 한다고 한다(Giesen, Arzthaftungsrecht, 1995, Rn. 406).

증명책임을 다 하여야 하는 것이다. 가령 독일연방대법원은, 산부인과의사
와 소아과의사가 신생아의 피부 등이 노랗게 되어 있는 것을 발견하였을
때 그 부모들의 Rh인자가 서로 맞지 않을 것이라든가 또는 유아황달 등에
생각이 이르지 못하고 있다가 나흘이나 지나서야 비로소 혈액을 교환해 준
경우에, 적시에 혈액을 교환하여 주었다 하더라도 그 어린이를 구하지 못
하였을 것이라는 사실은 의사들이 증명하여야 한다고 판시하였다.59)

독일에서도 인과관계가 인정되지 못하여 어떠한 손해의 배상도 받지 못
하게 되는 피해자의 구제를 위하여 학설상 기회상실이론이 논의되고 있기
는 하지만, 아직까지는 비교법적인 관점에서의 논의에 불과하고 그것이 일
반적으로 받아들여지고 있지는 않다. 즉, 독일법에 있어서 치료가능성의 침
해는 배상의무를 근거지울 수 있는 독자적인 보호법익이 아니라고 할 것이
며, 생명이나 신체와 구별되는 새로운 손해항목이 될 수 없다는 것이 지배
적인 입장이다.60) 그리하여 환자가 최종적으로 어떠한 건강침해도 받지 않
는 경우에는 치유가능성의 상실로 인한 손실은 스스로 감수해야 한다는 것
이다. 오늘날의 지배적인 이해에 의하면 건강해질 가능성이 아닌, 신체의
완전성과 건강, 그리고 생명만이 보호되고 배상가능한 법익이라 한다.61)

슈톨은 독일법에서와 같이 불법행위의 구성요건이 개별적으로 정하여져
있거나 특정 법익의 보호를 위해서는 특별한 근거를 요하는 법체계에서는,
중한 결과와 인과관계가 인정되지 않는 전형적인 기회의 상실을 하나의 독
자적인 침해가능한 법익으로 평가할 수 없으며, 다만 인과관계의 존재가
불분명한 경우에는 비율적인 인과관계의 문제를 통해 피해자의 구제를 도

---

59) BGH, VersR 1970, 544.
60) Stoll(제6장 제1절 주 13), S. 475ff; Fleisher(제6장 제1절 주 13), S. 773 등. 반면
   에 Mäsch(제6장 제1절 주 7), S. 143ff은 기회상실에 대해 독자적인 보호법익이 될
   수 있다고 하며, 가능성의 크기에 따라 손해배상액을 산정함으로써 손해배상책임
   의 무한정한(uferlos) 확장을 막고 공평해질 수 있을 것이라고 한다.
61) Koziol(제6장 제1절 주 13), S. 247.

모할 수 있을 것이라고 한다. 그러나 결국 그러한 해결방법은 현재의 독일 법에 따른 것은 아니고 판례에 의한 법형성(Fortbildung)을 통해서만 이루어질 수 있을 것이며, 이는 Alles oder Nichts 원칙을 고수하는 법체계와, 회복기회의 상실이라고 하는 지도이념에 따라 기회의 크기에 상응하는 비율적인 보호를 제공하는 법체계를 중계하여, 결과적으로는 유사한 효과를 인정하게 할 수 있을 것이라고 한다.62)

6. 우리나라

(1) 판례의 태도

우리나라의 하급심판결들은 의사의 오진으로 인하여 암환자가 제때 치료를 받지 못하여 사망한 경우에 있어서 즉, 의사의 오진과실이 인정되는 경우에 있어, 구체적인 사안에 따라 첫째, 생존율 등을 비교함과 아울러 구체적인 근거를 제시하여 오진과실과 환자의 사망 사이의 상당인과관계를 인정한 다음, 일실수입 손해 및 치료비 손해까지도 배상하되 당초 환자가 가지고 있던 암의 진행상황 정도를 참작하여 상당한 비율의 책임제한을 인정한 후, 환자의 치료기회상실에 따른 위자료까지도 인정하는 판결들,63) 둘째, 구체적인 생존율이나 다른 근거를 제시하지 않고 바로 그러한 오진과실과 환자의 사망 사이의 인과관계를 인정한 다음 바로 일실수입 및 치료비 손해와 치료기회상실에 따른 위자료를 계산한 뒤 당초 환자가 가지고 있던 암의 진행상황 정도를 참작하여 상당한 비율의 책임제한을 인정하는

---

62) Stoll(제6장 제1절 주 13), S. 476ff.
63) 서울고등법원 2005. 12. 20. 선고 2004나54864 판결(확정) 등.

판지의 판결들,[64] 셋째, 의사의 오진과실과 일실수입 사이의 인과관계만을
부정하고, 오진과실과 치료비·장례비·위자료와의 인과관계는 인정하여 치
료비·장례비·위자료의 배상만을 인정하는 판결들과[65] 넷째, 의사의 오진
과실과 환자의 일실수입·치료비·장례비 손해 사이의 상당인과관계를 부정
한 다음, 환자의 치료기회상실에 따른 위자료만 인정하는 판지의 판결들
이[66] 대립하고 있다.[67]

치료기회상실 자체를 독자적인 손해로 인정할 수 있을 것인지에 대하여
판단하고 있는 대법원판결은 아직까지 없다고 할 수 있다. 다만 치료기회
상실을 이유로 위자료배상을 명한 하급심판결들을 그대로 확정한 대법원
2003. 2. 14. 선고 2002다53766 판결[68] 및 대법원 2001. 11. 13. 선고 2001
다50263 판결의[69] 태도에 비추어 보면, 우리 대법원은 하급심판결들이 지
지하고 있는 치료기회상실에 대한 위자료만의 지급을 간접적으로 지지하
고 있는 것으로 볼 수도 있을 것이다.

즉 대법원 2003. 2. 14. 선고 2002다53766 판결은, 의사들의 과실과 망
인의 사망 사이에 상당인과관계가 있다고 단정할 수 없다는 이유로 원고들
의 일실수입 및 장례비 상당의 손해배상청구는 기각하면서도, 피고병원 의
사들의 과실이 없었더라면 망인은 성인성 호흡곤란 증후군에 대한 적절한
치료를 받을 수 있었고, 나아가 그 치료를 통해 다소나마 생존기간을 연장
할 수 있는 여지도 있었을 것인데, 피고병원 의사들의 과실로 인하여 그 치
료를 받아 볼 기회를 상실하였다 하여 망인과 그 가족들이 입은 정신적 고
통에 대하여 위자료 배상을 명한 1, 2심 판결을 그대로 확정하였다.[70] 그

---

64) 대구지방법원 2003. 6. 17. 선고 2000가합9325 판결(확정) 등.
65) 서울동부지방법원 2007. 11. 22. 선고 2004가합8720 판결(확정) 등.
66) 대구지방법원 2003. 11. 11. 선고 2003가합2844 판결(확정) 등.
67) 朴永浩(주 39), 461면.
68) 원심은 서울고등법원 2002. 8. 22. 선고 2000나48281 판결.
69) 원심은 서울고등법원 2001. 7. 3. 선고 2000나15366 판결.
70) 망인에 대하여는 700만원의 위자료를 인정하고, 가족들에 대하여는 각각 300만원

리고 대법원 2001. 11. 13. 선고 2001다50263 판결은, 간암 4기에 있던 환자에 대하여 진료상 과실로 간암 진단을 하지 못한 사안에서, 간암을 의심할 수 있는 증세가 나타난 때에 간암 여부를 진단하여 치료를 하였다고 하더라도 생존기간을 다소 연장할 수 있을지언정 사망의 결과를 피하기는 어려우므로 의료과실과 사망 사이의 인과관계를 인정할 수 없고, 또한 소외인의 생존기간이 다소 연장된다고 하더라도 그 기간 어느 정도의 노동능력이 남아 있을지 여부도 불분명하여 그 손해액 산정도 불가능하다는 이유로, 원고의 일실수입 및 장례비 상당의 손해배상청구 부분은 기각하고, 피고측의 과실로 간암을 좀 더 빨리 발견하여 그 진행 상태에 따른 적절한 치료를 받을 기회를 상실하였다는 이유로, 망인 및 가족의 위자료 청구만을 인용한 원심판결을 그대로 확정하였던 것이다.[71] 그러나 이 판결들에서 언급하고 있는 '치료를 받아 볼 기회'라는 것은 일본에서의 치료기회상실론과 유사한 의미를 갖는 것으로서 치료행위 자체를 받을 이익을 상실한 것을 지칭하는 것으로 볼 수 있다. 따라서 치유가능성(Heilungschance; chance de guérison ou survie; the lost chance of being healed,[72] 치료행위의 효과의 개연성)의 상실을 손해로서 파악하는 기회상실론과는 다소 구별되는 것으로 이해해야 할 것이다.[73]

그 밖에 대법원 2006. 9. 28. 선고 2004다61402 판결은,[74] "의료진의 주

또는 100만원의 위자료를 인정하였다.

71) 망인에 대하여는 900만원의 위자료를 인정하고, 가족들에 대하여는 각각 500만원 또는 100만원의 위자료를 인정하였다.

72) DCFR vol. 4, p. 3147에서는 이러한 표현을 쓰고 있다.

73) 이와 유사한 것으로, 수사기관의 수사미진으로 인한 국가배상책임의 문제를 생각해 볼 수 있다. 이 사안에서도 수사의 결과가 아니라 수사상의 하자가 문제되었던 것이다(대법원 2006. 12. 7. 선고 2004다14932 판결(公 2007, 101)). 이에 관해서는 尹眞秀, "2007년도 주요 民法 관련 판례 회고", 서울대학교 法學 제49권 제1호, 2008, 386면 이하를 참조.

74) 대법원 2006. 9. 28. 선고 2004다61402 판결(公 2006, 1819)

의의무 위반으로 인한 불법행위의 책임을 묻기 위해서는 의료행위상 주의의무의 위반, 손해의 발생 및 그 양자 사이에 인과관계가 존재한다는 점이 각 입증되어야 할 것인바, 의료행위의 속성상 환자의 구체적인 증상이나 상황에 따라 위험을 방지하기 위하여 요구되는 최선의 조치를 취하여야 할 주의의무를 부담하는 의료진이 환자의 기대에 반하여 환자의 치료에 전력을 다하지 아니한 경우에는 그 업무상 주의의무를 위반한 것이라고 보아야 할 것이지만, 그러한 주의의무 위반과 환자에게 발생한 악결과(惡結果) 사이에 상당인과관계가 인정되지 않는 경우에는 그에 관한 손해배상을 구할 수 없다. 다만, 그 주의의무 위반의 정도가 일반인의 처지에서 보아 수인한도를 넘어설 만큼 현저하게 불성실한 진료를 행한 것이라고 평가될 정도에 이른 경우라면 그 자체로서 불법행위를 구성하여 그로 말미암아 환자나 그 가족이 입은 정신적 고통에 대한 위자료의 배상을 명할 수 있으나, 이때 그 수인한도를 넘어서는 정도로 현저하게 불성실한 진료하였다는 점은 불법행위의 성립을 주장하는 피해자들이 이를 입증하여야 한다"라고 판시하고 있는데, 이 사안은 적절한 치료를 받지 못한 것을 이유로 현저히 불성실한 진료를 문제삼고 있는 것이므로 치료기회의 상실과는 구별되는 문제라고 할 것이다.75)

   이와 같이, 현재 우리나라 하급심판례와 대법원판례는 오진과실이 인정되지 않는 경우에는 손해배상을 인정하지 않는 경우가 더러 있지만, 의사의 오진과실이 있는 경우에는, 비록 환자의 기존상황인 말기 암이나 중증질병으로 인하여 환자가 사망하였다고 볼 소지가 더 큰 경우이거나 거의 의사의 오진과 관계없이 환자가 기존상태 때문에 사망하였다고 볼 수 있는 경우라 하더라도, 치료기회상실을 이유로 최소한 위자료라도 지급하고 있고, 전통적인 all or nothing 원칙처럼 의사의 오진과 환자의 사망이 인과관계가 없다는 이유를 들어 환자에게 아무런 손해배상도 하지 않는 예는 없

---

75) 현저히 불성실한 진료의 문제에 대하여는 朴永浩(주 39), 471-478면을 참조.

다고 한다.[76]

(2) 학설의 대립

치료기회상실의 문제에 관하여 우리나라에서 자세하게 논의를 하고 있
는 문헌은 그리 많지 않은 편이다. 그리하여 그 인정여부와 산정문제에 대
한 견해의 대립도 활발하게 논의되고 있지는 않다. 또한 인정여부를 논함
에 있어서도 주로 외국의 기회상실론이 우리나라에 도입 또는 수용될 수
있을 것인지의 형태로 다루어지고 있는 측면이 강하다.

이를 구체적으로 살펴보면, 치료기회상실론의 수용에 관하여 긍정적인
입장으로는, 우선 50% 이하의 치유가능성이라고 하여도 이를 무시할 수는
없고, 증명책임이라고 하는 절차법 속에 획일적으로 매몰시켜서도 안 될
것이며, 수치가 정확하지 않다고 하여 이를 없는 것으로 치부해서도 안 되
지만, all or nothing 원칙을 포기하지 않으면서 50% 이하의 가능성을 획일
적으로 무시하는 어리석음을 피할 수 있는 해결책으로는 현재로는 기회의
상실 그 자체를 손해로 파악하는 기회상실론이 가장 적당한 해결책이라고
하여 기회상실론에 찬성하는 견해가[77] 있다. 다음으로 패혈증환자의 치사
율을 40-60%(따라서 치유가능성 역시 60-40%라고 한다)로 인정한 사건에
서, 피해자가 정상인에 비해 신체저항력이 낮았다는 특수체질상의 문제와
치유가능성의 정도 등에 비추어 과실상계의 법리를 유추적용하여 의사의
손해배상책임을 40%로 제한함으로써 비율적으로 인정하고 있는 판결에[78]

---

76) 朴永浩(주 39), 461-462면.
77) 정태윤(주 8). 나아가 그 손해의 산정은 치유가능성의 크기에 상응하여 산정하고자
하는 입장인 것으로 보인다.
78) 대법원 1998. 7. 24. 선고 98다12270 판결(集 46권 2집 民42; 公 1998, 2216).

대하여, 패혈증의 치사율이 높다라는 것은 피해자의 귀책사유와는 무관계
한 것이기 때문에 과실상계원리를 적용시킬 수는 없다고 비판하며, 이러한
사안의 경우가 미국에서의 기회상실론을 적용할 수 있는 전형적인 예라고
설명하고 있는 견해가[79] 있다. 또한 미국과 일본에서의 기회상실론을 검토
한 후, 미국과 우리나라 법체계의 차이로 인하여 미국에서의 기회상실론을
그대로 도입하기는 힘들어 보이는 반면, 일본의 판례가 '치료기회의 상실'
대신에 '그 사망시점에 있어서의 생존가능성' 침해를 피침해법익으로 내세
우고 있는 태도 등은, 미국의 논의들 보다 우리나라에 더 접목하기가 수월
하여 보이기에 그 도입의 필요성이 매우 상당하다고 생각한다는 견해가 존
재하고 있다.[80]

다음으로 치료기회상실론의 수용에 관하여 부정적이거나 치료기회상실
론의 문제로 접근하지 않고 있는 입장으로는 다음의 견해들이 있다. 첫째
견해는, 미국에서의 기회상실론에 관하여 검토한 후, 우리나라의 판례는 불
법행위(교통사고)의 경우 손해의 적정한 분배를 위하여 손해의 비율적 인
정을 하여 왔고 이를 의료과오에도 확대하는 과정에 있다고 판단되므로,
회복율이 50% 이하인 환자에게도 의사의 책임을 인정함으로써 의사의 과
실기준을 강화한 것이라고 지적한다. 그리고 한계상황(사망, 영구적 불구등
신체훼손)에 처한 환자에 있어서 기회상실론이 적용되는 것과 같은 효과를
얻고 있다는 점과, 기회를 법익으로 보호할 것인지의 문제와 기회상실론을
수용할 것인가의 문제는 불법행위로 인하여 발생한 보통손해의 의미가 무

---

79) 裵成鎬, "醫療過誤訴訟과 機會喪失論". 人權과 正義 310호(2002. 6.), 35면 이
하. 기회의 정도의 측정 역시 미국에서의 손해평가방법의 검토가 참고가 될 것이라
고 설명하고 있는 것으로 보아, 손해의 산정 역시 치유가능성의 크기에 상응하여
산정하고자 하는 입장인 것으로 보인다.
80) 朴永浩(주 39), 379면 이하; 同, "설명의무위반 및 치료기회상실을 근거로 한 가족
들의 독자적 위자료청구권", 法曹 58권 2호 (2009. 2.), 5면 이하. 손해의 산정에
관하여는 명시적인 언급이 없는 것으로 보인다.

엇인가와 관련된 문제이며, 모든 기회의 상실(특히 50% 이하의 기회의 상
실)이 민법상 보통손해에 해당한다고는 할 수 없고, 기회상실을 손해로 인
정하여 상실율에 따른 손해배상을 허용한다면 환자들의 의료과오소송의
남용가능성이 있을 수 있으며, 그럴 경우 기회상실론은 불법행위제도 전반
에 영향을 미칠 수 있다는 점을 논거로서 제시한다. 그리하여 의사의 과실
에 의하여 환자가 50% 이하의 기회를 상실한 경우라 할지라도 치료기회의
상실이 인간생명의 존엄성과 관련되어 있는 점에 비추어 보면 기회상실이
인체손해라는 것은 무시할 수 없고, 특히 기회상실에 관하여 의사의 중대
한 과실이 있는 경우에 이에 대한 책임을 외면하는 것이 타당하지 않아서
보호가 필요한 경우가 있을 수 있는 경우도 분명히 존재하는 것이지만, 기
회의 상실의 정도를 정확히 측정할 수 없고 이것이 가능하다 할지라도 통
계치로 현실화되어 있지 않은 만큼 기회의 상실을 모두 우리 민법상 손해
로 연결하기는 지극히 어려운 일이므로, 결국 기회상실이 책임법상으로 간
과될 수 없는 것이라면 민법 제751조와 제752조를 근거로 하여 정신적 손
해배상으로 해결할 수밖에 없다고 하여 기회상실론의 수용에 관하여 부정
적인 입장을 제시하고 있다.[81] 또 다른 견해로는, 생존가능성이 50%정도
였던 사안에서, 의사의 과실과 피해자의 사망과의 사이에 인과관계를 인정
한 후 피해자의 열악한 신체적 소인이 그의 사망에 기여한 정도를 원고측
의 과실상계사유와 함께 참작하여 피고인수참가인이 부담하여야 할 손해
배상액을 손해액의 30%정도로 감한 원심의 판단을 정당한 것이라고 판시
한 판결에[82] 대하여, 어차피 생존가능성이 50%밖에 없었다고 한다면 과연
의사에게 책임을 지울 수 있을 것인지 의심스럽다고 하여, 50%라고 하는
통계상의 수치에 대해서는 별 의미를 두지 않고, 이는 하나의 자료에 불과
한 것일 뿐이지 결정적인 자료가 될 수는 없다고 하면서, 이처럼 사실적인

---

81) 姜信雄(주 47), 271면 이하.
82) 대법원 1995. 4. 14. 선고 94다29218 판결(公 1995, 1847).

인과관계의 존부가 불명한 경우에는 의사에게 입증책임을 전환시키는 것도 괜찮을 것이라고 함으로써, 치료기회상실론의 문제로 접근하지 않고 있는 입장이 각각 존재하고 있다.[83]

---

83) 朴一煥, "醫療訴訟에서의 因果關係의 證明", 대법원판례해설 第12號, 법원도서관, 1990, 137면 이하.

제3절 기회상실과 손해에 관한 검토

기회상실이 문제되는 사안을 해결하기 위한 논의는, 비교법적 고찰에서 살펴본 바와 같이 각 나라의 상황에 따라 나라별로, 또한 한 나라의 내부에서도 다양하지만, 크게 나누어 보면 다음과 같이 분류해 볼 수 있을 것이다.

1. 치료기회상실을 독자적 보호법익으로 인정하지 않는 견해

이는 치료기회상실이라는 보호법익, 즉 손해항목을 별도로 인정하지 않고 전통적인 인과관계의 원칙에 따라 규율하는 입장이다. 의사의 과실과 중한 결과 간에 양자택일적 인과관계가 인정되는지만을 판단하여, 인과관계가 인정되는 경우에는 중한 결과에 대한 전부 배상을 인정하고 인과관계가 인정되지 않는 경우에는 어떠한 배상도 인정하지 않는다. 이와 같은 입장은 가령 양자택일적 인과관계를 취하는 것으로 평가되는 독일법이나 그밖의 나라의 법규정을 엄격하게 해석하는 경우에 가능한 태도일 것이다.

그러나 오늘날 대부분의 나라는 의사의 과실이 존재하는 경우 그러한 가해행위를 한 가해자를 부당하게 면책시키는 결과를 피하고, 피해자가 어떠한 보호도 받지 못하게 되는 것은 공평에 반한다는 이유로 판례를 통해 인과관계의 문제 등으로 접근하는 방법을 취하고 있다. 그 구체적인 방법은 대개 이하와 같다.

(1) 인과관계의 증명부담을 완화하거나 전환하는 방법에 의해 해결하려는 입장

이는 양자택일적 인과관계에 따라 인과관계가 인정되는 경우에는 중한 결과에 대한 전부 배상을 인정하고 인과관계가 인정되지 않는 전형적인 기회상실사안의 경우에는 어떠한 배상도 인정하지 않는 태도를 취하지만, 실제로는 인과관계가 존재하는 사안들에서도 증거의 偏在나 기술적, 구조적인 문제로 인과관계의 존재를 증명하는 것이 곤란하게 되어 불리한 지위에 놓일 수 있는 피해자들이 단지 그 증명에 실패하게 되는 결과, 배상의 전부가 부정되는 불합리를 방지하기 위하여, 또는 인과관계의 존부가 불명한 경우들에 있어 마찬가지로 피해자의 지위를 보장하기 위하여, 그러한 인과관계의 증명을 완화하거나 전환하는 방법에 의해 피해자의 보호를 도모하고 가해자의 부당한 면책을 피하기 위한 방법이다.[1]

(2) 부분적 인과관계에 의해 해결하려는 입장

이는 인과관계가 인정되지 않는 전형적인 기회상실사안의 경우에는 어떠한 배상도 인정하지 않는 태도를 취하지만, 인과관계의 존재가 불명한 사안들에 대해서는 양자택일적 인과관계의 원칙을 따르지 않고, 비율적 인과관계를 인정함으로써[2] 치유가능성의 크기에 따라 손해배상을 인정하는

---

1) 전통적인 양자택일적 인과관계를 취하는 대부분의 나라들에서 이러한 경향을 볼 수 있다. 가령 독일이나 영국, 일본 그리고 우리나라의 판례와 통설이 그러하다.

방법에 의해 피해자의 보호를 도모하고 가해자의 부당한 면책을 피하기 위한 방법이다.[3]

(3) 과실상계를 유추하여 해결하려는 입장

이는 인과관계가 인정되지 않는 전형적인 기회상실사안의 경우에는 어떠한 배상도 인정하지 않는 태도를 취하지만, 인과관계의 존재가 불명한 사안들에 대해서는 양자택일적 인과관계의 원칙을 따르지 않고, 손해의 분담에 대한 피해자의 과실상계를 규정하고 있는 공동과책 규정(가령, 독일 민법 제254조,[4] 오스트리아민법 제1304조[5]))의 취지를 원용하여 피해자와

---

2) 인과관계의 확률적·비율적 인정이란, 불법행위법에 있어서의 사실적 인과관계를 定量的·比率的으로 파악할 수 있다는 생각을 기초로 하여, 확률·기여도 등의 기준에 의하여 인과관계를 비율로서 인정하는 이론이다. 이것은 인과관계가 있다 없다고 하는 것과 같이 all or nothing으로 파악하지 않고, 인과관계가 몇 % 있었는가라고 하는 것과 같이 양적·비율적으로 생각하려는 점에 특징이 있다. 참고로 이에 비해 확률적 심증론은, 사실인정을 통계수치의 확률에 기하여 分量的으로 수정하여 행하려고 하는 견해로서 법관의 심증을 양적으로 측정할 수 있다는 것을 전제로 하여, 인과관계의 존재에 대하여 가령 70%의 심증을 얻은 경우에는 발생한 결과와 70%의 상당인과관계를 인정할 수 있기 때문에 心證比率을 손해배상에 직접 반영할 수 있다고 하는 견해이다. 따라서 비율적 인과관계는 복수의 원인을 전제로 하는 것이지만 확률적 심증론은 그렇지 않은 것이다(최상호, "因果關係의 比率的 認定 -公害訴訟의 경우를 중심으로", 衡平과 正義 제11집, 1997, 160면 이하 참조).

3) 가령 슈톨과 카셰(Kasche)의 태도(Stoll(제6장 제1절 주 13), S. 465ff; Kasche, Verlust von Heilungschancen, 1999, S. 257ff)가 그러하다. 슈톨은 명백히 위법하고 유책한 사안들에 대한 예방적 기능도 그 근거로서 들고 있다. 그 밖에 보레(Boré) 등의 부분적 인과관계론자들은 인과관계가 불명한 기회상실사안 뿐 아니라 일반적인 사안에서도 부분적 인과관계에 의해 공평을 기할 수 있다고 한다(Boré (제6장 제2절 주 19), n°s 23 et s.).

4) 독일 민법 제254조 [공동과책]

가해자 간에 손해의 분담을 도모하고자 하는 방법이다.[6]

2. 치료기회상실을 독자적 보호법익으로 인정 하는 견해

치료기회상실이 문제되는 경우에 중한 결과와의 인과관계여부와 상관없이 그 기회상실을 손해항목으로 인정하여 손해배상을 인정하는 견해로서, 그 경우 손해산정의 방법에 의해 다시 분류할 수 있다.

---

① 손해의 발생에 피해자의 과책이 공동으로 작용한 경우에는 배상의무 및 배상범위는 제반 사정에 따라, 특히 어느 당사자가 어떠한 범위에서 주로 손해를 야기하였는가에 따라 정하여진다.
② 피해자의 과책이 채무자로 하여금 채무자가 알지 못하고 또한 알아야 했던 것이 아닌 비상하게 높은 손해위험에 대하여 주의하도록 하지 아니한 것 또는 피해자가 손해를 회피하거나 경감하지 아니한 것에 한정되는 경우에도 또한 같다. 제278조는 이에 준용된다.
   참고로 독일민법 제278조는 제3자로 인한 채무자의 유책성에 관한 규정으로서, 우리 민법 제391조의 이행보조자의 고의, 과실과 유사한 내용의 규정이다.
5) 오스트리아 민법 제1304조
   손해의 발생에 피해자측의 과책이 공동으로 작용한 경우에는 피해자는 가해자와 함께 과책에 상응하는 비율로 손해를 부담한다. 그 비율을 알 수 없는 경우에는 동등하게 부담한다(Wenn bei einer Beschädigung zugleich ein Verschulden von Seite des Beschädigten eintritt; so trägt er mit dem Beschädiger den Schaden verhältnißmäßig; und wenn sich das Verhältniß nicht bestimmen läßt, zu gleichen Teilen).
6) 비들린스키의 주장(Bydlinski, "Aktuelle Streitfragen um die alternative Kausalität", Festschrift für Günther Beitzke zum 70. Geburtstag, 1979, S. 3ff)에 기초를 두고 있는 견해로서, 가령 오스트리아 최고법원의 판례(OGH in: JBl 1990, 524 mit Anm. Holzer)와 코찌올의 태도가 이러한 입장이다(Koziol(제6장 제1절 주 13), S. 250).

(1) 중한 결과로 인한 손해배상 전부를 인정하는 입장

기회상실과 관련하여서 일단 책임이 있는 것으로 판단되면, 상실된 기회의 비율에 따라서만 손해배상을 받는 것이 아니라 나쁜 결과에 대한 전체 손해 모두를 배상받아야 한다는 입장이다.[7] 그리하여 일실이익, 장례비, 치료비, 위자료를 포함하여 중한 결과로 인한 손해항목 전체에 대한 손해배상이 이루어지게 된다. 이는 결국 인과관계의 증명책임을 완화하는 방법과 결과에 있어서는 동일하게 된다. 즉 기회상실로서 인정되면 중한 결과의 손해 전부를 배상받게 되는 것이고, 기회상실로서 인정받지 못하게 되면 어떠한 손해배상도 이루어지지 않게 되는 것이다.

(2) 손해의 산정은 치유가능성의 크기에 의하는 입장

인과관계의 문제는 가해자가 피해자에게 발생한 책임을 부담할 것인가의 여부를 결정하는 문제이고, 손해의 평가는 가해자의 책임이 어느 정도이어야 하는가를 결정하는 문제이기 때문에 그 두가지는 구분되어야 하며, 치료의 기회를 박탈당하여 회복가능성이 감소하였다면 그 감소분에 상응하는 배상을 하게 해야 한다는 입장이다.[8]

---

7) 가령 DeBurkarte v. Louvar, 393 N.W.2d 131 (Iowa 1986) 판결 등의 미국의 일부 판례가 그러한 입장을 취하고 있다.
8) 가령 프랑스의 판례와 기회상실을 인정하는 미국 판례의 대부분이 그러한 입장이 며, 매쉬(Mäsch(제6장 제1절 주 7), S. 143ff)와 킹의 순수한 기회상실론도 같은 입장이다(King, "Reduction of Likelihood: Reformulation and Other Retrofitting of the Loss-of-Chance Doctrine", 28 U. Mem. L. Rev. 491, 1998, pp. 546-557).

(3) 손해의 산정도 독자적으로 하려는 입장

치료기회상실을 독자적인 손해항목으로 인정하여 손해배상을 인정하고, 그 손해배상액의 판단 역시 중한 결과와 무관하게 산정하는 입장이다.9)

3. 검토

기회의 상실에 대한 논의가 제기되게 된 배경은, 양자택일방식의 전통적 인과관계론에 의할 때에는 중한 결과와의 인과관계가 인정되지 않아 의사의 과실에 의한 가해행위가 존재하는 상황임에도 어떠한 손해배상도 인정할 수 없게 되는 사안들에 있어, 가해자의 면책이나 피해자가 전혀 손해배상을 받지 못하는 것이 부당하지 않은가라는 고려에 의한 것이었다.

그러나 가해자의 면책이 무언가 부당하다는 것은 적어도 피해자에게 손해가 발생하고 있는 경우에만 고려될 수 있는 요소이다. 즉 상대방에게 어떠한 손해도 발생하고 있지 않은 상황에서는 일방의 행위가 일응 유책성이 인정되는 가해행위로 보이는 경우에도 손해배상을 인정할 수는 없는 것이다. 이는 손해의 발생을 그 요건으로 하고 있는 손해배상청구권의 법리를 생각해 볼 때에도 명백하다. 즉 상대방에게 손해의 발생이 없다면 일응 과실에 기한 가해행위를 한 것으로 보이는 일방이 면책된다고 하여도 전혀 부당할 것이 없는 것이다. 이는 손해배상책임의 예방적 기능이나 제재적

---

9) 치유가능성에 대한 것은 아니지만, 치료행위 자체를 받을 이익을 상실한 것에 대한 입장을 놓고 본다면, 결과적으로는 치료기회상실을 이유로 위자료만의 배상을 인정하는 경우의 일본과 우리나라의 일부 하급심판결의 태도가 이러한 입장을 취하는 것이 된다.

기능을 긍정하는 경우에도 마찬가지이다. 가령 손해배상으로 인해 피해자가 이득을 보는 것이 부당하지만 가해자를 면책시키는 것이 더 부당한 경우에는 이익형량에 의해 가해자에게 손해배상을 인정함으로써 결과적으로 피해자가 이득을 보게 되는 것을 인정하는 경우도 기본적으로 피해자에게 손해가 발생하는 것이 명백하게 인정되는 경우를 전제로 하는 것이다.

그렇다면 기회상실의 사안에서 가해자를 면책시키는 결과가 부당하다는 생각들은 무언가 손해의 발생을 인정하고 있음을 전제하고 있다는 것을 의미하는 것이다. 그리고 그것은 법리적으로 인과관계가 인정될 수 없는 중한 결과에 대한 것이 아님은 분명하다. 결국 기회상실의 문제는 중한 결과와 구별되는 손해가 존재하는 것인지에 따라 결정되어야 할 것이다.

그런데 치유가능성이라는 것은 결국 중한 결과의 불발생가능성의 다른 측면을 의미하는 것이다. 즉 논의를 단순화하기 위해 생명을 놓고 본다면, 생존가능성이라는 것은 사망이 발생하지 않을 가능성의 반대측면인 것이다. 이는 모두 생명이라는 법익에 대한 문제이다. 중한 결과는 가능성의 대상일 뿐이다. 가능성과 확실성 모두 중한 결과라는 질적으로 동일한 법익에 대한 양적인 정도 차이인 것이다. 그리하여 생존가능성이 10% 상실되는 경우는 기회상실에 의해 보호되고, 생존가능성이 100% 상실되는 경우는 생명침해에 의해 보호된다는 것은 보호법익과 그 보호법익에 대한 가능성의 관계에 대해 잘못된 이해에 기반하는 것이라 해야 할 것이다. 따라서 연명이익의 가치라는 것도 또한 생명과 별개의 손해항목이라고 볼 수 없다. 사람은 어차피 언젠가는 죽는 것이고 손해배상법에 있어서의 사망이라 함은 본래의 여명이 단축되었다는 것일 뿐이어서 그 여명의 단축이 증명되지 않는 이상 손해는 증명되지 않은 것이 된다.[10] 이와 같이 생존가능성의 침해는 생명침해의 한 모습일 뿐이다. 단 하루의 여명을 단축시키는 것도,

---

10) 窪田充見, "損害概念の変遷と民法の役割 -刑法と民法の對話の形とともに-", 刑法雜誌 第44卷 2号, 2005, 241面.

본래의 여명을 단축시키는 것도 모두 가해행위에 의해 생명을 침해하는 모습인 것이다. 생명이 법에 의해 보호되어야 할 정당한 이익인 것은 의심할 여지가 없으므로, 연명이익도 법익으로서 보호되어야 하는 것은 당연하지만 그것은 연명이익으로서가 아니라 생명이라는 보호법익을 침해하는 모습으로 인정되어 생명의 보호에 의해 보호되어야 하는 것이다.11)

치료가능성의 보호문제는 이와 같이 그 가능성의 대상이 되는 중한 결과의 보호법익에 대한 양적 문제(개연성의 정도 문제)로서, 일반적인 가능성이 법적으로 보호될 수 있을 것인가의 문제에 해당하는 것이다. 즉 치료행위에 있어서만 가능성이 존재하는 것이 아니라 모든 법익에 있어서 그 법익실현 혹은 침해의 가능성은 존재하고 있기 때문이다. 그리고 단순한 개연성의 정도에 이르지 못하는 가능성만으로는 법적으로 보호되는 이익이 되지 못한다는 것이 일반적인 입장임은 주지의 사실이다.

그리고 가령 50%의 가능성까지는 아니지만 30%의 가능성이 침해되는 경우에도 손해배상이 인정되지 않는 것은 부당하지 않은가라는 생각도 그리 설득력있는 것으로 보이지는 않는다. 만일 그렇게 볼 수 있다면, 인과관계론에 의할 때 51%의 가능성이나 90%의 가능성이 동등하게 전부 배상을 인정받는 것 역시 균형이 맞지 않는 부당한 것이 아닐까라는 의문이 들기 때문이다. 또한 50% 이상의 가능성이 침해되는 경우에는 중한 결과의 침해로서 전부의 배상이 인정되고, 50% 이하의 가능성이 침해되는 경우에는 결과불발생가능성의 침해로서 그 비율에 따라 배상이 인정된다는 결과가 될 수도 있는 것이다. 전통적 인과관계론은, 가령 50%든 70%든 일정한 기준을 기초로 가해자가 전보할 손해와 피해자가 스스로 부담할 사회생활상의 위험을 구분해 놓은 제도라고 할 수 있다. 따라서 손해의 공평하고 타당한 분담은 이미 인과관계론의 배후에 존재하고 있는 것이다. 인과관계의

---

11) 佐座木寅男, "延命利益の侵害と損害", 「現代民事裁判の課題⑨」, 新日本法規, 589面.

기준을 어느 선에 정하든 경계선상에 위치하는 가능성의 크기는 언제나 존재할 수 밖에 없다는 것도 주의할 필요가 있다.

치유가능성의 문제가 중한 결과와 동일한 보호법익에 대한 문제라는 것은 그 기회상실의 손해산정에 대한 논의에서도 확인할 수 있다. 치료가능성의 확률적 크기, 즉 회복가능성의 감소분이라는 것은 결국 중한 결과의 발생가능성의 크기, 즉 그 증가분과 동일한 의미라는 것을 알 수 있다. 그리고 중한 결과의 발생가능성이라는 것은 바로 중한 결과의 발생에 대한 인과관계와 마찬가지를 의미하게 된다. 그렇다면 전형적인 기회상실론의 다수가 주장하는, 회복가능성의 감소분에 상응하여 손해배상의 산정을 인정하는 것은 결국, 치료기회의 향유가 독자적 보호법익 즉 손해항목이 아니라 중한 결과로 인한 피해를 일정 부분 전보시키기 위한 우회적인 방법임을 인정하는 것과 다를 바 없다. 이것은 중한 결과에 대해 인과관계가 인정되지 않으므로 결국 손해의 발생이 없는 것으로 평가되어야 할 상황에 대해 손해의 발생 없이도 손해배상을 인정하는 결과가 되어 손해배상청구권의 법리에도 맞지 않는다는 것은 이미 살펴보았다. 이와 같이 회복가능성의 감소분에 상응하여 손해배상의 산정을 인정하는 것은, 본질적으로 중한 결과와 연결시키는 방법에 해당하게 되어, 기회상실을 독자적인 손해항목으로서 인정한다는 원칙적인 입장과 논리일관적이지도 않은 것이다. 기회의 향유를 새로운 손해항목으로서 인정한다고 한다면 오히려 그 손해산정 역시 기회상실을 둘러싼 제반 이익상황을 고려하여 독자적으로 산정하는 것이 타당할 것이다.

이와 같이, 결국 기회상실과 손해의 문제는 어떠한 기회의 향유가 새로운 보호법익이 될 수 있을 것인지, 그리하여 그러한 기회의 상실이 새로운 손해항목으로 인정되어 손해배상이 인정될 수 있을 것인지의 문제인 것이며, 이는 사회상황의 변화와 법의식의 변화에 따라 예전에는 보호법익으로 상정되지 않았던 이익이 새로운 보호법익으로서, 손해배상의 대상으로서 가치평가를 받을 수 있을 것인지의 규범적 측면의 문제이자, 그러한 사안에서 손해가 존재하는 것인지의, 일정 부분 사실적 측면의 판단의 성격을 갖는 문제이긴 한 것이지만, 본질적으로는 가능성의 상실의 문제로서, 중한 결과의 보호법익과 구별되지 않는 손해항목으로 보아야 할 것이다.

마지막으로 인과관계증명의 곤란이나 인과관계불명의 경우들도, 인과관계증명의 경감이나 전환에 의해 보완하는 것이 타당할 것이다. 만일 치료기회상실에 있어 부분적 인과관계가 필요하다고 한다면 그것은 치료기회에서 뿐만 아니라 다른 모든 손해의 형태에서도 공통되는 현상이 될 것이다. 그리고 그러한 부분적, 비율적 인과관계를 인정하는 것은 양자택일적 인과관계를 원칙으로 하는 법체계에서는 받아들이기 힘든 것이라는 점은 주지의 사실이다.

제4절 소결

기회상실의 문제는 치유가능성 자체가 기존의 법리에서와 달리 새로운 보호법익으로 인정될 수 있을 것인지, 즉 보호가치 있는 이익으로 인정받을 수 있을 것인지의 문제이다. 그것은 사회의 변화와 그 구성원들의 가치관념의 변화에 응해 새로운 손해 혹은 손해항목이 될 수 있는가의 문제인 것이다.[1] 이를 인과관계인정의 문제로 파악하려는 견해는 치유가능성의 독자적인 보호법익성에 대하여 부정하는 것을 전제로 하고 있는 것으로 볼 수 있다.

기회상실론에 의하면 가해행위와 나쁜 결과 간에는 인과관계를 부정할 것이나 가해행위와 기회상실 간에는 인과관계를 인정할 수 있는 것이어서 기존의 인과관계론과 배치되지 않는 것이 된다고 하지만, 치유가능성 자체는 이미 중한 결과의 불발생가능성의 다른 측면에 해당할 뿐이다.

또한 기회상실의 독자적 보호법익성은 기회상실로 인한 손해산정의 문제와도 관련된다. 기회상실을 새로운 보호법익, 손해로 인정하는 견해들의 대부분은 그 손해산정을 나쁜 결과가 발생하지 않을 확률과 연결시키고 있으나, 이는 기회상실 자체의 독자성을 인정하는 것과 부합하지 않는 것이라 하겠다. 물론 나쁜 결과가 발생하지 않을 가능성의 고려가 기회상실로 인한 손해를 산정하는데 있어 중요한 요소 중의 하나가 될 것이지만, 유일

---

1) 가령 Koch/Koziol(제4장 제2절 주 10), p. 416은 기회상실론을 손해의 개념(notion of damage) 을 다시 정의하는(redefine) 이론이라고 설명하고 있으며, DCFR vol. 4, p. 3192 이하는 기회의 상실이 배상가능한 손해의 유형인지의 측면에서 비교법적 고찰을 하고 있다.

한 기준이거나 기계적, 산술적으로 연결되어야 할 척도라고 할 수는 없다. 기회상실론이 나쁜 결과라는 손해와 치료기회상실이라는 손해를 별개의 손해 또는 손해항목으로 보아야 한다는 취지와 모순되는 것이기 때문이다. 이러한 태도는 치유가능성이 나쁜 결과와 밀접한 관련을 맺고 있는 것을 반증하는 것이라 볼 수 있다. 즉 가능성은 결과의 일부를 의미하는 것이며, 결과는 가능성의 대상에 해당하는 것이다.

그리고, 부분적·비율적 손해배상을 인정하는 견해 역시 타당하다고 할 수 없을 것이다. 부분적·비율적 손해배상은 부분적 인과관계를 긍정하는 견해로 연결될 수도 있어 기존의 양자택일방식의 전통적 인과관계론에 배치되는 것이다.

결국 기회상실의 문제는 새로운 손해항목 또는 보호법익의 인정문제로 인식되어야 하며, 만일 기회상실이 새로운 손해항목으로 인정될 수 있다면 그 산정 또한 독자적으로 행해져야 할 것이나, 전형적인 치료기회상실론의 문제는 치유가능성에 대한 문제이며 그러한 가능성은 결과의 일부라 할 것이어서, 결과와 구별되는 독자적인 손해항목으로 인정할 수 없다고 할 것이다.

제7장

결　론

 손해의 개념에 대한 논의는 모든 손해배상에서 문제되는 다양한 손해를 모두 포섭할 수 있는 통일적인 정의가 가능할 것인가의 측면에서 검토되고 비판되곤 한다. 그리하여 일부에선 그와 같은 개념정의가 불가능할 것이라 하여 손해개념에 대한 정의의 문제를 회의적인 시각으로 바라보기도 한다. 나아가 일반적인 정의는 불가능하거나 무용하므로 개별적인 손해사안유형에 따라 그에 맞는 손해를 구성해가는 것이 보다 효율적이라는 기능적 손해개념을 주장하기도 한다.

 그러나 손해의 개념을 문제삼는 것은 단순한 추상적 논의에 그치는 것이 아니라, 손해란 무엇인지를 탐구함으로써 개별 사안들에서 결국 손해가 발생한 것인지 그리고 어느 정도까지 손해라고 인정하여 손해배상을 인정할 것인지의 실천적인 의의를 갖는 논의라고 할 것이다. 즉 손해배상의 인정 여부와 범위 및 그 평가가 문제되는 사안들을 인식하고 판단하며, 무엇이 어떤 측면에서 문제되고 다루어져야 할지에 대한 분석틀과 인식틀, 그리고 판단준거를 제공해 주는 분석도구의 역할을 하는 것이다. 흔히 추상적 논의나 일반론적 담론들은 실제의 구체적인 문제들에는 도움이 되지 않는 空論이라고 냉소를 받기 쉬우며, 유형적인 고찰들만이 구체적인 효용성을 가져올 것이라는 비판들이 제기되곤 하는 상황들이 쉽게 발견되곤 한다. 손해의 개념정의 역시 그와 같은 비판이 존재한다.

 모든 손해의 유형을 담아내는 보편적인 손해의 개념을 정의하는 것은 실제로 불가능하거나 무의미한 시도일 수 있다. 그러나 손해의 개념의 문제는 단순히 그러한 개념정의에 그치는 논의가 아니라, 손해의 본질이 무엇인지의 문제에 걸쳐있는 논의라고도 볼 수 있다. 즉 손해가 인정되기 위해서 갖추어야 할 기본적인 요소들을 발견하고 정립하기 위한 이론적 노력으로 볼 수 있는 것이다. 손해의 개념정의는 이와 같이 손해의 본질론의 문제를 포함할 때 보다 더 실천적 의의를 가질 것이라고 생각한다.

손해의 개념 및 본질의 문제 역시 가장 많은 해결책을 제공해 주는 견해가 결국엔 가장 훌륭한 이론이 될 것이다. 법학은 결국 실제 사안을 정의에 맞게 해결하는 것을 출발점이자 목표로 하는 것이므로, 논리적 일관성만큼이나 법학에서 포기할 수 없는 것은 개별 사안의 해결능력인 것이다. 대부분의 문제들은 거시적 접근과 미시적 접근이 모두 이루어질 때 완벽하게 된다. 견고한 테두리를 설정하고 그 내부에서 내포를 늘려가는 것이 가장 많은 사안을 해결하게 해 줄 것이다. 사안유형별 접근은 당해 사안에는 유용하겠지만 다른 유형에는 그대로 적용하기 힘들다. 각 유형을 관통하는 최소한의 공통부분을 찾아낼 수 있다면 그것은 부족하나마 거의 모든 사안에 적용되는 공통의 잣대를 부여해 줄 것이다. 손해의 본질론은 손해사안들에 있어 그러한 것을 밝혀내는 것을 목표로 하는 것이라고 볼 수 있다. 이제 다시 손해의 개념과 본질론을 제기하고 검토하는 것의 의의는 바로 이러한 점에도 있을 것이다.

손해의 개념과 본질의 문제에 대해 완전한 의견의 합치를 이끌어 낸 이해는 아직까지는 존재하지 않는다고 할 수 있다. 손해론의 역사는 비판의 역사인지도 모른다. 그 비판의 주안점은 모든 손해를 포섭할 수 없다는 것과 그 내용이 명확하지 못하다는 점에 집중되어 있다. 특히 그러한 비판은 손해의 가치평가적 요소에 대하여 언제나 언급되곤 한다. 그러나 손해의 규범적 요소와 손해의 개념 및 본질에 대한 논의는 그 내용이 명확하게 밝혀지지 못하였다는 것을 이유로 배척되어야 하는 무의미한 테제가 아니라, 그러한 이유로 인해 오히려 더 진지하게 탐구하고 극복해야 할 논제인 것이다. 그러한 연구를 통해 모든 손해를 하나의 기반 하에 보편적으로 파악할 수 있는 이론적 기초를 얻을 수 있게 될 것이다.

지금까지 손해의 개념과 본질에 관해 일반론으로서의 고찰과 주요한 개별 손해유형에서의 고찰을 수행하였다.

먼저 제2장에서는 손해의 개념과 본질론에 관해 독일을 중심으로 한 역사적 고찰을 한 후 다양한 이론들의 전개를 살펴보았다. 그러한 논의를 통해 손해의 본질은 자연적 요소와 규범적 요소를 가지는 것이라는 점을 규명하고 그러한 규범적 요소의 구체적인 내용을 밝히고자 하였다.

제3장에서는 손해의 본질론이 전통적으로 재산적 손해를 중심으로 이루어진 점을 언급하고 그와 구별되는 유형으로서의 비재산적 손해에 대한 문제를 고찰하였다. 비재산적 손해는 손해의 규범적 요소에 의해 파악할 수 있음을 지적하고 비재산적 손해가 재산적 손해와 교차하는 문제들을 살펴보았다.

제4장에서는 인신침해와 일실소득의 문제를 고찰하였다. 인신침해와 일실소득의 문제를 손해의 사실적 요소와 가치평가적 요소에 기초하여 살펴보고, 그 본질과 산정의 문제를 어떻게 이해할 것인지에 대해 검토하였다.

제5장에서는 원치 않은 아이의 사안을 살펴보았다. 원치 않은 아이의 사안은 한동안 논의되지 않았던 손해의 개념과 본질에 대한 논의를 다시금 촉발시키게 된 주제라는 사실을 지적하고, 원치 않은 아이의 사안의 개별적인 유형들과 내포되어 있는 문제들을 통해 손해의 본질과 손해의 규범적 요소가 갖고 있는 의의를 구체적으로 살펴보았다.

제6장에서는 치료기회의 상실에 관한 문제를 고찰하였다. 치료기회의 상실사안에 대한 여러 나라의 시각들을 서로 대비해 봄으로써 치료기회의 상실문제를 중심으로 기회상실이 손해의 새로운 보호법익으로 인정될 수 있을 것인지의 여부를 고찰하였다. 그리고 만일 기회상실이 새로운 손해항목으로 인정될 수 있다면 그 산정은 어떻게 되어야 할 것인지에 대하여 살펴보았다.

그리하여, 본문에서의 논의와 검토에 기초하여 본서의 결론을 간략하게 요약하면 다음과 같다.

1. 손해개념의 문제는 손해의 개념을 단순히 정의하는 것이 아니라 손해의 본질론으로 전환하여 손해의 요소를 탐구하는 것에 초점이 맞추어져야 한다. 손해의 본질은 자연적·사실적 요소와 규범적·평가적 요소로 이루어지는 것으로 보아야 한다. 손해의 사실적 요소는 단순한 차액이 아니라 다양한 불이익 그 자체라고 파악하여야 모든 손해를 포함할 수 있게 된다. 이러한 불이익들은 법적으로 보호되어야 할 것인가 즉 배상가능한 불이익들인가의 판단을 통하여 법적인 손해로 확정되는 것이다. 손해의 사실적 요소는 손해의 본질의 기초가 되는 최소한의 한계로서 작용하게 되며, 법적으로 보호가치가 있는 것인가는 개별 사안에서의 이익형량과 각각의 사회 및 시대를 지배하고 있는 법관념에 따라 고려되어야 할 가치평가적 관점들의 확정과 우열에 의해 손해배상의 문제들에 탄력성을 부여하게 된다.

2. 손해의 일반적인 개념과 본질론에 대한 견해는 비재산적 손해와 위자료의 문제까지 포함할 수 있어야 한다. 위자료의 본질은 손해배상이다. 비재산적 손해와 위자료의 문제는 손해의 사실적 요소와 가치평가적 요소에 의해 파악될 수 있다. 비재산적 손해의 사실적 요소는 사실적 이익을 중심으로 파악하여야 한다. 비재산적 손해에서는 재산적 손해에 비해 평가적 요소가 많이 작용하고 법원의 재량이 넓게 인정된다. 재산권침해와 비재산적 손해가 함께 발생하는 경우는 먼저 재산적 손해와 비재산적 손해의 관계를 구별한 후, 양자가 관련을 갖는 경우에는 다시 그러한 관련이 양자의 전형적인 결합을 전제로 하는 것인지를 검토해야 한다. 위자료의 보완적 기능은 재산적 손해와 비재산적 손해의 구별에 비추어 볼 때 그 필요성이 인정되는 경우에도 인신사고 등과 같은 극히 예외적인 경우에 한정하여 그 한계를 준수

하여 인정될 수 있다.

3. 인신침해에 있어서의 손해는 생명·신체에 대한 불이익 자체를 손해로 서 파악하여야 한다. 손해의 평가와 산정은 개별손해항목방식에 의하 여야 한다. 일실소득의 침해의 문제는 생명·신체의 침해로 인해 수반 되는 재산적 불이익의 문제이다. 일실소득침해에 있어서 손해는 가동 능력의 상실이라고 보아야 한다. 일실소득의 문제는 자연적 손해개념 만으로는 설명하기 힘든 점이 있으며, 평가적 요소와 추상적 산정이 적용되는 경우들이 많다.

4. '원치 않은 아이'의 사안은 정상아형과 장애아 부모형 및 장애아 자신 형의 유형으로 나눌 수 있다. 원치 않은 아이의 사안에서의 손해는 아 이 자체의 손해여부와 양육비의 손해여부 그리고 위자료의 인정여부 의 문제로 나누어 고찰할 수 있다. 원치 않은 아이 자체는 손해가 될 수 없으며 장애아 자신의 손해배상청구도 인정될 수 없다. 통상의 양 육비는 배상될 수 없으나 장애아 부모형에 있어서 추가 양육비는 배 상이 인정되어야 한다. 위자료는 배상될 수 있다. '원치 않은 아이'의 사안은 주로 손해의 가치평가적 요소에 대한 입장의 차이에서 나타나 는 문제로서, 손해의 규범적 요소가 가장 분명하게 모습을 드러내는 대표적인 주제 중 하나이다.

5. 기회상실의 문제는 새로운 손해항목과 보호법익의 발견의 문제이다. 그러나 치유가능성의 상실은 중한 결과와 구별되는 독자적인 손해항 목이 될 수 없다. 치료기회 자체의 상실은 손해로 인정될 수 있는 여 지가 있다. 기회상실에 대한 이해는 아직 확립된 논의가 아니며, 현 단계에서는 여러 나라에서 공감대를 형성해가는 과정 중의 이론이다.

이상에서 본서는 손해의 본질을 자연적 요소와 규범적 요소를 갖는 것으 로 이해하고 몇가지 주제들에 대해서 그 구체적인 모습을 규명하고자 하였다. 그 밖의 다양한 손해사안들에 대한 검토와 각 사안들에서 구체적으로 논의되어야 할 자연적 요소와 규범적 요소에 대한 것은 금후에 규명되어야 할, 본서의 과제일 것이다.

참고문헌

Ⅰ. 국내문헌

郭潤直(編輯代表), 民法注解[Ⅸ] 債權(2), 博英社, 1996.
_____, 民法注解[ⅩⅧ] 債權(11), 博英社, 2005.
金曾漢(編輯代表), 註釋債權總則(上), 司法行政學會, 1984.
朴駿緖(編輯代表), 第3版 註釋民法 [債權總則(2)], 韓國司法行政學會, 2000.
Christian von Bar 외 10인 편저/안태용(譯), 유럽민사법의 공통기준안(총칙·계약편) -DCFR 제1권~제4권-, 법무부, 2012.

姜信雄, "美國 機會喪失論의 受容 與否 檢討", 比較私法 第9卷 第4號, 韓國比較私法學會, 2002.
姜熙遠, "醫學技術發展과 損害의 개념 -원치 않은 아이(子)는 손해인가?-", 人權과 正義 (1997. 10.).
郭潤直, 債權總論 [第六版], 博英社, 2006.
金德泰, 慰藉料制度에 관한 比較法的 硏究, 東亞大學校 大學院 法學博士學位論文, 1997.
金敏圭, "受診機會喪失論", 財産法硏究 第22卷 第3號, 韓國財産法學會, 2006.
_____, "診療機會喪失論과 因果關係 및 慰藉料賠償의 新傾向", 比較法學 第15輯, 釜山外國語大學校 比較法學硏究所, 2004.
金祥燦, 의료사고의 민사적 책임과 분쟁해결의 법리, 建國大學校 大學院 法學博士學位論文, 1994.
金星泰, 자동차사고로 인한 인적손해보상제도 연구, 서울大學校 大學院 法學博士學位論文, 1986.
金正述, "逸失利益을 除外한 財産上 損害賠償額의 算定 ", 裁判資料 21輯: 自動車事故로 인한 損害賠償(下), 법원행정처, 1984.
金載亨, "分讓廣告와 契約 -청약·청약의 유인·손해배상을 중심으로-", 民事判例硏究[ⅩⅩⅩⅠ], 2009.

_____, "프로스포츠 選手契約의 不履行으로 인한 損害賠償責任", 民法論 Ⅲ, 博英社, 2007.

金鐘培, "逸失利益의 算出方法과 算定基準 ―서울民事地方法院交通部의 裁判實務傾向을 中心으로―", 裁判資料 21輯: 自動車事故로 인한 損害賠償(下), 법원행정처, 1984.

金曾漢/金學東, 債權總論, 第6版, 博英社, 1998.

박동진, "損害賠償額의 算定", 우리 민법학은 지금 어디에 서 있는가?: 민사법학 특별호 제36호, 博英社, 2007.

박철호, 장애아출산에 대한 의사의 민사책임에 관한 연구, 한양大學校 大學院 法學博士學位論文, 2008.

朴永浩, "Wrongful Conception과 Wrongful Birth 등에 대한 損害賠償 - 對象判決: 서울地法 1999.12.1. 宣告. 99가합54290判決 -", 判例月報 第360號 (2000. 9.).

_____, "醫療訴訟과 事實的 因果關係", 司法論集 第35輯, 법원행정처, 2002.

_____, "의료소송상 기회상실 이론의 도입에 대한 소고", 司法論集 第46輯, 법원행정처, 2008.

朴禹東, "人身事故의 損害賠償", 民法學의 回顧와 展望; 民法典施行三十周年紀念論文集, 韓國司法行政學會, 1993.

_____, " 逸失利益의 算定을 위한 所得額에 관하여", 民事判例研究 Ⅲ, 民事判例研究會, 1981.

朴海成, "勞動能力을 喪失한 者가 從前 職場에 그대로 다니는 경우의 逸失利益", 民事判例研究[XIV], 民事判例研究會, 1992.

裵成鎬, "醫療過誤訴訟과 機會喪失論". 人權과 正義 310호(2002. 6.).

_____, " 醫療過誤訴訟에 있어서 機會喪失", 法理論과 實務 第5輯(2002. 5.), 嶺南民事法學會.

서광민, "損害의 개념", 서강법학연구 제6권, 서강대학교 법학연구소, 2004.

_____, "慰藉料에 관한 몇 가지 문제점", 서강법학연구 제2권, 서강대학교 법학연구소, 2000.

Helmut Koziol(신유철 譯), 유럽손해배상법 -통일과 전망-, 법문사, 2005.

안경희/이세정, EU사법통일의 동향과 분석(2) -불법행위법-, 한국법제연구원, 2007.

梁三承, "獨逸民法 第249條 및 第254條의 立法過程", 司法行政 第295號, 한국사법행정학회, 1985.

_____, 손해배상범위에 관한 기초적 연구, 서울大學校 大學院 法學博士學位

論文, 1988.

_____, "逸失利益算定에 있어서 所得額의 槪念에 關한 몇가지 問題點", 裁判資料 第20輯, 법원도서관, 1984.

Erwin Deutsch(梁三承 譯), "醫師法 및 醫師의 責任에 관한 最近의 國際的 動向", 法曹 第32卷 第8號 (1983. 3.).

梁彰洙(譯), 독일민법전: 총칙·채권·물권, 博英社, 2008.

_____, 民法入門, 第5版, 博英社, 2008.

_____, "2006년 民事判例 管見", 民法研究 第9卷, 博英社, 2007.

_____, "辯護士의 過誤와 責任", 民法研究 第6卷, 博英社, 2001.

_____, "特許權 侵害로 인한 損害賠償 試論 -특허법 제128조 제1항의 立法趣旨와 解釋論", 民法研究 第9卷, 博英社, 2007.

梁彰洙/金炯錫(譯), 유럽계약법전 예비안(파비아 草案) 제1부 (Ⅲ·完), 서울대학교 法學 제46권 제1호, 2005.

吳炳喆, "逸失利益算定의 類型的 分析", 延世法學研究 第3輯: 均齋梁承斗敎授 華甲紀念論文集, 연세대학교 법과대학 법학연구소, 1995.

吳宗根, "손익상계", 亞細亞女性法學 第3號, 亞細亞女性法學研究所, 2000.

외국사법제도연구(1) -각국의 인신사고 손해배상사건에서의 손해배상액 산정-, 법원행정처, 2007.

윤석찬, "責任原因에 따른 非財産的 損害에 대한 賠償과 慰藉料", 民事法學 第27號, 韓國民事法學會, 2005.

尹眞秀, "保險事故에 있어서 損害賠償額의 算定 -人身事故에 있어서의 消極的 損害를 중심으로-", 民法論攷 Ⅲ, 博英社, 2008.

_____, "의사의 과실에 의한 자녀의 출생으로 인한 손해배상책임", 民法論攷 Ⅲ, 博英社, 2008.

_____, "2007년도 주요 民法 관련 판례 회고", 서울대학교 法學 제49권 제1호, 2008.

_____, "임신중절이 허용되지 않는 태아의 장애를 발견하지 못한 의사의 손해배상책임", 民法論攷 Ⅲ, 博英社, 2008.

_____, "자녀의 출생으로 인한 손해배상책임", 民法論攷 Ⅲ, 博英社, 2008.

_____, "Wrongful Life에 관한 프랑스의 최근 판례와 입법", 民法論攷 Ⅲ, 博英社, 2008.

李德煥, "선천성장애아 출생과 의사의 책임-미국의 Wrongful birth·Wrongful life 소송에 대하여-", 石霞金基洙교수정년퇴임논문집, 언약, 1997.

_____, "원치 않은 아이에 관한 손해배상문제", 대한의료법학회 세미나자료집, 2000.

이동진, "이른바 '원치 않은 아이의 출생으로 인한 손해배상'에 대한 오스트리아 최고법원의 판례", 인권과 정의 (2009. 4.).

李輔煥, "不法行爲로 因한 特別損害", 司法論集 第19輯, 법원행정처, 1988.

_____, "人身損害額의 算定", 司法論集 第12輯, 법원행정처, 1981.

_____, "後遺障害로 因한 逸失利益의 算定", 司法論集 第17輯, 법원행정처, 1986.

李勇雨, "逸失收入의 算定", 民事裁判의 諸問題; 李在性大法官華甲紀念, 한국사법행정학회, 1989.

李銀榮, "損害賠償範圍의 理論", 損害賠償法의 諸問題; 誠軒黃迪仁博士華甲記念, 1990.

이은영, 원치 않은 아이에 따른 손해배상에 관한 연구 -원치 않은 임신, 원치 않은 출산, 원치 않은 삶-, 中央大學校 大學院 法學博士學位論文, 2008.

李昌鉉, 不法行爲를 原因으로 한 非財産的 損害賠償에 관한 比較法的 硏究, 서울大學校 大學院 法學博士學位論文, 2008.

李淸助, "醫師의 患者에 대한 期待權侵害論", 東亞法學 第16號, 東亞大學校 法學硏究所, 1993.

林建勉, "民事法上의 損害의 槪念", 比較私法 第8卷 第2號(通卷15號) 韓國比較私法學會, 2001.

_____, "財産的 損害와 非財産的 損害 - 독일에서의 논의를 중심으로 -", 成均館法學 第17卷 第1號, 成均館大學校 比較法硏究所, 2005.

張在玉, "慰藉料에 관한 몇 가지 考察", 韓國民法理論의 發展 : 茂巖 李英俊博士 華甲紀念 論文集 Ⅱ 債權編, 博英社, 1999.

全炳南, "원치 않은 아이의 출생과 관련된 우리나라의 판례와 학설의 동향", 대한의료법학회 세미나자료집, 2000.

_____, "원치않는 삶과 醫師의 損害賠償責任 -대법원 1999.1.11.선고 1998다22963 판결-", 法曹 通卷 522號 (2000. 3.).

정태윤, "기회상실의 손해에 관한 연구", 比較私法 第5卷 第1號, 韓國比較私法學會, 1998.

曺圭昌, "所有權侵害와 慰藉料請求權 -通說·判例에 대한 批判的 考察-", 고려대 判例硏究 第4輯, 1986.

曺日煥, "損害의 槪念과 損害賠償의 構造", 東義法政 第9輯, 1993.

朱基東, "身體傷害로 因한 損害賠償 方法論", 民事裁判의 諸問題 第8卷: 午堂 朴禹東 先生 華甲紀念, 韓國司法行政學會, 1994.

崔載千, "'원치 않은 아이'와 손해배상책임", 人權과 正義 (1997. 12.).

韓琫熙, "慰藉料請求權의 諸問題", 民事法과 環境法의 諸問題; 松軒安二濬 博士華甲紀念, 博英社, 1986.

黃貞根, "不法行爲로 인한 財産權의 侵害에 대한 慰藉料 請求", 民事判例研究[XVI], 民事判例研究會, 1994.

黃鉉虎, "逸失收入 算定資料로서의 '임금구조기본통계조사보고서'에 대한 考察", 裁判과 判例 第4輯, 大邱判例研究會, 1995.

II. 독일어 문헌

J. von Staudingers Kommentar zum Bürgerlichen Gesetzbuch mit Einführungsgesetz und Nebengesetzen, 2. Buch, Recht der Schuldverhältnisse §§ 249-254 Schadensersatzrecht, 2005.

Münchener Kommentar zum Bürgerliches Gesetzbuch, 2. Bd. Schuldrecht Allgemeiner Teil (§§ 241-432, FernAbsG), 5. Aufl., 2006.

Motive zu dem Entwurfe eines bürgerlichen Gesetzbuchs für das Deutsche Reichs, 2. Bd. Recht der Schuldverhältnisse, 1888.

Benno Mugdan, Die gesammten Materialien zum bürgerlichen Gesetzbuch für das deutsche Reich, 2. Bd. Recht der Schuldverhältnisse, 1899.

Ralph Backhaus, "Inwieweit darf die Unterhaltspflicht für ein Kind als Schaden bewertet werden?", MDR 1996.

Kai T Boin, "Unterhaltsbelastung für ein Kind als Schaden - Eine unendliche Geschichte?", JA 1995.

Eduard Bötticher, "Schadensersatz für entgangene Gebrauchsvorteile -Ein Rechtsgutachten-", VersR 1966.

Jürgen Brinker, Die Dogmatik zum Vermögensschadensersatz, 1982.

Peter Busl, "Der Begriff des Vermögensschadens im BGB", JuS 1987.

Erwin Deutsch, Allgemeines Haftungsrecht, 2. völlig neugestaltete und erweiterte Aufl., 1996.

_____, "Neues Verfassungszivilrecht: Rechtswidriger Abtreibungsvertrag gültig Unterhaltspflicht aber kein Schaden", NJW 1993.

_____, "Das Kind oder sein Unterhalt als Schaden", VersR 1995.

_____, "Unerwünschte Emfängnis, unerwünschte Geburt und unerwünschtes Leben verglichen mit wrongful conception, wrongful birth und wrongful life des anglo-amerikanischen Rechts", MDR 1984.

Josef Esser/Eike Schmidt, Schuldrecht Bd. I Allgemeiner Teil Teilband 2, 8. Aufl., 2000.

Franz Förster/M. E. Eccius, Preußisches Privatrecht, I. Bd., 7. Aufl., 1896.

Dieter Giesen, Arzthaftungsrecht, 4. Aufl., 1995.

_____, "Schadensbegriff und Menschenwürde", JZ 1994.

_____, "Zur Schadensrechtlichen Qualifikation der Unterhaltspflicht für ein ungewolltes Kind", JZ 1994.

Wolfgang Grunsky, Aktuelle Probleme zum Begriff des Vermögensschadens, 1968.

Horst Hagen, Die Drittschadensliquidation im Wandel der Rechtsdogmatik, 1971.

_____, "Fort- oder Fehlentwicklung des Schadensbegriffs? - BGH(GSZ), NJW 1968, 1823", JuS 1969.

_____, "Zur Normativität des Schadensbegriffs in der Rechtsprechung des Bundesgerichtshofes", Festschrift für Fritz Hauß zum 70. Geburtstag, 1978.

Wilhelm Matthias Hansen, "Auswirkungen des normativen Schadensbegriffs auf die Methodik der Schadensberechnung", MDR 1978.

_____, Normativer Schadensbegriff und Schadensberechnung, 1977.

Hans Hattenhauer, Grundbegriff des Bürgerlichen Rechts: historisch-dogmatische Einführung, 2. Aufl., 2000,

Heinrich Honsell, "Herkunft und Kritik des Interessebegriffs im Schadensersatzrecht", JuS 1973.

Heinrich Honsell/Friedrich Harrer, "Schaden und Schadensberechnung", JuS 1991.

Christian Huber, Fragen der Schadensberechnung, 2. unveränderte Aufl., 1995.

Max Kaser/Rolf Knütel, Römisches Privatrecht, 17. Aufl., 2003.

Brigitte Keuk, Vermögensschaden und Interesse, 1972.

Johannes Köndgen, "Ökonomische Aspekte des Schadensproblems: Bemerkungen zur Kommerzialisierungsmethode des Bundesgerichtshofs", AcP 177 (1977).

Helmut Koziol, Österreichisches Haftpflichtrecht Band Ⅰ: Allgemeiner Teil, 1997.

_____, "Schadenersatz für den Verlust einer Chance?", Festschrift für Hans Stoll zum 75. Geburtstag, 2001.

Gerhard Küppersbusch, Ersatzansprüche bei Personenschaden, 8. Aufl., 2003.

Hermann Lange/Gottfried Schiemann, Schadensersatz, 3. Aufl., 2003.

Karl Larenz, "Der Vermögensbegriff im Schadensersatzrecht", Festschrift für Hans Carl Nipperdey zum 70. Geburtstag Bd. I, 1965.

_____, "Die Notwendigkeit eines gegliederten Schadensbegriffs", VersR 1963.

_____, Lehrbuch des Schuldrechts Bd. Ⅰ Allgemeiner Teil, 14. Aufl. 1987.

Ulrich Loewenheim, "Schadensersatz in Höhe der doppelten Lizenzgebühr bei Urheberrechtsverletzungen?", JZ 1972.

Walter Löwe, "Gebrauchsmöglichkeit einer Sache als selbständiger Vermögenswert?", NJW 1964.

Bernhard Losch/Wiltrud Christine Radau, "Die "Kind als Schaden"-Diskussion", NJW 1999.

Gerald Mäsch, Chance und Schaden, Mohr Siebeck, 2004.

Ulrich Magnus, Schaden und Ersatz, 1987.

Stephan Meder, Schadensersatz als Enttäuschungsverarbeitung: Zur erkenntnistheoretischen Grundlegung eines modernen Schadensbegriffs, 1989.

Dieter Medicus, "Normativer Schaden", JuS 1979.

Hans-Joachim Mertens, Der Begriff des Vermögensschadens im Bürgerlichen Recht, 1967.

Friedrich Mommsen, Zur Lehre von dem Interesse, Beiträge zum

Obligationenrecht, Zweite Abtheilung, 1855.

Robert Neuner, "Interesse und Vermögensschaden", AcP 133 (1931).

Jost Neuwald, Der Zivilrechtliche Schadensbegriff und seine Weiterentwicklung in der Rechtsprechung, 1968.

Dieter Nörr, "Zum Ersatz des immateriellen Schadens nach geltendem Recht", AcP 158 (1959/1960).

Eduard Picker, Schadensersatz für das unerwünschte eigene »Wrongful Life«, 1995.

_____, "Schadensersatz für das unerwünschte Kind »Wrongful Birth«", AcP 195, 1995.

Horst Reinecke, Schaden und Interesseneinbuße, 1968.

Andreas Roth, "Kindesunterhalt als Schaden", NJW 1995.

_____, "Unterhaltspflichr für ein Kind als Schaden?", NJW 1994.

Kleanthis Roussos, Schaden und Folgeschaden, 1992.

Gottfried Schiemann, Argumente und Prinzipien bei der Fortbildung des Schadensrechts -dargestellt an der Rechtsprechung des BGH-, 1981.

Peter Schlechtriem, "Schadenersatz und Schadensbegriff", ZEuP 1997.

Walter Selb, Schadensbegriff und Regreßmethoden, 1963.

Ernst Steindorff, "Abstrakte und konkrete Schadensberechnung", AcP 158 (1959/1960).

Hans Stoll, Haftungsfolgen im Bürgerlichen Recht, 1993.

_____, "Schadensersatz für verlorene Heilungschancen vor englischen Gerichten in rechtsvergleichender Sicht", Festschrift für Erich Steffen zum 65. Geburtstag, 1995.

Rolf Stürner, "Das nicht abgetriebene Wunschkind als Schaden", FamRZ 1985.

Wolfgang Thiele, "Die Aufwendungen des Verletzten zur Schadensabwehr und das Schadensersatzrecht", Festschrift für Wilhelm Felgentraeger zum 70. Geburtstag, 1969.

Reinhold Weber, "Schadensersatzliche Folgen der Geburt eines unerwünschten Kindes?", VersR 1999.

Manfred Werber, "Total- und Teilschaden im Versicherungsrecht und im Schadensrecht des BGB", VersR 1971.

Hans-Leo Weyers, "Der Begriff des Vermögensschadens im deutschen Recht",

Der Begriff des Vermögensschadens im deutschen und italienischen Recht: Internationale Aspekte des Arbeitsrechts in den deutsch-italienischen Rechtsbeziehungen, 1973.

Walter Wilburg, "Zur Lehre von der Vorteilsausgleichung", JherJb 82 (1932).

Burkhard Wilk, Die Erkenntnis des Schadens und seines Ersatzes, 1983.

Ernst Wolf, "Grundfragen des Schadensbegriffs und der Methode der Schadenserkenntnis", Festschrift für Gerhard Schiedermair zum 70. Geburtstag, 1976.

Albrecht Zeuner, "Gedanken zum Schadensproblem", Gedächtnisschrift für Rolf Dietz, 1973.

_____, "Schadensbegriff und Ersatz von Vermögensschaden", AcP 163 (1963).

Ⅲ. 프랑스어 문헌

Laurent Aynés, "Préjudice de l'enfant né handicapé: la plainte de Job devant la Cour de cassation", D. 2001.

Jean Carbonnier, Droit civil, t. 4, Les obligations, 18ᵉ éd., 1981.

Jacque Flour/Jean-Luc Aubert, Droit civil, Les obligations, 1981.

Muriel Fabre-Magnan, "Avortement et responsabilité médicale", RTD civ. 2001.

Philippe Malaurie/Laurent Aynes, Cours de droit civil, t. 6, Les Obligations, 6ᵉ éd., 1995.

Henri, Léon et Jean Mazeaud/François Chabas, Leçons de droit civil, t. 2 vol. 1, Les Obligations: Théorie générale, 8ᵉ éd., 1991.

Gérard Mémeteau, "L'action de vie dommageable", JCP 2000.

Roger Perrot, Institutions judiciaires, 12ᵉ éd., 2006.

Christophe Radé/Laurent Bloch, "La Réparation du Dommage Corporel en France", in Bernhard A. Koch/ Helmut Koziol(eds.), Compensation for Personal Injury in a Comparative Perspective, 2003.

Philippe Le Tourneau, La responsabilité civile, 1972.

Ⅳ. 영미 문헌

Beth Clemens Boggs, "Lost Chance of Survival Doctrine: Should the courts ever tinker with chance?", 16 Southern Illinois University Law Journal 421, 1992.

Francis H. Bohlen, "Contributory Negligence", 21 Harv. L. Rev., 1908.

Stephen F. Brennwald, "Proving Causation in Loss of a Chance Cases: A Proportional Approach", 34 Cath. U. L. Rev. 747, 761, 1985.

Mauro Bussani(ed.), European Tort Law: Eastern and Western Perspectives, 2007.

Lori R. Ellis, "Loss of Chance as Technique: Toeing the Line at Fifty Percent", 72 TEX. L. REV., 1993.

Patrick L. Evatt, "A Closer Look At Loss Of Chance Under Nebraska Medical Malpractice Law", 76 Neb. L. Rev., 1997.

European Group on Tort Law, Principles of European Tort Law: Text and Commentary, 2005.

Anthony Jackson, "Action for Wrongful Life, Wrongful Pregnancy and Wrongful Birth in the United States and England", 17 Loy. L.A. Int'l & Comp. L.J., 1995.

Joseph H. King, Jr., "Causation, Valuation and Chance in Personal Injury Torts Involving Preexisting Injuries and Future Consequences", 90 Yale L.J., 1981.

_____, "Reduction of Likelihood: Reformulation and Other Retrofitting of the Loss-of-Chance Doctrine", 28 U. Mem. L. Rev. 491, 1998.

_____, "The Law of medical Malpractice", 2nd ed., 1980.

Bernhard A. Koch/Helmut Koziol(eds.), Compensation for Personal Injury in a Comparative Perspective, 2003.

Helmut Koziol/Reiner Schulze(eds.), Tort Law of the European Community, SpringerWienNewYork, 2008.

Michael B. Laudor, "In Defense of Wrongful life: Bringing Political Theory to the Defense of a Tort", 62 Fordham L. Rev., 1994.

Ulrich Magnus(ed.), Unification of Tort Law: Damages, Kluwer Law

International, 2001.

Margaret T. Mangan, "The Loss of Chance Doctrine: A Small Price To Pay For Human Life", 42 S.D. L. Rev., 1997.

Martin B. Morrissey, "Comment, Wrongful life Actions in the 1990's: The Continuing Need to Define and Measure a Plaintiff's Injury", 23 U. Tol. L. Rev., 1991.

James M. Parker, Jr., "Wrongful life: The Child's Cause of Action for Negligent Genetic Counseling in Texas", 16 St. Mary's L.J., 1985.

William L. Prosser/Page Keeton, Prosser and Keeton on the law of torts, 5th ed., 1984.

W. V. Horton Rogers(ed.), Damages for Non-Pecuniary Loss in a Comparative Perspective, SpringerWienNewYork, 2001.

W. V. Horton Rogers, Winfield and Jolowicz on Tort, 14th ed., 1994.

Zaven T. Saroyan, "The Current Injustice of The Loss of Chance Doctrine: An Argument For a New Approach to Damages", 33 Camb. L. Rev. 15, 2002.

Mark Strasser, "Wrongful Life, Wrongful Birth, Wrongful Death and the Right to Refuse Treatment: Can Reasonable Jurisdictions Recognize All But One?", 64 Missouri Law Review 29, 1999.

_____, "Misconceptions and Wrongful Births: A Call for a Principled Jurisprudence", 31 Ariz. St. L.J., 1999.

Study Group on a European Civil Code/Research Group on EC Private Law(Acquis Group)(eds.), Principles, Definitions and Model Rules of European Private Law: Draft Common Frame of Reference(DCFR)(Full Edition), vol. 4 Ⅵ.-1:101 to Ⅶ.-7:103, 2009.

Michelle L. Truckor, "The loss of chance doctrine: Legal recovery for patients on the edge of survival", 24 Dayton L. Rev., 1999.

Janet L. Tucker, "Wrongful life: A New Generation", 27 J. Fam. L., 1988/1989.

Tory A. Weigand, "Loss of Chance In Medical Malpractice: The Need For Caution", 87 Massachusetts Law Review, 2002.

_____, "Loss of Chance In Medical Malpractice: A Look At Recent Developments", 70 Defense Counsel Journal, 2003.

George J. Zilich, "Cutting Trough The Confusion Of The Loss-Of-Chance doctrine Under Ohio Law: A New Cause Of Action Or A New Standard Of Causation?", 50 Clev. St. L. Rev, 2003.

V. 일본 문헌

淡路剛久, 不法行爲法における權利保障と損害の評價, 有斐閣, 1984.
_____, "損害論の新しい動向(1) ~ (10·完) - クロロキン判決を契機に", ジュリスト No. 764 ~ No. 793, 1982~1983.
石川寛俊, "期待權の展開と証明責任のあり方, 醫療訴訟の現像と展望", 判例タイムズ 第686號, 1989.
石川稔/腹部篤美/今井雅子, "先天的障害兒の責任", 判例タイムズ 676号 (1988. 12).
太田知行, "損害賠償額の算定と損害概念", 私法 第43号, 日本私法學會, 1981.
大塚直, "不作爲医療過誤による患者の死亡と損害·因果關係論-二つの最高裁判決を機縁として", ジュリスト NO. 1199, 有斐閣, 2001.
奥田昌道(編), 注釋民法(10) 債權(1) 債權の目的·效力 §§399~426, 有斐閣, 1987.
樫見由美子, "ドイツにおける損害概念の歴史的展開-ドイツ民法典成立前史", 金澤法學 第38卷 第1·2合併号(佐藤正子敎授 退官記念論文集), 1996.
加藤新太郎, "醫療過誤訴訟の現狀と展望", 判例タイムズ 46卷 25號(第884號), 1995.
楠本安雄, 人身損害賠償論, 日本評論社, 1984.
國井和郎, "損害論の新しい動向とスモン三判決", 判例タイムズ No. 376, 1979.
國宗知子, "デュムランの利盆論研究のために", 大學院研究年報 第12号 Ⅰ -2, 中央大學, 1982.
窪田充見, "損害概念の変遷と民法の役割 -刑法と民法の對話の形とともに-", 刑法雜誌 第44卷 2号, 2005.
北川善太郎, "損害賠償論序說 -契約責任における- (一)", 法學論叢 第73卷 1號, 1963.
_____, "損害賠償論序說 -契約責任における- (二·完)", 法學論叢 第73

卷 3號, 1963.

_____, "損害賠償論の史的變遷", 法學論叢 第73卷 4號, 1963.

澤野和博, "機會の喪失理論について(一)", 早稻田大學大學院法硏論集 77 號, 1996.

_____, "機會の喪失理論について(二)", 早稻田大學大學院法硏論集 78 號, 1996.

_____, "機會の喪失理論について(三)", 早稻田大學大學院法硏論集 80 號, 1997.

_____, "機會の喪失理論について(四·完)", 早稻田大學大學院法硏論集 81號, 1997.

潮見佳男, "人身侵害における損害槪念と算定原理(一) -「包括請求方式」の 理論的再檢討-", 民商法雜誌 第103卷 4号, 1991.

_____, "人身侵害における損害槪念と算定原理(二·完) -「包括請求方式」 の理論的再檢討-", 民商法雜誌 第103卷 5号, 1991.

_____, "財產的損害槪念におけるての一考察 - 差額設的損害觀の再檢 討", 判例タイムズ 687, 1989.

新美育文, "癌患者の死亡と医師の責任", ジュリスト 第787號, 有斐閣, 1983.

高波澄子, "米國における「チャンスの喪失」理論(一)", 北大法學論集 49卷 6 號, 1999.

_____, "米國における「チャンスの喪失」理論(二·完)", 北大法學論集 50 卷 1號, 1999.

高橋眞, 損害槪念論序說, 有斐閣, 2005.

高畑順子, フランス法における契約規範と法規範, 法律文化社, 2003.

塚本伊平, "財產權侵害と慰藉料", 「裁判實務大系15 不法行爲訴訟法 (1)」, 靑林書院, 1991.

手嶋豊, "医療における同意の前提としての說明義務に違反したために認め られた慰藉料額の算定に關する考察", ジュリスト NO. 1199, 有斐 閣, 2001.

遠山廣直, "物損に對す慰籍料請求",「現代民事裁判の課題⑦」, 新日本法規, 1989.

中村哲, "医療過誤訴訟における損害についての二、三の問題", 司法硏修所 論集 80號, 1989.

西原道雄, "生命侵害·傷害における損害賠償額", 私法 第27号, 日本私法學會, 1965.

橋本英史, "醫療過誤における因果關係の問題", 「新裁判實務大系1 醫療過誤訴訟法」, 靑林書院, 2000.

平井宜雄, 損害賠償法の理論, 東京大學出版會, 1971.

_____, "『損害』概念の再構成", 法學協會雜誌 九○卷 一二号, 1973.

星野英一/平井宜雄, 民法判例百選Ⅱ 債權[第4版], 有斐閣, 1982.

松浦以津子, "損害論の「新たな」展開", 不法行爲法の現代的課題と展開(森島昭夫敎授還曆記念論文集), 1995.

水野謙, "損害論のあり方に關する覺書-近時の最高裁判決を手掛かりに", ジュリスト NO. 1199, 有斐閣, 2001.

山崎進, "診療債務の不履行と死亡との因果關係が肯定されない場合の損害の成否", ジュリスト 第949號, 1990.

吉村良一, "ドイツ法における財產的損害概念", 立命館法學 1980 No. 2-6.

_____, 人身損害賠償の研究, 日本評論社, 1990.

若林三奈, "法的槪念としての「損害」の意義(一) -ドイツにおける判例の檢討お中心に-", 立命館法學 第248号, 1996.

_____, "法的槪念としての「損害」の意義(二) -ドイツにおける判例の檢討お中心に-", 立命館法學 第251号, 1997.

_____, "法的槪念としての「損害」の意義(三・完) -ドイツにおける判例の檢討お中心に-", 立命館法學 第252号, 1997.

渡邊了造, "過失あるも因果關係がない場合の慰謝料", 判例タイムズ 第686號, 1989.

찾아보기

신 동 현

서울대학교 법과대학 졸업
법학박사(서울대학교)
현재 한림대학교 법행정학부 조교수

민법상 손해의 개념 -불법행위를 중심으로-

초판 인쇄 | 2014년 5월 25일
초판 발행 | 2014년 5월 30일

저   자 | 신동현
발 행 인 | 한정희
발 행 처 | 경인문화사
등록번호 | 제10-18호(1973년 11월 8일)
주   소 | 서울특별시 마포구 마포동 324-3
전   화 | 02-718-4831~2
팩   스 | 02-703-9711
홈페이지 | http://kyungin.mkstudy.com
이 메 일 | kyunginp@chol.com

ISBN 978-89-499-1023-9 93360
값 26,000원

※ 저자와 출판사의 동의 없이 내용의 일부를 인용, 발췌를 금합니다.
   파본 및 훼손된 책은 교환해 드립니다.